AF249289

LA VOIE DE L'OCCULTISTE

PAR

ANNIE BESANT ET
C. W. LEADBEATER

SECTION I

LA VOIE DE L'OCCULTISTE

LA VOIE DE L'OCCULTISTE

8° R
35298

18 JUIN 1927
DÉPOT LEGAL
B.N. VOLUMES
Editeurs
A 05304

A. BESANT ET
C. W. LEADBEATER

LA VOIE DE L'OCCULTISTE

SECTION I

Commentaires sur " AUX PIEDS DU MAITRE "

(Traduit de l'anglais).

EDITIONS ADYAR

PARIS

1927

COPYRIGHT BY

LES ÉDITIONS ADYAR 1927
PARIS

AVANT-PROPOS

Dans ce volume ont été simplement réunis les commentaires faits par M. C. W. Leadbeater — aujourd'hui évêque — et par moi sur trois ouvrages célèbres, petits par leur format mais grands par leur contenu. Nous espérons l'un et l'autre qu'ils seront utiles aux aspirants et même aux personnes ayant dépassé ce stage, car les commentateurs étaient plus âgés que les auditeurs et, par expérience, connaissaient mieux la vie du disciple.

Ces allocutions n'ont pas toutes été faites dans le même lieu; nous avons causé avec nos amis à différentes reprises et en diverses localités, surtout à Adyar, Londres et Sydney. De très nombreuses notes prises par les auditeurs, toutes celles mises à notre disposition ont été réunies et classées, puis condensées après élimination des répétitions.

Comme il y avait malheureusement très peu de notes sur *La Voix du Silence*, fragment I, nous avons utilisé celles dont s'était servi notre bon collègue M. Ernest Wood pour un cours fait à Sydney, en les incorporant aux commentaires de l'évêque Leadbeater contenus dans cette section. Aucune note de mes propres commentaires n'a pu être retrouvée; bien que j'aie beaucoup parlé de *La Voix du Silence*, il ne reste plus rien de ces entretiens.

Ces commentaires sont tous inédits, sauf quelques allocutions de l'évêque Leadbeater à des étudiants choisis sur *Aux pieds du Maître*. Un volume intitulé *Talks on « At the Feet of the Master »* a été publié il y a quelques années; les commentaires de l'évêque s'y trouvant donnés d'une manière peu fidèle, ce volume ne sera pas réimprimé; tout ce qu'il contient d'essentiel trouvera place ici, soigneusement condensé et édité.

Puissent ces pages aider quelques-uns de nos jeunes frères à en mieux comprendre les si précieuses leçons; plus elles seront étudiées *et vécues,* plus on y découvrira.

Annie BESANT.

TABLE DES MATIÈRES

SECTION

AUX PIEDS DU MAITRE

4e Partie : La bonne conduite

5e Partie : L'Amour

D' ANNIE BESANT

C. W. LEADBEATER

PREMIÈRE PARTIE

INTRODUCTION

CHAPITRE PREMIER

LE SENTIER OCCULTE
ET LES INTÉRÊTS D'ICI-BAS

C. W. L. — *Aux Pieds du Maître* fait partie d'une série de trois ouvrages (les deux autres sont *La Voix du Silence* et *La Lumière sur le Sentier*), spécialement destinés à faciliter l'accès du Sentier. En ce moment, sa valeur pour nous est très grande à cause de son extrême simplicité et parce qu'il a reçu le sceau et l'approbation particuliers de l'Instructeur Mondial, dont l'avènement est proche. Il contient les leçons reçues de son Maître par le jeune disciple J. Krishnamurti (appelé Alcyone dans la série de ses vies passées récemment publiée) (1), en 1909, à l'âge de treize ans. Comme à cette époque Krishnamurti ne savait pas très bien l'anglais et que l'instruction lui était donnée dans cette langue, les leçons et le style devaient être particulièrement clairs. Le Maître Kouthoumi, avec l'extraordinaire faculté d'adaptabilité qui le caractérise, exposa donc toutes les conditions de la Première Initiation dans un style merveilleusement simple, attrait de cet opuscule.

La Lumière sur le Sentier parut en 1885 et *La Voix du Silence* en 1889. Chacun de ces ouvrages éthiques présente des caractères spéciaux. Les deux plus anciens sont plus poétiques qu'*Aux Pieds du Maître*, bien que, dans celui-ci, se trouvent aussi quelques très belles expressions : cela devait être puisque l'auteur en est le Maître Kouthoumi. *La Lumière sur le Sentier*, nous a dit le Swami T. Subba Rao, présente plusieurs sens superposés, dont le plus profond concerne l'Initiation du Mahachohan, soit un degré supérieur même à celui où se tiennent aujourd'hui nos Maîtres. *La Voix du Silence* nous conduit jusqu'à l'Initiation de l'Arhat. *Aux Pieds du Maître* se rapporte spécialement à la Première Initiation; notre commentaire débutera donc par cet ouvrage.

(1) *The Lives of Alcyone.* T. P. H., 1924.

Tous nous avons souvent entendu énoncer les conditions exigées pour l'admission au Sentier, mais elles nous seront rappelées jusqu'au jour où nous serons parvenus à mettre en pratique tout ce que contiennent des livres comme celui-ci. Point de difficulté à savoir exactement ce qu'il faut faire ; sur notre chemin point d'obstacle dont nous ne soyons les auteurs, et cependant les personnes qui réussissent à observer ces directives sont relativement peu nombreuses, parce qu'elles possèdent des personnalités qui leur barrent souvent le chemin. Ce qui est écrit dans ces livres doit être appliqué par chaque lecteur pour soi-même. L'instructeur peut expliquer, démontrer de façons diverses ce que l'on doit faire, mais chacun doit suivre le Sentier pour son propre compte. Tels l'entraînement en vue d'une course ou la pratique de la culture physique. L'entraîneur peut donner des conseils attentifs ; au candidat à exercer ses propres muscles ; personne au monde ne peut s'en charger pour lui.

Nous sommes entourés de millions d'hommes qui passent pour se conformer dans leur vie aux préceptes de leurs religions respectives ; il en est peu qui s'y conforment en effet. Ceux mêmes dont l'existence est vertueuse et sainte ne suivent pas en général d'une manière stricte tous les préceptes qui leur sont donnés. Dans certains cas les enseignements des religions exotériques ont un caractère soit non-essentiel, soit inapproprié, mais en occultisme, aucun précepte inutile n'est donné ; il faut se conformer exactement à tous. Ceci ne veut pas dire qu'il soit nécessaire de présenter toutes les qualités dans leur perfection absolue avant de pouvoir être accepté par un Maître ; il faudrait pour cela être un Adepte ; mais il faut les posséder dans une mesure raisonnable ; il faut aussi qu'elles soient réelles et non d'aimables fictions. Lorsqu'un professeur de chimie nous dit qu'en associant d'une manière donnée certaines substances chimiques nous obtiendrons certains résultats, nous savons que ces derniers se produiront et que, si nous changeons les proportions, nous n'obtiendrons pas ce que nous attendons mais autre chose. Dans le domaine religieux on semble juger suffisant de suivre vaguement et de loin les instructions reçues. En occultisme, rien de semblable : c'est une science à considérer comme telle. Bien que ces conditions nous aient été maintes fois énumérées, il faut espérer qu'en les étudiant avec soin, en cherchant à comprendre et à suivre avec une précision scientifique exactement ce qui est exigé, beaucoup de personnes qui n'ont pas encore réussi parviendront à s'engager dans le Sentier.

Ce domaine intérieur n'est ni lointain, ni incertain. Il y a quelques années il semblait plus éloigné car les personnes connues de nous, ayant eu des rapports directs avec les Maîtres, étaient très peu nombreuses. Un étudiant pouvait donc se dire : « Oui, deux ou trois hommes spécialement doués ou spécialement heureux, ont réussi, mais il ne semble pas que ce soit pour les gens ordinaires. » Maintenant que de nombreuses personnes sont directement en rapport avec Eux, il n'est pas déraisonnable de se dire : « Si les autres y sont parvenus, pourquoi ne ferais-je pas de même? » Si nous échouons, la cause en est *forcément* en nous-mêmes; inutile de la chercher au dehors. Ce n'est assurément par la faute des Maîtres : toujours Ils sont là quand le disciple est prêt. Chez certains aspirants un défaut constitue l'obstacle; chez d'autres, c'est peut-être un manque général de développement. S'il n'y avait de lacune chez personne, nous aurions tous réussi. Il vaut la peine de découvrir par un effort soutenu ce qu'il y a, ce qui manque — et d'y mettre ordre.

Il existe un monde intérieur et réel qui dépasse en importance ce monde extérieur dont nous subissons sans répit la pression. Partout l'on trouve des gens qui se croient très occupés et très avisés dans la poursuite de leurs activités respectives; en fait cependant, tous travaillent dans l'irréel et dans l'extérieur; bien peu ont compris la présence d'un monde intérieur et spirituel dont l'importance dépasse incomparablement celle du monde extérieur.

Sur le Sentier, nous avons à jouer notre rôle dans le monde, mais si nous le jouons c'est seulement à cause de la vie réelle et intérieure. Un acteur paraît sur la scène parce qu'il a une autre vie à vivre, une vie consécutive et cohérente. Peut-être joue-t-il des rôles variés à des moments divers; comme lui exactement nous revenons, incarnés à nouveau, revêtus de corps différents. L'acteur ne cesse pourtant de mener aussi sa vie réelle d'homme et d'artiste et c'est à cause de cette vie réelle qu'il tient à bien remplir son rôle dans l'existence temporaire de la scène. De même, nous désirons le succès ici-bas, dans notre existence temporaire physique à cause de la grande réalité sous-jacente dont elle ne constitue qu'une partie infime. Cela compris, nous constatons l'importance relative de cette vie extérieure : sa seule valeur est de nous permettre de bien jouer notre rôle, quel qu'il soit. La nature du rôle, ce qui nous arrive dans cette existence mimée, tout cela importe peu. Un acteur peut avoir à passer par toutes sortes d'afflictions et de difficultés simulées, mais il n'en a cure. Par exemple il peut être tous les soirs tué en duel. Que peut lui faire cette mort simulée? Une seule chose l'intéresse : jouer son rôle avec talent.

Nous devrions comprendre sans peine que le monde ambiant est un monde mimé et que la nature de nos expériences n'a guère d'importance. Tout ce qui nous arrive dans le monde extérieur est le fruit de notre Karma; les causes en ont été générées dans d'autres vies et ne peuvent plus être modifiées. C'est pourquoi il est inutile de nous préoccuper des événements; ils surviennent, déterminés par le passé et nous devrions les supporter avec philosophie. Beaucoup de personnes n'y parviennent pas et leur permettent de causer des douleurs, des souffrances, des préoccupations extrêmes. Ce qu'il faut, c'est toujours essayer d'apprendre la leçon qui en découle, puis de les bannir autant que possible du mental. Tels l'abeille et la fleur, diraient nos frères indiens. La manière dont nous supportons ces choses façonne notre caractère pour l'avenir : cela seul importe. Il faut employer le Karma pour développer le courage, l'endurance et d'autres qualités encore, puis l'éloigner du mental.

Il est difficile d'acquérir cette manière de voir, car nous sommes entourés de personnes par milliers qui, toutes, prennent le drame au sérieux et le regardent comme la seule vie réelle; ce qu'elles nous disent et nous font nous cause une certaine gêne, mais il existe sur notre route (sans que nous y pensions jamais) un obstacle infiniment plus sérieux : c'est l'immense, l'incessante pression de l'opinion publique; elle est vraiment formidable car pour un homme au courant de la vérité, il y a des millions d'ignorants. « Hâtons-nous », se disent-ils, « d'amasser biens et richesses; ce que les autres pensent de nous, voilà l'essentiel dans la vie. »

Que de pensées générées aussi par les gens qui aspirent aux distinctions sociales, qui sollicitent des invitations à certains dîners, à certains bals, qui cherchent à mettre le nom d'un duc ou d'un comte sur la liste de leurs visites. Dans les questions religieuses aussi un océan nous entoure, car les personnes libérales sont rares et les autres légion. Les illusions sociales abondent aussi : par exemple la pruderie anglaise, tenant pour inconvenante la simple mention du point de vue sexuel, si bien que, privés de quelques notions élémentaires, les enfants grandissent entourés de périls et restent exposés à des catastrophes inattendues, car le vice est un fleuve qui ne cesse de couler et les ignorants s'y laissent aisément tomber. Les mœurs, aux temps classiques de la Grèce et de Rome, passent à bien des égards pour avoir manqué de décence; cependant, le souvenir que j'ai gardé de ces époques m'oblige à dire que la pensée était alors beaucoup moins impure qu'elle ne l'est actuellement en Europe.

Nous devons, nous qui comprenons un peu plus l'aspect intérieur des choses, résister à cette opposition vraiment terrible et nous dire : « Non, il n'en est rien; tout cela n'existe pas et, selon notre prière, nous demandons à passer de l'irréel au réel ». Le réel, c'est la vie sous-jacente, la vie qui persiste, la vie qui, dans les termes de l'Ecriture, est cachée « avec Christ en Dieu ». Ne jamais, de jour en jour, perdre de vue cette idée et n'attribuer au monde extérieur qu'une importance secondaire, voilà qui n'est pas facile, mais c'est précisément ce qui nous incombe. L'un de nos Maîtres a dit : « Qui désire nous suivre doit passer de votre monde dans le nôtre ». Cela ne signifie pas la nécessité de renoncer à la vie journalière et de vivre en ermite (nous devons nous acquitter avec plus de zèle que jamais de toutes les obligations qui nous sont échues dans l'étrange drame de l'existence), mais bien la nécessité pour l'aspirant d'abandonner son attitude ordinaire et d'adopter celle des Maîtres.

Les personnes dont le succès récompense les efforts se verront un jour élèves acceptés de l'un des Maîtres. Quand la pensée de l'homme devient une partie de celle de l'Instructeur, l'élève peut contrôler sa propre pensée au moyen de celle du Maître qui, elle, n'est jamais influencée par la foule; il peut ainsi savoir exactement ce que pense le Maître sur un sujet quelconque. L'habitude lui permettra bientôt de comprendre ce point de vue nouveau malgré les surprises qu'il éprouvera sans cesse. Certaines choses, autrefois estimées capitales, perdent toute importance; d'autres, qu'il avait jugées comparativement insignifiantes, prennent une importance extrême, parce que, grandes ou petites, il se trouve qu'elles influent sur notre utilité. Tout ce qui exerce une action sur celle-ci est important : là nous sommes en contact avec la réalité.

La pression exercée sur le mental par l'ambiance, sur les plans astral et mental, n'a rien de bien élevé; il ne faut pas lui prêter l'oreille et n'écouter que les sons d'en haut, voix et pensée du Maître. Comment s'étonner que jadis, dans l'Inde et autres pays, les hommes décidés à mener la vie spirituelle, commençant toujours par renoncer à la vie ordinaire, s'en allaient camper dans une caverne ou dans une jungle solitaire; ils avaient ainsi l'avantage d'échapper à la pression de l'opinion ignare et se trouvaient plus libres de suivre leur propre dessein. Beaucoup de saints chrétiens, renonçant également aux activités d'ici-bas, se faisaient ermites ou moines, ou s'associaient à des personnes qui partageaient leurs idées. L'avantage de la retraite est plus grand encore pour qui a l'avantage de vivre dans l'aura du Maître ou d'un de ses disciples supérieurs. Les vibrations de cette aura jouent constamment sur les corps de l'élève, les accordent, en font tomber les éléments matériels indésirables, les nourrissent des principes dont ils ont besoin. L'élève devrait s'appliquer sans cesse à développer une vertu déterminée, l'amour par exemple. Laissé seul, il ne le fait que par intermittence car il l'oublie constamment; mais l'aura de son supérieur le maintient en présence des pensées et des sentiments modèles qu'il veut établir définitivement en soi. L'effet obtenu rappelle assez la manière de traiter le membre contrefait d'un enfant : le membre est placé dans un appareil jusqu'à ce qu'il prenne en se développant sa forme normale. Gardé dans l'aura du Maître, l'élève sent qu'il ne pourrait, même s'il le désirait, émettre une pensée mauvaise; ce serait alors impossible.

Ainsi placés, nous considérons en souriant nos pensées d'hier, en nous disant : « Jamais plus je n'éprouverai ce sentiment; il s'est évanoui comme un rêve ». Seulement le lendemain, éloignés du Maître, il se peut que nous ayons fort à faire pour conserver l'attitude supérieure qui nous semblait si facile en sa présence.

A l'époque actuelle les personnes qui aspirent au Sentier doivent s'efforcer, au cours de leur existence active, de parvenir à l'attitude requise, car elles sont appelées à aider l'humanité non par la méditation et par la pensée seules, comme le faisaient sans doute l'ermite et le moine, mais en prenant part à ses activités diverses. C'est une fort belle idée et un grand privilège, mais c'est difficile, très difficile.

Conséquence de cette difficulté : les succès ont été rares. En général, on s'est contenté de prendre la doctrine théosophique un peu comme le Chrétien moyen prend sa religion, c'est-à-dire comme un excellent sujet de conversation pour le dimanche, mais pas du tout comme une idée à suivre chaque jour, du matin au soir. L'étudiant qui se consacre avec sérieux à la vie intérieure ne peut rester ainsi dans l'irréel; il est obligé d'être logique et pratique, obligé d'appliquer constamment son idéal à la vie quotidienne. Cette constance est difficile à acquérir. Non pas que les gens soient peu disposés à fournir un grand effort pour l'idée théosophique : s'ils pouvaient assister un Maître, accomplir pour Lui une tâche déterminée, ils le feraient, fût-ce au prix de leur vie. Rappelez-vous les paroles de saint Augustin : « Nombreux ceux qui veulent mourir pour le Christ, mais rares ceux qui veulent vivre pour Lui ». Subir le martyre : idée grandiose, héroïque, acte sublime; mais celui qui l'accepte a le sentiment de faire un immense effort et cette conviction le soutient, lui fait supporter douleur et souffrance; il est pour un instant maintenu à la hauteur de ce grand sacrifice. Aujourd'hui le devoir prescrit est beaucoup plus ardu. Impossible de nous maintenir au niveau héroïque, assaillis par les menus soucis qui perpétuellement surgissent. Il est très difficile de garder l'humeur égale en s'occupant jour après jour de personnes décourageantes, qui ne veulent pas faire ce que nous regardons comme leur devoir. Vivre pour Christ dans toutes les petites choses, voilà qui est malaisé et c'est précisément parce que

ces choses paraissent un peu mesquines qu'il est difficile
de suivre le Sentier.

Lisons ces trois livres; suivons leurs instructions et
voyons jusqu'à quel point nous pouvons les mettre en pratique. D'autres l'ont fait et ont réussi à atteindre le Sentier. Pourquoi n'y parviendrions-nous pas comme eux? Le
succès exige la conquête du soi; il exige que nous nous pre-
nions en main, que nous envisagions les faits et que, là
où poussent de mauvaises herbes, nous les arrachions. Peu
importe la longueur de leurs racines ni la souffrance qu'elles
nous coûtent. Qu'elles disparaissent! Dur travail en vérité
mais ceux qui déjà ont atteint quelques-uns des stages
supérieurs nous assurent qu'il vaut bien la peine, qu'il vaut
infiniment la peine de faire un effort, grand ou petit, soit
une fois pour toutes, soit cent fois répété.

CHAPITRE II

L'INITIATION ET SES APPROCHES

C. W. L. — Le titre de cet ouvrage a été choisi par notre Présidente parmi trente ou quarante qui avaient été proposés; nous lui devons aussi la dédicace

A ceux qui frappent

dont le symbolisme est clair : « Frappez et l'on vous ouvrira; cherchez et vous trouverez ». Dans sa préface, le Dr. Annie Besant dit :

Le privilège m'est accordé, comme à une sœur aînée, d'écrire quelques mots d'introduction à ce petit livre, premier ouvrage d'un frère plus jeune, — jeune en vérité par son corps mais non par son âme.

Ceci est un point très important. Dans la vie ordinaire, ne songeant qu'à ce monde et à la présente incarnation, nous jugeons de l'âge, d'après le corps physique, mais dans le progrès occulte nous considérons l'âge de l'ego, de l'âme en nous. Il faut se garder de juger exclusivement par l'extérieur, bien qu'ici-bas presque tout le monde le fasse. L'âme grandit d'une manière continue et, quand elle est très développée, commence souvent, par son intelligence, ses émotions et sa puissance occulte à donner des signes de progrès, même pendant la jeunesse du corps physique. Alcyone a certainement prouvé par l'extrême rapidité de ses progrès, qu'il en fut bien ainsi pour lui-même. Il se conforma si pleinement à l'enseignement reçu, qu'il réalisa en quelques mois ce qui prend en général de nombreuses années, car pour la plupart des aspirants ce progrès implique un changement de caractère total.

Les cas de ce genre vont dorénavant se multiplier à cause de l'avènement prochain de l'Instructeur Mondial. Il lui faut, comme principaux disciples, des personnes dans la fleur de leur âge et de leur vigueur, dont certaines sans doute ne seront pas, physiquement, beaucoup plus âgées que Lui et, comme Il viendra bientôt, les personnes destinées à cette tâche doivent actuellement être jeunes. Il est extrêmement probable que, parmi les enfants en ce moment parmi nous, il en est qui joueront un rôle de premier plan, car beaucoup de ceux qu'attend une aussi heureuse destinée naîtront dans un milieu où ils trouveront l'enseignement approprié, c'est-à-dire dans des familles théosophes.

Préparés à de semblables éventualités, il faut donc veiller à ce que tout enfant soumis à notre influence entende parler de l'avènement de l'Instructeur Mondial, afin qu'il connaisse la possibilité qui s'ouvre devant lui; il saisira ou non l'occasion mais il doit être prévenu. Avec quelle tristesse un parent n'entendrait-il pas son fils ou sa fille lui faire ce reproche : « Si vous m'aviez dit ces choses quand j'étais jeune, j'aurais pu saisir l'occasion; mais vous m'avez laissé grandir sans en rien connaître; vous m'avez ouvert la vie mondaine; aussi, quand l'occasion s'est présentée, je l'ai négligée ». Nous devons fournir l'occasion, après quoi notre devoir prend fin, car il ne nous appartient de forcer personne, ni même de faire des plans d'avenir en nous attendant à ce que d'autres âmes, peut-être supérieures, s'y conforment.

Les enseignements qui s'y trouvent lui furent donnés par son Maître, lorsqu'Il le préparait pour l'Initiation.

Le mot Initiation a souvent été employé dans un sens très général, mais ici c'est un terme précis et technique. Madame Blavatsky elle-même, dans les premiers temps, l'employait assez négligemment. Comme notre terminologie est aujourd'hui plus fixée, le mot devrait être réservé aux grandes Initiations, aux cinq Pas du Sentier proprement dit, pour employer l'expression ancienne. Dans nos premiers ouvrages, nous parlions du Sentier de Probation, du Sentier proprement dit et de la Période officielle comme de trois stages marquant le développement avancé de l'homme. Le Sentier de Probation c'est la période de probation qui précède une Initiation (celle où l'homme « entre dans le courant ») et prend fin quand l'Adeptat est conféré. Il y a quarante ans nous parlions d'« initiations dans la S. T. »; le mot est d'ailleurs employé pour les cérémonies maçonniques et d'autres encore. Il faut avoir soin de ne pas confondre ces idées avec les grandes Initiations du Sentier occulte.

La période probationnaire précédant l'Initiation se divise — disait-on au début — en stages correspondant aux quatre qualités requises, énumérées dans cet ouvrage : le discernement, le détachement, la bonne conduite et l'amour.

Il est inexact de les appeler stages et de parler d'initiations faisant passer successivement de l'un à l'autre. Les qualités requises ne sont pas nécessairement développées dans l'ordre indiqué, ordre où elles sont énumérées dans les vieux textes orientaux, mais notre tâche est sans doute de les acquérir simultanément. De notre mieux nous nous appliquons à toutes. Pour l'un telle qualité peut offrir beaucoup moins de difficulté que pour l'autre.

Le discernement est cité en premier lieu, car de lui dépend en somme l'entrée de l'homme dans le Sentier. Les Bouddhistes l'appellent *manodvaravajjana* ou « l'ouverture des portes du mental ». En d'autres termes, le mental de l'homme s'ouvre pour la première fois à l'idée que les choses spirituelles sont les seules véritables et que la vie ordinaire dans le monde est du temps perdu. Les Hindous le nomment *viveka,* ce qui signifie discernement. Les Chrétiens l'appellent *conversion,* autre terme très expressif, car il réunit les sens de retour et de rencontre : le mot dérive du latin de *verto,* je tourne et de *cum, avec.*

En voici le sens : l'homme qui, jusqu'alors, suivait son propre chemin sans donner une pensée à la Volonté divine, se rendant compte maintenant de la direction que cette Volonté assigne au courant de l'évolution, s'y conforme. Dans beaucoup de sectes chrétiennes le sens du mot conversion a dégénéré : ce n'est plus qu'une sorte d'état spasmodique ou hystérique; pourtant, on y trouve encore l'idée de retour en arrière et d'obéissance à la Volonté divine. C'est assez la pensée de l'apôtre quand il dit : « Mettez votre affection dans les choses d'en haut et non pas dans les choses terrestres. »

Si le Sentier comporte des pas successifs, d'autres pas marquent des degrés dans les rapports personnels entre l'élève et le Maître qui le prépare aux Initiations. Les Initiations sont accordées par la Grande Confrérie Blanche, au nom de l'Unique Initiateur qui en est le Chef, exclusivement sur son ordre, mais les relations entre l'élève et son Maître ont un caractère personnel. On peut devenir: d'abord postulant, puis élève accepté, troisièmement ce que l'on appelle un fils du Maître. Ce sont là des relations privées; il ne faut pas les confondre avec les Initiations conférées par la Grande Hiérarchie elle-même.

La Première Initiation est le pas qui fait de l'homme un membre de la Grande Hiérarchie Blanche. Jusqu'ici l'aspirant ne se trouvait même pas, en réalité, sur le Sentier, mais s'y préparait. Cette Initiation n'est pas conférée arbitrairement; elle est la reconnaissance d'un certain stage évolutif atteint — ce que l'on appelait autrefois l'union du Soi supérieur et du soi inférieur, la fusion de l'ego et de la personnalité. Un homme qui désire se présenter comme candidat à la Première Initiation doit acquérir les qualités requises indiquées dans ce livre et faire de sa personnalité l'expression de l'ego, sans que subsiste aucune personnalité inférieure capable de s'imposer et d'avoir pour elle-même des désirs opposés à ceux du Soi périodiquement réincarné.

Le changement qui se produit alors est indiqué dans les planches insérées dans *L'Homme visible et invisible*. Le corps astral du sauvage ne présente que des couleurs traduisant toutes sortes de passions basses; ses contours sont irréguliers parce que l'homme n'en est pas maître; enfin, les corps causal et mental ne sont pas en rapport. Le premier semble nul; le second est légèrement développé mais à peine en relation avec le corps astral. Dans le corps astral du sauvage règnent des émotions et des passions diverses qui n'ont rien à faire avec l'intelligence; elles n'incitent pas le sauvage à la réflexion; il ne sait que penser; ses passions existent et l'entraînent.

Chez l'homme avancé tous ces véhicules sont au contraire étroitement coordonnés. Le corps causal est plein au lieu d'être vide; toutes les différentes couleurs exprimant les vertus supérieures y sont développées et déjà il commence à se répandre de toutes parts au dehors afin d'aider les autres. Le corps mental présente les mêmes couleurs, un peu plus denses mais cependant aussi belles que possible; elles représentent le corps causal sur le niveau inférieur. A son tour, le corps astral reflète le mental; mêmes couleurs, seulement un peu plus foncées et plus épaisses, le plan étant moins élevé.

Le soi du sauvage s'exprime par toutes sortes d'émotions et de passions que l'ego n'approuve assurément pas, mais chez l'homme développé, seules existent les émotions qu'il entend avoir. Au lieu d'être le jouet de ses émotions, il les choisit, tout simplement. « L'Amour », dit-il, « est une bonne chose; je me permettrai d'éprouver de l'amour. La dévotion est une bonne chose, je me permettrai d'éprouver de la dévotion. La sympathie — que cela est beau! Je me permettrai d'éprouver de la sympathie ». Et il le fait, les yeux ouverts, intentionnellement. Les émotions sont ainsi placées sous l'empire du mental et ce mental est l'expression du corps causal; nous sommes donc très près de la complète unité du Soi supérieur et du soi inférieur.

Il ne faut pas supposer l'existence, dans l'homme, de deux entités. Jamais aucun soi inférieur ne se présente comme un être indépendant mais l'ego détache et place tout en bas dans la personnalité une minime partie de lui-même, afin d'éprouver les vibrations des plans inférieurs. La personnalité devient alors beaucoup plus vivante que l'ego parce qu'elle est à un stage où elle peut répondre à ces vibrations; en conséquence elle oublie qu'elle appartient à l'ego; elle se lance dans la vie pour son propre compte et veut agir à sa guise plutôt que sous la direction de l'ego. Pourtant, au cours de nombreuses incarnations, l'ego devient fort. L'homme reconnaît alors que la personnalité est simplement une expression de lui-même, ego qui se réincarne, et que toutes les fois qu'elle veut commander au lieu d'obéir, elle divague et a besoin d'être maîtrisée. Il nous appartient de façonner la personnalité de manière à en faire l'expression de l'ego et de l'ego seul. C'est ce que Mr. Sinnett appelait « prêter serment de fidélité au Soi supérieur ». Dans *La Voix du Silence*, il nous est dit que le disciple doit détruire la forme lunaire : il s'agit du corps astral. Cela ne veut pas dire qu'il faille commettre un meurtre astral, mais que votre corps astral doit uniquement exister comme expression de ce qui est au-dessus de lui et qu'au lieu d'avoir des passions et des émotions particulières il ne reflétera que des images choisies par l'ego.

Cette condition, il faut l'atteindre avant de pouvoir être présenté à la Première Initiation. L'homme doit être devenu maître de ses corps physique, astral et mental; tous doivent être serviteurs de l'ego. Cette discipline exigerait de l'homme ordinaire un effort considérable. Bien des personnes diraient : « Cela m'est impossible; inutile de m'en parler ». C'est en effet un idéal beaucoup trop élevé pour lui être montré tout d'un coup. Par contre, ce ne devrait pas constituer un effort exagéré pour ceux qui, pendant des années, ont médité, réfléchi sur ces questions. Il n'est pas facile, en vérité, d'écraser les uns après les autres tant de passions et de désirs, de dompter les corps astral et mental, travail pénible mais qui mérite au plus haut point qu'on l'entreprenne. Le résultat obtenu est incomparablement supérieur aux efforts exigés, même les plus violents. Nous rendre capables de servir plus utilement l'Instructeur Mondial est un encouragement, un aiguillon additionnel dans cette entreprise ardue. Ceux qui reçoivent ces Initiations ne les reçoivent pas pour leur avantage personnel, ni pour échapper aux peines et aux souffrances d'ici-bas, mais afin de pouvoir collaborer au plan sublime.

Il se produit dans l'existence humaine certains changements infiniment plus importants que tous les autres. Le premier s'accomplit au moment où l'homme individualisé aborde le règne humain, où quittant le stage animal il commence sa carrière d'ego. Un autre est son admission à l'Adeptat, lors de la Cinquième Initiation par laquelle il quitte le règne humain pour s'élever à un état supérieur à l'humanité. Tel est le but proposé à tous les hommes, le point qu'il faut nous efforcer d'atteindre dans la présente chaîne de mondes. A la fin de cette période, l'homme ayant accompli ce qu'a voulu Dieu pour l'humanité, s'étant absolument conformé en ce qui le concerne aux intentions divines, quittera le règne humain. Beaucoup d'entre nous pourront y parvenir bien avant la fin.

Dans l'intervalle de ces deux changements s'en place un troisième tout aussi important : « l'entrée dans le courant » lors de la Première grande Initiation. La formule prononcée au moment d'admettre le candidat dans les rangs de la Confrérie contient ces paroles : « Vous êtes maintenant en sûreté pour toujours; vous êtes entré dans le courant; puissiez-vous bientôt atteindre l'autre rive ». Le Chrétien appelle le nouvel Initié celui qui est « sauvé », ou en sûreté. Ceci veut dire que, dans le courant évolutif présent, il est sûr de ne pas rester en arrière; qu'il est certain de ne pas perdre rang au jour du jugement dans la ronde prochaine, comme un écolier trop retardataire pour suivre le reste de sa classe.

L'Initié doit recevoir les Seconde, Troisième et Quatrième Initiations avant d'atteindre l'Adeptat, c'est-à-dire la Cinquième, mais lorsqu'il y parvient il unit la monade et l'ego, comme il a naguère uni l'ego et la personnalité. Quand l'homme complète l'union du Soi supérieur et du soi inférieur sa personnalité cesse d'exister sauf comme expression de l'ego; maintenant une tâche similaire l'attend de nouveau — celle de faire de cet ego une expression de la monade. Un autre stage du même genre s'ouvre-t-il au delà? Nous l'ignorons; cependant il est certain qu'en parvenant à l'Adeptat nous verrons s'ouvrir devant nous une perspective ascendante plus glorieuse encore.

Souvent l'on demande ce que sera la fin de l'évolution qui se développe sous nos yeux. Personnellement, je ne sais si elle prendra fin ou non. Un grand philosophe a dit un jour : « Il est inconcevable qu'il puisse y avoir une fin, inconcevable aussi qu'il puisse ne pas y en avoir une; pourtant l'une ou l'autre éventualité doit être vraie ». Certains parlent d'absorption dans l'Etre suprême : nous n'en savons rien. Nous savons que notre conscience continue à s'élargir; que, devant elle, se succèdent des degrés nouveaux, au-dessus, au delà du nôtre. Nous savons qu'il est possible de toucher au niveau bouddhique et d'obtenir ainsi une expansion de conscience énorme qui nous permettra, tout en restant nous-mêmes, de devenir en même temps des êtres différents et plus grands.

Cette expérience ne nous donne aucunement le sentiment d'avoir perdu notre individualité, mais celui de l'avoir élargie au point de pouvoir à notre propre faculté de sentir, ajouter celle des autres. Toute personne capable d'y arriver pendant la méditation doit continuer à s'y exercer. Par un épanouissement croissant la conscience ne cessera de s'élargir, jusqu'à contenir non seulement les êtres infiniment élevés, mais encore les êtres placés au-dessous d'elle;

toutefois les premiers, étant beaucoup plus forts et disposant d'une énergie formidable, seront atteints avant les autres. Une expansion pareille est progressive; il faut se frayer un chemin à travers tous les sous-plans de la conscience bouddhique. Bientôt on apprend à développer le véhicule bouddhique, c'est-à-dire un corps dont on peut disposer à cette altitude prodigieuse où toutes les sphères n'en font plus qu'une, où il devient possible de traverser l'espace sans le franchir dans le sens où nous comprenons ce terme.

Comme l'expérience en a été faite par beaucoup d'entre nous, nous avons le droit de supposer que les extensions ultérieures de cette conscience auront un caractère analogue. Nous sommes parvenus à cette unité sans perdre en rien le sentiment de l'individualité, sans nous sentir immergés dans une mer étincelante, pour employer l'expression du poète. Il semble au contraire que la mer étincelante se soit déversée dans la goutte d'eau.

Affirmation paradoxale, mais le sentiment éprouvé est bien celui-là : la conscience de la goutte d'eau en s'élargissant devient la conscience de la mer. Tel est pour nous le fait. Comment, dès lors, ne pas supposer qu'il n'y aura dans la méthode aucun changement subit? Nous ne pouvons concevoir que l'immersion dans une vie étrangère à nous-même nous fasse perdre la conscience dont l'acquisition nous a pris si longtemps. Je crois que cette conscience s'épanouira jusqu'au jour où nous serons unis à Dieu, mais seulement dans le sens où l'entendait le Christ quand il disait : « Vous êtes des dieux; vous êtes tous enfants du Très-Haut ».

Nous pouvons remonter bien loin dans le passé de l'évolution; nous pouvons aussi regarder très loin en avant. D'où la certitude de pouvoir compter sur un avenir représentant des millions d'années d'activité fructueuse, à des niveaux magnifiques dont la gloire, la puissance et l'amour sont ici-bas inconcevables. Ce qui est au delà, nous l'ignorons. Considérons la question au point de vue du sens commun : comment espérer savoir? Si le terme final de tout cela était dès maintenant à portée de notre intelligence, ce serait un terme bien mesquin, disproportionné à tous les stages qui l'auront précédé.

Notre intelligence est étroite; pour savoir à quel point elle est limitée, il faut avoir entrevu le développement supérieur; on commence alors à se rendre compte que l'intelligence dont l'homme a été si fier est en réalité bien peu de chose, un simple commencement, la semence d'un arbre à venir. En comparaison de l'intelligence future, les hommes ne possèdent aujourd'hui qu'une intelligence d'enfant — celle, il est vrai, d'un enfant qui promet, car il a déjà beaucoup accompli et donne l'espoir qu'il accomplira davantage. Mais, comparée à l'intelligence des Grands Etres, c'est tout de même celle d'un très petit enfant; elle n'est donc capable ni de s'élever bien haut, ni de plonger bien profondément et nous ne pouvons lui demander de comprendre ni le commencement, ni la fin. En ce qui me concerne, je me hâte d'avouer, en toute franchise, que j'ignore le but voulu par l'Etre Suprême dont je ne sais qu'une chose, c'est qu'Il est.

Le métaphysicien et le philosophe spéculent sur ces questions, effort qui leur vaut un développement considérable du mental et du corps causal. Ceux qui aiment ces imaginations peuvent s'y livrer sans inconvénient, mais ils doivent, je crois, comprendre clairement que ce sont des imaginations. Le philosophe ne doit pas transformer ses théories en système et s'attendre à nous le voir accepter, car il a probablement négligé certains des facteurs principaux. Personnellement, je ne spécule pas, sentant que la splendeur et la gloire qui nous attendent sont plus que suffisantes pour satisfaire toutes nos aspirations. « Des choses que l'œil n'a point vues, que l'oreille n'a point entendues, et qui ne sont pas montées au cœur de l'homme — des choses que Dieu à préparées pour ceux qui l'aiment. » (1). C'est aussi vrai aujourd'hui qu'il y a deux mille ans.

----

(1) 1 Cor., II, 9.

CHAPITRE III

COMMENT LE LIVRE FUT ÉCRIT

C. W. L. — La préface du Dr. Besant (datée décembre 1910), explique ensuite comment Alcyone a écrit le livre.

...et furent écrits ensuite de mémoire, lentement et péniblement, car son anglais était beaucoup moins courant l'an dernier qu'il ne l'est à présent.

La plus grande partie de cet ouvrage est une reproduction des propres paroles du Maître; ce qui n'est pas la reproduction verbale est encore la pensée du Maître revêtue des paroles du pupille. Deux phrases omises ont été rétablies par le Maître. Dans deux autres cas, un mot oublié a été ajouté. A part cela, cette œuvre est entièrement d'Alcyone, sa première offrande au monde.

Voici comment, dans *Les Maîtres et le Sentier*, j'ai personnellement raconté ce qui s'est passé :

Le récit des circonstances dans lesquelles ce petit livre vint à être écrit est assez simple. Chaque nuit j'étais chargé d'emmener ce jeune garçon dans son corps astral à la maison du Maître, afin que l'instruction voulue lui fût donnée. Le Maître consacrait environ un quart d'heure, chaque fois, à lui parler; puis à la fin de chaque entretien, Il résumait toujours les points principaux de ses explications, soit en une seule phrase, soit en plusieurs, faisant ainsi un abrégé facile que l'enfant devait apprendre par cœur. Celui-ci devait se rappeler le résumé au matin et le mettre par écrit. Le livre *Aux Pieds du Maître* est composé de phrases résumant l'enseignement du Maître, dans les propres termes employés par Lui. Le jeune garçon eut quelque mal à transcrire ces phrases car son anglais laissait, à l'époque, quelque peu à désirer. Sachant bien ces leçons par cœur, il ne s'inquiéta guère du sort des notes qu'il avait prises. Cependant quelque temps après, étant allé à Bénarès avec notre Présidente, il m'écrivit de là à Adyar, où j'étais, pour me prier de rassembler et de lui envoyer toutes les notes de ce que le Maître lui avait dit. J'arrangeai alors ces notes du mieux que je pus et les recopiai à la machine à écrire.

Il me parut alors que ces notes étant en grande partie les

paroles mêmes du Maître, je ferais bien de m'assurer qu'il n'y avait pas eu d'erreur de transcription. J'emportai donc chez le Maître Kouthoumi les copies que j'avais faites à la machine et Lui demandai d'avoir la bonté de les lire. Il les lut, changea un mot ou deux par-ci, par-là, ajouta quelques mots de liaison et d'explication et quelques autres phrases que je me rappelai Lui avoir entendu prononcer. Puis Il dit : « Oui, cela paraît correct; cela ira »; mais Il ajouta : « Allons néanmoins le montrer au Seigneur Maitreya ». Et nous y allâmes ensemble, emportant les feuillets, qu'il montra à l'Instructeur du Monde Lui-même, lequel lut et approuva. Ce fut le Seigneur Maitreya qui dit : « Vous devriez en faire un joli petit livre pour présenter Alcyone au monde ». Il n'était jamais entré dans notre idée de le présenter au monde; nous n'avions pas jugé désirable que tant de courants de pensée fussent concentrés sur un enfant de treize ans, dont l'instruction et l'éducation étaient encore à faire. Mais, dans le monde occulte, nous faisons ce que l'on nous dit et c'est ainsi que ce livre fut confié à l'imprimerie dès le lendemain matin.

Tous les inconvénients que nous avions prévus de cette publicité prématurée se manifestèrent; malgré tout le Seigneur Maitreya avait raison, et nous avions tort; car le bien qui est résulté de ce livre dépasse infiniment les ennuis qu'il nous occasionne. En effet, des milliers de gens nous ont écrit pour nous dire comment leur vie entière fut transformée; comment, pour avoir lu ce livre, toutes choses leur devinrent différentes. Ce livre a été traduit en vingt-sept langues; il en a été fait quelques quarante éditions, si ce n'est plus, et plus de cent mille exemplaires ont été tirés. Un travail magnifique a été accompli par son intermédiaire. Et, par dessus tout, il porte cet *imprimatur* unique de l'Instructeur Mondial qui va venir, et c'est bien là ce qui lui donne le plus de valeur, car du contenu de ce petit livre on peut déduire, dans une certaine mesure, ce que sera son enseignement (1).

____

(1) *Op. cit.*, édit. franç. p. 55-57.

CHAPITRE IV

LA PRIÈRE PRÉLIMINAIRE

C. W. L. — Le Dr. Besant termine par un vœu en faveur de nous tous :

Puisse-t-elle aider les autres, comme l'aida lui-même l'enseignement oral. C'est avec cet espoir qu'il nous le donne. Mais cet enseignement ne peut être fructueux que s'il est *vécu*, comme lui-même l'a vécu depuis qu'il l'a reçu de la bouche du Maître. Si l'exemple est suivi aussi bien que les préceptes, alors, pour le lecteur, comme il en a été pour l'auteur, le portail de l'Initiation s'ouvrira tout grand et il fera ses premiers pas sur le Sentier.

Dans son examen du livre, le Dr. Besant dit : « Il est bien rare que des paroles semblables, un enseignement si direct, si philosophique, si admirablement exprimé soient adressés aux hommes. » C'est pourquoi chaque mot mérite en vérité d'être soigneusement pesé.

Au commencement de l'ouvrage, précédant même l'avant-propos d'Alcyone, nous trouvons la prière ancienne, traduite du sanscrit :

> De l'irréel conduis-moi au Réel.
> Des ténèbres conduis-moi vers la Lumière.
> De la mort conduis-moi à l'Immortalité.

Dans le cas présent, le mot réel pourrait prêter à l'équivoque. En employant les mots « réel » et « irréel », nous voulons dire que telle chose a une existence positive et que telle autre n'en a pas. Pour nous l'irréel est purement imaginaire. Mais ce n'est pas absolument ce qu'un Hindou entend par cette expression. Peut-être nous rapprochons-nous un peu du sens qu'il lui donne, en disant : « De l'impermanent, conduis-moi au permanent ».

Dire que les plans inférieurs, physique, astral et mental, sont irréels cause souvent de sérieux malentendus. Ils ne sont pas irréels à leur propre niveau et tant qu'ils subsistent. Les objets physiques semblent parfaitement réels quand nous nous trouvons sur le plan physique, mais pendant le sommeil du corps, lorsque nous employons la conscience astrale au lieu de la conscience physique, ces objets ne nous sont plus visibles parce que nous avons passé à un plan supérieur. Pour cette raison l'on dit parfois qu'ils sont irréels, mais on pourrait dire tout aussi bien que le plan astral est irréel parce que, nous trouvant sur le plan physique, nous ne voyons pas les objets de l'astral. Les objets des deux plans sont toujours présents et restent visibles pour l'homme dont la conscience est active sur leurs plans respectifs.

A notre connaissance, toute manifestation est impermanente; le Non Manifesté seul est absolument et toujours le même. Toute manifestation, même celle des plans les plus élevés, retournera un jour dans l'immuable; ainsi la différence entre ce que nous appelons ordinairement l'impermanent et ces plans supérieurs, est une simple question de temps et ce temps, en regard de l'éternité, peut se réduire à rien. Le plan physique est donc tout aussi réel que le plan nirvânique; tout autant que lui il exprime la Divinité; en conséquence, il ne faut pas nous imaginer que, des deux plans cités, l'un est réel et l'autre un simple rêve ou une fantasmagorie.

Autre théorie très fréquemment émise : la matière c'est le mal. En aucune façon. La matière exprime, tout autant que l'esprit, la Divinité; tous deux sont en Elle; ce sont deux aspects qu'Elle revêt. La matière met souvent obstacle à nos progrès, mais seulement si l'usage qui en est fait ralentit notre marche. Autant dire si l'on se coupe avec un couteau, que les couteaux sont mauvais. Etant donné la flexibilité des mots sanscrits, nous pourrions aussi bien traduire la première ligne par : « Du faux, conduis-moi au vrai ». « Vrai », « permanent », « réel », — le sens paraît comporter tout cela. Notre prière est donc plutôt d'être conduits de l'extérieur, où l'illusion est la plus grande, à l'intérieur qui est plus rapproché de la vérité absolue.

La seconde requête est : « Des ténèbres conduis-moi à

la Lumière »; il s'agit naturellement des ténèbres de l'ignorance et de la lumière du savoir. La prière s'adresse au
Maître; nous lui demandons d'être illuminés par Sa sagesse.
Aux Indes, un sens secondaire s'ajoute au premier : Nous
sommes supposés demander au Maître de nous conduire
à la connaissance des plans supérieurs. Nous trouvons là
aussi la belle idée exprimée dans certains de ces livres anciens, que la lumière d'un plan inférieur est l'obscurité du
plan immédiatement supérieur. C'est une vérité admirable.
Ce que nous appelons lumière ici-bas est trouble et fumeux
comparé à la lumière du plan astral et celle-ci à son tour
est faible, comparée à celle du plan mental. Il est très
difficile de trouver des termes pour établir ces différences
car, toutes les fois que dans votre conscience vous vous
élevez d'un plan, vous avez l'impression de quelque chose
de prodigieusement supérieur à tout ce que vous avez jamais
connu — puissance accrue, lumière accrue, béatitude accrue.

Un homme progresse-t-il nettement dans sa conscience,
il se dit : « Aujourd'hui pour la première fois je comprends
ce qu'est véritablement la vie, ce qu'est le bonheur, la splendeur de tout cela. » Chaque plan est donc incomparablement
supérieur au plan placé immédiatement au-dessous de lui,
si bien qu'en revenant par exemple de l'astral au plan physique, il semble que l'on passe du soleil à l'obscurité d'un
cachot. Lorsqu'un homme peut agir consciemment sur le
mental, il est susceptible, dans des directions nombreuses,
d'une expansion infiniment supérieure à ce qu'il a connu
sur l'astral. En touchant à la conscience bouddhique il sent,
pour la première fois mais à peine, la manière dont Dieu
voit les choses. C'est un premier contact avec la Divinité,
une première notion de la manière dont Celui qui est tout
en tous sent au moyen de la création entière. De Lui il est
dit : « En Lui nous avons la vie, le mouvement et l'être »,
et encore: « De Lui, par Lui et à Lui sont toutes choses » (1).
Ce n'est pas là, simplement, un beau et poétique langage;
c'est l'expression d'un fait. Il y a une glorieuse unité, non
pas seulement une fraternité mais positivement une unité;
en l'effleurant, on commence pour la première fois très
vaguement à comprendre ce qu'éprouve Dieu en contem-

(1) *Rom.*, XI, 36.

plant son univers et en disant : « Cela est bon ». Ainsi des ténèbres régnant sur les plans inférieurs nous demandons à être conduits vers la lumière de la conscience supérieure; et c'est vraiment la lumière en contraste avec l'obscurité. Point de termes plus appropriés, point de mots capables de mieux rendre notre impression.

Enfin nous disons : « De la mort conduis-moi à l'Immortalité ». Ceci ne signifie pas ce que pourrait supposer le premier pieux lecteur venu, car le Théosophe ne doit pas envisager la mort comme le fait une personne qui n'a pas étudié ces questions : son attitude doit être même exactement contraire. La mort n'a rien d'horrible; ce n'est pas le roi des épouvantements mais plutôt un ange porteur d'une clef d'or, qui vient ouvrir la porte donnant accès à une vie plus haute et plus intense. Bien entendu, nous regrettons toujours les disparus, mais ce regret se rapporte « au toucher d'une main évanouie, au son d'une voix qui s'est tue ». Quand nous demandons à être conduits de la mort à l'immortalité, notre pensée n'est aucunement celle d'un Chrétien qui voudrait vivre pour l'éternité dans sa présente personnalité, sous une forme ou sous une autre. Nous aspirons cependant à échapper à la mort et à sa compagne inséparable, la naissance. Ce qui attend les hommes c'est la progression cyclique appelée par les Bouddhistes *Sansâra*, la roue de la vie. Ici la prière signifie : « Du cycle des naissances et des morts, conduis-moi à l'immortalité » — à la vie qui, dominant la naissance et la mort, n'a plus besoin de plonger dans les niveaux supérieurs, parce que son évolution humaine a pris fin et qu'elle a appris tout ce que la matière avait à lui enseigner.

Sans que l'on s'en doute en général, cette idée tient également une grande place dans les Ecritures chrétiennes. Le Christianisme moderne subit certaines obsessions (je ne crois pas que l'on puisse les appeler autrement), dont l'une est l'idée affreuse d'un enfer éternel. Cette croyance a répandu un nuage d'incompréhension sur une série d'autres doctrines. Dans son ensemble, la théorie du salut en est venue à signifier qu'il faut être sauvé de cet illusoire enfer éternel. Le sens est bien différent; tous les passages qui sont supposés s'y rapporter et qui paraissent si incompréhensibles deviennent clairs et lumineux dès le moment où l'on comprend qu'en réalité l'homme est sauvé par la naissance du Christ en son cœur.

Le Christ a souvent parlé de la voie large qui mène à la mort ou destruction et des hommes nombreux qui la suivent. Ses disciples vinrent un jour lui demander : « Seigneur, n'y a-t-il que peu de gens qui soient sauvés? » Il leur répondit : « Étroite est la porte et resserré le chemin qui mène à la vie; il en est peu qui les trouvent. » Ces paroles admirables et parfaitement vraies, les hommes les ont interprétées comme signifiant que la majorité des hommes sera jetée dans un enfer éternel et qu'un nombre infime parviendra au ciel. Il est tout à fait ridicule d'attribuer cette idée au Christ. Sa pensée était parfaitement claire. Les disciples lui ayant demandé combien d'hommes prenaient le sentier de l'Initiation, il répondit : « Peu », ce qui est aussi exact aujourd'hui qu'à cette époque lointaine. En disant : « Large est le chemin qui mène à la mort et nombreux sont ceux qui le suivent », il parlait de la route qui mène au cycle des morts et des naissances. Que la route soit large et facile est naturellement vrai; ce mode de progression ne donne aucune peine et ceux qui s'y tiennent atteindront assez facilement le but... peut-être à la fin de la septième ronde.

Mais étroite est la porte et resserré le chemin qui mène à l'Initiation, au royaume des cieux. Quand le Christ parle de ce royaume, jamais il n'entend parler du monde céleste ou condition posthume ou dévakhane, mais toujours de la collectivité des hommes sauvés ou compagnie des élus, c'est-à-dire la Grande Confrérie. Lorsqu'il parle des conditions d'existence entre la mort et la renaissance, nous trouvons des expressions tout autres. Rappelez-vous le passage écrit par saint Jean : « Et voici, il y avait une grande foule, que personne ne pouvait compter, de toute nation, de toute tribu, de tout peuple, de toute langue. Ils se tenaient devant le trône et devant l'agneau, revêtus de robes blanches et des palmes dans leurs mains. » En mentionnant la vie d'outre-tombe, l'auteur nous parle d'une multitude immense, innombrable, non point d'un petit groupe d'hommes ayant peine à trouver leur chemin.

CHAPITRE V

L'ATTITUDE DU DISCIPLE

C. W. L. — Nous arrivons maintenant à l'avant-propos d'Alcyone lui-même.

Ces paroles ne sont pas de moi; ce sont celles du Maître qui m'instruisit. Sans Lui je n'aurais rien pu faire, mais avec son aide je suis entré dans le Sentier.

Il attribue entièrement ses progrès à l'influence et à l'aide de son Maître. Nous participons largement à l'assistance qu'il reçut alors, car nous possédons les paroles du livre, c'est-à-dire celles du Maître; mais le secours immense de Sa présence et de Sa direction personnelle est prêt et attend également chacun de nous. Cette réalité doit se graver dans notre mental; il faut nous reposer sur elle comme sur un fait absolument certain : Seront aidés comme Alcyone tous ceux qui voudront s'y préparer.

Toi aussi, tu veux entrer dans ce même Sentier, et les paroles qu'il m'adressa te seront également utiles, si tu leur obéis. Ce n'est pas assez de dire qu'elles sont vraies et belles : l'homme qui veut réussir doit faire exactement ce qui est prescrit. Il ne suffit pas à un affamé de regarder un aliment et de dire qu'il est bon; il lui faut étendre la main et manger. De même aussi il n'est pas suffisant d'écouter les paroles du Maître; il faut faire ce qu'il dit, attentif au moindre mot, au moindre signe.

Il ne suffit pas de *dire* : « Je ferai tout ce qui est écrit dans le livre », il faut aussi que l'enseignement sature notre existence entière. Il faut guetter les occasions. Quelques vers placés à la fin du volume expriment très bien cette idée :

> Attendant la parole du Maître,
> Guettant la lumière cachée,
> Ecoutant, pour savoir ses ordres,
> Au milieu même de la bataille.

Attentif à son moindre signe,
Au-dessus de l'immense foule,
Entendant son léger murmure,
A travers les chants bruyants de la terre.

Au milieu du fracas, du tumulte et de la frénésie du combat de la vie, il faut sans cesse écouter, si l'on aspire à devenir élève du Maître. Il faut nous efforcer de découvrir l'occasion de mettre en pratique tel ou tel enseignement. Ce n'est pas, en somme, vraiment difficile; c'est en grande partie une question d'habitude. *Ce n'est que le premier pas qui coûte* (1). Quand, ce pas ayant été fait, l'habitude est prise, il est pour nous aussi tout aussi facile de veiller sans défaillance que, pour une personne dans les affaires, de chercher les occasions de réaliser un bénéfice. Cette personne a raison de maintenir une attitude expectante; si elle s'occupe d'affaires, son devoir est de bien s'en acquitter; mais si les choses temporaires sollicitent ses efforts, nous pourrions bien nous-mêmes accorder une application égale aux questions de la vie supérieure.

Il est très important, pour qui désire atteindre les pieds du Maître, de bien comprendre ses intentions. Une attitude semblable est le fruit des lectures théosophiques; seulement c'est l'attitude qui en est le vrai objet, car la Théosophie est une vie à vivre et non pas seulement un système à apprendre. Il faut donc tâcher de conformer nos vues à celles du Maître, mais sans rien forcer. Aucun de nous n'agirait très sagement en adoptant telle manière de voir, simplement parce qu'elle est celle du Maître et sans comprendre comment il y est parvenu. Nous pourrions l'adopter sans aucun risque, ses connaissances dépassant infiniment les nôtres, mais il ne le veut pas. Sa pensée doit convaincre notre intelligence, il ne suffirait pas qu'elle influençât nos sentiments.

Ce qu'il faut avant tout, c'est la conviction que ces choses présentent une réalité, une permanence, une importance majeures. Le Chrétien moyen dit, il est vrai, que les choses invisibles sont les plus importantes et que les visibles sont passagères; seulement il n'agit pas le moins du monde

(1) En français dans le texte (N. D. T.).

comme s'il le croyait. Pourquoi? Parce qu'il n'en est pas
certain. Sur le plan physique il est convaincu que l'argent
présente des avantages et que, plus il en gagnera, mieux
il s'en trouvera; il est moins convaincu de la réalité des
choses spirituelles, elles font partie de la catégorie de sujets
qu'il appelle « la religion »; pour lui, semble-t-il, elles ne
présentent pas la même certitude, le même caractère pratique et tangible propre aux affaires de la vie ordinaire.
Nous qui cherchons à progresser dans le domaine spirituel,
nous devons précisément introduire ce caractère pratique,
cette certitude absolue et précise, dans le règne de l'invisible.
Mr. Sinnett a dit dans son premier ouvrage théosophique :
« Ces choses doivent devenir pour vous aussi réelles que
Charing Cross. » Cela est vrai; elles doivent nous être aussi
familières que ce que nous voyons chaque jour.

Elles peuvent le devenir soit par le raisonnement, soit
par l'intuition, soit surtout par l'expérience directe. Quand
nous sommes tout à fait convaincus, intellectuellement, que
telle chose doit exister, elle devient pour nous un fait. C'est
là sans doute un des avantages que les étudiants plus anciens ont sur les plus jeunes. Quel que soit l'enthousiasme
des nouveaux, les anciens ont eu le temps de faire de cette
idée une partie intégrante de leur vie, de l'assimiler petit
à petit, grain par grain pour ainsi dire. Le savoir s'élève de
progrès en progrès, comme le dit le poète. Il en est parmi
nous qui, dès qu'ils entendent mentionner les faits supérieurs, sont immédiatement et absolument convaincus de
leur réalité; cette heureuse intuition est au fond de leur bon
Karma généré dans les vies passées. Cependant, pour le plus
grand nombre, dont le Karma est moins favorable, le développement soutenu compte pour beaucoup. Bien entendu
une personne peut être membre de la Société depuis trente
ans sans être plus instruite qu'au début : c'est attristant,
comme toute occasion perdue. Ceux, au contraire, qui ont
sans cesse réfléchi à la Théosophie et lui ont conformé leur
vie ont graduellement acquis un sentiment de certitude. Les
expériences de la vie et la pensée donnée à ces questions
nous ont apporté successivement tant de preuves que l'évidence de leur réalité s'impose à nous.

Dans bien des cas, les idées théosophiques ont semblé
pour commencer compliquées et difficiles; plus tard elles

sont devenues simples et aisées; elles sont devenues une partie de nous-mêmes. Un enfant fait une page d'écriture, très fier s'il n'a pas commis de faute, mais plus tard il fera la même copie sans même y penser, la faculté étant acquise. Aussi longtemps que, pour comprendre, l'effort nous est nécessaire, nous n'avons pas encore bien saisi la valeur des idées théosophiques; elles deviendront un jour une force dans notre vie.

L'expérience personnelle assure des progrès plus faciles et plus prompts; il est rare que nous en soyons entièrement privés et à cet égard la moindre connaissance directe nous montre, non pas sans doute que tout le reste est vrai, mais que le reste est extrêmement probable. Nous avons personnellement constaté qu'une partie de ce qui nous a été enseigné est conforme à la réalité; aussi nous admettons la probabilité du reste, la philosophie dans son ensemble étant cohérente; et cette probabilité est si forte qu'elle équivaut à une certitude.

Si un signe n'est pas observé, si un mot passe inaperçu, ils sont perdus pour toujours, car le Maître ne parle pas deux fois.

A. B. —— Beaucoup de personnes n'arrivent pas à comprendre que celles qui ne cessent d'entendre répéter les vérités sont moins bien et non mieux partagées que les autres encore dans le monde extérieur et que le message n'a pas touchées, si elles n'essaient pas de s'y conformer. Je ne dis pas, remarquez-le bien : si elle ne s'y conforment pas — je dis : si elles *n'essaient* pas de s'y conformer. C'est l'effort soutenu qui est nécessaire; on l'oublie trop souvent parmi nous. Le Maître en effet ne parle pas deux fois; Il suggère une idée; n'est-elle pas accueillie, Il n'insiste pas; Il ne répète pas ce qu'Il a dit. Ses disciples, eux, tenant compte des conditions d'ici-bas, répètent cent fois ce qu'ils ont à dire jusqu'à ce qu'ils produisent une impression. Si vous étiez élèves acceptés, votre Maître ne vous dirait pas de faire ce qui est impossible. Si vous négligiez un avis qu'Il vous donne, Il ne vous le donnerait plus. Ce ne serait pas faute de bonté mais parce qu'Il n'a pas de temps à perdre; Il est infiniment trop occupé. Tout cet enseignement a été donné à Alcyone parce qu'il travaillait beaucoup et sans cesse. N'arrivent à s'approcher ainsi du Maître que ceux dont la volonté ne faiblit pas. Je le sais : c'est précisément cet effort soutenu et sans défaillance que beaucoup d'entre nous trouvent difficile, mais c'est lui qui est nécessaire et s'il n'est pas fourni, vous ne pouvez avoir accès au Sentier.

C. W. L. — Nous qui suivons le Maître et tâchons d'accomplir une partie de son œuvre dans le monde extérieur, nous avons constamment à parler deux fois; nous avons à répéter sans cesse les différents messages qui nous sont confiés, parce que les auditeurs sont insouciants ou distraits. Seulement, dès qu'une personne entre en rapport avec le Maître, elle est supposée n'être plus insouciante : une simple insinuation qui devrait lui suffire ne sera sûrement pas réitérée si elle n'est pas accueillie; non que le Maître soit fier mais parce que l'élève n'est pas prêt.

Il faut comprendre la manière dont les Maîtres forment leurs élèves. Un ordre direct donné par Eux est extrêmement rare. Lors de ma mise en probation, voilà bien longtemps, ma première question fut : « Que puis-je faire? » Le Maître répondit : « A vous de le découvrir »; puis Il me donna ces explications : « Je sais très bien que si je vous donnais un ordre vous obéiriez de suite, mais dans ce cas vous ne recueilleriez que le Karma d'une prompte et immédiate obéissance et le Karma, conséquence de l'acte, serait pour moi. J'entends qu'il soit pour *vous;* j'entends que, pour en profiter vous-même, vous accomplissiez de bonnes actions et fassiez du bon Karma. L'idée doit venir de vous et non de moi. » Les Grands Etres donnent très rarement des ordres directs; mais souvent, d'un mot prononcé par le Maître ou même d'un de Ses regards, on arrive à juger s'Il approuve ou non telle manière d'agir. Ceux qui L'entourent (c'est surtout le cas pour le Maître Kouthoumi) apprennent bientôt à faire ces observations; ils ont toujours l'attention en éveil.

Le Maître Morya était un roi dans la première période de sa présente incarnation et souvent Il parle avec une autorité royale. Il lui arrive plus fréquemment de donner des ordres directs et sa désapprobation est généralement exprimée en termes clairs. Le Maître Kouthoumi ne désapprouve presque jamais; ses élèves ont appris à interpréter son regard car il blâme rarement. Voilà pourquoi ils sont toujours dans l'attente de ce qu'Il pourrait leur donner à entendre. L'avis donné, ils s'efforcent de le suivre, sachant que s'ils le négligent cet avis-là ne sera pas répété. Le défaut de réceptivité n'entraîne pas le moindre blâme; l'élève seul y perd, car il risque de ne pas recevoir d'avis nouveau dans une autre occasion.

Dans *Les Maîtres et le Sentier*, nous avons exposé que les différents Maîtres forment leurs élèves de façons diverses, suivant les rayons dont ils font partie et les genres de tâches qui doivent leur incomber. Sur la ligne du Manou et du Maître Morya se trouvent les personnes du type *Kshattriya* — du type autoritaire telles que juges, légistes, militaires, hommes d'état. Sur la ligne du Bodhisattva et du Maître Kouthoumi se trouvent les personnes du type Brahmane telles qu'instructeurs, prédicateurs, réformateurs. Il existe en outre cinq autres grands rayons dont chacun à ses caractères particuliers. Un Chohan qui a reçu au moins la Sixième Initiation est placé à la tête de chaque catégorie; plusieurs Maîtres sont placés au-dessous de Lui. Ainsi par exemple sur le deuxième rayon un élève n'appartient pas nécessairement au Maître Kouthoumi; il pourrait dépendre du Maître Djwal Koul.

CHAPITRE VI

LES QUATRE SENTIERS PRÉLIMINAIRES

C. W. L. — Il existe, nous disent les textes orientaux, quatre voies principales pouvant amener les hommes à l'entrée du Sentier de Probation; ils ajoutent que le changement d'objectif est dû le plus souvent à la société de personnes déjà engagées sur le Sentier; elle ouvre les yeux à la gloire et à la beauté du Sentier comme à la nécessité de le suivre. L'influence d'un disciple avancé ne se borne pas aux paroles qu'il prononce; ce qui exerce une action si puissante, c'est la vibration de vie qui rayonne autour de lui. Ce fait est pleinement admis aux Indes où il existe des instructeurs nombreux et divers, de rang plus ou moins élevé, doués de pouvoirs plus ou moins grands : on les appelle *gourous*. Chacun a ses élèves particuliers; il leur inculque ses propres idées philosophiques, leur donne parfois à réciter des *mantras* ou formes de méditation et leur enseigne des pratiques de yoga; mais ce n'est pas du tout par ces leçons qu'il les aide le plus. Le point capital c'est qu'ils vivent près de lui. Si le gourou est un péripatéticien, errant de lieu en lieu, ils l'accompagnent. Ainsi les disciples de Jésus parcouraient avec Lui la Palestine. Si le gourou est sédentaire, ses élèves l'entourent, assis à ses pieds, prêts à recueillir les sentences qui pourraient tomber de ses lèvres, mais ils profitent moins de ses leçons que de l'influence répandue sur eux par sa présence.

Rien de plus scientifique. Les véhicules supérieurs du gourou vibrent à une vitesse beaucoup plus grande que ne le font ceux de ses disciples, venus plus récemment de la vie ordinaire où les vibrations s'exercent à un niveau plus bas. Les disciples ne se sont pas encore dégagés entièrement, comme lui-même, de l'élément personnel; ils doivent se discipliner, constater leurs défauts, prendre la résolution de s'en corriger et acquérir certaines vertus, bref transformer leur caractère. C'est là, en général, un long et fastidieux travail mais qui peut se trouver immensément facilité par la proximité constante du *gourou* qui a développé ces vertus et supprimé ces vices en lui-même. Les vibrations supérieures exercent une pression constante, pendant la veille comme pendant le sommeil; les disciples les absorbent et ne cessent d'être amenés au même diapason. C'est un principe bien connu en physique : de deux pendules voisines dont les balanciers ne s'accordent pas, la plus forte amènera petit à petit la plus faible à se conformer à son propre mouvement ou bien provoquera son arrêt.

La seconde manière d'arriver au Sentier de Probation est de lire ou d'entendre les enseignements donnés à ce sujet. Une personne trouve la question intéressante; les circonstances mettent-elles à sa portée certaines de ces connaissances, elle s'en empare intuitivement et cherche, sans tarder, à satisfaire son désir d'en savoir davantage. Ce fut mon propre cas. *Le Monde occulte* m'étant tombé sous la main, ma décision fut immédiate : « S'il en est ainsi — et cela est évident — si ces Grands Personnages existent, s'Ils consentent à recevoir nos services et de nous accorder en retour un peu de Leur inappréciable savoir, alors je serai de Leurs serviteurs; je ramasserai autant de miettes que possible. A partir de ce jour, le seul objectif méritant mes efforts est de réunir les conditions nécessaires. » Bien entendu la doctrine est annoncée oralement ou par les livres à des milliers et des milliers de personnes mais sans qu'elle éveille en elles aucun élan. C'est une question d'expérience gagnée dans d'autres vies. Il faut s'être déjà trouvé en contact avec la vérité et avoir acquis la conviction de sa beauté et de sa réalité dans une vie passée pour la reconnaître instantanément comme telle quand elle nous apparaît dans la vie présente.

Beaucoup d'entre nous trouvent surprenant que tout lecteur d'un ouvrage théosophique ne se convertisse pas. La Théosophie est une doctrine sublime; elle résout maint problème et pourtant, comme vous le savez fort bien, si vous tentez de prêter à certains amis des livres théosophiques, la moitié de ces amis vous les rendent en disant : « Oui, c'est vraiment très intéressant », mais sans y avoir rien compris. Le bon Karma généré autrefois en étudiant ces idées permet de les comprendre aujourd'hui. Plus nous avons approfondi un sujet dans le passé, plus il nous attire maintenant. C'est là notre expérience quand il s'agit d'un ouvrage de valeur lu par nous, il y a par exemple vingt ans.

Relisez-le maintenant, combien plus qu'autrefois vous y trouvez aujourd'hui; vous êtes devenu capable de l'apprécier dans la mesure où vous en avez acquis la faculté.

La troisième façon dont on est parfois conduit à l'entrée du Sentier est ce que l'on appelle dans les ouvrages hindous « la réflexion éclairée ». En d'autres termes une personne peut arriver par un effort intellectuel intense à la conclusion qu'un plan d'évolution doit exister; que des Hommes évolués et accomplis doivent le connaître parfaitement; enfin qu'il doit exister un chemin permettant de les atteindre. La personne qui par un semblable effort mental parvient à cette conclusion se met en quête de la Voie. Seulement, sur cette route-là, les voyageurs sont probablement rares.

A certains égards, la méthode la plus remarquable est la quatrième, c'est-à-dire la pratique de la vertu. C'est une idée qui se recommande au chrétien moyen, car il croit souvent que la vertu seule est nécessaire. Par contre, le Théosophe se rappelle qu'au temps du Christianisme primitif la purification ou sainteté aujourd'hui prise pour objectif était simplement regardée comme un premier pas. Saint Clément en dit, sans ambages, que la pureté est tout au plus une vertu négative, ayant surtout pour avantage de faciliter la connaissance. L'homme s'est-il purifié, il devient digne de s'instruire et de se préparer à l'illumination ou deuxième stage, puis de passer au troisième stage ou perfection. Vous vous souvenez de la parole de saint Paul : « Il est une sagesse que nous prêchons parmi les parfaits » (1), mais point parmi les autres.

La vertu mène à l'entrée du Sentier parce que, si un homme dont la conduite est méritoire pendant de nombreuses incarnations n'en devient pas pour cela plus intelligent, il finira par acquérir assez d'intuition pour être mis en relation avec des personnes instruites, en fait pour se mettre aux pieds d'un serviteur du Maître. On admet pourtant que cette méthode exige des milliers d'années et des vies nombreuses. L'homme qui pratique la vertu sans cultiver son intelligence atteindra un jour le Sentier, mais c'est une lente progression. Que de temps gagné s'il suivait le conseil de saint Pierre et cherchait aussi à s'instruire!

(1) 1 *Cor.*, II, 6. Trad. Crampon (N. D. T.).

CHAPITRE VII

LES QUATRE QUALITÉS REQUISES

Il y a quatre qualités pour entrer dans le Sentier :

> le discernement,
> le détachement,
> la bonne conduite,
> l'amour.

C. W. L. — Ces qualités requises, toutes les religions les ont sans cesse indiquées, mais la présente traduction diffère légèrement de toutes les précédentes. Pour la première qualité peu de changement. J'ai déjà expliqué les noms qui lui sont donnés par les Hindous et par les Bouddhistes : ils sont synonymes de la conversion des Chrétiens; l'élève doit unir à l'ego la personnalité. Sur le Sentier proprement dit une fusion analogue unira l'ego à la Monade. L'ego est un fragment de la Monade, détaché et placé au-dessous d'elle, aussi bas que la partie supérieure du plan mental. L'ego descend aussi pour gagner en expérience, pour apprendre à recevoir et à répéter certaines vibrations qui échappent à la Monade sur son propre niveau. L'ego à son tour doit apprendre qu'il fait partie de la Monade, qu'il n'existe que pour la Monade et, quand il y parvient, l'homme est prêt à recevoir la Cinquième Initiation et à devenir un Adepte.

Voici comment se trouve définie l'aptitude aux deux Initiations : pour la Première, unification du Moi supérieur et du moi inférieur, si bien que dans la personnalité la seule activité soit celle de l'ego; pour la Cinquième, disparition chez l'ego de tout ce qui ne serait pas approuvé ou inspiré par la Monade. Toutes les fois que la Monade influe sur les vies ici-bas, elle vient comme un dieu descendu des cieux; à chaque Initiation elle descend comme un éclair et pendant un instant s'unit à l'ego, comme elle le fera pour toujours quand sera conféré l'adeptat. Dans certaines autres circonstances, la Monade descend également : c'est le cas par exemple mentionné dans *Les Vies d'Alcyone*, où Alcyone fit un vœu à Notre Seigneur le Bouddha.

Par l'une ou l'autre des méthodes précitées, l'homme est amené au discernement ou constatation de ce qui vaut la peine d'être recherché et de ce qui ne le mérite pas. L'homme s'aperçoit ensuite qu'il doit acquérir la seconde qualité, appelée ici par le Maître le détachement. Le Dr. Besant l'a traduit par absence de passion ou indifférence; c'est le *vairagya* hindou, c'est-à-dire l'indifférence pour le résultat de nos actes. Notre Seigneur le Bouddha ne s'exprime pas tout à fait dans les mêmes termes; Il emploie le mot pâli *parikamma*. Karma ou *Kamma* signifie toujours faire ou agir, et *parikamma* signifie préparation à l'action; c'est le degré où une importance particulière est assignée au devoir de faire le bien pour l'amour du bien, sans tenir compte d'aucun avantage qui pourrait en dériver pour nous. Ceci doit être bien compris. Souvent l'on entend dire que l'indifférence pour le fruit de l'action signifie qu'il faut faire son devoir sans se préoccuper de sa réaction sur autrui. Comme le livre nous le dit un peu plus loin : « Il faut... faire ce qui est bien; tu ne dois pas faire ce qui est mal », quelles que soient les conséquences; mais il ne s'ensuit pas qu'il faille agir à notre guise, sans nous soucier de la manière dont l'action affectera autrui. En fait, c'est précisément l'effet ainsi produit qui détermine si l'action est bonne ou non. L'élève du Maître ne pense pas à l'effet produit sur lui-même, mais il attache une extrême importance à l'effet produit sur les autres.

A la troisième qualité requise, appelée la bonne conduite, se rattachent les six règles dont le nom hindou est *Shat-sampatti*. Dans la forme pâli employée par Notre Seigneur le Bouddha, cette qualité est appelée *upachâro*, qui signifie « attention plutôt que conduite »; il faut veiller à la conduite suivant les manières prescrites par ces six joyaux, comme on les nomme. Nous trouvons un peu plus loin, en continuant l'étude de ce livre, les termes employés par le Maître Kouthoumi. Le Bouddha leur a donné comme noms : *samo*, « le calme », c'est-à-dire la discipline du mental; puis *damo*, « la subjugation », c'est-à-dire la discipline du corps; ensuite *uparati, titikha, samadhana* et *saddha*, littéralement : « la cessation, l'endurance, l'application et la foi ». Je me suis donné la peine de faire chercher ces mots dans les principaux dictionnaires et leur traduction m'a été donnée par le grand-prêtre Hikkaduwe Sumangala Thero, alors chef de l'Eglise bouddhiste du sud. Les mots représentent aussi la foi particulière de cette église.

Ils diffèrent un peu de la traduction donnée dans ce livre. Ce qui là est appelé « cessation » est traduit par « tolérance », car il s'agit de renoncer à l'étroitesse religieuse et à la superstition, de se défaire complètement de toute idée que votre méthode est préférable à toute autre et aussi qu'il n'existe aucun rite ou aucune cérémonie indispensable. L'endurance n'est qu'une forme de la sérénité. L'application est faite de concentration et d'équilibre; elle consiste à fixer la vie entière au foyer de notre effort et comporte par conséquent aussi la fermeté. Enfin la foi est la confiance envers le Maître et envers nous-mêmes. Dans les deux cas, les qualités sont identiques, mais Notre Seigneur le Bouddha en parlait à un point de vue spécial — la nécessité de la sagesse. Quant à Notre Seigneur Maitreya et au Maître Kouthoumi, ils insistent davantage sur la nécessité de l'amour. En instruisant Alcyone, le Maître cherchait aussi à donner le sens pratique plus qu'à traduire littéralement les anciens noms.

La dernière qualité requise est l'amour — en sanscrit *mumukshatva*, c'est-à-dire « l'ardent désir d'être libéré des naissances et des morts successives et aussi de s'unir à l'Etre Suprême ». C'est ce que Notre Seigneur le Bouddha appelle dans sa nomenclature *anuloma*, c'est-à-dire « l'ordre direct » ou « succession ». Cela signifie qu'après avoir développé les autres qualités, il faut que l'homme ait le désir d'échapper aux limitations d'ici-bas et de s'unir à l'Etre Suprême afin de pouvoir devenir son collaborateur.

Alcyone dit ensuite :

Je vais essayer de te dire ce que le Maître m'a enseigné sur chacune de ces qualités.

Ici commence l'ouvrage proprement dit.

DEUXIÈME PARTIE

LE DISCERNEMENT

CHAPITRE VIII

LES BUTS VÉRITABLES
ET CEUX QUI N'EN SONT POINT

C. W. L. — Nous voici à la section I du livre lui-même.

La première de ces qualités est le discernement : par
là on entend, en général, ce discernement entre le réel
et l'irréel, qui conduit l'homme vers le Sentier. C'est bien
cela, mais c'est beaucoup plus encore, et il faut le pratiquer, non seulement au début du Sentier, mais à chaque
pas que l'on y fait, chaque jour et jusqu'au bout.

Ces dernières paroles indiquent nettement les difficultés
à surmonter par la plupart des personnes qui, leurs yeux
étant ouverts à la gloire et à la beauté du Sentier, désirent
s'y engager afin de se mettre aux pieds du Maître. Toutes
sont bonnes, sérieuses et laborieuses, mais la personnalité est
indisciplinée et elles ont à subir la grande pression de l'opinion publique, comme je l'ai déjà expliqué. N'oublions pas
non plus que l'humanité vient de dépasser le milieu de la
quatrième ronde et que ces personnes essaient d'accomplir
dans cette même ronde ce qui deviendra très facile à la
fin de la septième; celles qui attendront jusque là disposeront dans leurs véhicules physique, astral et mental, de
matière beaucoup plus développée que celle dont nos corps
sont composés aujourd'hui; la totalité de ses spirilles et
non plus la moitié seront alors actives; enfin toutes les
énergies ambiantes seront leurs auxiliaires, au lieu de leur
être contraires comme aujourd'hui.

Les Maîtres sont de notre côté et Leurs énergies nous
assistent. La puissance évolutive, malgré sa lenteur, est également notre alliée; l'avenir est lui aussi pour nous; mais
à l'époque actuelle toute entreprise de ce genre est extrêmement difficile. Vers le milieu de la cinquième ronde tous les
hommes dont l'influence agit puissamment sur nous et dans

une direction opposée auront été éliminés et il ne restera plus que ceux qui suivent notre propre chemin. Aussi, dans la septième ronde tout sera-t-il extrêmement facile. A cette époque on pourra trouver dans le monde extérieur tous les avantages que présente seul aujourd'hui un monastère dirigé par un homme spirituellement développé. Certains lecteurs se diront : « Alors, pourquoi ne pas attendre la septième ronde? » Beaucoup d'entre nous se sont laissé porter par le courant avec assez de bien-être et d'agrément, depuis vingt ou trente mille ans, et ceux qui n'éprouvent pas en eux-mêmes un vif désir de progresser ou d'aider l'humanité pourront continuer de la sorte pendant encore un millier d'années et sans doute, vers la fin, tout leur deviendra plus facile; mais les hommes qui affrontent aujourd'hui les difficultés auront l'immense privilège d'accélérer l'évolution et recevront la couronne. Rappelez-vous le vieux cantique chrétien où il est dit qu'un homme étant monté au ciel et regardant autour de soi, se trouva non sans surprise un peu différent des autres; il rencontra enfin le Christ et lui demanda la raison. Le Christ lui répondit :

Je sais que tu as cru en Moi — et qu'en Moi tu as mis ta vie. — Mais où sont toutes les étoiles radieuses — qui devraient briller dans ta couronne? — Vois là-bas cette foule joyeuse; — tous les fronts y portent des gemmes; — pour toute âme qu'ils ont amenée à Moi — ils portent aujourd'hui un joyau.

Les Ecritures chrétiennes nous disent que les sages brilleront comme le firmament, comme la lumière dans un ciel pur, mais que ceux qui amèneront de nombreux hommes à la justice seront comme des étoiles pour l'éternité — d'immenses et resplendissants soleils faisant rayonner leur chaleur et leur énergie sur des milliers d'autres vies. Telle est la différence entre accomplir immédiatement notre tâche et attendre que le courant nous porte au but dans la septième ronde.

Tu entres dans le Sentier parce que tu as appris que là seulement peuvent être trouvées les choses qui sont dignes d'être acquises. Les hommes qui n'ont pas la connaissance travaillent pour gagner la richesse et le pouvoir; mais ces biens ont, tout au plus, la durée d'une seule existence, et par là ils sont illusoires. Il y a de plus grandes choses à gagner que celles-là — des choses qui sont réelles et durables — quand une fois on les a vues on ne désire plus les autres.

A. B. — La question du réel et de l'irréel est profondément métaphysique, mais ce n'est pas d'elle dont il s'agit vraiment ici, car le Maître avait en Alcyone un tout jeune élève; de plus, les leçons étaient données sur le plan astral. Dans des cas semblables, le Maître parle à la fois au mental inférieur et à l'ego; dans cette occasion il adapta son enseignement au mental inférieur d'un jeune garçon qui était loin d'avoir atteint son développement complet. Quel que fût l'âge de l'ego, les trois corps étaient jeunes, aussi la leçon fut-elle donnée en termes très simples afin que, retournant à son corps, l'élève pût la comprendre dans sa conscience de veille.

L'irréel représente ici tout ce qui n'est pas divin, tout ce qui est passager dans le monde phénoménal, tout ce qui appartient au moi personnel, y compris même toutes les occupations supérieures auxquelles s'adonnent les hommes avec un objectif matériel. Nous rendrons la pensée du Maître en disant que tout est irréel, sauf ce qui fait partie de la volonté divine. Les hommes arrivés au discernement connaissent les choses réelles; ils travaillent donc comme agents de Dieu et font Sa volonté, l'action véritable restant sienne. Rien ne donne à entendre qu'ils doivent négliger l'activité matérielle; il leur incombe de travailler d'autant mieux, et non moins bien, qu'ils sont les agents de Dieu et les instruments de ses activités dans le monde extérieur. « La Yoga », dit la *Gita*, « est l'action experte »; or, la yoga est l'union avec le Divin. Un homme est-il parvenu à cette union, son action doit être experte, car ce n'est pas lui-même qui travaille, mais Dieu. Lorsque Arjouna questionne Shri Krishna sur le devoir de combattre, le Seigneur répond que Lui-même a déjà tué l'ennemi et Il ajoute : « C'est pourquoi combats, O Arjouna ».

Quand les choses supérieures ont été vues, dit le Maître, ne désire plus les autres — idée familière aux étudiants de la *Gita* où se trouvent ces mots :

Les objets des sens, mais non le désir pour eux, se détournent de l'abstinent habitant du corps, et ce reste de désir aussi l'abandonne, quand il a vu le Suprême (1).

Lorsqu'un homme a vu l'Unique, le désir même, éprouvé jusqu'alors pour les objets des sens, s'évanouit en lui.

C. W. L. — En fait, dès que les choses supérieures ont été vues l'on ne désire plus les inférieures, mais il est absolument nécessaire que l'abstinence de celles-ci soit la conséquence de cette vision. Très souvent on confond la cause et l'effet et l'on s'imagine que la prétention de ne plus tenir aux choses inférieures — excellentes dans leur catégorie mais appelées inférieures par opposition aux supérieures et spirituelles — fait passer immédiatement l'homme à un niveau plus élevé. Il n'en est rien, bien entendu; c'est encore une forme de l'illusion si répandue concernant l'ascétisme. Une foule de gens pratiquent ce qu'ils nomment ascétisme comme un but en soi et se figurent à tort qu'il est très méritoire d'éviter les plaisirs ordinaires de l'existence et de rechercher l'inconfort de diverses façons : vestige de l'idée puritaine qui régnait à une certaine époque en Angleterre et dans une grande partie de l'Europe. Ce puritanisme avait pour principe fondamental que pour être bon il fallait être aussi inconfortable que possible. Un homme éprouvait-il une satisfaction quelconque, il violait sans doute certaines des lois divines, car jamais il n'avait été destiné à trouver ici-bas le bonheur; son corps était un objet méprisable qui avait besoin d'être dompté de cent manières; prenait-il plaisir à une activité quelconque, on pouvait être sûr qu'elle était coupable. Tout cela est absurde, mais c'est une perversion de la vérité. En réalité, les choses appréciées dans ce monde et que l'on y considère comme de grands plaisirs, perdent ce caractère pour les personnes qui, s'élevant à un niveau supérieur, aspirent à des joies beaucoup plus élevées, capables de compenser et bien au delà, les premiers.

Dans ce monde, on prend grand plaisir à toutes sortes de choses dont l'intérêt est nul pour ceux qui désirent des joies plus hautes — par exemple aux courses de chevaux, à la boisson et au jeu, comme aussi à différents genres d'amusements tels que la danse et les cartes : ces plaisirs,

(1) *Bhagavad-Gita* (trad. Kamensky), II, 59 (N. D. T.).

sans être nécessairement répréhensibles, ressemblent à des
jouets d'enfant. En grandissant, un petit enfant abandonne
ses jouets; à trois ou quatre ans, il s'amuse avec des briques et les poupées; un peu plus tard il lui faut des soldats, des cerfs-volants, des toupies et des billes; enfin, plus
âgé encore, il ne tient plus à tout cela, mais joue au cricket
ou au football ou à d'autres jeux du même genre exigeant
beaucoup d'exercice en plein air. Autant de stages traversés
par l'enfant et qui, tour à tour sont très naturels. Plus âgé
encore, l'homme abandonne ses plaisirs antérieurs, non
par esprit de devoir, mais simplement parce qu'ils ont perdu
leur sel; il a trouvé des objectifs plus appropriés à son
stage de développement. On voit immédiatement qu'un
petit enfant de trois ans ne deviendrait pas un grand garçon, en décidant qu'il ignorera les jouets de la première
enfance et en voulant jouer au cricket ou au football.

L'homme très avancé ne trouve aucun attrait à beaucoup
de choses jugées nécessaires par les gens ordinaires, et
l'homme moyen trouverait sans doute intolérablement en-
nuyeuse la vie du disciple s'il essayait de vivre comme beaucoup d'entre nous, sans autre intérêt que la Théosophie et
les problèmes vitaux de l'existence. « Ces gens », dirait
le mondain moyen, « font toujours la même chose; ils ne
semblent connaître et aimer qu'elle » — ce qui est d'ailleurs très vrai, car tout le reste y est compris; mais il ne
deviendrait pas un homme avancé en prétendant qu'il ne
tient pas à ses propres plaisirs, alors que, dans son cœur,
il ne cesse de les désirer.

Dans le monde entier il n'y a que deux sortes de gens :
ceux qui ont la connaissance et ceux qui ne l'ont pas, et
cette connaissance seule importe.

La religion d'un homme, la race à laquelle il appartient, ce sont là des choses sans importance.

A. B. — Le Maître établit ici une distinction très lumineuse : Il divise les hommes en deux classes — ceux qui ont
la connaissance et ceux qui ne l'ont pas. Telle est, au point
de vue de l'occulte la grande division; à chacun de reconnaître celle dont il fait partie. Les deux classes comprennent
de nombreuses variétés de personnes, car distinctions

et différences extérieures ne comptent pas. Ceux qui ne savent pas recherchent ce qui existe pour une seule vie; mais ceux qui ont, une fois, aperçu les choses réelles n'éprouvent plus qu'un seul désir, celui de travailler pour le Logos, de se conformer à son plan immense et de collaborer, même dans la plus humble mesure, à son exécution. Nous pouvons déterminer le degré de notre connaissance en constatant si, oui ou non, elle s'applique à cette tâche. La connaissance purement cérébrale qui permet, par exemple, de causer avec beaucoup d'intelligence et d'instruire les autres est absolument irréelle. Est seule véritable la connaissance qui a été assimilée par la vie. Une foule de gens ont l'habitude de se recueillir un instant chaque soir avant de se mettre au lit et de passer en revue leurs activités de la journée. C'est une pratique fort utile, mais si vous la suivez, demandez-vous non seulement ce que vous avez fait, éprouvé ou pensé, mais aussi quelle a été votre attitude. Si vous avez été submergé par vos activités, vous avez à peu près perdu votre temps. Si, au contraire, vous les aviez considérées comme faisant partie du travail divin, comme des actes de sacrifice, elles auraient été pour vous non pas des obstacles mais des occasions de progrès.

Ce qui importe réellement, c'est cette connaissance, la connaissance du plan de Dieu relatif aux hommes. Car Dieu a un plan, et ce plan c'est l'évolution. Sitôt que l'homme a compris ce plan, et qu'il le connaît vraiment, il ne peut plus que collaborer à sa réalisation, et s'identifier avec lui, telle est sa gloire et sa beauté.

C. W. L. — L'esprit dans lequel certains hommes entrent dans les diverses associations politiques ou de tempérance qu'ils jugent utiles à l'humanité est porté à son comble dès qu'ils se rendent compte du véritable plan établi par le Logos pour son système; ils jugent que ce plan s'accomplira un jour et que l'époque de cette fin désirable dépend du nombre d'hommes prêts à s'y consacrer. Si en quelques semaines ou années le monde entier pouvait être amené à reconnaître ce plan et à y collaborer, tout ce que le Logos désire pour ses enfants s'accomplirait très vite. Les hommes ne sont pas assez développés pour le comprendre; voilà pourquoi nos efforts sont insuffisants et que le soleil éclaire encore tant de chagrins, d'injustice et de perversité.

Beaucoup d'étudiants en Théosophie ont un aperçu du plan. Je ne veux pas dire qu'ils l'aient vu, mais qu'ils sont en rapport avec ceux qui l'ont vu, par conséquent le connaissent et savent la direction à prendre pour s'y associer. Mais, quand viendra le temps de la vue directe, on constatera la vérité de tout ce qui est dit ici de l'enthousiasme. Dans ce monde les hommes se consacrent avec enthousiasme et ardeur aux causes, aux réformes utiles, mais à moins de posséder une certaine idée du plan évolutif et de voir comment leur travail s'y rattache, l'erreur est aisée. Ils s'attachent à certaines causes dont l'urgence et la nécessité s'imposent. Telle est par exemple, la cause de la tempérance; ils la soutiennent parce qu'ils ont constaté les maux effrayants engendrés par la boisson et compris les avantages infinis et divers que la disparition de ce vice conférerait à l'humanité; ils s'efforcent donc de l'empêcher, non pas en montrant aux buveurs que leur habitude est une folie et un péché, mais en interdisant la vente de l'alcool et en imposant ainsi la sobriété — procédé qui ne supprime aucunement le désir mais se borne à en rendre la satisfaction impossible. Loin de moi la pensée de critiquer les lois prohibitives; il y a beaucoup à dire en leur faveur. S'il nous paraît sage de restreindre la vente de l'arsenic ou de l'acide prussique, pourquoi ne pas en faire autant pour un poison qui cause bien plus de maux que les deux premiers réunis? Je me borne à montrer que le remède n'atteint pas la racine du mal; il cherche à réformer les hommes par la contrainte et non par la persuasion.

De même, exactement, les personnes qui ont les yeux ouverts aux terribles souffrances du « *dixième submergé* » cherchent partout un remède à cette honte énorme et criante; malheureusement il en est qui voient le remède dans un radicalisme absolu ou même dans l'anarchie. Nous ne pouvons blâmer les gens qui soutiennent avec désintéressement des méthodes dont ils attendent le soulagement de leur prochain. Dans des cas pareils, c'est la tête qui se trompe et non le cœur; celui-ci les pousse à des pertes et à des sacrifices personnels considérables afin de soulager, comme ils l'espèrent, les peines des hommes leurs frères; il leur reste à comprendre que l'évolution humaine étant soumise à un plan, ils doivent se consacrer à son étude afin que leur action devienne sage aussi bien qu'altruiste. C'est le discernement qui manque. Comme on ne voit qu'une des faces du problème, on s'engage à fond dans un système dont les résultats seront pires que les maux à adoucir.

Ainsi, parce qu'il a la connaissance, il est du côté de Dieu, fermement voué au bien et résistant au mal, travaillant pour l'évolution et non pour son propre intérêt.

C. W. L. — Telle est la pierre de touche permettant de reconnaître les personnes qui savent; il ne s'agit en rien de leur religion, ni de leur race, mais uniquement du fait qu'elles luttent pour le bien contre le mal. Toutes les fois que nous voyons un homme fidèle à ce qu'il connaît de plus élevé, luttant pour ce qui lui semble être le bien et résistant à ce qui lui paraît être le mal, nous devons le regarder comme un frère travaillant du côté divin, même si ses actes ne sont pas toujours de ceux que nous pouvons approuver ou que nous pouvons supposer agréables à Dieu, comme il dit; et pourtant ses idées sont des plus mesquines et des plus intolérantes; dans certains cas, il fait preuve d'un esprit d'opposition acharné, qui ressemble fort à la haine, à l'égard de ceux dont les croyances diffèrent des siennes.

L'un des caractères les plus frappants du travail de la Grande Hiérarchie est que, dans chacun des cas de ce genre, ses membres recueillent le bien et laissent de côté le mal; Ils prennent la force générée par ce dévouement et cette sincérité et la mettent entièrement à profit en écartant le mal qui, tout au moins sur ce plan-ci, empêche le bien de se manifester. Dans beaucoup de communautés chrétiennes la bigoterie domine à ce point la bonté aimante, que l'observateur n'en distingue que l'âpreté. Les Frères de la Hiérarchie déplorent la bigoterie et constatent bien plus que d'autres le mal qu'elle cause; pourtant Ils savent en extraire toute la force représentée par la bonté aimante, par la dévotion et par la bonne intention, l'utilisent et en accordent le mérite à ceux qui en sont les auteurs. Chacun de ces hommes recevra tous les fruits de sa bonté, bien qu'en même temps sa colère et sa bigoterie lui vaudront suivant la loi Karmique, exactement les résultats mérités.

Il sied donc d'être charitables dans nos relations avec ces hommes et en tout cas de fixer notre pensée sur les choses bonnes, de « nous jeter sur les perles », comme le disait le Maître, au lieu de chercher la paille, comme on le fait si souvent.

Si cet homme est du côté de Dieu il est des nôtres et il importe peu qu'il se dise hindou, bouddhiste, chrétien ou mahométan, ou qu'il soit Indien, Anglais, Chinois ou Russe.

A. B. — Voilà une pensée que les candidats au Sentier ne doivent jamais oublier car, si elle ne se traduit point dans vos vies, vous êtes encore très loin du portail. Là personne ne s'informera de votre race, ni de votre religion, mais seulement des qualités ajoutées par vos efforts à votre caractère. Tous nous passons successivement par différentes races. Aujourd'hui nous nous trouvons dans telle sous-race de telle race-mère, parce que nous avons besoin d'acquérir les bonnes qualités spécialisées en elle et qu'elle peut par conséquent nous donner. Par contre et simultanément beaucoup de personnes sont fort occupées à développer en elles-mêmes les faiblesses propres à cette même sous-race. On peut dire sans doute et avec raison : « Pour le moment, aucune race ne serait plus apte à supprimer mes défauts et à développer mon caractère »; seulement il ne nous appartient en aucune façon d'adopter par exemple les méthodes anglaises et de les porter aux nues, à l'exclusion de toutes les autres, convaincus qu'elles sont sans égales. Chaque race a son rôle à jouer dans l'harmonie générale; chacune contribue à l'immense synthèse. Quelle que soit la race dont vous faites partie, l'harmonie partielle exprimée par cette race vous offre pour le moment le travail le plus facile et le plus naturel. Quand vous y aurez passé vous apprendrez à jouer plus tard un rôle différent. Si les hommes comprenaient cela ils auraient moins de penchant à s'enorgueillir sottement de leur propre race et à critiquer les autres.

Quand j'entends quelqu'un se plaindre d'une autre personne, en donnant à entendre que, si elle a des torts, c'est parce qu'elle est anglaise ou hindoue, je constate immédiatement que l'irréel aveugle encore le plaignant; de même, lorsqu'une personne excuse ses propres insuffisances en disant que ce sont celles de sa sous-race. Il faut s'efforcer d'acquérir les meilleures qualités de vos race et sous-race et non leurs points faibles. L'Indien par exemple, devrait chercher à développer la spiritualité, l'inoffensivité, la tolérance, la capacité d'agir sans s'attacher aux fruits de l'action, car la première famille de la race aryenne a été appelée à manifester ces qualités.

Néanmoins, nous voyons parfois le détachement accompagné de négligence et de laisser-aller, dus à cette idée fausse : « S'il faut être indifférent aux fruits de l'action, c'est que l'action n'a pas d'importance ». En réalité, ce qui est nécessaire est à la fois l'action parfaite et l'indifférence à ses fruits. Pour l'Anglais, c'est souvent le contraire; il agit en général avec compétence et soin, mais il est disposé à en rechercher les fruits avec trop d'ardeur; l'indifférence lui fait souvent défaut. A chacun de prendre pour objectif ce qui lui manque. L'Indien devrait tâcher de s'exercer à l'action et l'Anglais à l'indifférence; ni l'un ni l'autre ne perdant les qualités qui déjà lui appartiennent. Si tout le monde en faisait autant les différences entre les races contribueraient à l'enrichissement de toutes, car chaque race emprunterait aux autres ce qui lui manque.

C. W. L. — Etre patriotes, admirer votre propre race, sentir que vous lui devez quelque chose, être prêts à la servir: tout cela est excellent. Veillez bien cependant à ne pas exprimer votre admiration en dépréciant les autres races. Nos rapports avec l'humanité entière, voilà ce que nous ne devons jamais oublier. Nous sommes citoyens de la terre et non pas exclusivement ceux d'une seule race. Pourtant le patriotisme est bon, comme l'est aussi l'amour de la famille. Dans les deux cas il n'est pas moins nécessaire de ne pas exagérer notre vertu au point de remplacer le bien par le mal. L'amour de la famille est un sentiment admirable; mais chez les barons pillards du moyen âge, celui qui les portait à l'assassinat pour enrichir leurs propres familles était certainement une vertu portée à l'excès et devenue un vice. De même le patriotisme est louable; par contre, s'il conduit à attaquer des races étrangères, il devient répréhensible. Mais, si vous pouvez en quelque manière travailler pour la vôtre sans léser les autres; si, vous montrant dignes de lui appartenir, vous la rendez meilleure par votre présence, vous aurez le droit d'éprouver une réelle satisfaction. Au point de vue religieux, il en est précisément de même. Nous avons tous passé par beaucoup de grandes religions; chacune insiste sur certaines vertus, mais toutes les vertus sont nécessaires aux progrès de l'humanité.

Ceux qui sont avec Dieu savent pourquoi ils s'y trouvent, ils savent ce qu'ils ont à faire et ils essayent de l'accomplir. Tous les autres ignorent encore ce qu'ils devraient faire; aussi agissent-ils souvent en insensés...

C. W. L. — Ceci rappelle l'enseignement de Notre Seigneur Gautama Bouddha donnant l'ignorance comme la cause de tout mal. Ceux qui n'ont pas la connaissance agissent souvent d'une façon peu judicieuse; par conséquent il est vrai que le méchant mérite toujours notre pitié, jamais notre aversion ou notre haine. L'impression, en général, est qu'il agit par égoïsme, pour son intérêt personnel comme il le suppose, et l'on est assez disposé à oublier son ignorance des faits. En voici un exemple. Certains multimillionnaires sont arrivés à une prospérité temporaire en rendant l'existence impossible à une foule d'entreprises moins importantes et en les ruinant; ils sont exécrés par les personnes qu'ils ont ainsi privées de leur gagne-pain et chacun parle de leur égoïsme et de leur brutalité.

Oui, mais s'ils agissent ainsi c'est par ignorance; ils poursuivent directement leur objectif, celui d'écraser leurs rivaux, dans la conviction qu'ils peuvent s'occuper mieux qu'eux de l'affaire. Peut-être en effet obtiennent-ils de meilleurs résultats, tout en faisant fortune, mais jamais ils n'auraient tenté l'entreprise s'ils avaient su qu'ils en souffriraient beaucoup plus que tous leurs concurrents et qu'ils se préparaient pour l'avenir un karma infiniment pire que

le sort par eux infligé aux compétiteurs évincés. Au lieu
de détester ces hommes pour leur égoïsme, il serait plus
sage de les plaindre de leur ignorance.

...et cherchent-ils, pour eux-mêmes, des voies qu'ils
croient devoir leur être agréables, ne comprenant pas
que tous sont Un et que, par conséquent, seul ce que
l'Unique désire peut vraiment être agréable à tous.

C. W. L. — Les utilitaires ont leur grande maxime : « il
faut chercher le plus grand bien du plus grand nombre » ;
elle constitue un réel progrès sur cette idée qui avait
d'abord prévalu: « seul importe le bien de quelques hommes;
les autres représentent une quantité négligeable ». Pourtant la minorité ne peut rester ignorée; chaque homme
doit compter, car tous sont un. Ceci reste inintelligible
tant que la conscience du plan bouddhique n'a pas été
jusqu'à un certain point développée; encore faut-il du
temps pour apprendre à quel point tous les hommes sont
un. Croire en cette vérité est pour nous une sorte de devoir
religieux, ou une sorte de pieuse aspiration à l'unité finale.
Nous disons : « Nous sommes tous issus du même Père
universel; donc nous sommes tous frères, nous sommes
tous un ». Mais la réalité, mais la profondeur de cela nous
échappent tant que nous n'en avons pas fait l'expérience
dans la conscience bouddhique.

Il est cependant possible d'en donner une idée en disant:
« Toutes les consciences sont une, le monde entier est un,
tout l'amour qui s'y manifeste est l'Amour unique et divin;
dans ce monde toute beauté est l'unique et divine Beauté,
dans ce monde toute sainteté est la Sainteté de Dieu ». Le
Christ exprimait cette idée à l'homme qui, venu à Lui,
L'appelait « bon Maître ». « Pourquoi », répondit-Il, « m'ap-
pelles-tu bon? Dieu seul est bon » (1). La bonté de chaque
homme est la bonté de Dieu manifestée en lui; toute la
beauté, toute la gloire d'ici-bas telles que nous les con-
templons sur la terre, sur la mer et dans le ciel, est simplement une partie de l'unique et divine Beauté; en nous
élevant de sous-plan à sous-plan, de stage en stage, nous

(1) *Matth.* XIX, 17 (N. D. T.).

voyons de plus en plus cette beauté se déployer à nos yeux; enfin nous apprenons à voir dans la beauté de chaque objet la totale Beauté. Tout est un.

Quand cette leçon a été apprise, la gloire du Divin est discernée en toute chose et au moyen de toute chose; toutes ses autres gloires le sont dans chacun. Un beau paysage s'étend-il devant nous, nous admirons non plus seulement le spectacle mais encore tout ce qu'il nous suggère, c'est-à-dire le tout infini dont il n'est qu'un fragment minuscule. Alors notre vie deviendra infiniment heureuse et remplie d'amour; ce bonheur nous donnera quelque idée de la Béatitude éternelle; cet amour nous fera comprendre l'Amour éternel. La seule manière de faire de grands progrès est d'arriver à la conviction que nous ne sommes qu'un point dans le tout; alors notre conscience devient capable de s'immerger dans celle de Dieu, afin que, par nos yeux, Dieu puisse voir toute cette beauté, et que nous, partie de Lui-même, nous puissions également la voir et la comprendre.

Ils poursuivent l'illusoire au lieu du réel et, tant qu'ils n'ont pas appris à distinguer ces deux choses, ils ne sont pas du côté de Dieu. Et c'est ainsi que le discernement est le premier pas à faire.

Cependant, même quand le choix est fait, il faut te souvenir qu'il y a bien des variétés dans le réel et dans l'illusoire et qu'il faut encore savoir distinguer le bien du mal, ce qui est important de ce qui ne l'est pas, ce qui est utile de ce qui est inutile, ce qui est vrai de ce qui est faux, ce qui est égoïste de ce qui est désintéressé.

C. W. L. — Ce sont là des subdivisions de la grande distinction établie entre le réel et l'irréel; leur énumération nous montre comment, si nous voulons suivre le Sentier, le discernement doit pousser ses ramifications jusque dans les plus petites circonstances de la vie. Constamment surgissent de petites questions que nous avons à trancher d'une façon ou d'une autre; il faut donc penser sans cesse au discernement et toujours être sur nos gardes. Prendre toujours le temps de réfléchir est lassant; beaucoup de personnes excellentes ne l'essaient pas sans fatigue; l'effort soutenu est trop grand pour elles. C'est très naturel, mais toute défaillance empêche d'atteindre le but. Malgré la fatigue à vaincre, il faut donc dans notre vie n'oublier jamais.

Il ne devrait pas être difficile de choisir entre le bien et le mal, car ceux qui veulent suivre le Maître sont déjà décidés à se rallier au bien, à tout prix.

A. B. — Si quelqu'un hésite entre le bien et le mal, il ne désire pas vraiment suivre le Maître. Ceux qui s'y décident doivent être résolus à choisir le bien, en toute circonstance, petite ou grande, sans tenir compte des conséquences. Les *Yoga Soutras* disent des cinq qualités principales appelées *yama*, comprenant l'innocuité, la vérité, l'honnêteté et autres vertus prescrites dès le commencement du Sentier : « Elles sont nommées les grands vœux, étant universelles » ; en d'autres termes, il faut leur rester fidèle en *toute* circonstance; aucun gain à réaliser pour lui-même ou pour autrui n'autorise le disciple à en violer aucune. Arrivé à ce point, en parole ou en action, jamais un homme n'altère la vérité, quel que soit l'avantage apparent qu'il y trouverait, non seulement dans les questions d'argent, mais en toute circonstance : par exemple, il ne dépassera pas le crédit dont il dispose. Demandez-vous si votre choix de la vérité est toujours *instinctif;* tant qu'il ne le sera pas vous resterez loin du premier Portail. A cet égard, le Maître juge inutile d'en dire plus : c'est si clair, si évident.

C. W. L. — Ceci se rapporte non seulement à la conduite mais encore au fait qu'il existe à la fois de bonnes et de mauvaises manières d'aborder une tâche. Ne pas observer strictement cette règle prouve que, dans notre for intérieur, nous ne désirons pas le succès avec sincérité. On dit parfois : « Que je voudrais être clairvoyant; que je voudrais posséder la vue astrale! Par quoi faut-il commencer? Quel est le premier pas ? » Le premier pas consiste à purifier les véhicules. Ayez soin d'accorder à votre corps physique seulement les aliments les plus appropriés. Nombreuses sont les personnes qui désirent la vue astrale mais au moment de choisir, elles préfèrent ce qu'elles appellent un bon dîner; elles ont le sentiment qu'il leur est nécessaire parce qu'elles en ont l'habitude et sur le moment leur désir de vue astrale est oublié. Pourtant c'est l'habitude seule qui fait naître en elles cette idée. Instruits de cette particularité d'ordre physique, nous pouvons nous appliquer à la tâche pénible d'éliminer les vieilles habitudes, mauvaises ou inutilisables et d'en prendre de nouvelles. Il faut voir un encouragement dans ce fait que l'habitude peut devenir pour nous une puissante alliée, malgré la gêne qu'elle nous a causée tout d'abord. Une fois les bonnes habitudes prises, elles agissent automatiquement; nous pouvons les oublier et diriger ailleurs notre attention.

Au point de vue de la conduite la question de choix entre le bien et le mal ne se pose pas. Tout lecteur capable d'être intéressé par cet ouvrage ou qui aspire à parvenir aux pieds du Maître, n'hésitera pas à choisir le bien quand il le verra. Nul d'entre nous — espérons-le — n'essaierait d'agir par fraude — nous n'en sommes plus là — ni d'altérer en rien la vérité, même en vue d'un bien apparent. Sans doute nous ne choisirions pas un métier répréhensible nous obligeant par exemple à tuer des animaux; nous ne serions pas de ceux qui portent des vêtements ou des ornements impossibles à obtenir sans détruire des bêtes — parfois en massacrant dans les conditions les plus révoltantes l'oiseau sur son nid. Toutes les personnes qui persistent à se vêtir ainsi ne désirent pas vraiment suivre le Maître; elles préfèrent suivre la mode.

CHAPITRE IX

LA VIE DES CORPS

Mais l'homme et son corps sont deux, et la volonté de l'homme n'est pas toujours d'accord avec les désirs du corps. Lorsque ton corps désire quelque chose arrête-toi, et réfléchis : est-ce réellement *toi* qui as le désir?

A. B. — Ici le Maître donne à son élève un ordre bien net : le corps désire-t-il quelque chose, l'élève doit faire une pause et se demander s'il éprouve vraiment lui-même ce désir. Beaucoup de personnes trouveront que ces pauses et ces réflexions quotidiennes, renouvelées du matin au soir, sont très difficiles et ennuyeuses; mais il faut en prendre son parti; elles jouent un grand rôle dans la préparation. C'est très difficile, je le sais, aussi de nombreux aspirants se lassent-ils de fournir un pareil effort.

Ceux qui renoncent à cause de leur fatigue manquent le but; voilà tout. L'effort doit être énergique et soutenu; tout cela exige une existence extrêmement réglée : aucune précipitation, ni en action, ni en parole, ni même en pensée; toutes les activités de l'élève, physiques, émotionnelles et mentales doivent être entièrement disciplinées.

C. W. L. — Si, dans cette question du progrès, l'on tient réellement à faire tout son possible, il vaut la peine d'étudier avec soin nos différents véhicules et de nous rendre un compte exact de ce qu'ils sont. Il est dit ici très clairement que le corps physique a des désirs qui ne sont pas ceux de l'homme : cela est tout aussi vrai en ce qui concerne les corps astral et mental. En comprenant bien la constitution de ces véhicules on s'aperçoit que les désirs qui leur sont naturels sont contre-indiqués pour l'homme. Nous en parlons, ou à peu près, comme de personnes distinctes, ce qui dans un certain sens est vrai; chacun de ces corps est formé de matière vivante, et la vie qui les anime se concentre et acquiert une sorte de conscience collective.

Dans le corps astral, elle constitue ce que nous appelons parfois l'élémental du désir, entité qui en somme est composée de la vie collective de toutes les cellules astrales comprises dans ce corps. Isolée, chaque cellule n'est qu'une petite vie, à demi-consciente, luttant pour s'élever — ou plutôt pour descendre, car pour elle, l'évolution consiste à descendre dans le règne minéral. Quand ces vies se trouvent toutes réunies dans un corps astral, elles font alliance jusqu'à un certain point, acquièrent ainsi une certaine unité et donnent l'impression d'un corps astral, ayant des instincts vigoureux et personnels, si vigoureux en fait que l'on pourrait presque lui prêter une volonté à lui. Pour évoluer il lui faut des vibrations plus fortes et plus grossières, se rapportant aux sentiments et aux émotions que nous ne voulons pas développer en nous, telles que l'envie, la jalousie et l'égoïsme; voilà pourquoi ses intérêts sont si souvent opposés aux nôtres. Infiniment plus subtiles, plus rapides et en réalité plus puissantes, les vibrations de l'amour, de la sympathie et de la dévotion appartiennent toutes à une région supérieure du corps astral et par conséquent sont d'un type dont le corps lui-même n'a pas, comme nous, besoin.

Les personnes dont la vie n'est pas réglée et qui veulent être libres, comme elles disent souvent, de parler et d'agir à leur guise, sont en réalité les esclaves de leur corps astral. N'en blâmons pas le corps astral et ne le prenons pas, comme les Chrétiens du moyen âge, pour un démon; il ignore tout de nous et de notre existence; il ne nous tente en aucune façon, mais cherche simplement à s'exprimer, à évoluer à sa manière, comme le font tous les autres êtres.

On a parfois demandé : « Ne faudrait-il pas donner à cet élémental l'occasion de progresser et lui permettre ces vibrations grossières? » Non; ce serait de la philanthropie mal comprise et, en tout cas impossible à appliquer jusqu'au bout. Le meilleur traitement que nous puissions accorder à la matière plus grossière (elle se trouve dans notre corps astral parce que dans des vies passées nous avons permis aux émotions inférieures de se déchaîner en nous) est de l'expulser; elle s'attachera à quelque sauvage, sinon à un chien ou à une vache, chez qui ses vibrations peuvent agir sans faire de mal à personne.

A sa façon, l'élémental du désir est assez rusé; nous mettre à sa place et comprendre ce que peut être la conscience à un niveau si inférieur nous est difficile, mais évidemment il se sent entouré de quelque chose de plus fin que soi-même, la matière mentale, et l'expérience paraît lui enseigner qu'en arrivant à faire vibrer celle-ci en même temps que la sienne, il obtient des vibrations beaucoup plus intenses et plus massives qu'il ne le ferait autrement. S'il parvient à persuader l'homme que leurs désirs sont identiques, il a bien plus de chances de satisfaire les siens; il tâche donc de mettre en mouvement cette matière plus fine. Si, par exemple, il réussit à provoquer une pensée impure, il obtient bientôt les émotions impures qu'il aime. Eveille-t-il une pensée jalouse, bientôt s'éveille un sentiment de jalousie. C'est ce qu'il voulait; non pas qu'il crût faire le mal, car pour lui ce ne sont que les très violentes et grossières vibrations qui lui plaisent. Ainsi l'élémental se montre souvent plus fort que l'être humain, malgré son stage évolutif extrêmement inférieur. Lorsqu'on y pense, il est assez humiliant de nous reconnaître vaincus et d'être employés comme un instrument par quelque chose qui n'est même pas encore un minéral. Il faut résister et purifier le corps astral malgré lui, en remplaçant toute mauvaise habitude héritée de notre passé par de bonnes émotions qui nous serviront dans l'avenir.

Un élémental mental et un élémental physique existent aussi. Le second a pour tâche de constituer les tissus et de veiller sur l'ensemble du corps. Nous sommes-nous égratignés, coupés ou blessés, l'élémental physique se hâte d'apporter au point en question les corpuscules blancs et s'efforce de créer de nouvelles cellules. L'œuvre de cet élémental dans le corps physique présente, à beaucoup d'égards, un grand intérêt; certaines de ses activités nous sont éminemment utiles; en même temps il est enclin à manifester des impulsions qui ne nous valent rien.

Car *tu* es Dieu et tu ne veux que ce que Dieu veut; mais il faut que tu descendes au plus profond de toi-même pour trouver Dieu en toi et que tu écoutes Sa voix qui est ta voix.

C. W. L. — Notre unité avec le Soi unique est difficile

à comprendre. Voici comment j'y parvins pour la première fois : ce n'est pas, du reste, une méthode que je puisse recommander. Je m'efforçais, en ce temps-là, de concentrer toutes mes facultés sur la région atomique du plan mental, afin de déterminer jusqu'à quel point l'homme peut mettre à profit les raccourcis reliant les sous-plans atomiques des différents plans. En s'élevant de plan en plan, l'homme peut remonter le plan physique, de sous-plan en sous-plan, jusqu'à l'atomique; gagnant ensuite l'astral inférieur, il arrive graduellement à l'astral atomique, puis au mental inférieur, et ainsi de suite. Il peut encore couper court du physique atomique à l'astral atomique, enfin de celui-ci au mental atomique.

Des élèves de rang supérieur avaient mentionné, en ma présence, un autre genre de raccourci, disposé perpendiculairement au précédent; ils disaient que la concentration opérée sur l'un de nos sous-plans atomiques donnait la possibilité de communiquer avec le plan cosmique correspondant, et par suite, en se concentrant tout entier sur le mental atomique, celle d'entrer en rapport avec la division mentale d'une série de plans tout à fait nouveaux (c'est-à-dire le plan mental cosmique), beaucoup plus élevés que tout ce qui nous est connu.

Je n'avais, bien entendu, aucun espoir d'en arriver là. Restait la communication possible. En essayant, je constatai que je pouvais voir (toute description est impossible) le sous-plan correspondant dans le mental cosmique, deux séries entières de plans au-dessus de notre stage actuel. Je n'y touchais en aucune façon — je ne pense pas qu'un Adepte même le puisse — mais je l'apercevais. Il me semblait être au fond d'un puits et de là contempler une étoile; mais cette conscience plus haute, je pouvais la voir. Alors naquit en moi, avec une indescriptible intensité, la conviction que si jusque-là j'avais cru posséder une volonté, une intelligence, des émotions, elles n'étaient pas à moi, mais à Lui : c'était Sa volonté; c'était Son sentiment; exclusivement les Siens. Jamais je n'oubliai cette expérience; grâce à elle le fait s'imposa à moi avec une certitude impossible à décrire.

Nous pouvons aussi, comme je l'expliquais plus haut, arriver par la conscience bouddhique à la certitude de la Présence divine en nous. Y sommes-nous parvenus, l'océan de la conscience s'étend autour de nous; nous savons à la fois que nous en faisons partie et que bien d'autres en font partie comme nous; c'est notre possession commune. Bientôt, sentiment nouveau, nous arrivons à comprendre que tout cela est une conscience unique, qui nous pénètre, nous et tous les autres; enfin, à comprendre que nous sommes Dieu. Cette compréhension donne avec un sentiment de sûreté, de confiance absolus, l'impulsion et le stimulant les plus formidables qu'il soit possible de concevoir. J'admets très bien que certaines personnes puissent en être effrayées, dans le sentiment qu'elles se perdent elles-mêmes. Ceci, bien entendu, n'arrive pas. Mais rappelez-vous la parole du Christ : « Celui qui perdra sa vie à cause de moi la sauvera » (1). Le Christ, représentant le principe bouddhique, nous dit : « Celui qui à cause de moi — c'est-à-dire à cause du développement christique en lui — mettra de côté le corps causal dans lequel il a vécu si longtemps, se trouvera lui-même, trouvera une existence infiniment plus vaste et plus haute ». Pour cela il faut un certain courage; c'est une saisissante expérience que de revêtir pour la première fois d'une manière complète le véhicule bouddhique, et de constater que notre corps causal sur lequel nous nous sommes reposés pendant des milliers d'années, a disparu. L'une ou l'autre des deux expériences décrites suffit pour donner la certitude absolue que le Moi est un. L'idée ne peut se transmettre, mais l'expérience nous la fera saisir et rien, jamais, n'ébranlera plus cette certitude.

Ne commets pas l'erreur de prendre tes corps pour toi-même... ni ton corps physique, ni ton corps astral, ni ton corps mental. Chacun d'eux prétend être le *moi* afin d'obtenir ce qu'il désire; mais il faut que tu les connaisses tous et que tu te reconnaisses leur maître.

C. W. L. — Le Maître parle de ces corps absolument comme de personnes distinctes; il s'agit, bien entendu, des élémentals mentionnés plus haut. Leur empire s'exerce

_____

(1) *Matth.*, X, 39 (N. D. T.).

en toute liberté chez la plupart des hommes qui non seulement ne font aucun effort pour s'en délivrer mais ignorent même qu'il existe un joug à rejeter et ne se séparent pas de leurs corps. La doctrine désastreuse enseignant que l'homme *possède* une âme a fait sur ce point, beaucoup de mal. Si l'on pouvait seulement arriver à comprendre que l'homme *est* une âme et possède des corps, on commencerait bien vite à y voir plus clair. Aussi longtemps qu'une personne se représente l'âme comme je ne sais quoi de vague flottant au-dessus d'elle, il y a bien peu d'espoir d'amélioration. Quand nous sentons les élémentals se soulever en nous, il faudrait dire : « Cette émotion est une vibration dans mon corps astral; or je ne vibrerai qu'à ma propre convenance; je suis pour l'instant le centre de cette série de corps et je les emploierai comme je l'entends ».

Quand un travail doit être fait, le corps physique prétend avoir besoin de se reposer, de se promener, de manger et de boire, et l'homme qui n'a pas la connaissance se dit : « J'ai besoin de faire ces choses et il faut que je les fasse. » Mais l'homme qui sait dit : « Ce qui désire ce n'est pas moi, c'est mon corps, et il faut qu'il attende. »

C. W. L. — Chez les enfants c'est très frappant. Un enfant veut-il faire une chose, elle est pour lui le ciel et la terre; elle doit s'accomplir sur le champ et, s'il est déçu, il se figure que l'univers croule autour de lui. Les sauvages sont comme cela, si impulsifs que, pour une raison oiseuse, il leur arrive de tuer un homme. Un civilisé se dirait : « Attendons un instant et voyons ce qui va se passer ». L'enfant, lui, court à ses jeux et, nous, ses aînés, nous le blâmons et le grondons beaucoup trop souvent, dans notre incompréhension de la nature enfantine. « J'ai oublié », dit-il, et c'est absolument vrai, mais nous en doutons, car nous savons bien que *nous-mêmes* nous devrions nous souvenir. Nous avons oublié à la fois notre enfance et celle de notre race. Nous devrions dire : « Je sais bien que tu en as envie, mais vraiment, il ne faut pas faire cela maintenant, à cause du dérangement qui en résulterait pour beaucoup de gens; tu le feras une autre fois ». Voilà de l'éducation efficace. On agira de même avec le sauvage : il finira par apprendre qu'il ne doit pas obéir à certaines impulsions; pour cela, plusieurs naissances lui seront nécessaires et généralement il est tué avant d'avoir appris la leçon, mais petit à petit il devient un peu moins sauvage et plus civilisé. Quant à l'homme avancé, il considère le corps comme une entité distincte, comme un instrument à diriger.

Souvent, lorsqu'il se présente l'occasion d'aider quelqu'un, le corps dit : « Que d'ennuis cela va me donner! qu'un autre le fasse à ma place.» Mais l'homme répond à son corps : « Tu ne m'empêcheras pas de faire une bonne action. »

C. W. L. — Comme le Dr. Besant l'a fait remarquer à ce propos, il arrive très fréquemment qu'une excellente occasion d'agir s'étant présentée, la plupart des gens l'examinent et disent : « Oui, c'est à faire. Quelqu'un s'en chargera un jour; je ne vois pas pourquoi ce serait moi ». Une personne vraiment résolue dira au contraire : « Voici une tâche nécessaire, pourquoi ne pas m'en charger moi-même? » et s'y consacrant sans tarder, elle l'accomplit.

Ton corps, c'est ton animal, le cheval que tu montes. C'est pourquoi il faut bien le traiter et en prendre grand soin; il ne faut pas le surmener; il faut l'entretenir comme il convient, de boissons et d'aliments purs et veiller à ce qu'il soit toujours d'une propreté scrupuleuse, sans tolérer la moindre souillure.

C. W. L. — Le corps est un animal : voilà une idée vraiment très utile; elle paraît évidente, mais plus nous serrerons de près cette comparaison et mieux nous accomplirons ce qui est nécessaire. Supposons que vous possédiez un cheval. Il va sans dire que vous êtes raisonnable et bon; si vous tenez à être bien servi, vous entendez aussi que votre cheval soit aussi heureux et aussi confortable que possible, et en bonne santé. Pour commencer, vous cherchez à être en bons termes avec lui, à l'étudier, à vous en faire connaître; il sentira que vous êtes bien disposé à son égard. Puis, ayant trouvé la ration qui lui convient le mieux, vous la lui donnez. Vous veillerez à ce qu'elle soit suffisante, mais sans rien ajouter qui lui soit préjudiciable. En même temps, vous le mettez en service, puisque vous l'avez acquis pour cela, sans jamais le surmener. Vous arrivez à savoir ce qu'il peut faire et ce travail, vous l'exigez. Vous avez appris à votre cheval à se confier en vous; il vous obéit donc et si vous faites appel à lui il manifestera sa bonne volonté, sachant qu'il s'en trouvera bien; enfin la peur même n'ébranlera pas sa confiance. De cette façon vous obtiendrez le maximum d'efforts avec un minimum de peine. Un mauvais dressage emploie parfois la terreur; conséquence : jamais le cheval ne fournira un travail vraiment avantageux. Tout autre est votre objectif : vous voulez conclure avec votre cheval une cordiale entente.

Le corps est tout à fait comme lui. Nous devrions arriver à savoir la meilleure méthode à lui appliquer. C'est une grande erreur que d'employer les procédés violents de la Hatha Yoga. Montrez-vous bon, obtenez de votre corps tous les efforts qu'il peut donner sans en souffrir, mais ne le surmenez jamais; vous pourriez en une heure causer un mal dont la compensation prendrait des années. En affaires on dit constamment : « Il faut vraiment en faire un peu plus », mais très souvent ce petit effort supplémentaire fatigue l'organisme qui, dès lors, ne retrouve plus son jeu normal. Rien de plus facile que de causer ce dommage, car le corps est une mécanique des plus délicates, une mécanique *vivante*. Sa faculté de récupération est extrême et dans bien des cas ce que nous appelons « un bon corps », résiste aux pires traitements; mais le fait qu'il les supporte et que l'homme survit à l'épreuve ne prouve en rien que celle-ci n'a pas eu d'inconvénients. Au contraire, un effort légèrement exagéré laisse souvent une marque permanente. Aussi, à toute personne s'engageant dans la voie du développement occulte, je recommande la plus grande prudence; bien se convaincre que, suivant l'expression de notre Présidente, la tâche que nous ne pouvons remplir, faute de temps, n'est pas la nôtre.

Puis vient la question alimentaire. La théorie suivant laquelle une nourriture quelconque suffit à tout venant ne se recommande pas à un homme pratique. Les dispositions, les capacités varient à l'infini. « Ce qui est bon pour l'un, dit un proverbe ancien, est pour l'autre un poison », et cela est vrai en ce qui concerne les valeurs alimentaires. Je le sais bien : il y a une tendance à penser que les personnes qui se préoccupent beaucoup de leur régime se causent des soucis inutiles au sujet de substances purement matérielles. N'exagérez rien, évidemment, mais restez à mi-distance et soyez sages. Chacun doit à son corps de se rendre compte du genre de nourriture dont il a besoin et de la quantité qu'il exige. Le bon sens nous le dit : donnons à notre corps ce qui répond à ses besoins et à ses goûts, mais jamais ce qui lui est nuisible, comme l'alcool et la viande. N'imposez rien de force; cherchez toujours à satisfaire à la fois et à comprendre l'entité dont il s'agit; vous obtiendrez ainsi la coopération de son intelligence, quelle que soit celle-ci.

Le passage du régime carné au régime végétarien est très souvent difficile. En Angleterre, les nouveaux végétariens sont portés tout d'abord à ne rien comprendre à la question. Comme jusque là ils mangeaient surtout de la viande, avec accompagnement de choux et de pommes de terre, le végétarisme consiste pour eux à supprimer la viande et à se nourrir de choux et de pommes de terre. Or, celles-ci sont composées en somme de fécule et ceux-là ne contiennent guère que de l'eau. Impossible de se nourrir de fécule et d'eau; des éléments différents sont nécessaires, des substances nutritives qui formeront les muscles, les os, le sang; elles sont nombreuses, aussi est-il possible, en s'en donnant la peine, de trouver celles qui conviennent le mieux au corps et d'en faire sa nourriture principale. Les ennuis de digestion ont pour cause probable des aliments inappropriés; en essayer d'autres, à moins que l'on ne soit atteint d'une maladie définitive. Quand les petits enfants conservent des chenilles afin de les voir devenir papillons, ils se donnent beaucoup de peine pour découvrir de quelle feuille elles se nourrissent, sachant qu'une seule espèce de feuille leur convient. Nous pourrions bien nous donner une peine semblable pour l'animal destiné à nous servir durant tant d'années et le nourrir convenablement d'aliments et de boissons purs.

La propreté a une importance capitale; les raisons en sont diverses : elle est nécessaire non seulement par hygiène, non seulement parce qu'elle est une marque de raffinement, mais aussi parce que le Maître emploie spécialement les personnes qui sont en rapport étroit avec Lui, comme canaux de Sa force. Ceci est réservé en général à Ses élèves, placés très près de Lui, mais toute personne essayant sérieusement de conformer sa vie aux principes exposés dans des ouvrages comme celui-ci, se trouve sous Son regard; il n'est donc pas impossible qu'elle puisse être jugée utile et employée comme canal de force. Il peut fort bien arriver que, sur un point donné, il ne se trouve pas d'élève tout à fait indiqué pour un certain genre d'effusion. Par contre, il peut exister une autre personne moins avancée, présentant les conditions nécessaires. Dans ce cas, le Maître déciderait de l'employer.

Le Maître répand, pour des raisons diverses, des énergies très variées; tantôt c'est une personne qui représente un canal approprié, tantôt c'est une autre. En examinant le cas de deux élèves placés côte à côte, on constate que l'un est toujours employé pour un certain type d'énergie, et l'autre pour un type différent. Cette effusion est physique aussi bien qu'astrale, mentale et bouddhique et sur le plan physique elle se répand surtout par les mains et par les pieds. Si donc, à un moment donné, le corps physique de la personne choisie ne donnait pas satisfaction à ce point de vue extrêmement important de la propreté, le Maître ne pourrait s'en servir, parce que, comme canal, la personne ne conviendrait pas. Ce serait verser de l'eau pure dans un tuyau sale; en y passant elle se trouverait souillée. Aussi toute personne approchant le Maître de près, observe-t-elle avec un soin extrême, les règles d'une propreté corporelle parfaite. Veillons donc à nous trouver sans reproches à cet égard, dans le cas où nos services deviendraient nécessaires.

Un autre point exige notre attention, si nous tenons à nous rendre utiles : il faut éviter les déformations, surtout celles des pieds. Ayant passé récemment quelques semaines dans une communauté où l'habitude est de marcher nu-pieds, je fus péniblement impressionné par les déformations et torsions anormales des pieds de nombreux novices et je constatai combien ces infirmités nuisaient à leur aptitude comme canaux de la force du Maître. Dans les conditions normales, cette force vient remplir entièrement le corps de l'élève, puis s'échappe par les extrémités, mais quand des chaussures antihygiéniques ont produit une déformation chronique, l'Adepte ne peut employer que la moitié supérieure du corps; comme ceci lui impose la peine additionnelle d'élever chaque fois une sorte de digue ou de barrière momentanée dans la région du diaphragme de son élève, il en résultait inévitablement que d'autres élèves, n'ayant subi aucune déformation semblable, étaient beaucoup plus souvent employés.

Car sans un corps parfaitement pur et sain tu ne pourras entreprendre l'œuvre ardue de la préparation, tu ne pourras supporter les efforts répétés qu'elle nécessite.

C. W. L. — Dans les circonstances actuelles la préparation au Sentier est véritablement ardue et, si elle est poussée sans répit, elle représente une tension incessante; celle-ci n'est supportable que si tous nos corps, y compris le corps physique, sont en bonne condition. Une santé parfaite est donc indispensable pour progresser rapidement; toute défaillance fait perdre du temps. Ceux qui veillent au développement d'un élève, veillent toujours avec le plus grand soin à ce qu'il ne soit pas surmené, et n'imposeront à aucune personne placée sous leur direction le moindre travail supplémentaire avant d'être sûrs qu'elle est pleinement capable de l'endurer avec une marge convenable.

Mais il faut que toujours ton corps soit à tes ordres et non pas toi sous sa dépendance. Ton corps astral a ses désirs; — il en a par douzaines. Il voudrait te voir en colère, t'entendre dire des paroles dures, te savoir jaloux, cupide, enviant les biens d'autrui, te voir céder au découragement. Il voudrait tout cela et bien plus encore... non parce qu'il désire te nuire, mais parce qu'il aime les vibrations violentes et leur changement continuel. Mais *toi* tu ne désires aucune de ces choses; par conséquent tu dois distinguer tes désirs de ceux de ton corps astral.

A. B. — La plupart des personnes qui réfléchissent savent bien, il me semble, qu'elles ne sont pas le corps physique, mais les exemples donnés ici par le Maître montrent com-

bien souvent elles s'identifient avec le corps astral. Les mots
« Je suis en colère; je suis irritable », vous échappent quelquefois. Ceux mêmes qui ne tiennent pas à se regarder
comme leurs émotions inférieures, les confondent souvent
avec les supérieures; sans doute, ils ne diront pas : « Je
suis jaloux » lorsqu'ils constatent en eux-mêmes le sentiment de la jalousie, car tout en s'identifiant avec leurs sentiments, les hommes s'efforcent de voiler les moins relevés
et dans le cas présent ils arrivent à s'imaginer que leur sentiment n'est pas la jalousie mais l'amour : « Je souffre de ce
qu'un tel, que j'aime, en aime un autre plus que moi ».

L'amour est une vertu qui porte si loin, son empire est
si vaste, que les hommes s'en font volontiers un abri et qu'ils
trouvent moyen de lui attribuer toutes sortes de choses qui
lui sont absolument étrangères. Mieux vaut examiner honnêtement nos sentiments, sans traiter à la légère ces graves
questions et sans nous laisser jouer par de belles paroles.
Dans le cas présent, si vous souffrez ce n'est point parce que
vous aimez votre ami, mais parce que vous désirez ne partager sa possession avec personne. Toutes les fois que naît
ce sentiment de souffrance, il a pour cause l'égoïsme, pôle
opposé de l'amour. Vous — le Soi véritable — ne pouvez
éprouver de jalousie, mais le corps astral y est porté; vous
ne pouvez non plus être en colère ou irritable; autant d'humeurs propres au corps astral.

Le Maître cite encore d'autres exemples — la cupidité,
l'envie, le découragement. Les aspirants au Sentier seront
moins portés à céder aux deux premiers sentiments qu'au
troisième. On est souvent moins en garde contre le découragement que contre les autres, parce que l'on s'imagine à
tort que l'on est seul à en subir les effets; on dit : « Si je
me sens triste ou abattu, c'est après tout mon affaire et me
concerne seul ». Or, cela est faux : les autres en souffrent
aussi. Ce qui se passe, tous les étudiants en occultisme le
savent. Les vibrations déprimantes se propagent et affectent
chez autrui, non seulement le corps astral mais encore le
mental; effet beaucoup plus sérieux qu'on ne le suppose en
général, car parmi les gens susceptibles de recevoir votre
pensée, il en est beaucoup dont le développement est moins
avancé que le vôtre, beaucoup aussi peuvent se trouver exposés à des conditions incitant au crime.

Les lecteurs familiarisés avec l'histoire et les statistiques criminelles, savent que de nombreux crimes, en particulier le meurtre et le suicide, sont commis après une période de dépression profonde. Devant le tribunal, le prisonnier dit souvent : « Un découragement accablant s'était emparé de moi, je ne pouvais plus résister ». Aux degrés inférieurs de l'évolution beaucoup d'hommes peuvent être affectés de la sorte. Il arrive que la réclusion ou la peine capitale punisse des condamnés qui n'étaient pas en réalité responsables, ou seulement en partie, du crime commis par leurs mains. Nous vivons dans un monde où peu de personnes comprennent ces lois profondes et, si nos tribunaux rendent très imparfaitement la justice, c'est par ignorance des premiers rudiments de la psychologie.

Tout cela sans doute m'est d'autant plus sensible que j'ai moi-même été sujette à des alternatives d'exaltation et de dépression, suivant l'oscillation du pendule. Ce tempérament est commun à beaucoup de gens : un jour le bonheur règne sur le monde, le soleil brille, la nature est belle, tout est joyeux et plaisant. Puis vient l'inévitable réaction; un sentiment de grande tristesse descend sur vous; le monde entier vous paraît obscurci. En cherchant avec calme la raison, vous vous rendrez compte que les causes extérieures auxquelles vous attribuez vos changements d'humeur ne suffisent pas pour expliquer des résultats aussi importants. Ce tempérament offre pourtant quelques avantages. Ma parole en public ne porterait certainement pas comme elle le fait si en naissant je n'avais déjà possédé cette faculté. Le tempérament de l'orateur comprend la connaissance des sentiments les plus opposés, mais, comme tout autre tempérament, joint à ses avantages des inconvénients. Il ne faut pas céder à ces violentes alternatives de sentiments.

Je ne suis pas sûre que, pour vaincre ce défaut, il suffise de se dire : « Je ne devrais pas me sentir déprimé », mais il est possible, même dans les cas extrêmes, de reprendre le dessus en se rappelant que, s'il ne faut pas se laisser aller, c'est à cause des effets déplorables qui en résulteraient pour autrui. Essayer de chasser le sentiment en question ne suffit donc pas, il faut le remplacer par une énergique pensée de courage et de sérénité, à laquelle devra s'ajouter la chaleur de votre sentiment altruiste.

Comme l'indique le Maître, le corps astral ne désire pas nuire; il agit comme il le fait simplement parce qu'il est composé d'essence élémentale engagée sur l'arc descendant et qu'il évolue au moyen de vibrations violentes et constamment changeantes. Ce désir incessant qu'éprouve le corps astral pour des changements violents, devrait aider l'étudiant à ne pas s'identifier avec ce corps, mais à voir en lui l'auteur de sentiments dont la cause lui échappait, sentiments désapprouvés par la raison et représentant des activités indépendantes, particulières au corps astral. Il faut comprendre cela et ne pas servir de jouet à toutes ces humeurs variables. Etudiez votre propre nature astrale; découvrez les choses indésirables qu'elle recherche spécialement, et puis décidez tranquillement que vous les lui refusez. Cela fait, n'y pensez plus, n'insistez pas. Choisissez les attitudes contraires et cultivez-les toute la journée. Votre corps astral veut-il être impatient, fixez votre attention sur la patience; pensez à cette vertu pendant votre méditation matinale, et pratiquez-la d'heure en heure. Votre corps astral veut-il que vous éprouviez de la jalousie, bornez-vous à constater le fait, puis cessez de penser à la jalousie, mais bien à son contraire; vous vous y appliquerez sans trêve et la jalousie se trouvera éliminée. Votre mental ne peut donner simultanément asile à deux sentiments contradictoires.

Rappelez-vous que toute difficulté constitue pour l'aspirant occultiste une occasion de progrès. Quel mérite aurait le disciple à se montrer aimant quand tous autour de lui sont bienveillants, ou bon quand tous ont des égards pour lui? Les gens les plus ordinaires en font autant. Les aspirants disciples doivent manifester la bonne émotion quand la mauvaise leur est témoignée; autrement, en quoi diffèrent-ils des autres? Y penser dans les moments de difficulté ou de tentation; l'aspirant devrait s'élancer à leur rencontre et les considérer comme des occasions de payer ses dettes. Pour le disciple, toute personne, toute circonstance éprouvante constitue, non pas une tentation, mais bien une occasion favorable. En répondant par de bonnes émotions aux mauvaises, le disciple ressemble à son Maître; c'est alors qu'il manifeste en soi les qualités du Maître.

En méditant, le matin, songez donc aux qualités dont vous avez besoin; si, par exemple, vous êtes irritable, songez à la patience. Si, dans le courant de la journée vous rencontrez une personne irritable ou désagréable, vous lui répondrez d'abord, sous l'empire de l'habitude, par de l'irritation, mais à peine la faute commise vous penserez à la patience. La prochaine fois vous penserez à la patience au moment précis où vous commettrez l'erreur. Encore un peu d'exercice et vous y penserez un instant avant; vous sentirez alors l'irritation mais vous n'en donnerez pas de signe; enfin, vous n'éprouverez même plus d'irritation. La première de ses phases montre que votre méditation commence à être efficace.

Je connais beaucoup de personnes qui ont voulu l'essayer; après quelques jours ou quelques semaines de persévérance, elles ont dit : « Je ne méditerai plus là-dessus, je n'obtiens aucun résultat; ma méditation ne me fait aucun bien; je ne fais pas de progrès ». Il en serait exactement de même pour un homme qui, ayant entrepris un voyage à pied d'une durée de trois jours, s'assiérait au bout d'une heure ou deux, en déclarant : « A quoi bon marcher? Je n'avance pas ». Qui ne voit combien serait ridicule sur le plan physique une conduite semblable, mais l'autre l'est tout autant. La méditation produit des résultats, cela est *forcé*, de même que la marche vous fait couvrir une distance, c'est tout aussi certain. Les règles scientifiques agissent invariablement, et toute énergie dont vous êtes l'auteur doit produire des résultats. Si vous n'obtenez pas immédiatement l'effet désiré, c'est que, le principe adverse n'étant pas tout à fait vaincu, votre énergie s'y attache encore afin de le neutraliser, puis de le conquérir à fond. Ne vous occupez pas des résultats. Fixez votre pensée sur la patience ou sur toute autre qualité que vous vous proposez de développer en vous. Les résultats n'ont besoin, pour se produire, d'aucune assistance.

C. W. L. — En somme, il n'est pas très difficile, avec un peu d'exercice, de nous rendre compte que nous ne sommes pas le corps physique, simple pardessus. Le corps astral — nos émotions et nos désirs — présente plus de difficulté car il semble souvent faire partie de notre moi le plus intime. Nous rencontrons chaque jour et partout des gens qui ont le sentiment d'être leurs émotions et leurs désirs; certains en sont même saturés au point qu'en les en séparant par un effort d'imagination, il ne resterait plus rien : toute leur personne est désir et émotion. Une personne semblable ne peut, sans grande difficulté, se séparer de son corps astral; il le faut cependant. Le corps astral change constamment de dispositions, et ce fait devrait aider à comprendre qu'il n'est pas le Soi, le vrai Moi. L'âme, elle, ne change pas; son désir est invariable — progresser afin d'aider d'autres âmes à suivre le Sentier indiqué par nos Maîtres. Il est donc assurément très clair que ce corps des émotions n'est pas le Soi.

L'élémental astral acquiert une certaine continuité parce que les atomes permanents attirent à eux, pour s'en entourer, les mêmes catégories de matière que nous possédions dans notre vie précédente; aussi est-il malaisé de lui faire face brusquement et de le tenir en échec. Pourtant, ce n'est pas impossible, et le meilleur moyen est de déterminer par un examen attentif les genres d'activité indésirable auxquels le corps astral désire se livrer. Chacun a ses propres difficultés : l'un se montrera nerveux, irritable ou enclin à la jalousie; un autre sera cupide. La constatation faite, il faut s'appliquer avec résolution à dompter le principe mauvais. Supposons qu'il s'agisse de l'irritabilité, si fréquente étant donné les conditions horribles et les bruits caractérisant la vie moderne. La personne intéressée prendra la résolution de ne plus être irritable. Il est bon d'en faire un sujet de méditation, mais plutôt que de combattre le vice de front, il est préférable de méditer sur la qualité opposée, c'est-à-dire sur la patience. Ne pensez ni au principe mauvais, ni à la nécessité de le combattre : ce serait renforcer son activité.

Même méthode à suivre si vous essayez, en pensée, de servir les autres. Si vous aidez une personne qui possède le défaut en question, au lieu d'insister sur son irritabilité, de la déplorer et ainsi de l'intensifier, dites : « Je désire le voir calme et patient ». Alors toute votre énergie mentale contribue à ce qu'il le devienne.

Pour commencer, en rencontrant une personne impatientante, nous éprouverons de l'irritablité, après quoi nous nous rappellerons que « nous ne voulions pas faire cela ». C'est déjà quelque chose que ce souvenir tardif. La prochaine fois, ou la vingtième, nous nous le rappellerons instantanément et non plus quand la faute vient d'être commise.

Dans la troisième phase, le souvenir s'éveillera juste avant de prononcer les paroles de colère; le sentiment d'irritabilité sera présent, mais nous ne le montrerons pas. Un pas de plus et nous n'éprouverons plus aucune irritabilité; celle-ci sera vaincue et ne nous donnera plus de souci, ni dans la vie actuelle ni dans les vies à venir.

Pour dominer la nature astrale, il est également nécessaire de ne posséder aucun sentiment personnel susceptible d'être froissé ou offensé. Les sentiments supérieurs, comme la sympathie et l'amour, peuvent et doivent surabonder en nous, mais il doit nous être devenu impossible de nous froisser ou de nous formaliser. L'homme qui éprouve encore ces sentiments pense à soi-même, ce que nous n'avons pas le droit de faire si nous nous sommes donnés au Maître. Il existe peut-être des gens si obtus, qu'insultés ils ne s'en aperçoivent pas : inconscience peu désirable; mais quand vous avez noté l'intention d'insulter, ayez la sagesse de ne pas en tenir compte, c'est toujours le meilleur parti. A-t-on médit de vous, peu importe; la médisance à toujours régné parmi nous depuis le commencement du monde, et tant que nous n'approcherons pas de l'Adeptat, il continuera à en être ainsi. En somme, ce que disent les autres est sans importance; vibrations fugitives ébranlant l'atmosphère et rien de plus, à moins que nous décidions le contraire. Telle personne dit-elle sur votre compte des choses désagréables, si c'est à votre insu elle ne vous touchent en rien. Si, les ayant entendues, vous vous mettez dans un violent état de colère, d'horreur et de désespoir, que sais-je encore, ceci n'est plus la faute du premier pécheur; vous êtes lésé par vous-même. Prenez l'affaire avec beaucoup de philosophie et dites : « La malheureuse, elle n'en sait pas plus long! » Conservez douceur et bienveillance. Ce que disent les autres importe peu, car ils agissent toujours par ignorance. Rappelez-vous les mots : « Le cœur connaît ses propres chagrins » (1). Un homme a toujours ses raisons pour s'exprimer, pour agir ou pour penser comme il le fait. Du dehors, impossible de jamais connaître toutes ses raisons, parce que vous les examinez superficiellement et en général fort mal. Aussi, tant que vous n'aurez pas atteint le plan boud-

(1) *Proverbes*, XIV, 16 (N. D. T.).

dhique, concédez-lui comme avantage l'absence de preuve. Faites mieux : n'essayez d'attribuer de motifs à personne. Si telle action vous semble répréhensible, l'appréciation la plus bienveillante sera : « Je ne ferais pas cela; à mon avis c'est mal; il est probable que cette personne a ses raisons, bien que j'ignore ce qu'elles peuvent être ».

Si une personne se montre impolie, c'est souvent qu'il s'est passé quelque chose d'anormal; en conséquence, elle n'est plus dans le ton et s'en aperçoit — or, le premier à lui adresser la parole est justement vous-même. Au fond elle n'est pas irritée contre vous; son déséquilibre a une cause étrangère; peut-être son dîner a-t-il été mauvais. Apprenons l'indulgence à l'égard d'autrui et disons : « Pauvre garçon, il lui est sans doute impossible d'être toujours, comme moi, parfaitement aimable et charmant ». Cette personne regrettera probablement ensuite ses propos discourtois; peut-être même ne se rend-elle pas compte que rien d'extraordinaire ait été dit. Si l'on se sent offensé ou formalisé, c'est que l'on pense au moi. Cette pensée personnelle est précisément ce qu'il faut extirper et jeter au loin. Point de jalousie sans cette préoccupation du moi. Si l'un pense exclusivement à tout l'amour qu'il porte à l'autre, que peut bien lui faire l'amour que celui-ci porte à un tiers. L'illusion du moi séparé est au fond de presque toutes nos peines.

L'égoïste constitue aujourd'hui un anachronisme; il poursuit des activités qui lui étaient utiles et nécessaires il y a vingt mille ans; comme aujourd'hui elles ont cessé de l'être, il se trouve tout simplement arriéré. Notre devoir est d'être à hauteur. Notre vie, nos pensées ont pour but l'avenir que nous prépare l'Instructeur Mondial; il faut donc balayer toutes ces idées qui ont fait leur temps.

En cherchant en vous-même les fautes à vaincre, ne vous laissez pas impressionner par des idées fausses concernant le remords et la repentance. Vous rappelant la femme de Loth, ne regardez pas en arrière; cela ne présente aucun avantage. Après avoir commis quelque grosse erreur, vous pouvez dire tout tranquillement : « Quelle sottise; jamais je ne recommencerai ». On attribue à Talleyrand ces paroles : « Chacun peut se tromper — nous nous trompons tous — mais l'homme qui commet deux fois la même erreur est un imbécile ». Un Maître a dit un jour : « La seule repentance qui ait la moindre valeur est la résolution de ne pas recommencer. » Rappelez-vous encore ces mots : « L'homme qui jamais n'a commis une erreur n'a jamais rien fait. » Vous ne prenez pas souci de ce que vous avez fait dans vos existences passées; pourquoi vous préoccuper d'hier? Tout cela appartient également au passé. Le remords est une perte de temps et d'énergie; il est même pire, une forme d'égoïsme.

Il est facile d'être aimant et bon pour ceux qui le sont à notre égard, mais, si nous avons réellement progressé, nous répandrons l'amour autour de nous alors même que les autres ne nous en témoigneront pas. Le Christ a dit : « Si vous aimez ceux qui vous aiment, quelle récompense méritez-vous? Les publicains aussi n'agissent-ils pas de même? » (1). Il donna encore pour commandement : « Aimez vos ennemis et priez pour ceux qui vous maltraitent. » (2). Le temps est venu où un disciple du Maître peut montrer ce dont il est capable; où il peut agir comme le Maître agirait; où aux médisances et aux mauvais traitements il répond par des pensées de bonté et d'amour et trouve pour la sottise de ses ennemis des excuses et de l'indulgence. Il ne suffit pas de rendre amour et bonté à ceux qui nous les témoignent; il faut encore être capable de les prodiguer à des gens qui se doutent à peine de ce que c'est. « Injurié, est-il dit du Christ, il ne rendait point d'injures; maltraité, ne faisait point de menaces, mais s'en remettait à celui qui juge justement. » (3). Il nous arrive à tous d'être lésés, mal jugés, incompris. Personne n'a besoin de s'en préoccuper, car le Karma veille au rétablissement de l'ordre. « A moi la vengeance, à moi la rétribution, dit le Seigneur. » (4). Laissez-les Lui. La justice sera toujours rendue; tout ce qui est mal se trouvera un jour redressé; ceux qui aujourd'hui ne comprennent pas, reconnaîtront un jour leur erreur et la regretteront. Aucune injustice ne subsistera; le total définitif sera ce qu'il doit être.

Le Logos lui-même ne cesse de donner l'exemple de

(1) *Matthieu*, V, 46.
(2) *Luc*, VI, 27-29.
(3) *Pierre*, II, 23.
(4) *Romains*, XII, 19.

l'amour. Beaucoup de gens en disent du mal; dans leur incompréhension beaucoup le raillent. Lui ne répond rien, mais l'amour divin ne cesse de s'épancher, et si nous voulons être l'expression de la vie divine nous devons présenter une caractéristique semblable.

Ton corps mental se complaît dans la pensée d'une orgueilleuse séparativité; il cherche à se faire une haute idée de lui-même et une opinion médiocre des autres.

C. W. L. — Ici encore, il ne faut pas confondre les désirs du corps mental et les nôtres et nous rendre compte que nous ne sommes pas le mental. Nous avons coutume de dire : « Je pense ceci ou cela », mais neuf fois sur dix, ce n'est pas *nous* qui pensons, mais bien le mental. Nombreux, parmi nous, sont ceux qui ont tâché de maîtriser et de discipliner leurs pensées, mais en passant celles-ci en revue, nous constaterons combien il en est peu qui méritent d'être attribuées à nous, c'est-à-dire au Soi, et combien dépendent simplement du mental inférieur.

Celui-ci vole d'un objet à un autre, effleure les sujets les plus divers, mais en général ne s'occupe sérieusement d'aucun; son désir habituel est non pas de rien examiner à fond, mais simplement de passer de sujet en sujet afin d'obtenir sans cesse des vibrations nouvelles. Un coup d'œil en arrière nous montrera sans doute que, même en un temps très court, nous avons pensé à une foule de choses tout à fait insignifiantes. En marchant dans la rue, par exemple, vous constaterez que si *vous-même* ne pensiez pas spécialement, il y avait quelque chose dont la pensée ne s'arrêtait pas; c'était le corps mental. Si vous ne le disciplinez pas, il passera en revue une foule d'idées inutiles pour vous, idées qui ne sont pourtant pas nécessairement mauvaises à moins qu'elles ne soient personnelles ou égoïstes. L'association des idées lui est familière; elle lui sert quelquefois à s'emparer d'une de vos plus belles pensées et de la faire aboutir à quelque chose de tout différent et de fort trivial. Il faut intervenir et changer tout cela. Il est difficile — je le sais bien — de contrôler à chaque instant les activités du mental, mais il le faut, car le mental est une grande puissance et, de beaucoup, l'énergie la plus haute avec laquelle nous voisinions. Si la volonté peut prendre pour canal le corps mental, il est peu de choses que ce corps ne permette d'accomplir. Cette puissance énorme, nous pouvons l'acquérir, fussions-nous riches ou pauvres, jeunes ou vieux, et en faire un précieux instrument pour le service du Maître, à la condition de nous exercer à une vigilance continuelle jusqu'à ce que de nouvelles habitudes mentales aient été prises. La pensée permet d'accomplir beaucoup de choses, impossibles à obtenir par d'autres moyens. Une pensée d'affection envoyée à une personne qui — nous le savons — a besoin d'assistance peut lui être beaucoup plus utile que le don d'une somme d'argent; toute sa vie peut s'en trouver influencée. Le résultat peut en rester invisible sur le plan physique, mais la tâche ainsi accomplie pour le Maître n'en a pas moins été réelle.

En arrière du mental devrait se fixer une pensée du Maître, vers laquelle il puisse se tourner toutes les fois que le Soi ne pense pas vraiment à un point qui réclame son attention; cette pensée devrait être aussi précise que possible. Pour beaucoup de personnes, l'idée du Maître consiste en une sorte de vague béatitude, de demi-extase, de coma religieux, dans lesquels elle ne pensent avec une activité réelle à rien. Au lieu de nous baigner vaguement dans une pensée imprécise, il faudrait donner à notre dévotion pour le Maître une forme nette, par exemple : « Que puis-je faire pour Le servir? Quel but donner à ma force mentale? »

Dans ce livre vous trouverez constamment et fortement souligné le fait qu'il ne doit en réalité exister pour nous qu'une seule pensée, une seule volonté, une seule tâche. La seule pensée est celle de servir le Maître; la seule volonté est celle de travailler pour Lui; la seule tâche est de nous dévouer à Lui et, par amour pour Lui, au monde. Malgré l'extrême complexité des tâches qui nous attendent, elles seront toutes assumées pour Lui et pour le monde. Dans le mental du Maître ne règne qu'une seule pensée : servir; si nous voulons être unis à Lui, cette pensée unique doit être aussi la nôtre. Elle implique l'obligation de nous rendre apte à servir et par suite la possibilité de faire des progrès, non que nous aspirions à devenir grands, mais parce que nous voulons devenir de bons instruments.

Beaucoup de gens développent le corps astral. De grands savants le font simplement pour étendre leurs connaissances. Il se peut qu'il y ait parfois une idée secondaire, celle de la célébrité fruit d'une grande découverte, mais je ne crois pas que ce soit le cas de la plupart des hommes de science. En général, il existe, au fond, le désir de rendre utiles les notions acquises, mais dans le mental scientifique un désir intense de savoir tient la première place. C'est un beau champ d'activité; beaucoup de nobles âmes y travaillent et rendent à l'humanité de grands services.

Nous aussi, nous devons cultiver le corps mental afin de le rendre alerte, actif, utile. Pourquoi? Pourquoi le menuisier affûte-t-il son rabot? Pas pour posséder un rabot plus tranchant que celui d'un autre menuisier, mais afin de bien tailler son bois et de faire un bon travail. Voilà précisément la raison pour laquelle il faut exercer le corps mental. Mais gardons toujours présente cette pensée : « Je constitue un instrument pour l'œuvre du Maître. » Cet idéal préserve de l'orgueil intellectuel, il permet d'éviter beaucoup de pièges dans lesquels nous fait incontestablement tomber le développement intellectuel exclusif.

Mais quand tu as réussi à le détourner des choses de ce monde, il essaie encore de tout rapporter à ton « moi », de fixer tes pensées sur ton progrès personnel, au lieu de les diriger vers l'œuvre du Maître et l'aide à donner aux autres.

A. B. — Ce qui m'a peut-être le plus frappé dans ces leçons du Maître, c'est l'idée centrale, invariable et toujours répétée de la pensée unique, de la volonté unique, de l'œuvre unique; elle semble rayonner l'unité avec tant de force que le Maître — on le sent — ne peut avoir d'autre pensée et qu'Il s'est immergé dans l'Un au point que ses pensées ne peuvent s'en détacher, dans l'impossibilité de l'oublier, quel que soit le sujet retenant son attention. Pour le disciple, voilà l'idéal. Toujours penser à l'œuvre du Maître et toujours agir pour autrui : cette idée seule doit primer tout le reste; autrement c'est le mental qui pense et non pas vous. Mais si cette pensée est vôtre, tout le reste vous appartient. Supposons que, dans votre méditation, vous pensiez à une vertu. Pourquoi la désirez-vous? Est-ce pour vous attirer l'admiration, ou pour rapprocher de l'initiation? La désirez-vous, au contraire, afin d'être un meilleur instrument pour le travail du Maître? Voilà la pierre de touche qui vous permettra de reconnaître si c'est votre mental qui pense ou si c'est vous.

Un bon moyen est de vous mettre à l'épreuve d'une manière précise. Supposons (je ne crois pas le cas impossible, bien qu'en général l'utilité d'un homme soit en raison directe de son développement), supposons qu'un détail de l'œuvre du Maître réclame des qualités très inférieures à d'autres déjà développées en vous. Consentiriez-vous à vous en charger et à le prendre comme but de vos efforts, au lieu d'employer vos talents plus élevés et ainsi d'accélérer vos progrès? Consentiriez-vous à décroître pour mieux servir? Oui, si vous ne perdez jamais de vue le motif unique : seconder l'œuvre du Maître. Cette œuvre nous donnera toutes les occasions possibles de cultiver nos corps mentals, afin de les rendre alertes, actifs, utiles. Subordonnés à cette intention, nos progrès ne risqueront pas de nous faire tomber dans l'hérésie de la séparativité. Dans ce bas monde il faut toujours tenir les yeux ouverts afin de mettre à profit les occasions que d'autres ont négligées, les estimant sans importance. Un disciple recherche toujours le travail que d'autres n'ont pas entrepris, afin de pouvoir fournir ce qui manque. Une attitude semblable prouve que la discipline du mental est en progrès.

C. W. L. — L'œuvre du Maître doit tenir la toute première place dans nos pensées. Si nous constatons une autre pensée que celle-là, une autre raison d'agir, c'est que cette raison est due au mental et non à l'ego; la différence est d'importance. Le mental est en vérité orgueilleux et indépendant; a-t-il renoncé à tous les genres d'orgueil spéciaux à la terre, il entreprend de nous rendre orgueilleux de nos progrès, de nos rapports avec les grands Maîtres, ou d'autres avantages semblables. Quand nous avons surmonté ces faiblesses, le mental essaiera de nous rendre orgueilleux d'avoir vaincu l'orgueil. Ne blâmez pas cet élémental subtil; il ne se doute pas de ce que vous êtes et recherche simplement les variétés, les genres de vibration dont il a besoin pour évoluer.

Lorsque tu médites, il essaie de te faire penser aux

différentes choses dont *lui* a besoin, aux dépens de la seule chose dont *toi* tu as besoin. Tu n'es pàs ce mental, mais il est tien afin que tu t'en serves; donc ici encore le discernement est nécessaire; il te faut veiller sans cesse, sinon tu échoueras.

C. W. L. — On dit, aux Indes, que le mental est le raja ou roi des sens et que, de toutes les parties de notre nature, c'est la plus difficile à maîtriser. A cet égard nous sommes, en Occident, peut-être moins bien partagés que les orientaux, car, ayant spécialement développé ce mental inférieur, nous sommes fiers de la prestesse avec laquelle il peut passer d'un sujet à un autre.

Cependant, par de patients efforts, vous pouvez imposer à cet élémental l'immense puissance de l'habitude; vous pouvez l'engager dans une glissière et l'amener à comprendre que si vous, l'ego, vous entendez ne pas varier dans votre décision, cette idée comporte des ramifications infinies, car tout, absolument, peut être ramené au service du Maître. Bientôt cet élémental bizarre et rétif s'apercevra qu'en somme il a plus d'avantage à collaborer avec vous qui lui restez incompréhensible, qu'à vous résister; enfin, vous travaillerez de concert, en pleine harmonie.

CHAPITRE X

LE BIEN ET LE MAL

Entre le bien et le mal l'Occultisme n'admet pas de compromis. Il faut, à n'importe quel prix, faire ce qui est bien; tu ne dois pas faire ce qui est mal, quoi qu'en dise ou en pense l'ignorant. Etudie profondément les lois cachées de la nature, et, quand tu les connaîtras, organise ta vie conformément à ces lois, faisant toujours usage de la raison et du bon sens.

A. B. — Si vous examinez la vie avec sincérité, vous constaterez qu'elle est faite de compromis. Les hommes se tiennent constamment un peu en deçà de ce qu'ils savent être le bien, redoutant la plus pernicieuse des questions : « Qu'en dira-t-on? » Sachant fort bien, dans un cas donné, le meilleur parti à prendre, ils le modifient un peu, l'altèrent et puis reculent, afin de ne pas se créer de difficultés. Cette peur de l'opinion d'autrui est due, en partie, à une faiblesse qui au fond est aimable, au désir de plaire. Ce désir est très fréquent aux Indes, mais si vous tenez à bien suivre le sentier occulte, ne vous laissez jamais influencer par des compromis touchant des principes ou questions d'importance, comme les grands problèmes religieux et sociaux. Prenons comme exemple les mariages d'enfants; très souvent ces mariages sont consommés trop tôt. Que de fois je me suis élevée en public contre la cruauté d'imposer la maternité à une jeune fille à moitié développée, et contre le mal causé par cette pratique à la vitalité de la race. Beaucoup d'hommes reconnaissent le mal, et le disent ouvertement, néanmoins ils le commettent à cause des critiques dont ils seraient l'objet s'ils ne le faisaient pas. Ce n'est pas d'une étoffe pareille que l'on peut faire un occultiste.

Laissant de côté pour le moment les questions capitales sur lesquelles repose presque entièrement l'avenir d'une nation, considérons les menues questions de la vie quotidienne. Ici encore il ne faut pas de compromis. Décidez ce qui vous semble être le bien et tenez-vous y fermement. Vous ne pouvez, je sais bien, atteindre de suite vos idéals, pas plus que l'on ne peut, en se bornant à faire un seul pas, s'élever du pied de la montagne au sommet. Mais si vous êtes décidé à faire l'ascension, chaque pas doit être fait en conséquence, chaque pas doit vous rapprocher du faîte. N'abaissez jamais votre idéal; rien n'est plus funeste. Dans les termes de l'Upanishad : « Le bien est une chose; l'agréable en est une autre; à l'agréable, le sage préfère le bien. »

Essayez dans les petites choses à faire ce que votre conscience estime être le bien. Vous n'êtes responsable ni de ce que la conscience dicte à votre prochain, ni de la manière dont il s'y conforme, mais vous êtes responsable de la façon dont vous suivez votre propre conscience, à quelque prix que ce soit. Ce prix, comprenez-le bien, n'est qu'*apparent;* vous ne pouvez rien perdre à faire ce que vous jugez le bien. Bien entendu, il faut avoir soin de ne pas identifier vos caprices, vos préjugés et vos fantaisies avec le bien. Sur ce point, le Maître donne ici un avertissement en ces termes : « Etudie profondément les lois cachées de la nature. » Cherchez d'abord ce qui est le bien; ensuite, conformez votre vie à vos connaissances.

Vers la fin de ce passage, le Maître ajoute un conseil important : « ...faisant toujours usage de la raison et du bon sens. » Tenez toujours compte des sentiments d'autrui, mais sans jamais leur permettre de s'interposer entre vous et ce que vous savez être le bien. Si vous avez à choisir entre froisser les sentiments d'autrui et ruser avec votre propre conscience, prenez le premier parti. L'occultiste distingue toujours, dans ses rapports avec les gens, entre la personne véritable et les préjugés de ses divers corps. Il ne lèsera pas telle personne, mais il aimera mieux choquer ses préjugés que d'agir mal. Ces préjugés, pourtant, il ne les choquera pas sans nécessité. Y est-il forcé, il sait aussi qu'au fond cette personne se trouve aidée, non lésée et que lui-même est l'instrument employé pour renverser une limitation intéressée qui est pour la personne une gêne. Même dans ce cas il agira avec douceur et égards. Souvent on trouve cela malaisé. Il est beaucoup plus difficile d'accomplir une chose dans le calme et à la lumière du bon sens;

un flot d'émotion facilite l'action. L'émotion, bonne ou mauvaise, communique une impulsion qui emmène l'homme sans qu'il ait d'autre effort à fournir. Si vous tenez à devenir un occultiste, ne soyez pas impulsif comme les gens ordinaires; il faut développer en vous la raison et le discernement et dans cet effort vous commencerez inconsciemment à manifester le bouddhi.

C. W. L. — Les hommes ont généralement leurs préjugés, beaucoup de préjugés, et les identifient avec le bien; chacun ayant reçu une formation particulière, ne songe pas à la mettre en doute, aussi est-il porté à croire que les personnes qui ne se conforment pas à sa méthode particulière se trompent, surtout si cette méthode est suivie par la majorité. Les préjugés populaires sont généralement très déraisonnables; nous ne pouvons donc leur permettre de nous influencer dans les questions de bien et de mal. Je ne dis pas qu'il n'y ait souvent au fond des préjugés populaires — si nous creusons assez avant — quelques éléments raisonnables; probablement pas la raison invoquée par les gens, mais une autre. Ce fragment de vérité n'en est pas moins, en général, déformé, mal appliqué, à cause de la masse d'erreur qui l'enrobe.

L'occultiste ne se laisse jamais imposer un acte mauvais par la crainte de choquer les préjugés d'autrui; par contre, il ne les offense jamais inutilement. La raison et le bon sens doivent toujours être les juges. Une tâche sollicite vos efforts, parce que vous la savez utile et importante. Fort bien, mais ne l'attaquez pas de front, comme un taureau se jette sur une barrière. Il se peut que l'animal s'échappe, non sans grand dommage pour lui-même et pour la barrière. Dans toutes nos actions, soyons calmes et raisonnables. En nous laissant émouvoir et irriter, nous soulevons une vague d'émotion qui nous fait passer l'obstacle. Il est beaucoup plus difficile d'agir avec douceur et tranquillité, sans éprouver de sentiment hostile contre les opposants; pourtant, c'est évidemment la bonne manière.

Il ne faut pas, comme tant de gens, être impulsif. Telle ou telle chose leur est intolérable; ils ne comprennent pas et ne veulent pas se donner la peine de comprendre; ils vont de l'avant et ne songent même pas à la possibilité de faire fausse route. Seulement, nous devons penser aux autres, tenir compte de leurs sentiments, admettre enfin la possibilité que, dans un cas particulier, ils aient raison et nous tort.

Il faut discerner ce qui est important de ce qui ne l'est pas. Ferme comme le roc en tout ce qui concerne le bien et le mal, cède constamment aux autres dans les choses de peu d'importance. Car tu dois être toujours aimable et bon, raisonnable et accommodant, laissant à autrui une liberté égale à celle que tu réclames pour toi.

A. B. — Passage très tendre et très beau; il fait équilibre au précédent qui, détaché du contexte, pourrait marquer une certaine dureté. Or, les choses auxquelles les hommes en général tiennent le plus étant précisément celles qui n'ont pas d'importance, l'occultiste peut se permettre bien souvent de ne pas les contrarier. Pour lui, l'important est une certaine œuvre à accomplir; il fixe sa volonté sur le but central qui seul importe et pour le reste laisse toute liberté à chacun. Comme sur ces points il est accommodant, les gens se disent qu'il ferait un charmant collaborateur; petit à petit il les conduit sans effort au point important et c'est à peine s'ils se rendent compte qu'ils l'ont suivi. Dans le monde, cette qualité se nomme le tact, en occultisme le discernement.

Cette qualité, le fanatique l'ignore; il ne réussit donc jamais alors que l'occultiste réussit toujours. Ne sachant jamais la différence entre l'important et le non-essentiel, il refuse de céder même dans les questions sans importance; il indispose donc ses interlocuteurs, qui refusent de le suivre, même s'il a raison, et malgré l'importance réelle de son objectif principal. Si, au contraire, vous possédez le tour de main, ils vous suivent, comme un chat qui ronronne. J'en ai observé un petit exemple l'autre jour. Un homme essayait en tirant de faire avancer un veau; celui-ci, bien entendu, s'était campé solidement des quatre pieds, la queue dressée et de toutes ses forces tirait en sens inverse. Si cet homme avait été intelligent, il aurait cessé de tirer; l'animal aurait fait de même; enfin quelques caresses et encouragements l'auraient décidé à suivre docilement.

Il y avait là une leçon précieuse à recueillir. Si les hommes refusent d'agir comme vous le désirez, cherchez la cause en vous-même; vous constaterez en général que c'est votre manière de faire qui éveille leur hostilité. Voici comment j'opère. Mes actions dans une localité quelconque ont-elles pour résultat des froissements et des difficultés, j'y réfléchis à loisir, je cherche à découvrir comment j'ai pu les faire naître, et je m'applique à trouver une autre méthode. Ceci vaut beaucoup mieux que de vouloir imposer votre chemin aux autres. Sans doute et jusqu'à un certain point vous pouvez les forcer, mais en principe c'est mal et dans la pratique l'opposition et le trouble en résultent; cela dénote une totale absence des qualités du chef, d'une aptitude que les Maîtres nous demanderont de posséder dans l'avenir. Les Maîtres s'attendent à ce que vous sachiez conduire les hommes, au lieu de les entraîner de force.

C. W. L. — Dans quelque sept cents ans, beaucoup d'entre nous auront l'occasion de travailler au développement de la Sixième Race-Mère. En attendant, nous aurons fort à faire pour préparer le monde à l'avènement de l'Instructeur Mondial. Certains vivront encore lorsqu'il paraîtra et nous travaillerons sous sa direction : c'est pourquoi nous devrons acquérir les qualités du chef, or le chef a besoin, avant tout, de tact.

N'abandonnant jamais une tâche importante, l'occultiste finit toujours par réussir, bien qu'il puisse éprouver un échec et battre momentanément en retraite. La révolution française en fournit un exemple. Ceux dont dépendait en France le mouvement libérateur ne purent maîtriser les passions furieuses du peuple; le carnage et le crime en résultèrent et, pour un temps, l'Etoile se coucha dans le sang. Ne croyez pas un instant qu'Ils aient approuvé l'insanité, la joie infernale de massacrer, l'abjection et la cruauté indescriptibles, la trahison, le terrorisme, enfin toutes les horreurs sans nom de ce temps épouvantable. Le pouvoir passa aux mains d'une populace exaspérée par une tyrannie et par une oppression abominables et qui se montra au-dessous même des bêtes. N'imaginez jamais que ces atrocités incroyables fussent approuvées par Ceux qui travaillaient pour la civilisation. Plus tard, cependant, Ils parvinrent à leurs fins par un autre moyen, et de nos jours la France et bien d'autres pays possèdent toute la liberté pour laquelle luttaient leurs peuples. Il en est de même pour toutes les autres grandes réformes introduites par Eux, pour toutes les autres œuvres qu'Ils entreprennent. Tout cela finit par réussir si le succès n'est pas toujours immédiat.

C'est justement ce qui nous incombe : ne jamais nous reconnaître vaincus et toujours poursuivre notre tâche; mais pour bien nous en acquitter il faut acquérir l'art d'aider les hommes avec adresse. Beaucoup de personnes excellentes veulent mener tout le monde à la baguette, mais ce n'est pas le bon moyen; il faut montrer aux autres le bonheur, la joie, la gloire de l'avenir humain et de l'œuvre accomplie par les Maîtres; alors ils nous suivront d'eux-mêmes. Si vous ne vous entendez pas avec certaines personnes, cherchez la faute en vous-même. Ne vous préoccupez pas de leurs manquements, tout nombreux qu'ils soient, mais trouvez en vous-même ce qui vous empêche de marcher d'accord. En regardant d'assez près vous découvrirez probablement quelque chose.

Cherche à découvrir ce qui vaut la peine d'être fait et souviens-toi qu'il ne faut pas juger les choses d'après leur valeur apparente. Il vaut mieux faire une petite chose, mais qui est immédiatement utile à l'œuvre du Maître, qu'une grande chose que le monde qualifie bonne. Il ne suffit pas de distinguer ce qui est utile de ce qui ne l'est pas, mais encore ce qui est plus utile de ce qui l'est moins.

A. B. — Comme je l'ai déjà dit, les choses qui au point de vue du réel méritent d'être faites sont celles auxquelles en général personne ne tient. L'intérêt est réservé aux choses insignifiantes. Le disciple a donc pour devoir de s'exercer à ce genre de discernement et de ne pas perdre son temps en voulant se livrer à toutes les occupations inutiles qui remplissent les journées des gens du monde.

Voici maintenant un point plus subtil : il ne faut pas juger une chose d'après sa grandeur. Les actes d'un homme d'état, très considérables au point de vue humain, peuvent fort bien, au point de vue du Maître, n'avoir aucune importance — simple poussière sur la roue. Telle petite chose faite par un inconnu peut présenter une importance infiniment plus grande si elle s'accorde d'une façon parfaite avec l'œuvre du Maître.

Puis vient une distinction plus délicate encore — celle du degré d'utilité. Ne pouvant tout faire, il faut accomplir ce qui, à votre avis, servira le mieux votre Maître. Tout ce qui aide le monde sert l'œuvre du Maître; mais votre temps et votre énergie étant limités, il faut choisir le plus utile toutes les fois que le choix vous est laissé. Le Maître en donne un exemple typique dans les deux phrases suivantes. lorsqu'il parle de nourrir les âmes des hommes plutôt que leurs corps. En aidant l'âme vous attaquez dans leur racine tous les maux d'ici-bas, car sans exception ils dérivent de l'ignorance et de l'égoïsme.

› Nourrir les pauvres est une action bonne, noble et utile; cependant il est plus noble et plus utile encore de nourrir leurs âmes. Tout homme riche peut nourrir le corps, mais celui-là seul qui a la connaissance peut nourrir l'âme.

C. W. L. — On a parfois reproché à la Société Théosophique de ne pas s'occuper d'œuvres philanthropiques actives, telles que la distribution aux pauvres d'aliments et de vêtements. Certaines de nos loges ont fait beaucoup à cet égard mais ce n'est pas leur tâche principale. Tout homme riche et charitable peut donner, mais il y a des œuvres nombreuses que peuvent seuls accomplir ceux qui savent. On nous trouvera peut-être peu modestes si nous nous octroyons le titre de « ceux qui savent », mais il n'y a là pour nous, au fond, aucun éloge personnel. Il est facile de constater qu'une foule de braves gens complètement étrangers à la Théosophie sont intellectuellement très supérieurs à beaucoup d'entre nous; seulement, notre Karma nous ayant fait étudier ces sujets, nous les connaissons mieux que tous ces braves gens qui ne les ont pas approfondis. Nombreuses sont ces personnes qui, supérieures en intelligence, en spiritualité ou en dévotion, progresseront rapidement lorsqu'elles apprendront comme nous la manière dont nos forces doivent être dirigées. Peut-être nous dépasseront-elles alors, mais de notre côté nous leur ferons bon accueil, heureux de leurs progrès, car sur ce Sentier la jalousie est inconnue et chacun applaudit aux progrès d'un frère.

En attendant, ces connaissances théosophiques constituent le grand talent qu'il nous est donné de faire valoir. Si, n'en faisant pas profiter les autres, nous nous en réservions la possession exclusive afin de jouir de tout ce qu'il nous procure, comme libération des soucis et des peines, compréhension de problèmes difficiles et ainsi de suite, nous imiterions exactement cet homme de l'Ecriture qui enterra son talent. Mais si nous répandons de notre mieux la lumière qui nous est donnée, et assistons les hommes de toutes les façons possibles, alors au moins nous faisons valoir notre talent. « L'homme qui sait » peut nourrir de son savoir les âmes des pauvres et celles des riches : tâche tout aussi pratique que l'autre, même au point de vue matériel. Quelle est la cause de toute la misère, de toute la souffrance de ce monde? C'est l'ignorance et l'égoïsme. Si nous attaquons l'ignorance et l'égoïsme en mettant à la portée des hommes la connaissance des lois de la vie et en leur montrant pourquoi ils doivent nécessairement être altruistes, nous en faisons davantage, même au point de vue le plus matériel, pour assurer le bien-être et le bonheur des hommes sur le plan physique, que nous n'aurions pu le faire en leur distribuant des vivres. Personne ne songerait à dire que ce n'est pas là une œuvre bonne et nécessaire et qu'il ne faut pas l'entreprendre. Les besoins de l'heure présente réclament nos efforts, mais la suppression de ce qui cause tous les maux est un service plus grand encore. Nous accomplissons ce que ne peuvent faire les personnes qui assistent leur prochain exclusivement sur le plan physique.

A toutes les époques où la sagesse et le savoir ont eu leur mot à dire sur cette question, ceux qui savent ont été dispensés des autres obligations afin de pouvoir enseigner. Ainsi vous pouvez lire dans les Actes des apôtres que dans l'église chrétienne primitive les biens étaient en commun et que dans les moments où la distribution des vivres était difficile les fidèles demandaient aux apôtres de trancher le litige et, en somme, de se charger du partage. Les apôtres répondirent : « Il ne convient pas que nous laissions la parole de Dieu pour servir aux tables » (1), et dirent aux autres chrétiens de désigner dans leur assemblée des personnes chargées de cette tâche et dont la décision ferait loi, mais de ne pas s'attendre à ce que les apôtres dont la mission était d'exposer la doctrine, s'occupassent du côté purement physique de l'existence. Ces choses n'étaient pas négligeables, mais les personnes indiquées pour s'en charger étaient celles qui, possédant les aptitudes nécessaires, étaient incapables de remplir l'autre fonction.

A. B. — Comme membres de la Société nous possédons des connaissances que n'ont pas ceux du dehors; la diffusion de la Théosophie est donc notre tâche unique. Ceux des nôtres qui ne sont pas encore prêts à la remplir, en faisant des conférences, en écrivant ou en enseignant d'autres façons, devraient, tout en se préparant, se livrer à d'autres genres de travail. Pour ceux qui ne peuvent enseigner, j'ai fondé un Ordre du Service; tout membre nouveau trouve donc à s'occuper. La seule chose *interdite* à nos membres est l'oisiveté. Tous doivent prendre part activement à l'œuvre du Maître.

C. W. L. — On n'imagine pas combien de personnes sont parvenues, ou à peu près, au point où elles pourraient faire de rapides progrès, si seulement il était possible de le leur faire comprendre. C'est surtout parmi les jeunes gens que je l'ai remarqué, parce que je m'occupe principalement d'eux. Je vois presque en tout pays des jeunes gens et des jeunes filles en quantité qui feraient de bons progrès en Théosophie, s'il était possible de leur exposer la question. Mais, comme ce n'est pas le cas, ils se donnent tout entiers aux activités de ce monde et deviennent de très braves gens du type ordinaire. Ils continueront ainsi pendant vingt ou trente incarnations, ou plus, bien qu'ils soient capables d'aborder la Théosophie et d'y prendre de l'intérêt, si elle leur est convenablement exposée. Voilà qui représente une sérieuse responsabilité pour ceux qui possèdent ces connaissances. Il nous appartient donc d'être aptes et préparés à répandre la Théosophie toutes les fois qu'une occasion favorable se présente. Beaucoup de gens pourraient commencer leur développement théosophique

(1) *Actes*, VI, 2 (N. D. T.).

dès aujourd'hui tout aussi bien qu'au bout d'une vingtaine d'existences. Bien entendu c'est pour eux une question karmique, mais notre propre karma est de leur fournir une occasion, de leur exposer la doctrine; qu'ils l'acceptent ou non est leur affaire. Tant que nous n'avons pas fait notre possible, nous ignorons si leur Karma est d'être, ou non, assistés.

Si tu possèdes la connaissance, c'est ton devoir d'aider les autres à l'acquérir.

Quelque sage que tu puisses être déjà, tu auras beaucoup à apprendre dans le Sentier; tu auras même tant à apprendre qu'ici encore il te faudra user de discernement et choisir avec soin ce qui vaut la peine d'être appris. Toute connaissance est utile, et un jour tu possèderas toute connaissance; mais tant que tu n'en possèdes qu'une partie, veille à ce que ce soit la plus utile. Dieu est Sagesse aussi bien qu'Amour, et plus tu auras de sagesse, mieux Il se manifestera par toi. Etudie donc, mais étudie d'abord ce qui t'aidera le plus à aider les autres.

C. W. L. — Ici le Maître conseille l'étude, mais il dit à son élève de choisir, autant que possible ce qui l'aidera à aider les autres. Cela signifie je crois, qu'il faut tout d'abord s'appliquer à comprendre la Théosophie à fond mais, de plus, acquérir les connaissances et l'éducation contemporaines propres à l'homme cultivé. Je sais que la Société Théosophique compte beaucoup de membres qui, pour diverses raisons, ne sont pas cultivés, d'ailleurs très sérieux et dévoués, et qui disent : « Pourquoi nous imposer tous les tracas de l'éducation? Nous voulons atteindre le fonds et arriver à exposer ces vérités ». Oui, seulement l'homme privé d'éducation les présentera sans doute sous une forme qui éloignera et repoussera les gens doués d'éducation et de culture. J'ai bien entendu dire qu'un homme intuitif mis en présence d'un sujet mal exposé, passera sur la forme pour saisir la vérité qu'elle enveloppe; malheureusement tous les hommes ne sont pas intuitifs et nous n'avons pas le droit, en cédant à notre propre paresse, de placer un obstacle additionnel devant telle personne qui

[Cachet de bibliothèque]

autrement, pourrait être amenée à s'intéresser au sujet : nous avons pour devoir net et impérieux d'exposer les vérités aussi parfaitement que possible.

Applique-toi patiemment à tes études, non pour que les autres te croient sage, pas même en vue du bonheur d'être sage, mais seulement parce que l'homme sage peut aider avec sagesse. Pour grand que soit ton désir d'aider, si tu es ignorant tu feras probablement plus de mal que de bien.

A. B. — Voilà un conseil particulièrement important pour nos jeunes membres. Je rencontre souvent de jeunes collégiens touchés de l'esprit nouveau; ils éprouvent un vif désir d'aider et souvent sont tentés d'interrompre leurs études. « Quelle utilité » demandent-ils, « ces études peuvent-elles bien présenter pour nous? » Dans des cas semblables je donne toujours ce conseil : « Continuez à travailler et devenez un homme cultivé. Il se peut que parmi les matières que vous étudiez il y en ait beaucoup qui soient assez peu importantes, mais la formation de l'intelligence est d'une importance extrême. Là est l'utilité de vos études; elles rendront votre mental logique et précis. Si vous ne vous soumettez pas à cette discipline mentale, votre travail s'en trouvera très gêné plus tard ».

Il ne suffit pas de reconnaître les vérités théosophiques; si vous voulez aider les hommes à s'instruire il faut avoir suivi l'entraînement intellectuel qui permet de présenter ces vérités convenablement. La manière dont un sujet est exposé trahit immédiatement le défaut d'éducation. De toutes mes études passées c'est la partie scientifique qui m'a donné le plus de satisfaction; d'abord elle m'a aidé à présenter les questions d'une manière logique et rationnelle qui dispose les auditeurs intellectuels et cultivés à m'écouter; deuxièmement, elle me fournit de nombreux exemples qui font impression parce qu'ils sont empruntés à des sujets dont la preuve est facile.

Les plus âgés parmi nous peuvent rendre grand service aux plus jeunes avec lesquels ils se trouvent en rapport si, évitant de refroidir leur enthousiasme, ils leur expliquent sagement et avec bonté l'importance d'acquérir ce que le monde appelle l'éducation. La possession des vérités supérieures dispose à mépriser un peu ces études inférieures. Voilà pourquoi le Maître dit à son jeune disciple dont la formation intellectuelle était loin d'être achevée : « Applique-toi patiemment à tes études ».

C. W. L. — Ce conseil, l'histoire l'a cent fois corroboré. Beaucoup de braves gens, animés des meilleures intentions ont commis les plus déplorables erreurs et ont fait à leur cause, quelle qu'elle fût, beaucoup plus de mal qu'aucune attaque provenant de l'extérieur. L'œuvre théosophique a eu souvent à souffrir de présentations incorrectes ou négligentes. Nous ne désirons pas que l'on parle mal de la Théosophie à cause de nos défauts et de nos insuffisances personnels. Si l'on vous confie un travail pour la Société, et si vous vous en acquittez mal, mettez-vous au travail et apprenez à le bien accomplir. Vous demande-t-on de faire une lecture, vous en montrez-vous incapable, apprenez à lire convenablement. Si vous ne savez pas faire une conférence, bientôt vous y parviendrez si vos connaissances sont devenues suffisantes et si vous prenez la peine de préparer votre sujet. En tout cas choisissez un travail et tâchez de bien vous en tirer. Comme Théosophes, nous avons le devoir de bien posséder et la grammaire et la manière de nous exprimer correctement; elles nous permettront de présenter ces vérités d'une façon acceptable aux personnes que nous voulons atteindre. Toute vérité, même la plus sublime, peut se trouver éclipsée par une présentation maladroite et fautive. A cet égard, nous avons le devoir de faire de notre mieux. L'éducation nous est nécessaire si nous voulons exposer ces vérités comme elles doivent l'être.

CHAPITRE XI

SOIS ABSOLUMENT VRAI

Il faut savoir distinguer le vrai du faux; il faut apprendre à être absolument vrai en pensée, en paroles, en action.

A. B. — Nous pourrions nous demander, si nous ne suivions la pensée du Maître comme ses paroles, pourquoi ce conseil trouve place ici. Le discernement entre le vrai et le faux n'aurait-il pas dû venir en premier lieu? Si le Maître n'en parle qu'ici, c'est que l'acquisition en est très difficile. Il faut, dit-il, être absolument vrai, et il est malaisé de l'être en pensée, en paroles et en action. Vous le remarquez, c'est la pensée qui est citée la première, ordre occulte et régulier qui met la pensée avant la parole et avant l'action. Notre Seigneur le Bouddha les a placées dans le même ordre, en les nommant la pensée droite, la parole droite et l'action droite.

Premièrement en pensée : et cela n'est pas facile, car il y a dans le monde bien des pensées erronées, bien des superstitions absurdes, et quiconque se laisse dominer par elles ne peut faire de progrès.

C. W. L. — Nous nous croyons, en Théosophie, absolument dépouillés de superstition; je ne suis pas bien sûr que ce soit toujours exact. Une superstition théosophique ne me semble pas impossible. L'homme qui croit une chose « parce qu'elle est dans la Bible » est sans doute superstitieux, ne pouvant donner à sa conviction aucune base satisfaisante. Pourtant il n'est guère moins superstitieux d'alléguer : « C'est Madame Blavatsky qui l'a dit », ou bien: « C'est écrit dans la *Doctrine Secrète* ». Il y a bien une différence, car nous avons beaucoup plus de preuves du savoir exprimé en paroles par Madame Blavatsky que du savoir de saint Paul, par exemple, ou des auteurs anciens; mais l'idée en question ne nous appartient pas plus, émise par

Madame Blavatsky, qu'attribuée à saint Jacques ou à saint Pierre. Il faut comprendre une idée, l'assimiler, nous élever jusqu'à elle et lui permettre de se développer en nous. Tant que nous nous bornons à lire comme des perroquets, ces idées sont des superstitions. Croire en la vérité peut être une superstition si pour nous cette conviction ne repose pas sur une base plus sérieuse que l'affirmation de tel ou tel auteur. Quand elle a été absorbée dans notre système mental, nous pouvons dire: « Elle fait partie de moi et elle est à moi; je sais pourquoi je crois; aussi ma croyance est-elle intelligente et non pas une simple superstition ». Il existe, je le crains, beaucoup de croyance inintelligente en la vérité, dans bien des cas.

A. B. — Il est si difficile pour l'homme de se libérer entièrement de la superstition, de ne plus prendre le secondaire pour l'essentiel (en cela même consiste la superstition) qu'il n'est pas supposé y parvenir avant d'avoir reçu la première Initiation. Ceci prouve que la superstition est un sentiment profond et subtil qui imprègne toute la nature humaine. Quiconque, dit le Maître, se laisse dominer par elle ne peut faire de progrès. Déclaration catégorique, mais remarquons le mot *dominer*. Le Maître dit, non pas qu'aucune personne plus ou moins superstitieuse est incapable de progrès, mais qu'aucune dominée par la superstition ne peut avancer. Rien de pareil à la superstition pour retenir les hommes en arrière. Nous connaissons tant de personnes bonnes, pieuses, philanthropes dont la vie est un modèle de beauté comme de sérieux, mais qui sont superstitieuses. Elles n'accordent d'importance qu'à leurs cérémonies, leurs formules, leurs façons de faire; tout cela pourtant n'en présente aucune.

Prenons pour exemple l'accomplissement d'une certaine fonction, celle dont le but est d'assister les morts. Les Catholiques romains célèbrent des messes pour les morts; les Hindous célèbrent, dans la même intention, les cérémonies du Shradda; les unes et les autres sont inspirées par le même désir d'assister les trépassés; les unes et les autres sont efficaces bien que fort dissemblables. Cependant l'Hindou comme le Catholique esclave de ces *formes* serait superstitieux. La bonne intention et le sérieux qu'ils y mettent tous deux, l'amour qu'ils témoignent aux défunts

— voilà l'essentiel, voilà ce qui détermine le résultat. La bonne intention est le principal mais le caractère spécifique de la forme extérieure est secondaire, la forme empruntée par l'intention étant locale et sans importance. Cette forme extérieure dépend du lieu de votre naissance, car vous êtes né dans une religion, comme dans une race et dans une contrée particulières. Il faut vous affranchir de toute croyance superstitieuse dans les rites et cérémonies, dans l'efficacité de formes purement extérieures. Pendant longtemps cette croyance a présenté une grande importance, un avantage réel; seule, en effet, elle pouvait arracher les hommes à l'indolence, à la négligence et à l'indifférence. Ces formes extérieures sont des béquilles, indispensables à ceux qui ne peuvent encore marcher seuls; dès que vous pouvez vous en passer il faut les mettre de côté.

C'est pourquoi il ne faut pas tenir une idée pour juste seulement parce que beaucoup de gens la tiennent pour telle, ni parce qu'elle a été jugée ainsi depuis des siècles, ni parce qu'elle se trouve écrite dans un des livres que les hommes considèrent comme sacrés; il faut faire appel à ton propre jugement, et voir, par toi-même, si l'idée est raisonnable.

Ces paroles sont du Maître Kouthoumi; il y a deux mille cinq cents ans, elles furent celles de Notre Seigneur Gautama Bouddha lorsqu'on lui demandait : « Il y a tant d'instructeurs, tant de doctrines nous sont présentées! Toutes semblent bonnes; comment reconnaître la meilleure? Comment choisir? » Voici comment la Kalama Soutta de l'*Angouttara Nikaya* rapporte la réponse donnée à ces questions :

Il ne faut, a dit Notre Seigneur le Bouddha, rien croire sur une simple affirmation. Ne croire ni aux traditions, parce que des temps anciens elles sont venues jusqu'à nous; ni aux bruits qui courent; ni aux écrits des sages parce qu'ils en sont les auteurs; ni à des imaginations que nous soupçonnons un déva d'avoir éveillées en nous (c'est-à-dire dans une inspiration présumée spirituelle); ni d'après des conclusions tirées de telle supposition fortuite que nous pouvons avoir faite; ni d'après une nécessité analogique apparente; ni sur la seule autorité de nos instructeurs et maîtres. Mais nous devons croire quand le texte, la doctrine ou la sentence sont corroborés par notre propre raison et notre propre conscience. « Car », dit-il en terminant, « c'est ce que je vous ai enseigné : ne pas croire simplement parce que vous l'avez entendu dire; mais, si votre foi est basée sur votre propre conviction, agir en conséquence et de votre mieux » (1).

L'un des exercices imposés par les Maîtres à leurs élèves consiste à chercher ce qu'ils savent réellement et ce qu'ils se contentent de croire. Il est excellent de noter la partie de notre bagage intellectuel dont nous avons le droit de nous dire propriétaires définitifs, celle qui est à nous parce que nous l'avons parfaitement comprise et acceptée, celle enfin que nous avons reçue des autres, presque sans réflexion. L'homme naît toujours dans une religion comme il naît dans un pays. Pour de nombreuses coutumes la règle est la même. Par exemple : pour dîner en ville, il faut s'habiller d'une façon particulière; c'est la coutume, et l'on ne tient pas à l'enfreindre sur un point dénué de toute importance, où la question de bien ou de mal ne se pose même pas.

A. B. — C'est un exercice fort utile que d'examiner de temps à autre le contenu du mental et de noter, d'abord, tout ce que vous croyez simplement parce que beaucoup de gens le croient; deuxièmement, tout ce que vous croyez parce que ce sont des croyances anciennes; troisièmement, tout ce que vous croyez parce que c'est écrit dans un texte sacré. Après avoir éliminé ces trois catégories, notez ce qui reste et ainsi vous constaterez sur quelle base réelle reposent vos croyances. C'est là un des avantages d'avoir passé, comme je l'ai fait, par la phase de la libre pensée. Il faut en avoir fait l'expérience pour vraiment comprendre ce que c'est que d'avoir à sacrifier des croyances religieuses jusque-là sincères; ce que représente l'écroulement final, quand le terrain s'effondre sous nos pieds. J'ai failli en mourir; ma prostration physique dura plusieurs semaines. Mais, après une expérience aussi radicale, aucune autre n'est plus nécessaire. Quand donc j'appris à connaître la

(1) Voyez *Un Cathéchisme bouddhique*, par H. S. Olcott, question 131.

Théosophie, et bien que ma conviction intime fût absolue, je soumis à l'épreuve intellectuelle toutes ces idées nouvelles.

Rappelle-toi qu'alors même qu'un millier d'hommes seraient d'accord sur une question, s'ils n'y connaissent rien leur opinion est sans valeur.

C. W. L. — Voilà ce que le monde contemporain a beaucoup de peine à comprendre. On semble penser aujourd'hui qu'à force d'accumuler l'ignorance le savoir finit toujours par en sortir — ce qui est faux. Les ignorants doivent être dirigés par ceux qui savent.

A. B. — A certains égards le nombre immense de livres dont nous disposons est un inconvénient; il encourage à lire sans réfléchir, ce qui rend le mental superficiel et volage. Aussi je conseille toujours de lire un peu, ensuite de reproduire ce qui a été lu non pas de mémoire, mais à l'aide d'une compréhension parfaite du sujet. N'est vraiment à vous que ce que vous avez mentalement assimilé; pour le posséder il faut soumettre à la réflexion et bien comprendre ce que vous avez lu ou entendu. Autrement, plus vous lisez et plus vous devenez superstitieux. A vos croyances anciennes vous ne cessez d'en ajouter de nouvelles, et aucune ne repose sur une base solide.

J'ai eu comme employé un homme qui était fort mauvais comptable. Toutes les fois que ses comptes s'embrouillaient, il commençait un registre nouveau dans l'espoir de tout remettre en ordre. De même, aujourd'hui, les gens demandent toujours du nouveau, parce que les connaissances superficielles qu'ils ont acquises ne leur donnent pas en réalité satisfaction. Ceux de nos membres qui vont partout citant les ouvrages de l'évêque Leadbeater et les miens sont, eux aussi, superstitieux. Les faits qu'ils citent peuvent être très exacts, ils ne sont pas vrais *pour eux*, car s'ils les avaient compris ils n'auraient pas besoin de s'appuyer sur notre autorité. S'ils nous citent ils doivent se borner à voir dans nos paroles des opinions personnelles et ne chercher à les imposer à personne. Une seule autorité existe dans le monde : c'est la sagesse.

Celui qui veut marcher dans le Sentier doit apprendre

à penser par lui-même, car la superstition est un des plus grands fléaux du monde, l'une des entraves dont il faut entièrement se libérer.

C. W. L. — Que la superstition soit une force considérable et subtile est rendu évident par le fait qu'elle constitue la troisième entrave à rejeter, en suivant le Sentier, après la Première Initiation; elle se nomme en pâli *Silabbataparamasa* « foi en l'efficacité des rites ou cérémonies de tout genre ».

Ce que tu penses d'autrui doit être vrai. Tu ne dois pas penser des autres ce que tu ne sais pas être vrai.

C. W. L. — Si ce que nous pensons des autres n'est que supposition, notre pensée à leur égard est sans doute spéculation pure. Au fond, nous savons remarquablement peu de chose des personnes les plus rapprochées de nous, et moins encore de celles que nous rencontrons fortuitement; les actes, les paroles et les pensées attribués à autrui font pourtant l'objet de bavardages incessants et inutiles; ils sont heureusement pour une bonne part complètement faux.

A. B. — Les opinions sur le compte d'autrui sont généralement erronées. Il n'est possible de porter sur telle personne un jugement exact que si nous la connaissons véritablement, si nous voyons sa pensée et la comprenons. Cette connaissance n'est pas à la portée de la plupart des hommes; pourtant leurs opinions sur les autres sont très arrêtées; constamment ils jugent ceux-ci et en pensée ne leur témoignent aucune bienveillance.

Le Maître dit un peu plus loin : « Ne prête jamais d'intention à un autre ». Ce conseil est d'une importance extrême et, s'il était suivi dans le monde, y supprimerait une bonne moitié des peines. Une personne agit-elle d'une façon incompréhensible pour vous, laissez-la faire; n'inventez pas des motifs possibles. Sa raison d'agir vous échappe forcément; néanmoins vous vous mettez en quête d'un motif, généralement peu flatteur, et ce motif vous l'accolez à l'acte; enfin vous blâmez autrui pour ce que vous avez vous-même pensé et fait. En attribuant ainsi des motifs, les hommes renforcent toute énergie mauvaise pouvant être à l'œuvre dans le mental de la personne critiquée, ou si elle n'existe pas ils la font naître. Le Christ a dit : « Ne tenez pas tête au méchant » (1). Voilà un cas auquel peut s'appliquer ce précepte. Il ne nous appartient pas de chercher dans le mental d'autrui le mal à combattre; laissez le mal à lui-même; il périra.

Ne t'imagine pas que l'on pense toujours à toi.

C. W. L. — Ceci arrive perpétuellement: tout ce que disent ou font les autres se rapporte à nous. Pensant toujours à nous-mêmes nous nous figurons que les autres doivent, eux aussi, penser à nous; mais, si nous pensons toujours à nous-mêmes, il serait plus logique de supposer que les autres pensent probablement à *eux-mêmes* et non pas à nous. Ils se placent au centre de leur propre cercle autour duquel tournoient toutes leurs pensées et émotions et jugent de toutes choses d'après leur réaction sur eux-mêmes. Ils courent en cercle autour d'eux-mêmes et pour cette raison croient qu'autour d'eux-mêmes chacun doit courir aussi. Il n'en est rien. Chaque homme est enfermé dans son propre cercle — cercle aussi vicieux que les autres, sans doute. Les neuf dixièmes des cas où l'on se formalise des actes et des paroles d'autrui ont probablement cette idée pour point de départ.

Si un homme fait quelque chose que tu crois devoir te nuire ou dit quelque chose qui paraît te concerner, ne songe pas immédiatement : « Il a l'intention de m'offenser. » Très probablement, cet homme ne pense nullement à toi, car chaque âme a ses propres soucis et n'est préoccupée, la plupart du temps, que d'elle-même. Si quelqu'un te parle d'un ton irrité, ne te dis pas : « Cet homme me déteste et veut me blesser. » Selon toute probabilité, quelqu'un ou quelque chose l'a irrité, et parce que c'est toi qu'il rencontre, c'est sur toi qu'il déverse sa colère. Il agit en insensé, car toute colère est insensée, mais il ne faut pas, à cause de cela, penser de lui ce qui n'est pas vrai.

C. W. L. — C'est le bon sens même, mais comme l'on

(1) *Matth.*, V, 39. Trad. Crampon (N. D. T.).

s'y exerce rarement! Quand j'étais prêtre de l'église anglicane, il m'est arrivé de prêcher sur une épreuve ou tentation pouvant, pensai-je, se présenter aux fermiers et ouvriers qui étaient mes ouailles. J'exposai comment telle manière d'agir pouvait amener certaines conséquences pénibles. Après le service un fermier furieux fit irruption dans
la sacristie et me demanda dans quelle intention je l'avais
pris pour objet de mon sermon. Bien entendu le malheureux se trahit immédiatement. Je ne l'avais jamais supposé
coupable de cet acte particulier, mais évidemment c'était
un point sensible et mes observations avaient porté. Je suis
convaincu qu'aujourd'hui encore cet homme est persuadé
que je l'avais distingué dans l'assistance et que je l'avais
pris pour sujet de mon discours.

Dans l'existence encombrée qui nous est commune, les
frictions jusqu'à un certain point sont inévitables; inutile
de les prendre au sérieux, ou de leur attribuer beaucoup
d'importance. En circulant dans les rues de toute grande
ville nous voyons des milliers de gens tous occupés de leurs
propres affaires, suivant leur chemin sans penser le moins
du monde aux autres passants. Parfois et inévitablement
on se bouscule, mais personne n'a jamais l'idée de s'en
offenser; ce serait ridicule. Au point de vue mental et émotionnel les heurts de ce genre doivent se produire aussi.
Dans les grandes foules il y a toujours des bousculades
mentales et émotionnelles; prenons-les exactement dans le
même esprit, en comprenant que la personne qui a mar-
ché sur nos corps mentals n'en a jamais eu la moindre intention, mais qu'elle suivait son chemin sans penser à
nous. Il ne faut pas prendre au sérieux les petits frotte-
ments de ce genre, pas plus que les bousculades quotidiennes dans la rue.

Tout en tenant compte de la manière dont les autres sont
absorbés dans leurs intérêts, nous avons le devoir de veiller à ce que nous ne nous absorbions pas dans les nôtres
au point d'oublier les petites marques de courtoisie qui
contribuent tant à l'agrément de la vie.

Le Théosophe devrait se distinguer du reste des hommes
par sa politesse et aussi par une calme et invariable sérénité. Soyez aimables, soyez patients. On a beau être pressé,
le temps de se montrer amical et bienveillant ne manque

jamais. Il faut refuser de se laisser renverser par les vagues d'irritabilité causées par des nerfs trop tendus, si fréquentes à notre époque agitée.

A. B. — L'avis donné ici par le Maître est très sage. Ne supposez pas que tout le monde pense à vous, parce que vous pensez à vous-mêmes. Les autres pensent également à eux-mêmes et aucunement à vous; ils s'occupent de leurs affaires comme vous vous occupez des vôtres. Les nations seraient beaucoup plus heureuses si l'on voulait accepter cette idée et la mettre en pratique. Si une personne vous heurte, dans l'agitation et le tumulte de la vie, ne croyez pas qu'elle cherche à vous nuire, ni même qu'elle ait aucune intention personnelle. A moins d'être certain que l'on a voulu faire du mal, il vaut beaucoup mieux croire le contraire.

Un homme vous parle avec colère; si à ce moment vous vous rappeliez la nécessité de ne pas lui prêter des intentions hostiles et de ne pas vous emporter comme lui, vous feriez de très rapides progrès en discipline personnelle. En général on se souvient après. Un homme maître de soi ne *manifeste* pas d'irritation, mais s'il l'est *parfaitement* il n'éprouvera même pas ce sentiment. En admettant même que votre interlocuteur soit dans son tort, ce n'est après tout qu'une faiblesse, or l'aspirant occultiste ne doit pas oublier d'être charitable pour les faiblesses d'autrui. Se rappeler aussi que l'expression de la colère, ou la réponse vive et mordante, sont fréquemment le fait d'un homme soumis à une grande tension due à des soucis ou à des inquiétudes; il est trop faible pour supporter l'effort sans en rien montrer; ses nerfs sont tendus à l'extrême; voilà pourquoi il agit de la sorte.

Suivant l'expression du Maître, il agit en insensé; c'est certain, mais soyons indulgents. C'est ainsi que naissent la plupart des petites difficultés. Une tension pénible dispose à s'offenser presque de tout. Songez aux nombreuses préoccupations qui règnent dans le monde — soucis de tout genre assaillant et tourmentant les hommes. Nous ignorons bien entendu les peines de ceux qui nous entourent, car aucune personne sensée ne raconte ses difficultés à tout venant. La dignité la plus ordinaire l'interdit. Mais si, nous rappelant l'existence de ces difficultés, nous en tenons compte, nous devons atteindre la paix parfaite, objet du Maître dans ces leçons.

Quand tu seras un élève du Maître, tu pourras voir si ta pensée est vraie en la comparant à la Sienne. Car le pupille ne fait qu'un avec son Maître et il lui suffit de ramener sa pensée vers celle du Maître pour voir si elles sont d'accord. S'il n'en est pas ainsi, la pensée du pupille est erronée et il la modifie immédiatement, car la pensée du Maître est parfaite, puisqu'Il sait tout.

A. B. — Un élève accepté peut toujours déterminer ce que vaut sa pensée en la plaçant à côté de celle du Maître. Eprouve-t-il une vibration discordante, sa pensée ne vaut rien. Pour emprunter une analogie au plan physique, c'est comme une fausse note en musique. L'élève n'a pas besoin d'attirer l'attention du Maître; il se contente de placer sa pensée auprès de celle du Maître; sonne-t-elle faux il la rejette sans tarder et s'efforce immédiatement d'établir l'harmonie entre sa pensée et celle du Maître. Il ne raisonne pas, ne cherche pas à établir qu'après tout c'est peut-être sa propre pensée qui est juste, car si elle est fautive, l'erreur devient immédiatement manifeste. Il n'est guère possible d'agir ainsi avant d'être élève accepté et pour beaucoup d'aspirants c'est une difficulté. La conscience de l'élève étant une avec celle du Maître, celui-ci n'accepte aucune personne dont la pensée L'obligerait ensuite à élever contre elle un mur défensif.

C. W. L. — L'élève, est-il dit, est un avec le Maître; cela est vrai dans un sens que le Maître seul peut comprendre parfaitement. L'élève le sait aussi mais d'une façon plus partielle. Il faut être admis à cette relation spéciale pour comprendre l'intensité de cette unité. L'élève devient par rapport à la conscience de son Maître, comme une section périphérique; il lui appartient un peu comme la personnalité appartient à l'ego. L'ego soumet un petit fragment de lui-même (expression peu correcte mais plus juste que l'idée impliquée par le mot reflet) aux conditions spéciales des plans inférieurs, où les meilleurs corps physique, astral et mental ne parviennent à l'exprimer que d'une manière très imparfaite. Ceci devrait nous encourager lorsque, conscients de toutes nos faiblesses ici-bas, nous nous sentons déprimés. On peut se dire : « En tout cas l'ego est au-dessus de cela : je n'ai donc pas lieu de désespérer. Il me suffira de mettre un peu plus de moi-même dans cette manifestation inférieure, pour en faire une expression plus pure de ce que je suis en réalité là-haut; alors mes défauts diminueront ».

De même l'élève n'est pas seulement le représentant du Maître; il est bien réellement le Maître, mais le Maître enserré par de terribles limitations, non seulement celles des plans inférieurs mais encore celles de la personnalité de l'élève que celui-ci est loin d'avoir encore parfaitement dominée. Si l'ego du disciple avait discipliné d'une façon absolue ses véhicules inférieurs, devenus de simples reflets ou expressions des véhicules supérieurs, il pourrait exprimer le Maître beaucoup plus complètement qu'il ne le fait encore; cependant il resterait une limitation de ce qu'il faut appeler sa *taille*, l'élève étant un ego plus petit que le Maître dont il suit les pas, et ne pouvant par conséquent Le représenter que partiellement. Néanmoins quelles que soient les pensées de l'élève, elles se trouvent aussi dans les corps mental et astral du Maître. C'est un peu pour cette raison que les élèves doivent subir un stage de probation, pendant lequel l'image vivante du probationnaire est constamment sous les yeux du Maître. Le Maître veut connaître exactement les pensées et les sentiments de son élève éventuel, autrement Il pourrait trouver Ses propres corps astral et mental constamment envahis par des pensées et des émotions en désaccord avec l'œuvre que sans cesse Il poursuit. C'est seulement après avoir constaté pendant assez longtemps que les pensées et les émotions incompatibles sont très rares chez l'élève qu'Il accepte celui-ci et en fait une partie de Lui-même.

Le Maître se réserve pourtant encore la faculté d'interposer un voile entre sa conscience et celle de son disciple; ce dernier désire ardemment que rien n'interrompe l'union, mais nous sommes faillibles ici-bas sur le plan physique et il peut souvent nous arriver d'accueillir une pensée ou un sentiment illicites; ne les admettant pas, le Maître s'en garantit tranquillement. Plus tard, en vérité, vient une période où le Maître renonce même à cette faculté, où il accepte l'élève comme « fils », mais Il ne le fait que lorsqu'Il est tout à fait certain qu'il n'y a plus rien à exclure.

Cette association intime avec la conscience de l'instructeur permet à l'élève de juxtaposer sa propre pensée à celle du Maître. L'élève n'a pas besoin d'attirer l'attention du Maître, car il ne sollicite pas son opinion sur la question qui le préoccupe; il se borne à découvrir, grâce à cette unité, la pensée du Maître relativement à cette question particulière. « Comment », direz-vous, « s'y prend l'élève? » Il y a plusieurs manières, suivant que l'unité est plus ou moins parfaite : l'élève crée de son Maître une image bien nette, monte de toutes ses forces jusqu'à elle, s'en revêt, puis, formulant sa pensée, il voit si elle détermine la moindre dissonance, le moindre désaccord; dans ce cas, il modifie sans tarder sa propre pensée.

Ici le point de vue occulte et celui du monde diffèrent beaucoup. Dans le monde, si vous n'êtes pas du même avis qu'une autre personne, vous raisonnez immédiatement en faveur de votre opinion, ou vous essayez de la justifier. En occultisme nous ne discutons jamais; sachant que l'homme placé à un niveau supérieur en sait plus que nous, nous acceptons simplement son avis. Pas un instant nous n'aurions l'idée d'opposer notre manière de voir à celle du Maître, car nous savons (il ne s'agit plus d'opinion mais de connaissance directe) qu'Il dispose de mille sources d'information dont l'accès nous est fermé et que, par conséquent, Il sait de quoi Il parle. Son opinion est basée sur un savoir bien plus étendu que le nôtre. Dans la suite nous pourrons essayer de trouver les raisons qui l'ont fait naître — c'est une tout autre affaire — mais en attendant nous ne Lui faisons pas d'opposition; nous n'y songeons même pas. En plaçant sa pensée à côté de celle du Maître, l'élève ne raisonne pas. Lorsqu'un instrument a besoin d'être accordé, vous ne vous demandez pas si le ton actuel ne serait pas préférable, mais vous accordez l'instrument.

Dans le monde occulte nous ne critiquons jamais; nous considérons comme prouvé que tout collaborateur de la Hiérarchie fait de son mieux; dans ce cas ce n'est pas nous, c'est son Maître qui constate ou ses succès ou ses défaillances. Parfois, naturellement, peut se présenter la possibilité, si nous prévoyons un échec, de suggérer avec toute la délicatesse dont nous sommes capables : « Si l'on faisait telle ou telle chose, ne pensez-vous pas que les choses iraient un peu mieux? » La façon téméraire dont on critique les autres sans rien connaître de leurs soucis et de leurs difficultés est absolument étrangère aux occultistes ou à ceux qui aspirent à le devenir. Nous nous en abstenons complètement; pour nous ce serait une action mauvaise.

A cet égard, les personnes déterminées à s'engager dans le Sentier, feront bien de suivre la coutume adoptée par les élèves des Maîtres. Renonçons à critiquer les gens qui ont leur tâche à remplir : la plupart font, à leur point de vue, de leur mieux. Notre propre point de vue est peut-être fort supérieur au leur; il n'en est pas moins vrai que, pour le travail, ils ne disposent que de leur propre lumière et non de la nôtre. Une personne est-elle investie de fonctions dans notre Société, laissons-lui l'occasion de bien s'en acquitter. Son travail n'est-il pas suffisant, nous pourrons après un délai convenable, le confier à un autre, mais en attendant ne gênons en rien celui qui en est chargé; il faut lui laisser la possibilité de montrer ses capacités et de mettre en pratique les idées qui lui sont propres. Les interventions constantes sont une mauvaise chose.

Une disposition pire serait d'adopter une attitude critique permanente — de toujours chercher les lacunes, de toujours guetter les points faibles. On ne procède pas ainsi en occultisme. Nous entendons souvent dire : « Je ne peux m'empêcher de critiquer : c'est ma nature ». Si c'est là votre nature, elle est déplorable et vous ferez bien de vous élever au-dessus d'elle. Vous appliquez les mots *naturel, humain,* à la manière d'agir de l'homme moyen, mais quand un homme a entrepris sérieusement sa discipline personnelle, il s'applique à dépasser un peu la moyenne. Nous sommes ici pour transformer notre nature. Inutile d'en tirer vanité. L'aspirant s'efforce de s'élever au-dessus de la moyenne afin de pouvoir la faire progresser, ce qui lui serait impossible s'il restait à un niveau identique ou inférieur. Pour perdre la mauvaise habitude de critiquer il suffit de vouloir.

Nous voudrions parfois dire aux gens : « Cessez donc de barrer le chemin à votre Soi supérieur et donnez-lui la possibilité de faire de son mieux. Vous laissez la personnalité inférieure empêcher ce que le Soi supérieur voudrait faire et ferait très facilement ». Que personne ne dise : « Je ne peux pas ». Si vous le dites, vous avez jugé par avance en vous condamnant vous-même à l'échec. Constituez plutôt cette forme-pensée : « Je peux faire cela et je vais le faire » — et la tâche se trouve à moitié remplie. Souvent les efforts restent vains; c'est très naturel; mais à force d'essayer, la force s'accumule et bientôt assurera le succès. Si nous ne réussissons pas, ne croyons pas tout perdu, car la force gagnée, même si elle est encore insuffisante pour déterminer un succès immédiat, constitue tout de même un gain substantiel et si nous y ajoutons sans cesse, le temps viendra où le succès récompensera notre labeur.

Un abîme sépare ces deux attitudes : d'un côté s'asseoir et désespérer; de l'autre se lever et agir. On a dit que le monde était divisé entre personnes qui entreprennent une tâche et celles qui restent assises en demandant : « Pourquoi ne s'y est-on pas pris autrement? » Nous devrions faire partie des premières et ignorer les critiques de celles qui ne bougent même pas la main pour agir.

Ceux qui ne sont pas encore acceptés par Lui ne peuvent agir tout à fait comme cela, mais ils seront grandement aidés en se demandant souvent : Que penserait le Maître de ceci? Que dirait ou que ferait le Maître en telles circonstances? Car il ne faut jamais faire, dire ou penser ce qu'à ton sens le Maître ne peut faire, dire ou penser.

Il faut aussi être véridique dans tes paroles, précis et sans exagération.

C. W. L. — Si nous nous rappelions toujours la nécessité de ne jamais penser ou dire ce que le Maître ne penserait ni ne dirait, il y aurait peu à reprendre dans nos existences. Peut-être commettrions-nous quelques erreurs d'appréciation concernant les pensées ou les paroles que nous Lui prêtons, mais d'une façon générale notre vie serait admirablement pure et rapprochée de Lui. Beaucoup de gens se diront, sans doute : « S'il fallait prendre le temps de penser à cela, jamais je ne dirais rien ». S'ils gardaient le silence, le monde n'en serait probablement pas très appauvri, car les paroles en général n'ont guère d'utilité. Si un homme, chaque fois qu'il va parler en pesant bien ses paroles, se demande : « Le Maître dirait-il ce que je vais dire? » — il parlerait beaucoup moins. Se reporter à la pensée du Maître peut tout d'abord demander longtemps; un moment vient où, l'habitude étant prise, cela se passe comme dans un éclair.

La pensée se meut aussi vite et probablement plus vite que la lumière et si, comme nous le disent les physiciens, la lumière parcourt environ 186 milles par seconde, la pensée donnée par exemple à l'Angleterre, qui est à 12.500 milles d'ici, y parvient comme un trait lumineux. La rapidité de la lumière est, dans le domaine de la physique occulte, au nombre des questions dont nous connaissons à peine le premier mot. Nous ne cessons d'acquérir en science occulte des notions nouvelles, et nous livrons à des expériences maladroites; nous imitons à cet égard les vieux alchimistes dont les efforts ont fait naître la chimie, devenue lentement une science immense comprenant des milliers de faits. Des expériences incertaines faites aujourd'hui par quelques rares personnes, résultera je crois avec les ans un développement de la science occulte en général dont l'importance pour le monde sera grande.

Habituellement nos pensées se meuvent moins vite qu'elles ne le pourraient, parce que nous n'avons pas assez pratiqué leur emploi exclusif indépendamment de la parole et de l'action. L'un des fruits de la méditation est de nous exercer à employer la pensée indépendamment de celles-ci. Le succès obtenu amène des résultats vraiment extraordinaires. Le Dr. Besant en a fait une étude spéciale. Elle a dit en ma présence que, dans ses conférences publiques, lorsqu'elle prononçait une phrase, la phrase suivante se présentait à sa pensée sous trois ou quatre formes différentes, dont elle choisissait tranquillement celle qui lui semblait la plus efficace, et cela tout en prononçant la phrase précédente. Très peu de personnes en feraient autant. Il s'agit de séparer de l'action l'emploi de la pensée, avec une rapidité difficile à calculer : on voit où cela peut mener. Il vaut tout à fait la peine de s'exercer à l'emploi de la pensée en tant que pensée. L'élève en prenant l'excellente habitude de penser avant de parler ou d'agir, s'apercevra qu'elle lui permet non seulement de mettre sa vie en harmonie avec celle de son Maître, mais encore d'acquérir une utile accélération de la pensée.

Ne prête jamais d'intentions à un autre; son Maître seul connaît ses pensées, et il se peut qu'il agisse ainsi pour des raisons qui te sont complètement étrangères.

C. W. L. — Tout homme est une énigme, même pour ses proches, même pour ceux qu'il aime le plus, et si parfois, longtemps après, vous apprenez les raisons qui l'ont fait agir, elles vous étonnent en général; l'influence directrice de son mental est un facteur auquel vous n'auriez jamais songé. J'ai observé cela bien plus souvent peut-être aux Indes qu'ailleurs, parce que le mental indien, à bien des égards, diffère beaucoup du nôtre, et que la plupart de nos frères hindous ont pour mobiles des idées qui jamais ne viendraient à un anglais. Leur mental est infiniment plus subtil et ses activités ont pour base des traditions étrangères à notre manière de penser. Si donc, même dans notre propre race il n'est jamais recommandable de trouver une raison pour les paroles ou les actions de personne, ce serait plus imprudent encore à l'étranger où vous avez affaire à une civilisation absolument différente. Des malentendus sans remède se produisent parce que nous inventons des mobiles; ne le faisons pas. La raison de tel acte ne nous regarde pas; inutile de nous en occuper.

Quand tu entends un récit faisant tort à quelqu'un, ne le répète pas; ce récit est peut-être inexact; et alors même qu'il serait vrai, il est plus charitable de n'en pas parler.

A. B. — Si, après avoir lu ces lignes, vous médisez de quelqu'un, vous désobéissez à l'ordre directement donné par le Maître, car cet ordre vous a été transmis et ainsi vous touche personnellement. Il est assez facile de se taire; il peut être difficile de gouverner votre mental, mais à coup sûr vous pouvez maîtriser votre corps! Vos racontars peuvent n'avoir pas grande portée, mais s'ils sont faux et si vous les répétez, vous mentez et ceci est grave pour ceux qui se préparent à l'Initiation. Mentir est sans doute un mot dur, mais c'est un fait et il faut prendre son parti des faits.

Evidemment nous ne pouvons passer notre vie à examiner l'exactitude de ces racontars; le seul parti prudent est donc de ne jamais les répéter. Sans même prendre en considération le dommage qui en résulte pour nous-mêmes et pour notre avenir, et en supposant même que l'histoire soit vraie, il est plus charitable de ne rien dire. Pourquoi vouloir nuire? Pourquoi vouloir répéter des propos qui présentent les autres sous un aspect défavorable?

Bien entendu, si nous découvrons qu'un homme est un fripon ou un escroc, décidé à abuser de la confiance qu'on lui témoigne, nous avons le devoir de le faire connaître ou tout au moins de prévenir les personnes menacées, mais c'est là une question tout autre que celles qui alimentent les commérages ordinaires. Pour remplir ce devoir le plus grand tact, accompagné de mûres réflexions, est nécessaire; à l'exclusion de tout ressentiment et de toute indignation.

Réfléchis bien avant de parler, de peur de manquer d'exactitude.

C. W. L. — Ceci a été prêché depuis bien des années, néanmoins nos propres collègues persistent à dire des choses inexactes. Les gens s'expriment parfois de la manière la plus exagérée : un objet se trouve-t-il à cent yards, ils disent qu'il est « à des milles d'ici »; fait-il plus chaud que de coutume, ils disent que « l'on cuit ». Il faut bien mal savoir sa langue pour ne pas trouver les mots exprimant les différents degrés de la pensée, sans avoir recours à ces folles, à ces extravagantes superfluités, accusant à la fois une éducation défectueuse et un manque de précision. Il me semble que nous ne devrions pas, sur ce point, faire preuve de négligence. Ce n'est pas sans raison que l'on attribue au Christ ces paroles : « Au jour du jugement les hommes rendront compte de toute parole vaine qu'ils auront dite » (1).

(1) *Matth.*, XII, 36.

Sois franc dans l'action, ne cherche jamais à paraître ce que tu n'es pas; car toute feinte met obstacle à la pure lumière de vérité qui doit traverser ton âme, comme le rayon de soleil traverse une vitre transparente.

A. B. — La vérité en action est très difficile à pratiquer; elle consiste à ne jamais rien faire en présence des autres avec l'intention de leur donner de vous une haute opinion; quand vous êtes seuls, à ne jamais faire ce dont vous auriez honte en présence d'autrui; enfin à être toujours parfaitement honnêtes. Laissez les autres vous voir exactement comme vous êtes et ne cherchez pas à paraître différents. Nous avons, pour la plupart, une espèce d'idéal de ce que nous voudrions paraître aux yeux des autres; en conséquence, quand nous sommes seuls, nous faisons toutes sortes de petites choses que nous ne ferions pas en présence des autres car nous sentons bien qu'elles leur sembleraient un peu inattendues de notre part.

Toutes les fois que vous êtes disposé à ne pas agir parce que vous n'êtes pas seul, résistez à ce sentiment; si l'action est bonne, ne tenez aucun compte de l'opinion étrangère; dans le cas contraire, gardez-vous bien d'agir. Il fut un temps où je croyais devoir prendre devant le public l'attitude qu'il s'attend à trouver chez un auteur ou conférencier, etc. Parfois ce sentiment naissait à propos d'un rien. En voici un exemple. Pendant les traversées — je ne me sens jamais bien sur mer — j'avais pris l'habitude de faire des patiences, distraction à mon avis fort innocente. Un jour l'idée me vint de me demander ce que penseraient les passagers en me voyant jouer aux cartes le dimanche, sachant que j'enseignais l'occultisme. En seraient-ils scandalisés? Je me dis alors : « Que l'on me voie ou non n'a pas d'importance. Si l'acte est mauvais il faut y renoncer; sinon l'opinion d'autrui n'y change rien ». A cet égard, Madame Blavatsky était remarquable; elle faisait toujours à sa guise sans se soucier le moins du monde de l'opinion d'autrui. Se disait-on que ses manières n'étaient pas celles qui doivent caractériser l'occultiste, quelle importance cela pouvait-il bien avoir? De toutes façons les observateurs n'y entendaient rien.

L'occultiste n'affecte pas un maintien grave et solennel;

il ne s'applique pas à tout faire avec une grande dignité, bien que beaucoup de gens se le représentent ainsi. Les idées répandues sont à cet égard entièrement fausses. L'occultiste est parfaitement naturel. Une des raisons pour lesquelles il est, je crois, important à l'époque présente, de mener une existence parfaitement véridique et franche, est que nous pouvons ainsi contribuer dans une modeste mesure à préparer la voie au grand Instructeur dont l'avènement est prochain, à l'aplanir peut-être un peu. Car les grands Etres ne répondent pas toujours au portrait que l'on se fait d'eux; Ils n'adoptent pas les moules qui Leur sont préparés, mais Ils viennent réformer le monde et généralement modifier d'une façon radicale, les idées régnantes; Ils tiennent le plus grand compte des sentiments des hommes, mais pas toujours de leurs préjugés. La sincérité, la franchise de nos vies peut servir à préparer les opinions, si bien que, lors de l'avènement de Notre Seigneur Maitreya, les hommes seront déjà moins prisonniers de leurs préjugés et moins disposés à s'indigner qu'ils ne l'eussent été autrement. Une franchise parfaite doit donc caractériser notre manière d'être, toujours à la condition de ne pas tomber au-dessous de notre idéal. Ne commettons pas l'erreur de supposer que la façon dont nous agissons en présence d'autrui n'a pas d'importance, mais soyons aussi prudents et honnêtes dans l'intimité qu'en public.

C. W. L. — Il est très vrai qu'il ne faut jamais feindre, et que toute prétention offre un caractère de fausseté, mais dans nos efforts pour l'éviter, craignons de tomber dans l'excès opposé. Les gens disent quelquefois : « J'entends me montrer tel que je suis », et alors ils montrent la pire, la plus grossière et la plus vulgaire partie d'eux-mêmes. Ce n'est pas là naturellement leur portrait réel mais une copie très inférieure, très mauvaise et très dégradée de ce qu'ils devraient être. Dans la nature humaine ce qu'il y a de plus élevé, de meilleur et de plus noble est ce qui touche de plus près au Soi véritable; aussi, pour être naturels, nous devrions nous montrer sous notre meilleur aspect.

L'affectation d'un air dévot est une forme de mensonge. Une personne se donne-t-elle en votre présence comme occultiste, mais en même temps parle-t-elle beaucoup de son élévation et de sa tolérance, donne-t-elle à entendre qu'elle est douée de facultés remarquables et cherche-t-elle à s'attirer l'admiration des gens crédules, comme les hypocrites d'autrefois « qui aiment à prier dans les synagogues et aux coins des rues, pour être vus des hommes », comme aussi les scribes et les pharisiens, qui font « pour l'apparence de longues prières » (1), soyez certains que ce n'est pas un véritable occultiste. Celui-ci n'affecte jamais la dévotion, bien qu'il soit décidé à maintenir sa vie à un niveau moral très supérieur à celui de l'homme dit « naturel ».

Souvent les hommes méconnaissent le Maître parce qu'ils se sont fait une idée immuable de ce qu'un Maître doit être; or le Maître véritable, vivant peut être fort différent. Il ne se conforme pas à nos préjugés ni à nos idées; Il est ce qu'Il est sur son propre plan et si nous sommes esclaves de nos préjugés, peut-être ne Le reconnaîtrons-nous pas quand Il viendra. Certains ont déjà décidé ce que fera et dira l'Instructeur Mondial et la manière dont Il Se comportera. Ne courez pas le risque d'être séparés de Lui par des préjugés. Il enseignera, nous le savons, la doctrine de l'amour, mais Lui seul décidera la méthode et les détails. Sachons le reconnaître absolument et nous tenir prêts à Le suivre partout où Il nous conduira.

---

(1) *Matth.*, VI, 5, et XXIII, 14.

CHAPITRE XII

L'ALTRUISME ET LA VIE DIVINE

Il faut discerner ce qui est égoïste de ce qui ne l'est pas. Car l'égoïsme a bien des formes, et quand tu crois l'avoir enfin étouffé sous une de ses formes, il se réveille sous une autre, aussi fort que jamais. Mais peu à peu la pensée de venir en aide aux autres t'occupera à tel point qu'il n'y aura plus dans ton esprit, ni la place, ni le temps de penser à toi-même.

A. B. — Ici le Maître décrit ce que je crois être la seule manière de parvenir à l'altruisme parfait. Il est possible de nous défaire d'une forme particulière d'égoïsme — c'est certain — en mettant tous nos efforts à l'extirper mais, suivant l'expression du Maître, il se réveille sous une autre forme. En procédant ainsi vous pouvez mettre beaucoup de temps à détruire tel genre d'égoïsme, et puis vous trouver dans la situation d'Hercule lorsqu'il tuait l'hydre : dès qu'une des têtes était coupée, une autre la remplaçait. Mais la méthode recommandée ici est radicale.

L'un des fruits les plus précieux de la dévotion s'offre à nous ici, et c'est, je crois le plus beau de tous : la pensée consacrée à une autre personne, objet de notre dévotion, remplit le mental et l'on s'oublie soi-même sans faire pour cela d'effort spécial. Telle est la vraie façon de croître : « ...comme croît la fleur, inconsciente, mais ardemment désireuse d'ouvrir son âme au soleil » (1).

Tout effort est un signe de faiblesse; si vous trouvez des manières adroites de vous circonvenir vous-mêmes en quelque sorte, c'est un grand avantage. Changeant le cours de vos pensées, vous canalisez votre énergie dans la bonne direction et la qualité indésirable périt d'inanition : C'est la meilleure manière de surmonter ses défauts; car penser à ceux-ci, même avec repentir, les renforce.

(1) *La Lumière sur le Sentier*, I, 8.

N'ayez de pensée que pour autrui et alors, comme dit le Maître, il n'y aura plus dans votre esprit ni la place, ni le temps de penser à vous-mêmes. Et pour vous ce sera le bonheur. J'ai constaté en ce qui me concerne, qu'il en est bien ainsi. Quand je me sentais portée à m'affliger, à éprouver le plus léger regret concernant une question m'affectant personnellement (je ne crois pas y être sujette maintenant, mais je l'ai été), j'occupais entièrement mon mental de la pensée d'aider les autres et de travailler pour eux. S'affliger de circonstances qui nous affectent seuls est égoïste et ne sert qu'à rendre malheureux. C'est pourtant ce que font beaucoup de gens : ils s'asseyent et disent : « Oh! que c'est triste! que c'est dur! C'est bien pénible pour moi. Cette personne ne tient pas à moi, ne s'occupe pas de moi, ne m'aime pas » — et ainsi de suite indéfiniment.

Tout cela est de l'égoïsme. Le remède à la fois pour votre propre chagrin et pour l'égoïsme consiste à vous mettre sans retard à l'œuvre pour une autre personne. Au travail. Votre mental ne peut avoir simultanément deux objectifs et dès que vous cessez de penser à vous-mêmes vous commencez à être heureux. A partir du moment où vous pourrez dire : « Je ne demande rien aux personnes qui m'entourent; je les aime et en retour n'ai besoin de rien » — vous trouverez le bonheur. On appelle généralement amour un mince fonds d'amour recouvert d'une couche épaisse d'égoïsme. L'amour cause-t-il une peine, c'est que l'égoïsme, lui aussi, est présent.

Dure leçon, je le sais bien, pour les personnes cordiales et affectueuses; pourtant il faut l'apprendre, après quoi elle procure le bonheur et la paix. J'en ai fait moi-même l'expérience. Apprenez à aimer tout le monde, sans rien demander en retour et quand vous y serez parvenus, beaucoup de gens vous aimeront, mais tant que vous vous montrez avides, leur instinct naturel sera la réserve. Dure leçon, mais qui, bien assimilée, procure une paix impossible à troubler, même quand une personne tendrement aimée se rend momentanément désagréable. Peu importe : vous savez qu'un jour son attitude changera et en attendant vous lui prodiguez votre amour comme auparavant. Souffrez-vous, prenez la résolution de ne pas vous en préoccuper. Dites en vous-mêmes : « Quelles que soient les souffrances de ma nature inférieure, cela m'est égal ». Que sommes-nous donc ou, du moins, qu'est notre moi inférieur, pour nous amener à nous apitoyer sur nos peines, ou à revendiquer le droit d'être aimés? En prenant cette attitude à l'égard de vos souffrances vous vous élèverez au-dessus d'elles.

C. W. L. — Penser à une faute la renforce. C'est l'erreur souvent commise dans le système chrétien qui enjoint aux hommes de se repentir et de penser avec remords à leurs fautes : plus ils éprouvent de regrets, plus ils insistent en pensée sur leurs fautes, plus elles prennent d'ascendant; si, au contraire, ils continuent leur chemin et travaillent pour autrui, la forme-pensée n'étant plus intensifiée meurt tout naturellement, se détache, tombe dans l'oubli. Une introspection maladive transforme souvent de petits travers en péchés graves. On pense aux petits enfants qui ne cessent d'arracher les plantes pour s'assurer qu'elles poussent. Ainsi une personne entreprend, pleine de zèle, une belle et noble tâche, puis commençant à douter d'elle-même, se dit : « Je ne suis pas certaine que mon motif soit pur; j'ai dû agir parce qu'en moi-même il y avait de l'orgueil », ou bien, si elle soulage les souffrances d'autrui, elle pense : « Au fond il y avait de l'égoïsme; ne pouvant supporter la vue de ces misères, je les ai soulagées ». Dans l'église anglicane il est dit : « Seigneur ayez pitié de nous, misérables pécheurs ». Pécheurs, nous le sommes peut-être mais il est inutile d'aggraver nos fautes par notre souffrance et de faire souffrir ainsi nos semblables. N'insistez jamais sur le passé mais appliquez-vous à mieux faire dans l'avenir. Inutile le désir de n'avoir pas fait telle ou telle chose; mieux vaut dire : « J'ai fait cela, c'est dommage; tant pis; les circonstances actuelles étant ce qu'elles sont, je vais chercher la manière d'en tirer le meilleur parti ». Je ne veux pas dire qu'à un niveau exalté il soit impossible de modifier le passé mais certainement il serait pour nous peu pratique de faire entrer cette possibilité en ligne de compte.

Dans le Noble Sentier Octuple de Notre Seigneur le Bouddha, l'avant-dernier pas était le Droit Souvenir. Il disait à ceux qui le suivaient : « Il faut faire très attention aux souvenirs que vous évoquez. Si vous dites ne pouvoir rien oublier, c'est que vous n'êtes pas maîtres de votre mémoire, du mental qui est une partie de vous-mêmes. C'est comme si en passant dans la rue vous ramassiez toutes les ordures rencontrées; vous encombrez votre mémoire de toutes sortes de choses inutiles et indésirables; rappelez-vous seulement les bonnes, en ayant particulièrement soin d'oublier les autres ». Il énumère alors d'une façon minutieuse et précise ce qu'il faut oublier, ainsi tous les propos désobligeants, les dédains et offenses imaginaires; ils font partie des choses qu'il faut, pour toujours et absolument, oublier. Appartiennent au contraire aux choses dont il faut garder le souvenir, toutes les paroles bienveillantes qui nous ont été adressées, tous les bienfaits reçus, toutes les bonnes qualités remarquées chez notre prochain.

Il faut apprendre à aimer tous ceux que nous rencontrons dans la vie; je ne dis pas au même degré; cela ne vous est pas demandé. Notre Seigneur le Bouddha avait lui-même un disciple préféré, Ananda, qu'Il aimait plus que les autres, et le Christ avait pour disciple préféré saint Jean qui, durant la Cène, était penché sur son sein. Nous ne sommes supposés pouvoir ni aimer également tous les hommes, ni éprouver pour tous l'amour témoigné à un père ou à une mère, à une épouse ou à un enfant; par contre, nous sommes supposés faire preuve envers tous de bienveillance active et d'amour, mais de haine envers personne. Cette attitude, nous devons l'avoir sans rien attendre en retour; toute demande implique une prétention; le facteur désir intervient de nouveau; par suite nous pensons à nous-mêmes et non point à ceux que nous aimons. Répandre l'amour sans idée de réciprocité, cela seul mérite le nom d'amour. Sans un altruisme semblable, les gens restent enclins à la jalousie, à l'envie et à bien d'autres désirs; leur amour se traduit non par une pure et admirable teinte rose mais par une sorte de brun rougeâtre; triste manifestation dont la forme est également désagréable car au lieu de rayonner, comme la lumière solaire, elle est crochue et avide, se propage suivant une courbe fermée n'affectant souvent que la personne dont elle émane.

Les mondes ont pour moteur l'amour divin absolu; il se propage en immenses courbes ouvertes qui jamais ne reviennent et ne veulent pas revenir sur elles-mêmes. Cet amour se répand suivant d'autres dimensions et sur d'autres plans, pour accomplir l'œuvre divine voulue par Dieu.

Telle est la leçon qu'il faut apprendre; elle est difficile parce qu'il faut, pour cela, détruire la nature inférieure, mais c'est le sentier qui mène à la paix.

Il faut encore user de discernement d'une autre manière. Apprends à discerner le Dieu qui est dans tous les êtres et dans toutes les choses, quelque mauvais qu'ils soient ou paraissent être. Tu peux toujours aider ton frère par ce que tu as de commun avec lui, c'est-à-dire la Vie divine. Apprends la manière d'éveiller cette Vie en lui; apprends comment faire appel à cette Vie en lui; c'est ainsi que tu te préserveras du mal.

A. B. — C'est la leçon finale à apprendre pour distinguer le réel de l'irréel. Quel que soit le mal en présence duquel nous soyons, Dieu s'y trouve, car il ne pourrait exister si, tout au fond, Dieu n'était pas. Cette vérité, les textes sacrés hindous la répètent sans cesse. « Je suis le jeu du tricheur » (1), dit le Seigneur dans la *Bhagavad-Gita*, sentence qui scandalise souvent beaucoup le lecteur; elle est vraie cependant, car le tricheur doit apprendre ainsi une leçon qu'il refuse d'apprendre par des moyens meilleurs. L'homme incapable de se conformer docilement aux préceptes, doit s'instruire en faisant l'expérience des lois naturelles. Les lois que nous appelons ainsi sont l'expression la plus matérielle du mental divin.

Elles sont inébranlables comme des rocs; en se meurtrissant à leur contact, l'homme par la souffrance qu'il éprouve apprend à éviter à l'avenir une erreur semblable. Une personne ne consent-elle à s'instruire ni par les préceptes, ni par l'exemple (et ceux-ci ne lui manquent pas), elle est obligée de le faire en subissant la souffrance, sanction des infractions à la loi; elle se trouvera emportée malgré tout vers l'unité, car l'évolution est l'expression de la volonté divine et la propre volonté profonde de l'homme se confond avec la volonté divine. C'est là, je crois, le sens des mots du psalmiste hébreu : « Si je monte aux cieux, tu y es ». Jusqu'ici rien d'obscur; nous savons tous que Dieu est au

____

(1) *Bhagavad-Gita* (trad. Kamensky), X, 36 (N. D. T.).

ciel; mais dit ensuite le psalmiste : « Si je me couche au séjour des morts, t'y voilà » (1).

Reconnaissez donc le divin dans tout ce qui vous entoure; le reste ne vous concerne pas. C'est la manière et la seule d'assister votre frère car vous n'avez en commun que la vie divine; tout le reste est différent, mais en cela vous êtes un; c'est un levier pouvant servir à l'assister de toutes les façons. Voulez-vous aider un homme à surmonter un défaut, rappelez que son désir d'éliminer le principe mauvais est aussi vif que votre propre désir; il souffre de son défaut et il suffit d'atteindre en lui l'homme véritable, pour constater qu'il aspire à en être délivré. C'est la vraie manière d'aider; la voie intérieure ne lèse ou n'offense jamais personne.

C. W. L. — Tout ce qui existe sur ce plan, autant que sur les autres, est une manifestation de la Vie divine; tout, par conséquent — le bien comme le mal — doit être une expression de Dieu. Rien ne peut exister dont Dieu Lui-même n'est pas le cœur et la racine. Tous les textes sacrés soulignent ce fait; par exemple la Bible : « Je forme la lumière et crée les ténèbres; je fais la paix et je crée le malheur : c'est moi Yahweh qui fais tout cela » (2). On a peine à comprendre comment tout ce que les hommes appellent le mal peut aussi être divin, mais le fait s'impose. Il existe des magiciens noirs et des gens pervers de toute espèce, mais la vie en eux est la Vie divine, parce qu'il n'y a pas d'autre vie.

Si par sa propre inintelligence et sa déraison un homme introduit dans sa vie le mal, le bien en résultera quand même; cet homme-là ne pouvant évoluer autrement. Le tricheur trichera; il y est décidé. En attendant, il n'échappera pas à la Loi divine; il commet le mal, mais de ce mal il tirera un avantage, celui de s'instruire et d'être amené, par l'insuccès, dans le droit chemin. C'est, pour ainsi dire, le dernier remède, mais c'est un remède; reconnaissons donc qu'il fait partie du Plan divin.

Dans un certain sens tout, absolument, est Dieu; pourtant ce n'est pas exactement le sens dans lequel ces mots

(1) *Ps.*, 139, v. 8.
(2) *Is.*, XLV, 7.

sont écrits : c'est l'esprit divin en chacun qui fait de lui un homme. Vos regards sont-ils capables de passer à travers cette personnalité si déformée, si pervertie et d'atteindre la vie divine en l'homme, vous pouvez faire appel à celle-ci. Ne l'oublions pas : le « méchant », en tant qu'âme, désire son progrès comme nous le désirons nous-mêmes; il veut être délivré du mal qui hante, obsède, trouble sa personnalité; si donc nous parvenons à atteindre cette âme en perçant la croûte extérieure constituée par l'endurcissement et par le mal, le « méchant » s'empressera de seconder nos efforts en faveur de la personnalité.

Pendant la plus grande partie de ma vie j'ai été prêtre et auxiliaire laïque et j'ai travaillé dans les pires régions de l'Angleterre. J'ai vu bien des hommes que l'on supposerait être des criminels désespérément endurcis, mais sans jamais en rencontrer un seul qui n'offrît en un recoin de lui-même une étincelle de bien : l'amour donné à un enfant, ou l'amour donné à un chien, semblait être, par exemple, le seul rappel d'humanité, dans un être qui autrement était une brute, et une brute dangereuse. Cependant, en lui, la Vie Unique se meut; parvenons-nous, sur ce point précis, à entrer en rapport avec lui, l'espoir subsiste qu'en faisant appel à cet unique sentiment, nous pourrons contribuer à son relèvement.

A. B. — Le Maître termine par ces mots : « Ainsi tu préserveras ton frère du mal ». Il fait ici l'appel le plus puissant; pour le disciple, c'est en effet l'objet même et le but de l'existence, car la seule ambition du disciple est de devenir un sauveur du monde. Appel bien plus puissant qu'aucun autre pouvant invoquer l'avantage personnel du disciple. Le Maître vit uniquement pour aider le monde; plus nos vies seront l'expression du service, plus elles seront de la sienne une image fidèle.

TROISIÈME PARTIE

LE DÉTACHEMENT

CHAPITRE XIII

LA SUPPRESSION DU DÉSIR

A. B. — Nous voici arrivés à la deuxième qualité requise, nommée en sanscrit *vairagya* et appelée par le Maître en anglais le détachement. Cette traduction est très exacte. Après avoir employé le terme absence de passion, je le remplacerai dorénavant par le mot détachement que le Maître a choisi.

Ils sont nombreux ceux pour qui le détachement est une vertu difficile à acquérir, car ils croient que leurs désirs constituent leur être même, — que si leurs désirs particuliers, leurs sympathies et leurs antipathies sont supprimés, il ne leur reste plus rien d'eux-mêmes.

A. B. — A peu près toutes les personnes sincèrement désireuses de suivre le Sentier reconnaissent la vérité de la première sentence, où le Maître déclare que le détachement, qualité requise, est difficile à acquérir. Les hommes s'identifient avec leurs désirs : de là naît la difficulté. Tant qu'un désir non satisfait vous rend malheureux, vous vous identifiez avec vos désirs. Il est bon de le reconnaître et d'en convenir envers vous-mêmes, car il est très facile de vous croire libérés de vos désirs alors qu'en réalité il n'en est rien. Une foule de gens aiment à supposer qu'ils ont soumis en eux le désir, alors que toute leur vie et chacun de leurs actes démontrent le contraire. Mieux vaut, de beaucoup, reconnaître cette vérité, si vous ne l'avez fait encore; alors vous serez prêts à adopter le remède.

Le premier pas consiste à insister sur cette idée : « Je ne suis pas mes désirs ». Vous pouvez vous aider ici de ce que j'ai déjà expliqué au sujet des dispositions ou humeurs, changeantes comme vos désirs; or rien de changeant ne peut être le Soi à qui toute fluctuation est étrangère. J'ai connu, par exemple, des personnes disant un jour : « Quel bonheur d'être à Adyar et de penser aux grandes choses qui

9

vont s'y passer », mais qui, dès le lendemain, se sentaient déprimées, découragées. Ni l'une ni l'autre de ces humeurs changeantes, ni l'enthousiasme ni la dépression, n'est vous-même; tous deux sont simplement des vibrations passagères du corps astral, éveillées par quelque impact extérieur.

D'où le conseil de méditer chaque jour, car vous ne pouvez méditer avec fruit avant que vos désirs ne soient au repos. En méditant régulièrement et consciencieusement, vous distinguerez petit à petit un Soi derrière vos désirs; persévérez, en vous appliquant dans le cours de la journée à prendre l'attitude nécessaire, et vous commencerez à distinguer ce Soi d'une façon permanente. Alors vous cesserez de vous identifier avec vos désirs et d'éprouver constamment le sentiment : « *Je* veux; *je* souhaite, *je* désire », mais vous penserez : « Ce n'est pas Moi, c'est le moi inférieur ».

Telle est la première et grande leçon donnée par le Maître concernant la seconde qualité requise. Le détachement complet n'est pas exigé avant l'Initiation, pourtant le Maître s'attend à ce que vous y soyez parvenus dans une large mesure, et pour nous Sa volonté fait loi. Toute oscillation entre la dépression et l'exaltation, ces deux pôles, doit cesser avant que vous puissiez parvenir à l'Initiation.

C. W. L. — Bien des gens ne font aucun effort pour se distinguer de leurs désirs, mais disent : « Je suis tel que Dieu m'a fait. Si j'ai mauvais caractère, si ma volonté est faible, je les tiens de Lui. Si je n'ai pas la force de résister à la tentation, c'est que je suis fait ainsi ». Ils ne comprennent pas que dans leurs vies passées ils se sont faits eux-mêmes, mais ils ont l'habitude de regarder leur caractère comme je ne sais quoi d'inaliénable dont on leur a fait présent, comme on peut naître aveugle ou impotent. Ils ne se rendent pas compte qu'il leur appartient de modifier une nature défectueuse, ignorent qu'ils en sont capables, et de plus ne voient pas bien pourquoi s'en donner la peine.

En général l'homme moyen n'est mis en présence d'aucune raison suffisante pour l'amener à entreprendre la tâche très pénible de transformer son caractère. Certains lui diront : « Si vous ne le faites, vous n'irez pas au ciel », mais beaucoup de gens répondent que l'ennui du ciel de convention serait pour eux inexprimable et qu'ils espèrent un avenir différent. En somme il est bien certain que, si la doctrine concernant la vie céleste a été largement répandue, elle n'a guère exercé d'influence pratique sur la plupart des gens, sans doute parce qu'elle est si peu vraisemblable. De toutes les théories dont j'ai eu connaissance la seule qui me paraisse capable de pousser à l'effort est celle de la Théosophie. Elle montre ce qui mérite nos efforts; elle montre aussi que pour réussir complètement ni les occasions, ni le temps ne font défaut. L'homme qui a compris le Plan divin et cherche à y travailler a trouvé le plus puissant motif imaginable pour collaborer à l'évolution et se préparer à cette tâche; il reconnaît alors la possibilité de modifier de fond en comble son caractère et ses dispositions; il reconnaît la certitude absolue du succès.

L'ego a pour désir invariable de progresser, de développer le Soi supérieur, de mettre les véhicules inférieurs à son diapason afin d'en faire ses instruments. La présence de tout désir d'un autre ordre et d'une nature contraire, démontre qu'il ne procède pas de l'âme; aussi ne disons-nous pas : « Je désire ceci », mais bien : « Mon élémental du désir est de nouveau en mouvement; il veut telle ou telle chose; mais moi, l'Ego, j'entends progresser; je veux coopérer au plan divin. Ces humeurs, ces désirs variables ne me sont rien ». Tant qu'un désir non satisfait est capable de le faire souffrir, l'homme peut être certain qu'il s'identifie encore aux désirs de l'élémental.

Mais ceux-là n'ont pas encore vu le Maître, car à la clarté de sa sainte Présence, tout désir s'évanouit, hors le désir de Lui être semblable. Cependant, avant d'avoir le bonheur de Le voir face à face, tu pourras, si tu le veux, arriver au détachement.

A. B. — Ceci rappelle encore la strophe de la *Bhagavad Gita* : « Les objets des sens, mais non le désir pour eux, se détournent de l'abstinent habitant du corps, et ce reste de désir aussi l'abandonne quand il a vu le Suprême » (1).
Tout désir tombe dès qu'a été entrevu le seul objet dési-

(1) *Bhagavad-Gita* (trad. Kamensky), II, 59 (N. D. T.).

rable. Aussi la présence du Maître, quand elle vous sera donnée, vous délivrera-t-elle, non seulement des désirs, mais encore du désir lui-même. Le désir est une racine qui émet de nombreuses tiges; on a beau les couper, tant que la racine subsiste elle émet des tiges nouvelles. Mais l'union avec le Maître vous délivrera de la racine mère de tous les désirs.

Pourtant, nous dit le Maître, il est possible, même avant ce moment d'arriver au détachement. Ces quatre mots : « Si tu le veux », présentent une importance particulière. Ils nous montrent où gît la difficulté. Ce n'est pas seulement la capacité, mais presque toujours la volonté d'agir qui manque. Si vous pouviez consacrer à votre travail sur le Sentier autant de volonté qu'à vos activité d'ici-bas, vos progrès seraient bien plus rapides.

C. W. L. — Voici une des sentences les plus belles contenues dans cet admirable livre. C'est vrai : quand vous avez vu le Maître et compris ce qu'Il est, tous les désirs inférieurs s'évanouissent; tout votre être est rempli de quelque chose de plus élevé.

Beaucoup de gens expriment le vœu d'arriver au détachement mais ne cessent de se cramponner aux objets désirés et souffriraient d'en être privés. En réalité, ils ne souhaitent pas ce détachement; ils croient seulement le souhaiter; à la surface, oui, mais point au fond de leur personnalité. Il est bon de nous interroger sur ce point, d'approfondir notre examen et de constater si vraiment nous sommes délivrés de ces désirs inférieurs. Le Théosophe s'imagine souvent qu'il y est parvenu et les regarde comme sans conséquence, mais beaucoup de ces vétilles s'enracinent très profondément. On s'en débarrasse en surface, mais elles reparaissent sous des formes nouvelles et il est difficile de s'assurer qu'elles ont bien disparu. Par bonheur, nous ne sommes pas supposés, au stage actuel, en être absolument délivrés. Les racines de certains d'entre eux peuvent, après l'Initiation, survivre encore, mais ensuite elles doivent être extirpées. Il est préférable, cependant, de les arracher entièrement dès aujourd'hui; nos progrès en seront plus aisés et plus rapides. Nous le pouvons, car le Maître ne nous suggère jamais rien d'impossible, quoiqu'Il place devant nous des tâches qui mettront à l'épreuve notre endurance ou notre force morale, tâches nécessaires si nous voulons avancer promptement.

Le discernement a déjà montré que les choses convoitées par la plupart des hommes, telles que la richesse et le pouvoir, ne valent pas la peine d'être possédées; or, quand ceci est réellement compris et non pas seulement exprimé, tout désir relatif pour ces choses disparaît.

A. B. — Les désirs relatifs à la richesse et au pouvoir prennent des formes diverses et qui ne se rattachent pas toujours à l'argent, ni à l'influence sociale ou politique. La fortune est en général ce que l'on souhaite avant tout; mais en elle-même ce n'est pas une possession avantageuse, car elle encourage les désirs et n'assure pas le bonheur, comme on peut le remarquer chez les riches qui sont loin de former une catégorie de gens heureux. De même pour le pouvoir, social ou politique; tout cela est poussière et clinquant et non pas or. Le sage, dit la *Gita*, est satisfait quoi qu'il advienne; en d'autres termes il tirera parti, le cœur content, de ce qui peut servir, sans perdre son temps et sa peine à solliciter autre chose.

Peu d'hommes parviennent à de hautes positions sociales ou politiques, mais la tentation du pouvoir existe souvent sans cela. Le pouvoir comprend tout désir d'imposer sa volonté aux autres, de se mêler de leurs activités et de les diriger, au lieu de se mêler de ses propres affaires. Le désir du pouvoir social ou politique est sans doute assez peu répandu, mais l'on remarque souvent un désir malsain de voir les autres agir conformément à nos propres idées. Il faut supprimer cela si nous voulons faire des progrès. Les personnes résolues à parvenir s'apercevront bientôt, comme beaucoup d'entre nous, que notre propre moi inférieur nous donne bien assez à faire sans essayer de nous immiscer dans la vie d'autrui. Le même Moi réside dans les autres et en nous-même, et la manière dont il lui plaît de se manifester en eux les concerne et ne nous regarde pas. Il faut donc supprimer toute tendance à l'intervention.

Vous n'avez pas le droit d'intervenir, sauf quand vous en avez le devoir, c'est-à-dire dans un seul cas, celui où vous exercez une certaine direction, limitée d'ailleurs sur une personne placée au-dessous de vous par la nature, comme dans le cas de vos propres enfants, ou par le Karma, comme dans le cas des serviteurs ou des ouvriers. La direction imposée à un enfant doit être protectrice et s'exercer dans la période où sa faiblesse exige la protection et aussi longtemps qu'elle l'exige; elle doit disparaître graduellement au fur et à mesure que l'ego en lui prend possession plus complète de ses propres véhicules. Avec vos pareils — je prends ce mot dans un sens étendu — point de doute : vous n'avez pas le droit d'intervenir.

C. W. L. — Les gens veulent souvent s'occuper des autres, simplement parce qu'ils se croient plus capables de diriger leurs affaires; après tout ils n'en *savent* rien. La puissance divine est à l'œuvre en tout homme; laissons-la faire à sa manière. Le Christ ne rappelait-il pas aux Juifs ce passage de leurs Ecritures : « Vous êtes des dieux », et le fait qu'ils étaient tous les enfants du Très-Haut (1). Peut-être votre prochain pourrait-il mieux agir; peut-être commet-il des erreurs, mais tant qu'il s'applique, honnêtement et sérieusement à faire de son mieux, tout va bien. Laissez-lui gagner son point, même si vous êtes meilleur joueur de cricket que lui. Il est quelquefois possible, avec beaucoup de tact, de respect et de délicatesse, de donner un conseil mais très souvent cela même serait une impertinence. Il ne faut jamais, en aucune circonstance, imposer une opinion à personne. Notre premier soin doit être de tenir nos affaires en ordre, car chaque homme est responsable envers soi-même.

-----

(1) *Jean*, 10, 34, et psaume 82, 6.

CHAPITRE XIV

LE SEUL BON DÉSIR

Jusque là tout est simple; il suffit de l'avoir compris. Mais quelques-uns renoncent à poursuivre un but terrestre pour gagner le ciel ou pour se libérer personnellement des renaissances; il ne faut pas tomber dans cette faute.

C. W. L. — Le désir de libération personnelle se manifeste surtout aux Indes parce que la croyance en la réincarnation y est très répandue. Pour le Chrétien moyen aussi le ciel nous délivre de la vie terrestre. Comme ces leçons ont été données à un jeune Indien, elles s'appliquent, d'abord et surtout, aux conditions spéciales de l'Inde, bien que les idées puissent tout aussi bien servir à notre monde occidental. Théosophes, nous sommes peu portés à faire de violents efforts afin de gagner la félicité du monde céleste où, entre leurs incarnations, les hommes passent des centaines ou même des milliers d'années. Beaucoup d'entre nous préféreraient l'éviter complètement et reprendre sans tarder leur tâche ici-bas; du reste, pour ceux qui le désirent vraiment, ce renoncement est possible. Mais il faut pour cela une certaine force acquise, car nous rapportons dans le nouveau corps physique les mêmes corps astral et mental.

Non pas que le corps astral et le corps mental soient sujets à la fatigue comme le cerveau physique; ici intervient une autre considération : dans la vie présente les corps astral et mental sont l'expression de nous-même, tel que nous étions à la fin de notre dernière incarnation. Si, en avançant dans la vie nous les modifions beaucoup, ce ne peut être que jusqu'à un certain point. Prenons un exemple : il y a une limite au delà de laquelle une automobile n'est plus susceptible d'être réparée ou améliorée; mieux vaut souvent acheter une voiture neuve que de chercher à moderniser la vieille. C'est un peu cela pour les corps astral et mental. Leur transformation radicale demanderait fort longtemps et en définitive pourrait bien rester incomplète. Si dans la vie présente les facultés d'un homme ont beaucoup grandi, il vaut peut-être mieux pour ses progrès qu'il prenne pour s'exprimer des corps nouveaux, astral et mental, au lieu de rafistoler et de modifier les anciens. Une prompte réincarnation n'est donc pas toujours possible. Il semble bien cependant qu'étant donné la situation actuelle et le besoin spécial de travailleurs causé par l'avènement de l'Instructeur Mondial, toute personne ayant mené une vie laborieuse et désirant vivement se réincarner de suite afin de continuer à servir, puisse voir son vœu réalisé.

La vie posthume, pour chacun, présente un cours normal; pour tous ceux qui le suivent, il est inutile de prendre des dispositions particulières; si, au contraire, un homme veut s'en écarter, il faut en somme qu'il en fasse, ou que l'on en fasse pour lui, la demande; celle-ci doit être soumise à une autorité supérieure qui peut, si Elle le juge bon, l'accorder; mais la refuserait certainement si Elle estimait agir ainsi dans l'intérêt du demandeur. Les personnes qui s'inquiètent à ce sujet peuvent cependant se rassurer : celles qui viennent de bien travailler trouveront sans aucun doute d'autres occasions de poursuivre leur tâche. Qui souhaite une prompte réincarnation doit se rendre indispensable et se faire connaître ainsi comme un homme qui rendrait des services en revenant immédiatement. Ceci, d'ailleurs, est la meilleure façon d'amener les corps mental et astral à la condition requise.

Si tu as pleinement réalisé l'oubli de toi-même, tu ne peux songer à te demander quand ton « moi » sera libéré, ni quel sorte de ciel sera le sien. Souviens-toi que *tout* désir égoïste — si élevé qu'en soit l'objet — est un lien, et qu'aussi longtemps que tu n'auras pas éliminé tout désir, tu ne seras pas entièrement libre de te consacrer à l'œuvre du Maître.

A. B. — Ne pas oublier que les plans astral et mental sont matériels bien qu'ils soient formés de matière plus subtile que la matière physique; eux aussi sont objectifs et abondent en objets éveillant le désir. Le désir de gagner le ciel, qui se trouve sur le plan mental inférieur, est donc tout autant un désir du moi inférieur que le désir de vivre sur la terre; le ciel est seulement un peu plus lointain et plus impalpable. Le premier désir a sur le second un avantage : il contrarie la nature-désir parce que celle-ci ne peut recevoir immédiatement satisfaction; il aide donc l'homme à se délivrer des désirs, en général, et en même temps elle le dispose à rechercher des plaisirs plus relevés et à leur donner dans sa pensée plus de place qu'aux plaisirs plus grossiers. Evidemment, il y a bien des gens auxquels il serait inutile de dire : « Tuez le désir ». Voulez-vous rendre service à un homme adonné aux plaisirs de la table et aux plaisirs sexuels, éveillez en lui le désir du ciel, afin de l'aider à priver d'aliment les désirs inférieurs. Voilà pourquoi toutes les religions insistent avec tant de force sur la doctrine du ciel et de l'enfer. Notre Seigneur le Bouddha Lui-même en parlait lorsqu'Il s'adressait à des gens ordinaires.

Les personnes qui aspirent à suivre le Sentier doivent renoncer non seulement au désir du ciel, mais encore au désir de se libérer personnellement du cycle des naissances et des morts, c'est-à-dire au désir du *moksha*. La raison en est simple et le Maître la donne ici. Si vous vous êtes absolument oubliés vous-même vous ne pouvez plus penser à ces choses qui affectent le moi; il ne peut plus les désirer si vous avez l'intention de vous consacrer à l'œuvre du Maître.

Beaucoup de personnes souhaitent l'occasion de servir, d'une façon ou d'une autre, mais le disciple doit souhaiter servir le Maître comme le Maître le veut et là où Il juge nécessaire le service de son disciple. Ce service rendu sans aucune condition est impossible tant que le cœur n'est pas libre. Comme le dit l'un des Oupanishad : « Tant que les liens du cœur ne sont pas rompus, l'homme ne peut atteindre l'immortalité ». Dure sentence si nous mettons au nombre de ces liens les qualités aimantes auxquelles nous attachons le plus grand prix; toutefois, elle ne dit pas que le cœur doive être brisé; non, ce sont les liens qui doivent l'être, afin que l'amour rayonnant dans le cœur devienne illimité. Comprenez-moi bien et ne me faites pas dire que l'amour n'est pas un sentiment désirable. Ce n'est pas l'amour qui enchaîne, mais les éléments égoïstes qui s'y mêlent trop souvent. Par sa nature même, l'amour porté par le Moi dans un homme, au Moi dans un autre homme, n'a point de fin. Le voudrions-nous que nous ne pourrions changer cela; mais quand à l'amour pour le Moi s'ajoute l'amour pour la forme, les liens se nouent et ainsi l'amour lui-même peut devenir un esclavage.

La seule manière d'atteindre la condition qui vous libère pour l'œuvre du Maître est de rompre, par un incessant effort, tous les liens qui vous enserrent. Découvrez-vous dans votre amour un élément de souffrance, c'est qu'il contient de l'égoïsme dont l'élimination s'impose. Chassez l'égoïsme et votre amour demeurera plus fort, plus élevé, plus pur; un amour semblable ne peut jamais nuire à l'œuvre du Maître. Supposez que vous vouliez vous rendre dans une certaine localité où se trouve une personne auprès de laquelle vous désiriez vous trouver; eh bien, renoncez à ce déplacement. Voilà un exemple de la façon de briser méthodiquement les liens qui vous unissent par l'égoïsme à des personnes ou à des objets particuliers. Rompez les attaches.

Ceci s'adresse uniquement aux personnes dont la décision est inébranlable, et non à celles qui veulent suivre doucement et tranquillement la route du progrès et qui, notez-le bien, ne méritent aucun blâme; chacun est libre d'avancer lentement ou vite, à son choix. Je parle en ce moment aux personnes résolues, prenant la question absolument au sérieux. Ces dispositions, le Maître les cherche toujours mais les trouve peu. Encore une fois, c'est ma propre expérience qui me permet de parler, car sur ce point j'ai eu des difficultés à vaincre. Au début de mon entraînement personnel, quand j'éprouvais un vif désir de me trouver auprès de telle ou telle personne, je tâchais de rester éloignée d'elle. Si vous possédez assez de tact et d'énergie, il vous est souvent possible, pour ainsi dire, de vous délier intérieurement sans le laisser voir à votre entourage. Vous restez aussi aimants qu'auparavant et votre attitude extérieure reste la même, mais dans votre propre cœur vous défaites le lien personnel. C'est en voyant nettement ce qu'il convient de faire, puis en l'accomplissant avec méthode que certains ont fait plus de progrès que la plupart d'entre nous. Vous trouverez cet effort facilité par le souvenir toujours présent que vous ne pouvez vous consacrer entièrement à l'œuvre du Maître avant la suppression de tous vos liens.

C. W. L. — Ce passage nous montre que le désir du ciel appartient à la personnalité; il a ses avantages dans un stage de développement antérieur à celui du disciple; il a sa place dans le plan évolutif. L'homme primitif ne pense qu'au manger et au boire et à d'autres plaisirs semblables. Lui parler de supprimer les désirs serait tout à fait inutile, car il doit passer auparavant par un stage de désirs supérieurs et moins grossiers. Nous pouvons seulement lui dire : « Essayez d'affiner vos désirs; il existe des choses différentes, beaucoup plus grandes que celles auxquelles vous pensez; pour vous élever dans l'avenir jusqu'à elles, il faut ne plus donner libre cours à vos sentiments. » Les hommes ne peuvent avancer que pas à pas; seuls les plus forts peuvent s'élever rapidement jusqu'aux grandes altitudes du Sentier. Quant aux lecteurs de ce livre, désireux de suivre l'exemple d'Alcyone, ils doivent prendre dès aujourd'hui la résolution de rejeter tout désir égoïste, car c'est un lien. Je l'ai dit plus haut : l'amour même asservit le cœur s'il contient le moindre élément d'égoïsme, mais quand aucune pensée personnelle ne s'y mêle, il devient un pouvoir du cœur. Avant la rupture des liens, avant l'extirpation de l'égoïsme, l'amour même peut constituer à la fois une entrave et une aide.

Aux Indes et ailleurs ce sujet a souvent été mal compris, à cause de la confusion entre l'amour (non égoïste) et le désir (égoïste). Certains philosophes essayent de s'endurcir afin d'arriver à l'indifférence et d'échapper à la souffrance en évitant l'amour; ils se trompent : cette méthode produit des hommes à demi développés, intellectuels mais incapables d'émotion. Nous devons posséder la faculté d'exprimer même les grandes houles sentimentales, mais celles-ci doivent être des reflets des émotions supérieures du Moi, nous rester strictement soumises, ne pas être des vagues astrales nous emportant, jouets de l'élémental du désir. Maîtriser l'émotion en les détruisant est aussi déraisonnable que de vouloir éviter le mauvais Karma en n'agissant point. Le Maître entend que nous devenions de plus en plus utiles à l'humanité par nos actions, par nos émotions, par nos pensées;

plus nous agirons dans ces trois ordres d'idées, plus chacun s'en trouvera bien.

Quand tous les désirs se rapportant à ta personnalité seront morts, il pourra rester encore celui de voir le résultat de ton travail. Si tu aides quelqu'un, tu voudras voir jusqu'à quel point tu l'as aidé; peut-être même voudras-tu qu'il le voie, lui aussi, et qu'il t'en soit reconnaissant. Mais ceci est encore un désir... et en même temps un manque de confiance.

A. B. — C'est ce que la *Bhagavad Gita* appelle ne pas travailler pour le fruit. Si vraiment vous travaillez, vous n'avez le temps ni de vous occuper des résultats, ni de faire une pose pour examiner un ouvrage terminé. Dès qu'une tâche est finie, une autre vous appelle. Vous perdez votre temps si vous examinez les résultats. Si vous pensez à ce qui est déjà fait, comment accomplirez-vous la tâche nouvelle? S'agit-il d'assistance personnelle — de toutes la plus agréable à rendre parce que l'amour personnel en est la base — ne cherchez pas à savoir si la personne assistée vous en sait gré : ce serait courir après une personne à laquelle vous avez fait un cadeau pour voir si elle est reconnaissante et exiger ses remerciements. Agir de la sorte n'est pas donner, c'est vendre. Ici, point de marchandage! Le Christ — souvenez-vous en — chassa du temple les marchands, bien qu'ils vendissent des offrandes destinées aux sacrifices, en leur disant : « Ne faites pas de la maison de mon Père une maison de trafic. » (1).

C. W. L. — Personne n'a moins de loisir que l'occultiste. Dès qu'il a fini d'un côté, il recommence de l'autre, sans s'arrêter à contempler le résultat de la tâche accomplie. Supposez que vous remplissiez sur le champ de bataille les fonctions d'infirmière ou d'assistant; il faut pour tel blessé faire votre possible et puis vous occuper immédiatement d'un autre; impossible d'attendre une demi-heure pour vous assurer de l'effet obtenu; impossible même d'examiner si le blessé a des chances de rétablissement. Il en est exactement de même en ce qui concerne l'œuvre du Maître; nous

(1) *Jean*, II, 16.

n'avons le temps ni de l'interrompre pour songer aux résultats ultimes, ni surtout de penser à nous-mêmes en ce qui
touche ces résultats. Il n'est qu'humain de souhaiter le succès de nos efforts et de nous en réjouir s'il y a lieu, mais
il faut nous élever au-dessus de ces faiblesses humaines,
car notre but est surhumain. Une tâche est-elle accomplie
de façon satisfaisante, nous pouvons en être heureux, mais
notre bonheur doit être le même s'il s'agit du succès d'autrui.

Le texte mentionne ici le désir que l'homme par vous
assisté s'en aperçoive et qu'il vous en soit reconnaissant.
Tout sentiment pareil caractérise non pas un don, mais une
vente. L'occultisme n'admet qu'une seule manière de donner
— celle de Dieu Lui-même, en répandant l'amour comme
le soleil répand la vie.

Lorsque tu dépenses ta force pour venir en aide, un
résultat s'ensuit nécessairement, que tu puisses le voir
ou non; tu connais la loi, tu sais qu'il doit en être ainsi.

A. B. — Dans l'*Imitation de Jésus-Christ* se trouve posée
cette question : « Qui veut servir Dieu pour rien ? » Le disciple doit travailler pour l'amour de son travail; il n'a pour
objectif ni le résultat obtenu ni même la joie et la satisfaction de penser : « Je sers »; il doit se donner à l'humanité
parce qu'il l'aime. Le résultat, bien entendu, est *certain*,
car nous vivons dans un monde soumis à la loi; nous n'avons
donc pas à nous en préoccuper. Très souvent notre travail
n'est pas de nature à déterminer sur le plan physique des
résultats immédiats, et se borne à rapprocher le moment
de l'accomplissement définitif; un autre terminera l'œuvre,
mais sans les hommes qui prodiguant leurs efforts n'ont
entrevu aucun résultat, jamais l'œuvre n'aurait pu se faire.
Aucun travail important n'est possible sans confiance en
la loi, car toute œuvre capitale prend longtemps. Voyez par
exemple l'œuvre d'un Manou; des milliers et des milliers
d'années se passent avant la manifestation de ce que vous
appelleriez un résultat. Une règle identique s'applique même
à la construction d'une grande maison, car des fondations
profondes sont nécessaires. Une bonne partie de notre tâche
consiste à établir des fondations qui restent invisibles; plus

tard viendra un autre bâtisseur qui disposera au-dessus du sol une assise de briques; celle-là sera visible immédiatement. Les fondations sont-elles pour cela inutiles?

Les résultats sont inévitables. Travaillez donc avec calme et méthode; jamais vous ne serez désappointés. Tout désappointement a pour cause le désir de recueillir les fruits. Il se peut que vous poursuiviez votre travail énergiquement et longtemps sans conséquence appréciable, mais un jour viendra où le résultat apparaîtra soudainement. Un chimiste poussant une solution jusqu'à la saturation fait sans arrêt tomber un sel dans l'eau; pendant un certain temps le liquide n'en paraît pas affecté, un seul grain de plus et il passe à l'état solide. Il en est ainsi de notre travail : on s'aperçoit tout à coup qu'il est terminé. Nous préparons les voies pour l'avènement du Grand Instructeur. Il faut travailler de toutes nos forces, avec calme, confiance et patience, en nous sacrifiant entièrement à notre tâche. Quand viendra Notre Seigneur Maitreya Il prendra en main tout ce que nous avons fait; alors dans le monde, sera manifesté le résultat.

C. W. L. — Il faut souvent les efforts successifs de nombreuses personnes pour obtenir un important résultat. Une grande réforme doit-elle s'accomplir dans le monde, il arrive en général qu'un homme seul ou plusieurs constatent la nécessité de cette réforme et commencent à en parler, oralement ou par écrit; ils se rendent ridicules et leurs efforts semblent vains, mais ils gagnent à leur cause quelques personnes et celles-ci poursuivent l'entreprise jusqu'au moment où la société accepte la réforme. L'œuvre accomplie par les derniers adhérents eût été impossible sans les efforts apparemment inutiles des pionniers.

Notre travail peut consister très souvent à pousser une tâche presque jusqu'à son accomplissement; un autre survient et l'achève; ses efforts seront alors reconnus et le travail tout entier considéré comme le sien. N'en prenons aucun souci. Que le mérite nous en soit ou non attribué, peu importe, mais soyons heureux d'avoir été autorisés à faire le travail. Notre Karma nous réserve le fruit de nos efforts et ce que le monde en fait ou en dit aujourd'hui n'a aucune importance. L'homme qui travaille scientifiquement, en sachant ce qu'il fait, sans donner au résultat d'autre pensée

que celle du bien résultant inévitablement, à un moment
ou sur un point quelconque, d'un travail bien fait, n'éprouvera jamais aucun désappointement.

Quand viendra le Seigneur Il recueillera tout notre travail, le continuera, le complétera; alors tout ce travail semblera être le sien. Dans un certain sens cela est vrai puisque
notre inspiration venait de Lui; pourtant une bonne part
de l'œuvre aura été rendue possible par le labeur invisible
et apparemment sans profit accompli d'avance par une quantité d'humbles travailleurs. Que nous ayons l'occasion de
nous trouver dans leurs rangs, est en vérité le plus grand
privilège qu'il nous fût possible d'ambitionner.

La connaissance des lois naturelles donne dans tous les
cas la possibilité de s'en servir : cela est vrai non seulement
des activités que sans cesse nous exerçons sur les plans
intérieurs, mais encore de nos occupations du plan physique. Chacune de nos pensées génère une forme sur le
plan astral ou sur le plan mental; celle-ci va trouver l'homme
ou l'objet auquel nous pensons, reste en suspens autour de
lui ou fait passer en lui l'énergie dont elle est animée, énergie bienfaisante ou nocive, suivant la nature et la qualité
de la forme. Une forme-pensée bienfaisante ne coûte pas
plus à faire qu'une forme-pensée pernicieuse. Tout dépend
de l'attitude mentale. « Mon attitude, dira-t-on, me concerne seul et uniquement à l'heure présente. » Non, elle
intéresse aussi les autres et, de plus, vous intéressera le
jour, le mois ou même l'an prochain parce qu'elle génère
des pensées qui réagissent sur vous. Chaque pensée s'intensifie en se répétant. A nous de créer des formes à tous
égards bienfaisantes; bien qu'invisibles pour la vue ordinaire, elles aboutissent infailliblement.

Donc il faut faire le bien pour l'amour du bien et non
pas avec l'espoir de la récompense; il faut travailler
pour l'amour du travail et non pas dans l'espoir d'en
voir les résultats; il faut te donner au service du monde
parce que tu l'aimes et que tu ne peux pas agir autrement.

C. W. L. — L'amour est en vérité le plus puissant des motifs. D'un bout à l'autre de cet ouvrage, comme d'ouvrages
plus récents qu'il a inspirés, on peut remarquer avec quelle

force et quelle insistance est répétée cette nécessité de l'amour, comme explication de toutes choses, comme remède à tous les maux. Ce sera la note tonique de la doctrine de l'Instructeur Mondial en personne quand il viendra, et voilà pourquoi elle s'annonce déjà si nettement dans la doctrine de ceux qui s'appliquent, suivant leur modeste capacité, à préparer son avènement.

L'étudiant notera encore ceci : partout dans ce livre, le Maître considère comme allant de soi que notre résolution est irrévocable et que pour nous le travail importe seul. C'est assurément la meilleure façon de nous amener à cet état mental, s'il existe encore dans notre atmosphère quelques fragments attardés d'autres idées. Dans le mental du Maître, il n'existe évidemment qu'une seule pensée : servir; rien qui puisse nous encourager autant à devenir ce qu'Il désire nous voir.

Souvent, nous nous barrons la route; il faut nous effacer et donner à notre Moi intérieur la possibilité d'agir, car aussi longtemps que nous faisons des réserves, aussi longtemps qu'il nous reste une seule possession dont le sacrifice pour l'amour du service du Maître n'est pas encore consenti, nous nous barrons la route. Il est rare de rencontrer un homme qui, ne réservant plus rien, se voue entièrement au service du Maître, n'hésite pas mais donne tout. Cela est rare, mais l'homme qui possède cette qualité ira loin et très vite.

CHAPITRE XV

LES POUVOIRS PSYCHIQUES

Ne désire pas les pouvoirs psychiques : tu les auras quand le Maître jugera le moment venu.

A. B. — Il faut comprendre dans le terme « pouvoirs psychiques » toutes les manifestations des facultés de la conscience empruntant l'intermédiaire de la matière organisée dans le corps physique, le corps astral ou le corps mental. Ainsi, tous les pouvoirs de l'intelligence sont des pouvoirs psychiques. La distinction qui s'est établie entre les facultés mentales ordinaires traduites par le cerveau, d'une part, et d'autre part les divers genres de clairvoyance et facultés similaires, est malheureuse. Beaucoup de gens s'élèvent contre l'acquisition des pouvoirs psychiques, mais les exercent tous les jours par l'intermédiaire du corps physique; ils blâment la vue astrale mais emploient la vue physique. Il est illogique de blâmer la première à moins d'adopter le point de vue des yoguis de l'Inde pour qui les sens physiques et superphysiques sont, les uns comme les autres, un obstacle. Ces hommes raisonnent très juste; ils n'accordent de valeur à aucun de nos sens, car à leur avis ces sens les mettent plus étroitement en contact avec les mondes illusoires auxquels ils voudraient échapper. Je ne suis pas de cet avis. Mieux vaut, je crois, être sains et employer nos facultés sur tous les plans, mais en attendant que l'attitude radicale de ces yoguis soit adoptée, une bonne partie de ce qui se dit contre les pouvoirs psychiques est sot.

Il est vrai qu'en commençant à employer les sens astrals, l'erreur est toujours possible. Les sens physiques peuvent d'ailleurs nous tromper aussi. Certaines illusions visuelles, par exemple, ont pour cause une mauvaise digestion et des affections du foie; bien que je ne place pas dans cette catégorie, comme le font les médecins ordinaires, bien des phénomènes qui sont en réalité des cas de vue éthérique ou de vue astrale. Exemple le plus facile à noter de la manière dont nos sens nous trompent : le lever du soleil; vous savez que le soleil ne se lève pas, mais vous le voyez se lever quand même.

Les sens demandent toujours à être corrigés par la raison, supérieure à toutes les perceptions sensorielles. La vue astrale vous trompe constamment lorsque vous commencez à l'exercer. Voilà pourquoi toute personne instruite par un Maître est soumise à un entraînement méthodique et complet. On lui demande ce qu'elle voit et d'abord ses réponses sont inexactes; ensuite ses erreurs lui sont montrées et expliquées.

Supposons que chez une personne non dirigée par un Maître, la vue astrale devienne active, cas fréquent; le développement des sens astrals étant conforme au cours normal de l'évolution, beaucoup de gens commencent à les posséder. Cette personne est sur le plan astral comme un bébé sur le plan physique. Vous savez qu'un petit enfant étend la main pour saisir une bougie allumée placée à l'autre bout de la chambre; ses erreurs seront tout naturellement corrigées par ses aînés; il découvrira, en étant porté jusqu'à eux, que certains objets qui l'attirent sont éloignés de lui. De même notre bébé astral — nous pouvons appeler ainsi la personne qui commence à employer ses sens astrals — se trompe beaucoup. Cela n'aurait aucune importance s'il se trouvait parmi ses aînés, et guère d'inconvénients si le bon sens était une qualité plus répandue. Malheureusement, la personne qui reçoit une communication astrale ou perçoit une vision astrale, se croit trop souvent élevée au-dessus du reste de l'humanité par une révélation spéciale qui lui aurait été accordée; n'étant pas à même de recevoir dans cet ordre d'idées l'instruction reçue par un bébé tout disposé à suivre les leçons des adultes, de nombreux ennuis en résultent.

C. W. L. — Les nouveaux élèves acceptés par les Maîtres sont soumis à un entraînement prolongé en ce qui concerne la vue supérieure et les impressions supérieures en général. Beaucoup de personnes trouvent sans doute cet entraînement fort ennuyeux. Un élève plus avancé se charge du novice, fait passer devant lui un certain nombre d'objets et lui demande ce qu'il voit. En commençant, le novice se trompe presque toujours parce qu'il n'a pas mis au point son foyer visuel. Il ne discerne pas la différence entre le corps astral d'un défunt et celui d'un homme en vie, entre le corps astral de celui-ci et la forme-pensée projetée par un ami. Sur ces points et sur bien d'autres, l'observateur inexpérimenté est sujet à l'erreur. Avec patience, l'instructeur lui montre sans cesse les mêmes objets, lui donne la manière de les reconnaître en lui faisant remarquer les moindres différences.

Un entraînement pareil est nécessaire, mais gardez-vous d'en conclure que les sens astrals sont particulièrement sujets à caution. On ne peut se fier à aucun sens tant qu'il n'est pas exercé ou même si, ayant été exercé, l'intelligence rationnelle ne l'a pas été simultanément. Chaque jour, s'il fait beau, et si nous sommes matinal, nous pouvons assister au lever du soleil; nous savons parfaitement que le soleil ne se lève pas, cependant nous le voyons se lever. Des personnes peu logiques disent quelquefois de ce qui dépasse un peu l'expérience ordinaire : « Je ne peux croire à ce que je ne vois pas; quand je verrai, je croirai. » D'autres, allant un peu plus loin, disent : « Je serai convaincu si je puis toucher l'objet. » Une épreuve très simple démontrera leur erreur. Prenez trois bols; versez-y de l'eau à des températures diverses, très chaude, glaciale, moyenne. Mettez une main dans l'eau chaude, l'autre main dans l'eau froide en les y laissant pendant quelques minutes, puis mettez les deux mains dans l'eau moyennement chaude. La main placée auparavant dans l'eau chaude vous dira que l'eau de ce troisième bol est très froide, l'autre main vous dira qu'elle est très chaude. Ceci prouve que l'on ne peut toujours se confier au témoignage des sens; il doit être contrôlé par la raison. Pour les sens astrals et mentals, même nécessité que pour les sens physiques.

Si un homme désire les pouvoirs psychiques, il doit se donner la peine de les développer, et des années sont souvent nécessaires avant qu'il puisse, dans tous les cas, être certain que ses observations sont exactes. On imagine difficilement le vaste champ d'action ouvert à cette clairvoyance. Un exemple suffira. Sur le plan astral se trouvent 2401 différentes variétés de ce que l'on appelle essence élémentale et si l'on tient à devenir expert et à pouvoir travailler bien et vite, il faut apprendre à les distinguer et savoir le moment où elles doivent être employées. On peut travailler sans posséder cette expérience, mais alors on travaille en prodigue, un peu comme si l'on versait un seau d'eau sur un homme pour laver son petit doigt.

Or, nous est-il dit, le gaspillage d'énergie est précisément une des erreurs à éviter. L'énergie est un capital, nous avons l'obligation de le faire valoir le mieux possible. Nous sommes responsables de son gaspillage, comme nous le serions en le laissant dormir inutilisé.

Ce n'est pas un élève du Maître qui dirait : « Je sais déjà cela. » Nous abordons cette étude dans un tout autre esprit. Notre désir d'instruction est toujours extrême, mais toujours afin de mieux servir, afin d'être plus utiles. Voilà le principe et, soyez-en bien certains, aucune connaissance n'est inutile au travail qui nous incombe. Toute notion acquise permet à l'occultiste de fournir des exemples et souvent de comprendre tel ou tel point qui autrement serait demeuré obscur. A la fin de cette évolution, nous serons arrivés, dit-on, à tout savoir; nous serons du moins délivrés de l'ignorance. C'est le but de tous nos efforts et à coup sûr nous devrons être merveilleusement instruits pour bien nous acquitter du travail supérieur quand viendra notre tour. En attendant, il est sage d'employer à fond les pouvoirs dont on dispose et de ne pas souhaiter les pouvoirs psychiques avant le moment où le Maître jugera bon de nous en permettre le développement.

Leur développement forcé entraîne souvent des ennuis de toutes sortes, le possesseur de ces pouvoirs est fréquemment égaré par de trompeurs esprits de la nature; ou bien il devient vaniteux et se croit infaillible; de toute manière, le temps et la force qu'il dépense à l'acquérir aurait pu être employés à travailler pour autrui.

C. W. L. — Les esprits de la nature trompeurs dont il existe des catégories nombreuses jouent un rôle important; ils sont généralement assez petits et trouvent fort amusant de faire faire à un homme grand et fort ce qu'ils veulent, lorsqu'ils se jouent de lui; ils y arrivent très souvent, rien qu'en se faisant passer pour Jules César, Napoléon Bonaparte ou tout autre personnage important et célèbre qui

leur vient à l'idée, et leur amusement est extrême à la vue
de grandes personnes, plus évoluées qu'eux-mêmes, obéis-
sant à leurs suggestions. Ces personnes sont à plaindre, sans
doute, mais elles auraient dû soumettre leurs visions au
contrôle de la raison et du bon sens.

Si, de temps à autre, vous entendez une voix astrale, ne
vous hâtez pas de conclure que c'est celle du Maître ou d'un
grand archange. Les défunts trouvent souvent moyen de
communiquer avec nous et d'offrir leurs conseils et, comme
les esprits de la nature jouent constamment leurs petites
comédies, il est en général très probable que c'est l'un d'eux
qui a parlé. Ainsi, écoutez la voix avec beaucoup de calme;
le phénomène est intéressant, non pas nécessairement par
l'avantage qui peut en résulter pour vous, mais parce que
toute occurrence sortant un peu de l'ordinaire présente un
intérêt; d'ailleurs, elle est généralement instructive. Mais
ne commencez point par nier qu'il y ait communication —
ce serait peu judicieux. Telle chose peut être improbable,
sans qu'il soit prudent de la déclarer impossible. Ecoutez
respectueusement la révélation mais, à moins d'avoir pour
cela de bonnes raisons, ne la laissez en aucune façon influencer votre conduite. L'action doit être le résultat d'une
décision déterminée par la pensée et le raisonnement, et
non de paroles prononcées par on ne sait qui.

Beaucoup de personnes sont l'objet de révélations qui,
pensent-elles, doivent renouveler le monde. La plupart de
ces révélations sont fort bien, mais sans présenter en général rien de très frappant; tendance générale : une forme
un peu indécise, une doctrine un peu vague. Dans ces limites
elles valent mieux, habituellement, que les théories orthodoxes si bornées et si étroites. On y trouve presque toujours
des traces de Théosophie ou de Pensée Nouvelle; c'est de
la Théosophie et de l'eau — surtout de l'eau. Les communications sont, en général, données dans les meilleures intentions par quelque trépassé qui, venant d'apprendre certains faits importants concernant la vie, désire en instruire
ses proches restés ici-bas. Persuadé que si ces idées supérieures étaient acceptées le monde serait bien meilleur, il
cherche à les inculquer et ressemble en ceci au riche de la
parabole qui pensait que si quelqu'un revenait d'entre les
morts, les gens se repentiraient. Seulement, le défunt oublie

la sage réponse d'Abraham : « S'ils n'écoutent pas Moïse et les prophètes, ils ne se laisseront pas persuader quand même quelqu'un des morts ressusciterait. » (1). De plus, il oublie que lui-même, de son vivant ne prêtait aucune attention aux messages spirites. Des communications de ce genre nous sont-elles adressées — et nous en recevons plus ou moins si nous sommes ce que l'on appelle psychiques — recevons-les avec tout le respect possible, mais en même temps sans agitation excessive. Beaucoup de personnes, après avoir reçu les messages, pensent qu'ils vont révolutionner la planète; or, c'est assez difficile. Quand les messages nous parviennent, nous leur appliquons certains moyens d'en éprouver la véracité et la valeur. La plupart des gens n'ont pas ces moyens à leur disposition immédiate, mais s'ils consentent à soumettre au sens commun leurs expériences superphysiques, ils s'en trouveront en général fort bien. On adopte presque toujours de deux attitudes l'une : ou bien l'on accepte aveuglément les messages, ou bien l'on s'en moque en les trouvant ridicules. Ces deux extrêmes sont également déraisonnables. Il suffit d'avoir étudié ces questions pour connaître la possibilité des messages, mais aussi pour les attribuer presque tous à des gens incapables de nous dire rien de nouveau ni de précis. Un défunt, s'il est assez sage, peut acquérir certaines connaissances qui lui étaient interdites de son vivant, mais les trépassés négligent presque invariablement cette occasion d'apprendre et se contentent, comme avant, des limitations et des préjugés d'ici-bas.

Les expériences faites dans le domaine superphysique deviennent plus fréquentes car l'avènement de l'Instructeur Mondial approche et ce fait est bien connu sur tous les plans. Dans le monde physique, l'attente est très vive, même tout à fait en dehors des rangs théosophiques. Beaucoup de gens sentent l'imminence de l'avènement, la possibilité pour eux de recevoir des messages est donc plus grande, par leur attitude expectante ils les provoquent. Il est donc bien certain que beaucoup d'avis, vrais ou faux, seront répandus concernant l'avènement du Seigneur. Lui-même disait, il y a longtemps, que beaucoup de faux Christs apparaîtraient. Le chrétien moyen voit sans doute dans ces faux

(1) *Luc*, XVI, 31.

Christs des Anti-Christs dont le but est de tromper l'humanité. Mais non, beaucoup d'entre eux seront des gens animés des meilleures intentions, réellement persuadés que l'ombre du Christ repose sur eux, et le fait même que leurs intentions sont bonnes les rendra plus dangereux, car les gens sentant leur sincérité s'en laisseront imposer.

L'attitude théosophique vis-à-vis des faux Christs peut s'exprimer de la manière suivante : il est regrettable de se laisser tromper au point de prendre pour l'Instructeur Mondial un individu très ordinaire. Néanmoins, si les enseignements ont quelque valeur et si les gens s'y conforment avec zèle et conviction, leur manière de vivre y gagnera. Si, sur certains points, ils ont subi des impressions fausses, leur bonne conduite leur vaudra quand même le Karma qu'elle mérite. Mieux vaudrait pour eux voir clairement la vérité, mais ne commettons pas la faute de supposer que l'erreur concernant une certaine vérité importante est nécessairement accompagnée d'erreur sur tous les autres points; il n'en est rien.

J'espère cependant que nous, étudiants en Théosophie, nous échapperons à cette erreur spéciale, car nous attendons l'avènement avec une précision et une netteté que la plupart des sectes ne possèdent pas. Plus le moment se rapproche, plus nous aurons à faire preuve de bon sens; sans jamais déclarer l'impossibilité de rien, nous devrons toujours exercer notre jugement et notre raison. Nous pouvons adopter l'attitude de Gamaliel : « Si cette entreprise ou cette œuvre vient des hommes, elle se détruira; mais si elle vient de Dieu, vous ne pourrez la détruire. Ne courez pas le risque d'avoir combattu contre Dieu. » (1). Acceptons tout ce qui se présente de bon, quelle qu'en soit la source.

Les Maîtres influencent beaucoup de gens; que les instruments dont Ils se servent Les connaissent ou non, Leur importe peu; il faut donc nous attendre à ce que, tout à fait en dehors des organisations théosophiques, d'autres forces soient appliquées au même grand dessein. Suivons notre chemin; servons notre propre Société avec fermeté, énergie, fidélité, loyauté, en nous consacrant à cette tâche qui est évidemment la nôtre, mais ayons soin, en même temps, de

(1) *Actes*, V, 38-39.

ne condamner ou combattre aucune des formes de manifestations extérieures à la Société; leur direction générale peut être identique, et nous ne saurions demander à des manifestations semblables d'être toutes pures et parfaites. La force spirituelle va se déverser sur le monde de toutes sortes de façons, entre le moment actuel et celui de l'avènement. La Hiérarchie elle-même répand sur le monde des torrents d'influence qui touchent peu sans doute l'homme entièrement absorbé par des questions terrestres, mais qui importent beaucoup aux personnes sensitives; pour celles qui sont prêtes à en profiter, ce sera la transformation du ciel et de la terre.

Des événements exceptionnels se produiront; c'est certain. *La Lumière d'Asie*, transcription très fidèle des textes bouddhiques, en parlant de la vie de Notre Seigneur le Bouddha, raconte à plusieurs reprises comment diverses entités non humaines informées de son avènement prochain, s'en réjouissaient, et comment les dévas et les esprits de la nature sentant partout son extraordinaire influence magnétique, s'assemblaient lorsqu'un événement particulièrement grand allait se produire — ainsi à l'heure de Sa naissance, au moment où il allait devenir Bouddha, à l'époque de son premier sermon. Cette idée contient une grande part de vérité. Toutes les fois que se produit une grande manifestation de la puissance supérieure, les autres évolutions plus sensitives que la nôtre en sont touchées beaucoup plus que l'humanité. Les hommes se sont surtout appliqués au développement du mental inférieur; négligeant depuis longtemps le côté invisible de la nature, ils ont vécu complètement repliés sur eux-mêmes; c'est pourquoi ils sont généralement, à l'époque actuelle, moins sensitifs que certaines créatures moins élevées. J'ai connu des chats et des chiens répondant plus que des êtres humains aux influences d'en haut, non qu'ils en profitassent au même degré, mais ils en étaient conscients quand les êtres humains ne l'étaient pas.

Quand viendra le Seigneur, Il prendra la direction des essais entrepris par les hommes qui ont préparé son avènement et en assurera l'aboutissement; Il laissera donc sans doute le monde différent, à toutes sortes d'égards, de ce qu'Il l'aura trouvé; non seulement il prêchera Sa religion, mais des réformes différentes et de tout genre pourront fort

bien s'accomplir comme conséquences de sa doctrine. Nous
ne possédons naturellement là-dessus aucune précision car,
cette fois comme jadis, Il rencontrera probablement de l'opposition.

Rien ne nous autorise à supposer qu'Il persuadera le
monde entier. De nombreux instructeurs devront sans doute
paraître avant que Sa pure doctrine ne soit partout adoptée.
Quand Il vint, il y a deux mille ans, c'est à peine si l'on
parla de Lui. Attendons-nous à ce que la vie de l'Instructeur
et celle de Son entourage, soient rien moins que faciles. Le
monde est toujours prêt à accueillir et à répandre les mauvais bruits; ainsi tenons-nous prêts à subir une infinité de
petits ennuis et de désagréments, sinon pire. Une foule d'intérêts vont évidemment trouver à redire aux changements
proposés par l'Instructeur; la dernière fois ces intérêts déter-
minèrent Sa mort après trois années seulement de ministère.
Ce qui se passera cette fois-ci, nous ne pouvons le savoir;
espérons du moins qu'il y aura dans chaque pays un groupe
dont l'existence pourra Le décider à rester parmi nous plus
de trois ans. L'Ordre de l'Etoile d'Orient a entrepris la
tâche spéciale de préparer Son avènement; l'Ordre en connaît parfaitement la signification et sait les grandes lignes
que suivra probablement Sa doctrine. Il se peut que d'autres
individus comme d'autres organisations soient inspirés et
amenés à travailler dans le même ordre d'idées, souvent
même sans avoir à leur portée toutes les connaissances que
nous avons le privilège de posséder. Nous espérons que nos
services rendront possible ce qui ne l'était pas auparavant;
nous l'espérons, mais nous ne pouvons le savoir; il nous
appartient seulement de faire de notre mieux.

Les personnes destinées par le Karma à collaborer avec
le Grand Seigneur d'Amour sont naturellement amenés à
se réincarner; aussi entendons-nous souvent mentionner la
naissance d'enfants extraordinaires; ils doivent arriver
maintenant, afin d'être dans toute la force de l'âge quand
viendra le Seigneur. Il est probable qu'à certains égards,
ils ne ressembleront pas aux autres; ne vous étonnez donc
pas si l'on vous parle d'enfants qui se rappellent leurs vies
précédentes ou font des expériences superphysiques particulières; tout cela est très naturel; il faut s'y attendre à
cause de l'époque spéciale où nous vivons. Le Dr. Besant

a expliqué une fois la manière dont il fallait envisager les cas de ce genre qui viendraient à notre connaissance. Elle disait : « Que tout cela ne vous fasse perdre votre calme; n'accueillez pas trop facilement les prétendues identifications de ces enfants-là, car très peu de personnes savent qui elles étaient dans leurs vies précédentes. Rappelez-vous que tous ces enfants sont extraordinairement sensitifs; témoignez-leur donc beaucoup de douceur et de bonté; jamais un mot rude ni un geste brusque, quel qu'il soit; il ne faut jamais leur causer un saisissement ni les effrayer, car ils sentent tout cela beaucoup plus vivement que d'autres enfants; évitez-leur le contact des foules et le voisinage des gens indésirables; ne leur laissez pas connaître beaucoup de monde; entourez-les d'un magnétisme harmonieux qui ne change pas trop souvent; ne les envoyez pas à l'école, mais que, dans la maison natale, une atmosphère spécialement aimante les environne ».

A. B. — Le Maître donne ici une raison additionnelle pour ne pas désirer l'acquisition de pouvoirs psychiques : le temps et l'énergie exigés par leur développement pourraient être employés à travailler pour autrui. Remarquez combien souvent les conseils donnés par le Maître sont basés sur la nécessité de servir et de rejeter l'égoisme sous toutes ses formes. Au lieu d'employer votre temps et vos forces à l'acquisition, pour vous-même, des pouvoirs psychiques, consacrez-les au service de votre entourage. Si votre Maître constate que toutes les facultés qui vous appartiennent déjà sont appliquées au service d'autrui, et que des moyens d'action supplémentaires peuvent vous être confiés, dans la certitude que vous les emploierez avec le même altruisme, alors Il interviendra. Si, en toute sincérité, vous pouvez dire que toutes vos facultés sont employées, vous êtes, soyez-en certains, à la veille du jour où de nouveaux pouvoirs vous seront confiés; seulement très peu de personnes peuvent en dire autant, et si vous n'êtes pas des leurs, mettez-vous à l'œuvre pour atteindre cette condition.

Voici la signification de la parabole des talents — le mot est également applicable que vous le preniez dans le sens moderne ou dans le sens primitif, c'est-à-dire comme désignant un certain poids ou une certaine somme d'argent. Un homme part en voyage et confie de l'argent à ses serviteurs; l'un reçoit cinq talents, un autre deux, un autre un seul. A son retour, le maître demande comment les talents ont été employés. Ceux qui en avaient reçu respectivement cinq et deux les ont fait valoir et les restituent avec l'intérêt. Mais le serviteur dépositaire d'un seul talent l'a caché; il le rapporte et le rend. Alors le seigneur le lui enlève, tandis qu'il confie aux autres des dépôts plus importants; puis il dit: « Car on donnera à celui qui a et il sera dans l'abondance, mais à celui qui n'a pas on ôtera même ce qu'il a. » (1). Paradoxe en apparence; le sens occulte de ces paroles est clair. L'homme qui emploie ses pouvoirs sans réserve s'en verra confier d'autres; celui qui ne les emploie pas et qui, par conséquent, au point de vue occulte, ne les possède pas, perdra la possibilité même de s'en servir; ils s'atrophieront.

Nul ne devrait se plaindre de ce qu'il ne reçoit pas des Maîtres toute l'assistance à laquelle il pense avoir droit. Vous avez le désir d'entrer en relation avec les grands Instructeurs; un seul moyen vous permettra de le satisfaire : être utile à vos semblables. Voilà le seul droit reconnu par les Maîtres; Ils tiennent compte, non pas de la capacité, mais de l'utilité. Je suis entré en rapport avec le Maître dans la vie présente alors que je ne connaissais pas son existence; je ne pouvais donc penser à L'atteindre. J'avais été son disciple, il est vrai, pendant des vies nombreuses, mais ce n'est pas pour cette raison qu'Il se révéla à moi; Il le fit parce que j'assistais de tout mon pouvoir les gens qui m'entouraient — les pauvres, les misérables, les opprimés — parce qu'Il jugeait qu'il valait la peine de déverser en moi une force qui serait transmise à des milliers de personnes.

Ainsi, au lieu d'en appeler à votre Maître pendant votre méditation et de Le prier de Se révéler à vous, cherchez la tâche utile à entreprendre dans votre ville ou dans votre village et accomplissez-la. Peu importe au Maître si Son instrument sait ou non que le Maître l'emploie. Partout, dans le monde, il y a de grands bienfaiteurs assistés et inspirés par le Maître. Nombreux, en dehors de la Société Théosophique, sont les personnes ainsi inspirées.

(1) *Matth.*, XXV, 29.

Ces-pouvoirs lui viendront au cours du développement, — il faut qu'ils lui viennent. Et si le Maître voit qu'il te serait utile de les avoir plus tôt, Il te dira comment les développer en toute sécurité. Jusque là il vaut mieux que tu ne les possèdes pas.

C. W. L. — On dit souvent : « J'entends parler de ces pouvoirs merveilleux qui permettent à leur possesseur d'être tellement plus utile. Je désire être utile et voudrais les posséder aussi. » Ce souhait n'a rien de blâmable, seulement on ferait bien de suivre le conseil donné ici et d'attendre que les pouvoirs viennement naturellement, ou que le Maître Lui-même vous donne la manière de les développer. Mais le fera-t-Il? Oui, quand vous serez prêts. Ma propre expérience me le donne à croire. Je ne possédais aucun de ces pouvoirs et n'y pensais pas, car au début de notre mouvement nous supposions que leur acquisition était exclusivement réservée aux personnes douées en naissant d'un certain degré de faculté psychique, ce qui n'était pas mon cas. Un jour pourtant, le Maître visitant Adyar, aborda la question, me conseilla d'essayer un certain genre de méditation et dit : « Je crois qu'elle vous donnera de bons résultats. » J'essayai; les résultats suivirent. Un conseil semblable sera donné à toute personne qui travaille pour le Maître, quand le bon moment en sera venu. Nous pouvons considérer cela comme certain. Impossible de prévoir sous quelle forme Il exprimera son désir, mais Il nous le fera comprendre d'une façon ou d'une autre.

La meilleure manière de devenir apte à fournir un effort semblable est sans aucun doute de consacrer au service, le plus complètement possible, les pouvoirs dont chacun dispose. Toute personne faisant cela sans songer à elle-même recevra sans doute des pouvoirs nouveaux.

C'est encore la vieille parabole des talents. Les serviteurs qui avaient fait un bon usage de leurs talents purent continuer et se virent confier une tâche beaucoup plus importante. D'eux il est dit : « Tu as été fidèle en peu de chose, je te confierai beaucoup; entre dans la joie de ton Maître. » (1). Peu de personnes se donnent la peine de cher-

(1) *Matth.*, XXV, 21, 23.

cher ce que signifie cette expression — la joie du Logos,
la joie des Maîtres. Ce n'est ni un plaisir ou bonheur vague,
ni l'entrée dans le ciel. Sa joie c'est de créer les mondes :
c'est le jeu de Bacchus dans les mystères helléniques, celui
de Krishna chez les Hindous. Il a plu au Logos d'entreprendre l'évolution, cette œuvre immense; telle est la joie de
Notre Seigneur, la joie de réaliser son plan sublime et de
répandre son amour dans l'univers, et si nous devons entrer
dans la joie du Seigneur il faut participer à cette œuvre et
au bonheur qu'elle donne. Si nous n'employons pas tous
les pouvoirs en notre possession, le Maître ne nous aidera
pas à en obtenir d'autres; Il attendra le moment où Il nous
verra tirer le meilleur parti de ce que nous avons déjà.
On ne comprend pas toujours cela; on veut devenir des
aides invisibles et toujours nous répondons : « Vous devez
être d'abord des aides visibles; si, sur le plan physique où
vous êtes pleinement conscients, votre vie est donnée entièrement au service, alors bien certainement vous serez également utiles sur d'autres plans. »

CHAPITRE XVI

LES PETITES ENVIES

Garde-toi aussi de quelques petites envies fréquentes dans la vie journalière. N'aie jamais le désir de briller ou de paraître instruit.

C. W. L. — Presque tout le monde aime assez se faire remarquer, se présenter sous son meilleur aspect, mais aucun homme, après avoir rencontré le Maître face à face, ne peut plus jamais songer à briller lui-même; quand il a contemplé cette glorieuse Présence, il se rend compte instantanément que tout éclat personnel n'est qu'une chandelle d'un farthing auprès du soleil. L'idée ne lui vient-elle donc pas, ou si elle était présente elle disparaîtrait. L'homme persuadé que son lumignon va produire sur le monde une énorme impression est celui qui n'ayant pas encore vu les lumières supérieures, manque de terme de comparaison.

Cependant nous devons, pour servir le Maître, tirer le meilleur parti possible de toutes les qualités dont nous disposons. Quelle que soit notre lumière, nous ne devons pas la mettre sous le boisseau. L'immense fanal de l'Instructeur Mondial n'est pas seul nécessaire. Que sur la grève soient portées les lumières plus humbles. La grande lumière brille d'un tel éclat que certains en sont éblouis; d'autres, ne levant jamais les yeux, se doutent à peine de son existence. Les lumières moindres, plus à la portée de leur compréhension, peuvent éveiller leur attention. Il se peut que nous puissions aider beaucoup d'hommes qui ne sont pas du tout susceptibles d'être encore assistés par des individualités supérieures. Ainsi, chacun est à sa place; mais ne désirez jamais briller pour le plaisir de briller, ce serait déraisonnable.

N'aie pas le désir de parler. Il est bon de parler peu, mieux encore de ne rien dire, à moins d'être certain que ce que l'on veut dire est vrai, aimable et utile. Avant de parler, demande-toi bien si ce que tu veux dire répond à ces trois qualités; sinon tais-toi.

A. B. — Les gens qui veulent parler sans cesse n'ont pas assez à dire pour pouvoir toujours parler raison; ils disent donc des choses qui ne méritent pas l'attention et ajoutent ainsi au formidable torrent de médisances qui passe dans le monde; c'est causer un mal incalculable s'ils laissent leur langue faire à sa guise, au lieu d'en rester les maîtres. Ici trouve place un enseignement que j'ai souvent entendu répéter par le Maître : Avant de parler demandez-vous si ce que vous allez dire est vrai, bienveillant, serviable; si ces trois qualités sont absentes, ne dites rien. Ceci ralentira votre conversation; vous vous apercevrez graduellement que vous parlez moins et ce sera une bonne chose.

Les bavards gaspillent leurs énergies qui devraient être réservées à l'action utile. L'homme qui parle beaucoup travaille généralement fort peu. Peut-être pensez-vous que ces observations concernant l'usage de la parole pourraient très bien s'appliquer à moi-même, car je fais constamment des conférences; mais en dehors de mon travail, je parle peu; je ne sais plus causer de riens, aussi me reproche-t-on souvent mon silence. Dans l'Occident, il faut souvent que je m'oblige à parler, le silence étant souvent pris pour de la morosité, de l'orgueil ou pour une disposition à ne pas vouloir se montrer agréable. Ainsi, tout naturellement, ma facilité d'expression n'est pas grande à moins que j'aie à dire quelque chose de spécial et d'utile. Assurément, il faut parler, quand pour cela vous avez de bonnes raisons, quand vous avez à dire ce qui en vaut la peine, quand vous le faites dans une bonne intention. Ce n'est pas tant ce genre de paroles inutiles qu'il faut éviter. Tout mot inutile est comme une brique qui vous sépare du Maître. Quoi de plus grave pour ceux qui veulent arriver jusqu'à Lui?

L'homme qui parle trop ne peut être véridique. Je ne veux pas dire qu'il se place consciemment et volontairement en dehors de la vérité, mais il ne peut toujours être précis, et l'inexactitude est une contre-vérité. Il ne peut être rien de plus pernicieux que de s'entourer d'une atmosphère de fausseté, toujours créée par les propos inexacts. Ainsi, je reçois souvent des lettres qui ne sont que verbiage englobant peut-être comme noyau un fait très petit. Dans toutes les affaires ordinaires de ce monde, nous apprenons à faire la part de l'exagération; de même, au reçu d'une lettre se plaignant de quelqu'un — elles sont fréquentes — je parviens à estimer d'après le caractère de l'auteur ce qu'elle peut avoir de fondé; et aussi en déterminant dans quelles dispositions il était quand il écrivit cette lettre.

Le Manou a dit que l'homme maître de sa langue était maître de tout; et un Instructeur chrétien a déclaré : « La langue est un petit membre, et elle se vante de grandes choses. Voyez comme un petit feu peut embraser une grande forêt! La langue aussi est un feu; c'est le monde de l'iniquité. La langue est placée parmi nos membres, souillant tout le corps. » (1). Maîtriser la langue, c'est maîtriser la nature inférieure. Les petits soucis sont généralement le résultat de propos inconsidérés, leur réaction. Légers maux de tête, indispositions, dépression et ainsi de suite, n'ont pas d'autre cause. Si les personnes qui en souffrent voulaient bien apprendre à garder le silence, elles se porteraient bientôt mieux, d'abord parce qu'elles ne perdraient pas toute l'énergie nerveuse qui maintenant se dissipe en paroles, et puis parce qu'elles n'auraient pas constamment à payer les petites dettes karmiques contractées en prononçant des paroles étourdies. Vous vous rappelez que Pythagore imposait à ses élèves deux ans de silence; ceci mérite réflexion car Pythagore est aujourd'hui le Maître connu de nous sous le nom de Kouthoumi, l'instructeur d'Alcyone et aussi de l'évêque Leadbeater.

Il y a dans l'Inde beaucoup de yoguis appelés *munis;* comme leur nom l'indique, ils ont fait vœu de silence. La valeur de ce serment y a toujours été reconnue. Je connais un homme qui l'a observé pendant dix ans et acquis de la sorte une paix et une dignité remarquables; il peut ainsi mener une vie infiniment plus spirituelle qu'il ne l'eût fait sans cela. Naturellement, la plupart d'entre nous ne peuvent prendre un engagement semblable, car nous vivons dans le monde, où nous avons toutes sortes de tâches à remplir; mais nous pouvons et devons nous conformer à l'esprit de cette règle : gardons le silence toutes les fois que nous le pouvons sans formaliser notre entourage.

(1) *Jacques,* III, 5-6.

La nécessité d'exercer constamment la vigilance et le jugement présente encore un avantage, elle apprend à se surveiller soi-même. Il faut parler, mais avec la résolution bien
arrêtée de ne pas en dire plus que ne le permet la règle
occulte relative à la bienveillance et à l'utilité. Un bon exercice est de prendre pour le cours d'une journée cet engagement. Le matin, décidez que, jusqu'au soir, vous ne direz
rien à la légère; cette journée-là au moins aura marqué un
progrès. Nos frères Jaïn s'exercent ainsi pour apprendre
la vigilance et la surveillance personnelle; ils prennent la
résolution, le matin, de ne pas faire ce jour-là une certaine
chose — peut-être sans aucune importance en elle-même —
ils s'en abstiennent en effet et l'habitude de la vigilance
ainsi contractée supprime la négligence. Notre Seigneur le
Bouddha, Lui aussi, S'est exprimé avec beaucoup d'énergie
au sujet de la négligence, de l'irréflexion qui fait commettre
aux hommes tant de bévues.

C. W. L. — Les gens qui bavardent sans cesse ne peuvent
toujours parler judicieusement et utilement; de plus, ils
ne peuvent être véridiques s'ils sont habitués à toujours
s'exprimer avec négligence, certains de leurs propos ne seront certainement pas conformes à la vérité, sans pourtant
qu'il y ait intention de tromper. Après avoir fait toutes
sortes d'assertions inexactes, ils disent : « Comme je n'ai
pas eu l'intention d'être inexact, cela n'a pas d'importance. »
Ce ne sont pas vos intentions mais bien vos actes qui produisent des résultats. Si vous faites une bêtise, le fait que
votre intention était bonne ne change pas la nature de
votre erreur et ne vous met pas à l'abri de ses conséquences
karmiques. Un tel dit quelque chose et plus tard se corrige :
« Je vois que je me suis trompé, ce n'est pas absolument
cela »; il a dit une contre-vérité, sans le vouloir sans doute,
mais il a dit ce qui n'est pas vrai; il donne pour excuse qu'il
ne l'a pas fait exprès; elle ressemble à celle d'un homme
qui par accident en blesse un autre d'un coup de feu : « Je
ne croyais pas le fusil chargé »; or, il aurait dû supposer
l'arme chargée tant qu'il n'avait pas la preuve du contraire.

Nous ferions bien, pour un seul jour, de nous assurer
que nous n'avons rien dit que de vrai, d'aimable, de serviable. La journée s'écoulerait assez silencieusement, mais
peut-être le monde n'y perdrait-il pas grand'chose et ce

serait excellent pour nous. Bien entendu, toute conversation rapide et animée serait impossible, car nous serions obligés de prendre le temps de réfléchir. Ces règles ont pour base les lois de la vie supérieure. Pour progresser plus rapidement il faut essayer de s'y conformer; il faut pour cela se changer soi-même, même quand elles semblent le faire entrer en conflit avec la vie ordinaire et ses méthodes. Cela peut paraître difficile, mais, si, après mûre réflexion, une personne sent que, pour elle, les exigences de la vie supérieure sont trop grandes, qu'elle attende pendant une vie ou deux avant de vouloir faire de réels progrès. Nous ne pouvons simultanément mener une existence facile, sans effort et sans labeur, et progresser vite; mais nous pouvons choisir et aucun blâme ne s'attache à l'homme qui ne se sent pas encore capable d'endurer l'excessive tension.

Il est bon de prendre l'habitude, dès à présent, de réfléchir avec soin avant de parler : car lorsque tu auras atteint l'Initiation il te faudra surveiller chacune de tes paroles, de peur d'être indiscret.

C. W. L. — Ceci pourrait induire en erreur un lecteur ignorant les faits concernant l'Initiation. Si quelqu'un avait l'idée de divulguer les vrais secrets de l'Initiation, il n'ouvrirait pas la bouche, que déjà il aurait oublié qu'il y eût rien à trahir. Les vrais secrets sont donc parfaitement gardés; jamais il n'y eut de fuites; il ne s'en produira jamais. Reste un grand danger pour l'Initié devenu négligent; il peut se mettre dans un cas très fâcheux. Je possède personnellement des renseignements de divers genres dont la publication dans les journaux quotidiens ne me semblerait entraîner aucun inconvénient, mais comme il m'a été prescrit de ne pas les répéter, je m'en abstiens, sans connaître la raison. Une promesse est une promesse; il faut la tenir comme un engagement sacré. Si l'on ne partage pas cette façon de voir, autant renoncer immédiatement à progresser dans l'occultisme.

N'use pas trop de la conversation banale; elle est oiseuse et frivole; quand elle tombe dans la médisance, elle devient méchante.

C. W. L. — Les paroles qu'il faut bien appeler inutiles, sont souvent, il est vrai, motivées par le désir de passer le temps d'une manière agréable. A notre époque règne l'habitude, peut-être malheureuse, de passer en conversations un temps qui pourrait être donné avec beaucoup plus de profit à la réflexion. Il y a sans doute des moments où nous disons des choses pas absolument nécessaires, dans le seul désir de faire plaisir à d'autres personnes que pourrait intriguer notre mutisme persistant, mais, ce cas mis à part, que de conversations inutiles, apparemment motivées par le seul désir de parler pour parler! C'est une faute. Les vrais amis peuvent être heureux, en silence, de se trouver ensemble, étroitement unis en pensée. Par contre, si, dans la crainte de laisser languir la conversation, il faut continuer à parler, alors malheureusement se diront beaucoup de choses qu'il eût bien mieux valu taire. Les gens bavards ne sont pas les plus sages et sont, en général, d'une intelligence moyenne.

Donc habitue-toi à écouter plutôt qu'à parler; ne donne pas ton opinion si on ne te la demande pas expressément.

C. W. L. — Certaines personnes ne peuvent entendre émettre une affirmation qu'ils jugent fausse ou incomplète sans la contredire immédiatement et faire naître ainsi le désaccord et la discussion. Comprenons bien que nous ne sommes pas chargés de rectifier les opinions ou de remettre dans le droit chemin tous ceux qui se trompent. A nous d'aider autrui dans la mesure du possible et tout tranquillement; nous demande-t-on notre avis, donnons-le avec beaucoup de calme et de modération et sans aucun esprit d'opposition. Inutile de supposer que notre opinion ait beaucoup d'intérêt pour notre entourage; comme parfois elle n'en a aucun, l'imposer est une erreur. Il se peut qu'une personne soit certaine de l'exactitude d'un fait, alors que nous sommes très sûrs du contraire; mieux vaut pourtant la laisser parler; elle y prend sans doute plaisir et cela ne nous fait aucun mal. Qu'elle juge bon de croire que la terre est plate et que le soleil en fait le tour, c'est son affaire. Remplit-on les fonctions d'éducateur, chargé d'instruire certains élèves, alors il faut les corriger avec douceur et calme; c'est un devoir; mais nul n'est chargé de l'éducation du grand public.

Bien entendu, si nous entendons médire de quelqu'un, notre devoir est de dire : « Excusez-moi; vous n'avez pas tout à fait raison; cela n'est pas vrai » et, le mieux possible, de rétablir les faits. Une personne sans défense s'est trouvée attaquée, notre devoir est de la défendre.

Un énoncé des qualités requises les présente ainsi : savoir, oser, vouloir, se taire; et la dernière de ces qualités est la plus difficile.

C. W. L. — Les Rose-croix posaient en principe que l'homme décidé à progresser en occultisme devait être résolu à savoir, à oser, à vouloir et à se taire. Il faut connaître les lois de la nature et oser les appliquer. Pour exercer les grands pouvoirs qui sur ce Sentier nous sont conférés il faut une volonté énergique, capable de les maîtriser, et aussi de nous maîtriser nous-mêmes. Ensuite quand nous y sommes parvenus, il faut être assez avisé pour ne pas en parler.

CHAPITRE XVII

OCCUPEZ-VOUS DE CE QUI VOUS REGARDE

Un autre désir courant qu'il faut sévèrement réprimer est celui de se mêler des affaires d'autrui. Ce qu'un autre peut faire, dire ou croire, ne te regarde pas, et il faut apprendre à le laisser agir entièrement à sa guise. Il a plein droit à la liberté de pensée, de parole ou d'action, aussi longtemps qu'il n'intervient pas dans les affaires d'autrui; toi-même, tu réclames la liberté de faire ce que tu crois bon; il faut que tu lui accordes la même liberté, et s'il en use, tu n'as aucun droit de le critiquer.

C. W. L. — Ne pas intervenir dans les croyances et dans les actions d'autrui, aussi longtemps que ces actions ne sont pas, de toute évidence, contraires au bien commun. Si un homme se rend insupportable à ceux qui l'approchent nous pouvons avoir quelquefois pour devoir de donner un avis, cependant même dans ces cas-là, il est souvent préférable de se retirer et de laisser les choses s'arranger doucement.

Dans la race anglo-saxonne, nous sommes très fiers de notre liberté, mais au fond, nous ne sommes pas libres du tout, car les usages nous ligotent à un degré presque inconcevable. Impossible de nous habiller ou de circuler comme nous le voudrions. Supposons qu'un homme préfère le costume des Grecs anciens — peut-être un des plus beaux connus — descend-il ainsi vêtu dans la rue, la foule s'amassera probablement autour de lui et il courra le risque d'être arrêté pour avoir gêné la circulation. Dans tout pays vraiment libre il pourrait s'habiller et agir à sa guise, à la condition de ne pas importuner les autres. Non, la vraie liberté n'existe pas; nous ne pouvons nous écarter de la ligne suivie par tous, ou très peu, sans causer beaucoup de peine et d'agitation; c'est dommage; tous se trouve-

raient beaucoup mieux d'une liberté complète, surtout ceux
qui veulent intervenir dans les affaires d'autrui.

A. B. — La plupart d'entre nous, sérieux et enthousiastes, nous sommes si certains de la valeur des enseignements reçus, si convaincus et avec raison de leur extrême
importance, que sans doute nous voudrions voir d'autres
personnes partager nos sentiments, parfois même les y
forcer. C'est l'erreur commune à tous les tempéraments
enthousiastes. Un homme ne peut accueillir avec joie que
ce qu'il sait déjà en soi-même, bien que cérébralement il
puisse l'ignorer et soit encore incapable de le formuler;
avant la fin de ce stage préliminaire il ne saurait accepter
une vérité venant de l'extérieur; vouloir la lui imposer fait
plus de mal que de bien.

De même la conscience ne peut être créée par une influence extérieure; elle est uniquement le fruit d'expériences passées. L'acceptation de toute doctrine ou de tout
conseil est donc le signe que la présentation extérieure
réveillant des notions déjà possédées, en lui-même, par
l'homme, a passé comme un éclair dans le cerveau. A cet
égard le seul rôle de l'instructeur est de présenter à la
connaissance de l'homme, telle que celui-ci la possède sur
le plan physique, les notions que déjà il possède sur d'autres plans. L'un des grands Instructeurs a fait observer
qu'en Théosophie beaucoup de leçons étaient données à de
nombreuses personnes pendant le sommeil du corps physique. Ainsi l'homme véritable s'instruit et les notions
acquises par lui peuvent à nouveau lui être présentées par
un instructeur du plan physique, dont les paroles l'aident
à les faire descendre dans le cerveau. L'instructeur du plan
physique ne peut rien faire de plus.

Nous avons tous à apprendre, grâce à des désappointements répétés, l'impossibilité de servir les hommes en voulant leur faire suivre un chemin auquel ils ne sont pas
encore préparés. Alors nous nous calmons beaucoup, et nous
restons aussi prêts à aider si cela peut être utile, qu'à nous
tenir à l'écart dans le cas où notre assistance serait nulle,
c'est-à-dire où la personne ne pourrait profiter de nos avis.
De cette attitude les ignorants concluent souvent à notre
indifférence, alors qu'en réalité l'homme plus avancé dis

tingue exactement les cas où l'assistance est possible et
ceux où elle ne l'est pas.

Ne sait-on pas exactement à quoi s'en tenir, la méthode
expérimentale s'impose. Suggérez une idée; si elle est accueillie avec indifférence ou repoussée, vous constatez que,
sur cette ligne-là vous ne pouvez aider votre interlocuteur.
Attendez alors ou essayez d'une autre façon, suivant le cas.
Cela vaut beaucoup mieux que d'imposer en bloc toutes
vos connaissances; gardez-vous de noyer ou d'étouffer mentalement la personne en les répandant intégralement sur
elle ou en essayant de les lui faire absorber de force. Les
gens sont souvent très disposés à réclamer la liberté pour
eux-mêmes, mais leur répugnance à l'accorder à autrui
est extraordinaire. C'est une faute sérieuse, car notre prochain partage tous nos droits à la possession d'opinions
particulières et à leur expression.

Parfois, c'est la faute inverse. Passant d'un extrême à
l'autre, n'allez pas supposer qu'il faille accepter les opinions d'autrui. Les divergences d'appréciation sont absolument légitimes. Vous pouvez dire en toute franchise :
« Non, je ne suis pas de cet avis », ou bien vous pouvez
garder le silence; mais ce qu'il faut éviter, c'est de vous
en prendre à une autre personne parce qu'elle soutient sa
propre opinion. Une assertion est-elle faite en votre présence, commencez par consulter votre propre bon sens, et
soumettez-la toujours à votre raison. Laissez aux autres
leur liberté, mais gardez votre indépendance.

Si tu penses qu'il agit mal et que tu trouves l'occasion
de lui dire, en particulier et très poliment, pourquoi tu
ne penses pas ainsi, tu le convaincras peut-être, mais il
y a bien des cas où même une telle intervention serait
déplacée. En aucune façon il ne faut en bavarder avec
une tierce personne, car ce serait une très mauvaise
action.

A. B. — Il est parfois possible d'aider une personne que
vous savez être moralement dans une voie mauvaise, mais
ici une grande circonspection est nécessaire; il est si facile
dans des cas semblables, de faire plus de mal que de bien.
Certainement ce genre d'assistance ne doit être offert qu'en

particulier et de la manière tout à fait amicale indiquée par le Maître. Notre interlocuteur a-t-il une opinion formée, nous ne pouvons que le laisser s'instruire par l'expérience qui est heureusement une excellente éducatrice.

Une personne en possession d'une idée fausse vient vous la soumettre. Inutile de lui dire que cette idée ne vaut rien, à moins d'être certain qu'elle a plus de confiance dans votre jugement que dans le sien, ou tout au moins qu'elle est disposée à prendre au sérieux vos conseils; dans bien des cas, cette personne se trouve obligée de découvrir elle-même son erreur et alors il vaut mieux ne pas l'en empêcher. On vient souvent me trouver pour me faire quelque prédiction jugée importante. En général j'écoute avec calme et politesse sans exprimer aucune opinion. La prophétie ne s'accomplit-elle pas, le prophète s'aperçoit qu'il s'est trompé, mais il faut lui permettre de tirer seul la conclusion. Ces choses sont inévitables quand de nombreuses personnes découvrent l'occultisme; souvent celles-ci se trouvent déroutées parce que leur jugement a perdu ses bases anciennes; elles se demandent combien de leurs critères vont tomber en morceaux dans tous ces tremblements de terre. Dans ces conditions la seule chose à faire est de ne pas se presser, de conserver le calme, le sang-froid et l'équilibre; graduellement tout s'éclaircira, la fausseté et l'erreur passeront, la réalité demeurera.

Si tu vois commettre un acte de cruauté envers un enfant ou un animal, il est de ton devoir de t'y opposer.

A. B. — Dans ce cas l'intervention est un devoir, car la force tyrannise la faiblesse qu'elle devrait protéger, la faiblesse qui ne peut se protéger elle-même. Ainsi toutes les fois qu'un enfant ou un animal est maltraité, le devoir d'une personne plus forte est d'intervenir, de ne pas laisser violer les droits de l'opprimé, de ne pas souffrir que la liberté d'autrui lui soit ravie. Témoins d'un traitement cruel infligé à un enfant il faut donc toujours vous y opposer et essayer d'intervenir efficacement.

Si tu vois quelqu'un contrevenir aux lois du pays, tu dois en informer les autorités.

C. W. L. — On a beaucoup discuté ce passage, diverses personnes en ont été choquées. C'est curieux car, en fait, si vous gardez le silence sur un crime nous devenez complice, avant ou après suivant le cas, et la loi vous considère comme tel. « Mais », dira-t-on, « devons-nous espionner les autres afin de voir s'ils violent la loi? » Certainement pas; vous n'êtes pas des policiers ayant pour métier de découvrir les coupables.

La loi assure, dans un pays, la cohésion; elle établit l'ordre pour le bien de tous; chaque citoyen a donc le devoir de la maintenir. Pourtant il faut employer le sens commun. Personne n'est supposé observer des lois tombées en désuétude, bien que le texte en soit conservé. Se donner la peine de signaler des menues contraventions n'est pas non plus obligatoire. Prenons pour exemple la violation du droit de propriété; si vous voyez un homme prendre au plus court à travers le parc d'un autre, je ne crois pas que vous soyez tenu à en rendre compte. Etes-vous interrogé, alors évidemment il faut relater le fait. Autre exemple : la loi relative à la contrebande. Il me semble qu'un bon citoyen tiendrait à l'observer et ne songerait à introduire en contrebande aucun objet. En même temps, si l'un de mes compagnons de voyage cherche à introduire des cigares ou autre marchandise analogue, ce n'est vraiment pas mon affaire d'en informer les autorités, car il ne s'agit pas d'une violation de la loi dont personne ait à souffrir.

Personnellement je ne l'enfreindrais pas, pensant qu'une loi est faite pour être observée, et si la loi est défectueuse il faut, pour la changer, avoir recours aux voies constitutionnelles. Il existe certaines lois très difficiles à observer. Dans quelques pays la vaccination est obligatoire. En ce qui me concerne, je ne m'y prêterais pas et n'obéirais qu'à une force majeure, préférant la prison à la vaccination parce que c'est une pratique malfaisante. Dans toutes ces questions chacun doit se faire une opinion.

Dans l'Inde, les crimes observés et dont il faut rendre compte sont énumérés avec précision; ce sont tous, bien entendu, des crimes sérieux. Le témoin d'un assassinat ou d'un acte de brigandage a pour devoir de le signaler, mais dans une foule de cas moins importants on ne devient pas, dans l'Inde, aux yeux de la loi, complice d'un délit en ne le signalant pas.

A. B. — Chaque citoyen a le devoir, toutes les fois que la loi est violée en sa présence, de s'y opposer; c'est là une de ses obligations élémentaires. Pourtant, l'autre jour, une objection a été formulée. Un étudiant vint me trouver et me dit ne pouvoir, dans ce livre, accepter une certaine phrase; elle lui donnait l'impression d'une indiscrétion systématique, d'un espionnage concernant les affaires d'autrui. Bien entendu, cette phrase ne signifie rien de semblable, mais si vous êtes témoins d'une infraction à la loi il faut intervenir, parce que la loi assure la cohésion d'un peuple, établit et assure l'ordre et constitue un lien entre les citoyens; chacun a donc pour devoir de la soutenir. Nul n'a le droit de cacher la perpétration imminente d'un crime; en le faisant, on y prend part. Cela est si généralement reconnu, qu'une personne au courant du crime et qui ne le signale pas est tenue légalement pour complice et s'expose aux rigueurs de la loi. J'ai dû supposer que l'étudiant n'avait pas bien pesé ses paroles, car un pays dont les citoyens méconnaissent ce devoir élémentaire et s'y dérobent, tombe en décadence à cause du manque d'esprit public.

Si tu es chargé de l'instruction d'une personne, ton devoir pourra consister à l'avertir doucement de ses fautes.

C. W. L. — C'est l'évidence même. Un enfant, un élève, un serviteur sont placés sous notre autorité parce que nous sommes plus âgés et plus sages; si nous ne leur montrons pas les fautes qu'ils commettent, ils ne profitent pas de notre savoir et de notre expérience; c'est pourquoi nous manquerions à nos obligations vis-à-vis d'eux, et négligerions le devoir pour l'accomplissement duquel nous avons été placés au-dessus d'eux.

Sauf en de tels cas, occupe-toi de tes propres affaires et apprends à pratiquer la vertu du silence.

A. B. — Que la société serait différente si ce précepte était suivi! Au lieu d'être constamment en garde contre ses voisins, un homme vivrait sa propre vie, librement et ouvertement, car les gens se laisseraient mutuellement tranquilles, se permettraient d'agir suivant leurs idées individuelles; la tolérance et la bonne volonté remplaceraient l'intervention et la critique. Notre cinquième race qui, de nos jours, domine le monde, est agressive, combative et portée à la critique; mais nous devons essayer de vivre comme on vivra dans les âges futurs, ceux de la sixième race-mère; il faut pour cela pratiquer la tolérance et une bienveillance active. Ceci conduit à l'idée générale de fraternité qui servira de principe fondamental à la sixième race.

C. W. L. — Il ne semble pas difficile de s'occuper de ses propres affaires, mais très peu de personnes le font. Ce passage signifie qu'une attitude générale de tolérance et de bonne volonté doit remplacer ce qui est si déplorablement répandu aujourd'hui, je veux dire l'esprit d'intervention et de critique. Telle personne agit-elle d'une façon tout à fait inaccoutumée, je crains que beaucoup de gens n'en concluent immédiatement qu'elle a pour cela des raisons abominables. En aucune façon : elle peut avoir son motif particulier et, de toutes façons, à moins qu'elle ne commette une action visiblement illicite ou qu'elle intervienne dans les affaires d'autrui, laissons-la suivre son chemin et agir comme elle l'entend.

Comme les autres travers contemporains, celui-ci a pour cause principale l'exagération des qualités particulières à notre cinquième race et à notre cinquième sous-race. Notre race développe les facultés critiques du mental inférieur, et ce développement poussé trop loin nous donne une disposition à être agressifs, querelleurs et raisonneurs. Quant à ceux qui visent les progrès occultes, ils sont tenus de développer la qualité suivante — le bouddhi, la qualité qui unifie, qui donne à la synthèse le pas sur l'analyse, et rechercher les points de contact plutôt que les différences. Le développement de cette qualité sera l'œuvre de la sixième race-mère et aussi, d'une façon secondaire, celle de la sixième sous-race qui naît aujourd'hui en Amérique, en Australie et en d'autres régions.

Dans la Société Théosophique nous soutenons l'idée de fraternité; l'une des manières de s'y exercer est de chercher, non les occasions de blâmer, mais celles de louer. En cherchant bien, il est possible de trouver en tout homme et en toute chose, des points à louer et d'autres à blâmer; et nous avons les meilleures raisons du monde pour concentrer notre attention sur les bonnes qualités et non sur les points répréhensibles. Il est possible ainsi de faire pencher un peu le plateau de la balance. Nous pouvons nous permettre de laisser au reste des hommes la recherche des fautes; ils sont certains de ne pas négliger l'habitude de blâmer et s'y livreront avec beaucoup plus de plaisir que nous. Un excellent exercice consiste à chercher les bons côtés; il faut avoir commencé à le pratiquer avant de pouvoir vraiment se rendre compte à quel point ils abondent chez tout le monde. Nous découvrons alors toutes sortes de belles qualités chez des gens à qui nous ne rendions aucune justice. Il est facile de se former une opinion sur des personnes que nous connaissons peu, en la basant seulement sur un ou deux faits. Elles semblent en colère, nous les jugeons irritables; nous les voyons un jour mécontentes, nous concluons qu'elles le sont en permanence. Nous les avons probablement rencontrées dans une heure peu favorable, et leur vie en général peut très bien ne répondre en rien à nos suppositions.

S'il faut de temps en temps se tromper, que ce soit du bon côté; portons au crédit d'un tel un peu plus que ce qui lui est dû; cela ne fera de mal ni à lui ni à nous. Un Maître a dit : « En chacun il y a du bon, en chacun aussi du mauvais ». Gardez-vous d'attribuer à une personne de mauvais sentiments; vous attendez-vous à ce que ses actes y soient conformes, vous vous exposez, s'ils ne le sont pas, à un désappointement, car vous devrez reconnaître que vous avez mal jugé. Il vaut bien mieux surestimer des centaines de personnes que porter sur une seule un jugement trop sévère. Puisse notre vie bouddhique être assez active pour nous permettre au moins de rechercher les bons côtés et non les mauvais, d'abord dans l'intérêt de la vérité et de la justice, ensuite parce que le pouvoir de notre pensée nous étant connu, nous savons qu'en voyant le mal chez un autre nous le rendons mauvais, mais aussi qu'en voyant en lui le bien nous atténuons le mal et favorisons la croissance du bien.

Une des principales leçons à apprendre est de ne pas

nous laisser emporter par le mental inférieur et de ne pas attribuer à autrui des motifs indignés. Comme notre expérience de la nature humaine nous a montré qu'elle est faillible, que les gens ne sont pas toujours mus par des considérations altruistes, notre tendance naturelle est de chercher le motif dans un sentiment égoïste, au lieu de le chercher plus haut. Il ne faut pas nous laisser tomber à ce degré de suspicion et de mauvais vouloir. Il est nécessaire dans notre intérêt comme dans celui d'autrui de chercher d'abord le motif le plus élevé et, même s'il nous échappe, d'admettre que l'intention était bonne. Quand nous pensons à un mauvais motif nous l'intensifions en pensée, car le mental est très réceptif. Un homme a-t-il eu une légère défaillance, si nous lui prêtons de bonnes intentions, il aura bientôt honte du motif inférieur et le remplacera par le motif supérieur. De plus, en attribuant les meilleurs motifs à tous nos amis, nous sommes certains d'avoir raison neuf fois sur dix. Bien entendu, le monde extérieur, avec son cynisme habituel, nous jugera en disant : « Vous êtes bien naïfs ». Mieux vaut être le naïf qui fait le bien de cette façon que l'homme perspicace incapable d'avoir bonne opinion de personne.

Au fond, nul n'est intentionnellement pervers; donc, évitez l'erreur commune consistant à prêter des motifs pervers aux personnes qui font ce que nous appellerions le mal. Gardons-nous d'être injustes en supposant par exemple que les gens qui mangent de la viande y attachent la moindre importance et qu'ils font ce qu'ils savent répréhensible. En réalité, ils ne vont pas à l'encontre de leurs meilleurs sentiments, ils se conforment à la coutume, sans même y penser. Ce sont là des gens excellents. Au moyen âge, leurs pareils ne s'envoyaient-ils pas mutuellement au bûcher, sans y penser davantage? Seulement, l'un des Maîtres a dit : « Notre objectif n'est pas de rendre les gens vertueux, mais de constituer, à l'appui du bien, de puissants foyers spirituels ».

QUATRIÈME PARTIE

LA BONNE CONDUITE

CHAPITRE XVIII

LA MAITRISE DE SOI QUANT AU MENTAL

Les six points relatifs à la conduite qui sont spécialement exigés sont donnés par le Maître comme suit:

I. La maîtrise de soi quant au mental;
II. La maîtrise de soi dans l'action;
III. La tolérance;
IV. Le contentement;
V. L'unité de direction vers le but;
VI. La confiance.

(Je sais que quelques-uns de ces points sont souvent traduits différemment, comme aussi les noms des qualités requises; mais je me sers toujours des noms que le Maître a employés Lui-même quand Il les a expliqués.)

A. B. — Comme le dit Alcyone, les traductions de certaines des qualités requises diffèrent un peu de celles qui nous sont familières. Pour les trois premières qualités, les traductions se rapprochent assez de celles dont je me suis servi pendant bien des années; les trois dernières sont quelque peu dissemblables, bien que, naturellement, les significations essentielles soient identiques. J'ai toujours traduit le troisième de ces points concernant la bonne conduite par « tolérance », comme le fait ici le Maître, mais beaucoup de personnes, je le sais, n'approuvent pas le choix de ce terme. Le mot sanscrit est *ouparati*, littéralement *cessation*. (Le mot se rapporte, pensons-nous, à des sentiments tels que l'esprit critique et le mécontentement; cette vertu a donc pour aspect positif la tolérance.

J'ai toujours appelé endurance le quatrième point, ou *titiksha*. Bien entendu l'idée de contentement reste la même, car l'endurance est nécessairement accompagnée de contentement. Ici le Maître qui est — si j'ose m'exprimer ainsi — particulièrement rayonnant, donne la traduction mettant en relief l'aspect de cette qualité; chacun fera bien de la prendre pour sujet de ses méditations. Puis vient l'unité de direction vers le but; c'est, en sanscrit, *samadhana* que j'ai traduit par l'*équilibre;* ici encore l'idée est la même car la personne dont la direction est invariable est équilibrée et *vice-versa.* Enfin, vient *shraddha* que j'ai toujours nommé *la foi.* Ici *Shraddha* est traduit par la confiance, mais ici, encore une fois, le sens reste identique, car j'ai toujours défini la foi comme une croyance profonde dans le Dieu qui est en nous et dans le Maître. Il est bon de noter et les différences et les ressemblances; elles nous aideront à mieux comprendre le sens.

I. *La maîtrise du soi quant au mental.* — La qualité requise, nommée détachement, montre que le corps astral doit être dominé; ce premier point en exige autant pour le corps mental. Il signifie : maîtriser le caractère de manière à ne pouvoir ressentir ni colère, ni impatience; maîtriser le mental lui-même de telle sorte que la pensée soit toujours calme et sereine; et, par le mental, maîtriser les nerfs pour qu'ils soient le moins irritables possible.

C. W. L. — Maîtriser nos nerfs est précisément une des choses qui nous sont difficiles parce que nous tentons une expérience nouvelle, celle de hâter notre évolution (d'où nécessité d'affiner beaucoup nos véhicules et de les rendre de plus en plus sensitifs), tout en demeurant plongés dans l'existence d'ici-bas. Notre victoire sera d'autant plus grande qu'il s'agit de ces difficultés; en les surmontant, nous montrerons que nous avons fait, à force de volonté, plus de progrès que le moine ou que l'ermite.

On réussit quelquefois à supprimer l'irritation, mais le contrôle complet des véhicules extérieurs reste difficile. La possibilité d'un mouvement d'impatience subsiste, alors qu'en réalité le sentiment qui l'accompagnait jadis a complètement disparu. C'est moins grave que de posséder encore le sentiment en ne le montrant pas, mais il faut nous débarrasser même de cela, pour ne pas induire en erreur notre entourage. Si, doué de clairvoyance, vous regardez le corps astral du premier passant venu, vous verrez que ce corps forme une masse tourbillonnante. Point de stries nettes, point de couleurs franches se mouvant régulièrement, mais, visibles en surface, cinquante ou soixante petits entonnoirs ou tourbillons violemment agités, dont chacun, tant sa giration est rapide, forme un nœud dur ressemblant à une verrue. Examinez ces verrues : toutes se sont formées à la suite de petits mouvements d'impatience, de petits soucis, de sentiments tels que susceptibilité, jalousie, envie, peut-être haine, éprouvés par cet homme depuis quarante-huit heures. Des tourbillons plus grands, beaucoup plus persistants se forment quand l'homme réitère souvent le même genre de pensée à l'égard d'une même personne.

Tant que l'homme est dans cet état, il lui est complètement impossible de donner à sa pensée la clarté et la précision qu'autrement il pourrait acquérir. Veut-il réfléchir ou écrire sur un sujet quelconque, ces tourbillons colorent et déforment nécessairement sa manière de voir, eût-il même oublié les sentiments qui les ont fait naître. On oublie le sentiment de contrariété, sans se rendre compte que son effet subsiste et, en général, les tourbillons ne varient guère.

Les préventions sont de même très reconnaissables pour le clairvoyant astral ou mental. La matière du corps mental devrait circuler avec rapidité, pas sur toute la surface mais dans certaines zones ou régions; généralement parlant, elle tend à se disposer selon sa densité; la matière plus grossière, circulant dans une certaine mesure dans tout le corps, tend à graviter vers la partie inférieure de l'ovoïde, si bien que les personnes, chez lesquelles dominent les pensées et les sentiments égoïstes, ressemblent à des œufs en équilibre sur le gros bout, tandis que les personnes vraiment altruistes et développées au point de vue occulte, ressemblent à des œufs dressés sur le petit bout. Le corps mental présente quatre zones ou tranches, tout comme il existe dans le cerveau des régions où se localisent certains types de pensée.

Supposons qu'un homme ait des idées religieuses extrêmement étroites. La matière mentale, au lieu de se mouvoir librement dans cette région particulière, s'accumule jusqu'au moment où, faisant littéralement saillie, elle forme un tas, puis commence à fermenter et à se corrompre.

Comme sa pensée relative aux sujets religieux doit passer par cette région du corps mental, cette pensée ne peut jamais être juste, car ses vibrations sont neutralisées par la maladie mentale — c'est littéralement cela — qui est venue se greffer sur ce point. Les préventions fausseront inévitablement son jugement jusqu'au jour où, se mettant à l'œuvre, il se guérira en maîtrisant et en purifiant méthodiquement son mental. Alors seulement il pourra voir juste, c'est-à-dire à voir les choses comme les voit la Divinité, qui connaît son système tout entier, exactement tel qu'il existe.

Les préjugés ne sont pas nécessairement ennemis des personnes et des choses; ils sont très souvent en leur faveur; même dans ce cas, ils représentent une altération de la vérité, et dans l'Aura se traduisent par une corruption identique. L'un des cas les plus fréquents est celui d'une mère incapable de croire qu'il ait jamais existé depuis le commencement du monde un bébé aussi remarquable que le sien. Autre exemple : l'artiste incapable de rien voir de bon dans aucune école autre que la sienne.

Toutes ces choses, au point de vue de la force psychique sont comme des plaies ouvertes, à travers lesquelles la force de volonté ne cesse de fuir. Telle est la condition de l'homme moyen; si donc il s'agit d'un esprit naturellement chagrin le cas est naturellement pire, l'homme n'est alors qu'une plaie; il n'a plus de forces; tout a été dépensé. Si nous voulons conserver nos énergies et en tirer un bon parti — et il le faut pour devenir occultistes — notre premier soin doit être de supprimer ces causes de gaspillage. Pour éteindre un incendie, un jet d'eau est nécessaire. L'eau doit être lancée sous forte pression et aucune fuite ne doit exister dans les cylindres ou dans les tuyaux. Ceci représente pour nous le calme et la discipline mentale.

L'homme moyen semble avoir peu ou point de force de volonté. Sous le poids des difficultés il s'effondre, gémit et se plaint au lieu de mettre en jeu sa volonté pour les résoudre. Deux raisons expliquent cette faiblesse. Le degré de puissance octroyée à tout homme varie suivant la manière dont il comprend le Moi véritable, suivant le point de développement atteint en lui par le Moi Unique, par la Divinité. En principe, nos forces sont égales, mais les hommes diffèrent en raison directe du développement réalisé en eux par l'énergie divine. L'homme ordinaire en possède encore bien peu, encore gaspille-t-il celle dont il dispose.

Beaucoup d'entre nous voudraient être plus conscients de la présence du Maître et faire descendre des plans supérieurs dans le cerveau physique diverses autres influences salutaires. Ces influences doivent descendre en empruntant les différents véhicules; leur reflet doit passer de l'un à l'autre. Voyez la surface d'un lac ou d'un cours d'eau réfléchir l'image d'un bouquet d'arbre. Si le calme est absolu, le tableau est parfait; chaque feuille est visible; mais la moindre ride brouille entièrement l'image, qui disparaît s'il survient un vent d'orage. C'est exactement ce qui se passe pour les corps astral et mental. Il faut leur imposer le calme et l'immobilité si nous voulons qu'ils ne transmettent aucune influence véritable et précieuse venant d'en-haut. On demande constamment : « Pourquoi ne nous rappelons-nous pas tout ce que nous faisons pendant notre sommeil? » En voici une raison : les véhicules ne sont pas assez tranquilles. De temps à autre, ils peuvent le devenir suffisamment pour arriver à transmettre quelque chose, pourtant, même dans ce cas, l'impression est en général un peu déformée, l'intermédiaire n'étant pas absolument clair. Examinez un objet à travers du verre de bouteille au lieu d'employer une glace, les proportions se trouveront modifiées.

Devenus calmes, nous pouvons travailler malgré les dérangements et les ennuis, mais naturellement ce n'est jamais sans effort que dans ces conditions les corps sont maintenus paisibles; l'effort est même si pénible que certaines personnes en sont incapables; il faut pourtant qu'elles acquièrent peu à peu la force nécessaire.

L'occultiste apprend, grâce à la discipline personnelle, à travailler simultanément sur deux plans; en d'autres termes à être partiellement hors de son corps tandis qu'il agit sur le plan physique; si bien que, tout en écrivant et en parlant, il peut dans son corps astral se livrer à d'autres occupations. J'ai entendu dire, par exemple, que pendant telle de mes conférences les auditeurs ont vu, debout sur l'estrade, des entités astrales s'approcher de moi et me parler. Les observateurs ne se trompaient pas; souvent ces entités viennent ainsi, demandant une réponse à leurs questions ou sollicitant un service, la conférence n'en suivant pas moins son cours. C'est là un exemple insignifiant et momentané, mais souvent il s'agit de tâches beaucoup plus sérieuses pour l'accomplissement desquelles l'occultiste emploie sa conscience de cette manière compliquée.

Dans une certaine mesure, cette double concentration se pratique très fréquemment aussi dans la vie ordinaire. Beaucoup de dames peuvent tricoter tout en causant parce que pour elles tricoter est devenu automatique. J'ai beaucoup fréquenté l'une des grandes banques de Londres : là' j'ai vu des employés qui en avaient l'habitude additionnant de longues colonnes de chiffres tandis que, pour l'agrément de leurs camarades, ils fredonnaient une chanson. Ceci, je le reconnais, me serait impossible, mais je l'ai vu faire maintes fois.

A. B. — Dans la section relative au détachement, le Maître a parlé de la discipline à imposer au corps astral et au désir sous toutes ses formes, et dans la section concernant le discernement, Il a beaucoup parlé de la vérité qui implique la purification du corps mental. Il passe ensuite à la discipline du mental et à celle des émotions. Une émotion est une combinaison de pensée et de désir. Les émotions sont des désirs pénétrés par l'élément-pensée. En d'autres termes, l'émotion est un mélange de désir et de pensée. Quand le Maître mentionne ici la discipline de nos humeurs, Il parle d'émotions car l'impatience et autres sentiments analogues procèdent en partie du corps du désir, en partie du corps mental. L'aspirant occultiste ne doit certainement pas se laisser emporter par la vivacité de son caractère, car aussi longtemps que la soumission de celui-ci n'a pas rendu impossible le trouble émotionnel, il ne pourra voir clairement ou nettement. Les vibrations des émotions éveilleront dans la matière purement mentale une excitation correspondante; toutes les pensées de l'aspirant se trouveront dérangées et déformées, il sera donc incapable de voir correctement.

Le Maître dit ensuite que la pensée elle-même doit être calme et placide; ceci est nécessaire car il est possible dans ces conditions seulement de projeter dans le mental infériur des influences venant d'en haut. N'est-ce pas dans *Le Monde occulte* que Mr. Sinnett cite une lettre du même Instructeur lui disant que s'il veut écrire utilement il doit imposer à son mental le calme; et qu'alors les pensées du mental supérieur viendront s'y refléter, comme des montagnes dans un lac paisible.

Il est judicieux, si vous avez à écrire une lettre sur un sujet sérieux, la Théosophie par exemple, ou à rédiger un article, de rester quelques minutes en repos, et de vous recueillir avant de vous mettre à l'ouvrage. Ce n'est pas du temps perdu; en commençant à écrire, vous constaterez que vos pensées suivront leur cours tranquillement et sans effort, et vous ne serez pas obligés de vous interrompre au milieu et de vous demander ce que vous allez dire ensuite. La raison en est que le mental supérieur est réfléchi par le miroir du mental inférieur. Cette pratique est spécialement importante pour les personnes qui ne peuvent encore bannir à volonté les choses extérieures.

On peut s'exercer à la concentration en se servant des dérangements causés par l'ambiance. Quand j'étais enfant, je devais apprendre mes leçons dans une pièce où d'autres élèves recevaient une instruction différente; ceci me donna graduellement la faculté de me livrer à mes occupations particulières tandis que toutes sortes d'activités d'un autre genre régnaient autour de moi. En conséquence, il m'est possible aujourd'hui de travailler sans être dérangé par ce qui se passe à proximité, bien qu'à vrai dire, je ne puisse dans ces conditions, me livrer sans difficultés à des calculs. J'en suis toujours demeurée reconnaissante envers la personne qui m'instruisait, Miss Marryat. La faculté naît de l'exercice et peut ensuite servir de bien des manières. Je découvris, par exemple, que je pouvais aussi l'employer étant partiellement hors de mon corps, comme lorsque j'écrivais l'une des vies d'Alcyone.

Dans la vie familiale indienne cette faculté se développe tout naturellement, étant donné l'habitude de se livrer dans la même pièce à différentes occupations; sans compter les enfants qui, en général, courent partout, et autres petits incidents. A l'école du village et aussi chez leurs parents, de nombreux enfants apprennent à la même heure les leçons les plus différentes; tous lisent à haute voix, chacun attentif à son sujet particulier, sous la surveillance générale du maître qui corrige immédiatement les fautes. Ce n'est pas, je crois, une manière idéale d'enseigner une matière quelconque, mais les enfants apprennent la concentration qui, dans la suite, leur sera fort utile.

Si vous acquérez cette faculté, tant mieux. Si donc vous êtes obligés de vivre dans un milieu bruyant, ne vous en plaignez pas; profitez-en. Voilà comment travaille l'étudiant en occultisme. J'insiste sur ce point car c'est par des moyens semblables que l'on devient occultiste. Le travail accompli dans des conditions difficiles est une occasion de progrès. Voilà pourquoi certains d'entre nous ont avancé et d'autres moins. Personnellement, j'ai toujours essayé de m'accommoder aux circonstances au lieu de me plaindre. Cela permet de ne pas perdre une seule occasion.

Ce dernier point est difficile à atteindre, car pendant que tu essayes de te préparer pour le Sentier, tu ne peux empêcher ton corps de devenir plus sensitif, en sorte que tes nerfs sont facilement ébranlés par un son ou par un choc et qu'ils ressentent d'une manière aiguë la plus légère atteinte. Mais il faut faire de ton mieux.

A. B. — Le Maître dit qu'il est difficile de commander aux nerfs. La raison en est que le corps physique est celui qui obéit le moins à l'action de la pensée. Vous pouvez agir avec une facilité relative sur vos corps astral et mental, car ils sont formés de matière plus subtile, répondant davantage à la pensée; mais, plus pesante, la matière physique y répond beaucoup moins; elle est donc plus difficile à maî- triser. Il faudra pourtant y arriver.

L'élève doit être sensitif tout en possédant un corps et des nerfs parfaitement disciplinés. Plus l'impressionnabi- lité augmente, plus la difficulté grandit. Beaucoup de bruits dont une personne ordinaire ne tient aucun compte sont pour un sensitif, une torture. Certaines maladies déve- loppent une sensibilité nerveuse excessive; il y a des cas où l'aboiement d'un chien peut causer des convulsions. Cet exemple suffira pour montrer quelle sensibilité aiguë les nerfs peuvent acquérir.

Les nerfs d'un étudiant en occultisme ne sont pas mala- des; s'ils l'étaient, l'étudiant ne serait pas soumis à l'en- traînement; mais il ressemble à une corde tendue, qui vibre au moindre attouchement. Ses nerfs deviennent alors impressionnables au point de nécessiter, pour empêcher l'irascibilité, une force de volonté considérable. Dans ces conditions la tension physique peut devenir si grande que dans certains cas, tel celui de Mme Blavatsky, il peut devenir plus sage de céder, de laisser parfois le corps agir à sa guise, afin d'en prévenir l'effondrement complet. Il était nécessaire qu'elle conservât son corps pour accomplir la tâche dont elle était chargée; elle ne pouvait donc permettre la tension d'aller jusqu'à la rupture. Mais c'est là un cas exceptionnel; l'aspirant décidé à suivre les instructions du Maître doit faire ce qu'Il dit ici et lutter de toutes ses forces pour maîtriser ses nerfs. Souvent il n'y parviendra pas; peu importe. Les derniers mots du Maître à cet égard sont : « Il faut faire de ton mieux ». Il n'en demande pas davantage : que l'insuccès ne vous décourage pas; continuez à faire pour le mieux.

Des troubles de ce genre sont parfois déterminés par une cause qui est en nous-même, par une exagération de scrupules et de conscience dans laquelle peuvent tomber les étudiants les plus zélés. Deux tendances se remarquent chez les étudiants : la première consiste à être négligents; la seconde à s'imposer des tourments. Dans ce dernier cas, la conscience peut arriver à une condition ressemblant à celle des nerfs trop tendus. Il arrive ainsi que les meilleurs étudiants prennent trop au sérieux de minimes défaillances. Gardez-vous de vous appesantir sur elles jusqu'à ce qu'elles aient pris la dimension de crimes. Cheminez entre ces deux extrêmes. Avant l'événement, vous ne pouvez pousser trop loin le scrupule; mais après il est facile de se rendre trop malheureux. N'insistez pas sur vos fautes et sur vos insuccès. Contentez-vous de les examiner afin d'en constater la cause; ensuite, essayez de nouveau. En agissant ainsi, les tendances qui ont déterminé votre colère dépériront; y penser ne ferait que les renforcer.

C. W. L. — Le corps physique est celui sur lequel la volonté exerce le moins d'empire. « Il est possible », dit-on souvent, « d'arriver à faire agir le corps physique et même à maîtriser les sentiments, mais il est beaucoup plus difficile de gouverner les pensées ». Que rien ne soit plus difficile, c'est ce que chacun croit. A certains égards, c'est vrai, car la matière mentale étant plus fine et plus active, il y a plus de mouvements, plus d'initiatives à contrôler. Par contre, le corps mental touche de beaucoup plus près à l'ego intérieur dont, par conséquent, il subit davantage la direction, et dispose, pour saisir et employer la substance mentale de forces plus grandes qu'ici-bas sur le plan physique; enfin, la matière physique est moins responsive. Les hommes se figurent que c'est plus facile parce qu'ils ont l'habitude de maîtriser le corps physique, mais non le corps mental.

Souvent aussi, l'on entend dire que, s'il est possible de dominer la souffrance sur le plan physique, il est impossible d'ignorer la souffrance mentale. Eh bien! c'est exactement le contraire. La souffrance mentale ou émotionnelle cesse d'exister si on l'éloigne résolument de soi, mais il est très difficile d'ignorer une violente douleur physique bien que l'on puisse l'atténuer beaucoup en la séparant de l'élément mental. Le scientiste chrétien y parvient en niant la douleur; il ne laisse subsister que son aspect physique et c'est comparativement peu de chose.

Il faut apprendre à dominer le mental de façon à éliminer la partie mentale de la souffrance physique parce que, élèves des Maîtres, nous devons nous rendre extrêmement sensitifs. Ils devient alors pénible d'être assis près d'un homme qui boit de l'alcool, fume, mange de la viande. C'est un vrai supplice que de circuler en ville, dans une rue commerçante, assourdi par mille bruits horribles. Tout cela traverse le corps physique et donne le frisson, mais en y pensant, c'est bien pire. Si l'attention s'en détache, on s'en aperçoit moins. L'élève qui s'efforce d'atteindre les plans supérieurs, doit apprendre à éliminer de ces impressions pénibles la partie mentale, et de n'y ajouter aucune pensée susceptible de les intensifier.

Les personnes qui pratiquent la méditation constateront qu'elles sont plus impressionnables que les personnes qui ne s'y adonnent pas; c'est pourquoi la tension consécutive imposée au corps physique est parfois énorme. On dit souvent qu'il arrivait à Mme Blavatsky de se mettre en colère. Il y avait certainement pour cela une raison bien simple — l'état déplorable de son corps physique; je crois que pour elle les souffrances physiques aiguës étaient incessantes. Le

corps était âgé, affaissé, usé, mais c'était le seul approprié
à l'œuvre spéciale qu'elle avait pour devoir d'accomplir;
elle devait donc le conserver sans pouvoir, comme beaucoup
d'entre nous, s'en débarrasser. Un jour cependant, l'occasion lui en fut offerte; mais elle dit : « Non, je le garderai
tant que je n'aurai pas fini *la Doctrine secrète* » — son
travail d'alors. En conséquence, le corps physique était soumis à une tension terrible et parfois elle obtenait un peu de
soulagement en lui laissant faire ce qu'il voulait. Bien
entendu, beaucoup de gens n'y comprenaient rien, mais
nous qui l'entourions, attachions peu d'importance à ses
emportements. Nous avons noté bien des cas curieux. Par
exemple, au milieu d'un flot de paroles semblant dénoter
une grande colère, à propos de quelque vétille, et mettant
en fuite les personnes qui, plus récemment arrivées auprès
d'elle, n'étaient pas au courant, nous avons constaté que si,
dans cet instant d'excitation, quelqu'un lui posait une question philosophique, tout tombait — tel un fil coupé d'un
coup de ciseau; sa fureur disparaissait immédiatement et
elle se mettait à répondre. Une personne se laissant aller
à une colère ordinaire n'aurait pu en faire autant. Beaucoup
de gens quittèrent Mme Blavatsky, n'arrivant pas à la comprendre, mais j'ai la certitude qu'elle était parfois obligée
de céder, autrement son corps aurait succombé.

Le mental paisible implique aussi le courage qui permet d'affronter sans crainte les épreuves et les difficultés du Sentier.

A. B. — Le courage est une qualité à laquelle les Ecritures hindoues attachent une immense importance : sa
racine est l'admission de l'unité du Soi. « Quelle crainte,
quelle illusion pour l'homme qui a vu le Soi? » demande-
t-on. A noter aussi cette expression : « le Brahmane intré-
pide. » Mon livre, *Vers le Temple*, recommandait aux
étudiants de méditer sur le caractère idéal, en se repor-
tant aux qualités énumérées par Shri Krishna au commencement du seizième chapitre de la *Gita*. La première qualité
citée est *abhayam*, l'intrépidité ou courage.

Le courage naît de la conviction que vous êtes le Soi divin
immanent et non vos véhicules extérieurs, seule partie de

vous-mêmes qui soit vulnérable. Les différences de puissance entre les individus dépendent toutes du degré de force acquis par le Soi immanent. En principe, nous sommes tous également forts, mais l'évolution procède par stages. En arrivant à la conviction que vous êtes vous-même divin, vous savez que votre faiblesse ou votre force dépend du degré de force développé par le Soi en vous; aussi votre refuge, quand la crainte vous assaille, est de faire appel à la puissance intérieure. La constatation que vous êtes le Soi est une des notions que devrait vous donner la méditation. Ceux qui méditent le matin devraient faire en même temps un effort pour comprendre le Soi; ils disposeront alors toute la journée d'une partie de l'énergie, générée par cet effort; ceci leur facilitera l'acquisition du courage nécessaire pour avancer sur le Sentier. On y rencontre beaucoup de difficultés exigeant la force d'âme et l'endurance si l'on veut les affronter et les vaincre, et ces qualités sont des formes de bravoure. Sur le Sentier, les choses prennent un aspect nouveau qui, lui aussi, exige le courage. Pour acquérir cette qualité, le seul moyen que je connaisse est de comprendre le Soi.

C. W. L. — Tous les systèmes d'entraînement occulte insistent beaucoup sur la nécessité du courage. En entrant dans le Sentier, l'homme doit s'attendre à subir les jugements faux, la calomnie, l'incompréhension. Ceux qui cherchent à monter plus haut que leurs semblables l'ont toujours éprouvé. Il faut de la force morale pour subir cela et tenir ferme et faire ce que l'on estime le bien, quoi qu'en pensent ou en disent, quoi que fassent les gens qui nous entourent; elle est nécessaire pour mettre en pratique les enseignements de ce livre; beaucoup de grandeur d'âme et de résolution doivent s'y joindre.

Le courage simplement physique est nécessaire aussi. On rencontre sur le Sentier des périls et des difficultés nombreux, qui n'ont rien de symbolique et qui n'existent pas seulement sur les plans supérieurs; nous sommes soumis, en avançant, à des épreuves de courage et d'endurance; Il faut y être préparé. Un poltron ne fera pas de progrès sur ce Sentier où sont nécessaires non seulement la vertu, mais encore une force de caractère inébranlable en présence de l'inattendu et de l'effrayant.

J'ai connu en Angleterre une société occulte qui s'efforça, pendant bien des semaines, d'évoquer, en prononçant diverses formules, certaines catégories d'entités astrales; on finit par obtenir une apparition, mais personne ne voulut rester assez longtemps pour voir ce que c'était. De même, il y a des gens qui cherchent à obtenir des résultats sur des plans supérieurs, mais dès qu'ils y parviennent, ils ont peur. La première fois que, sans perdre sa conscience de l'état de veille, l'homme quitte son corps, il peut éprouver une certaine crainte et se demander s'il pourra revenir ou non. Qu'il comprenne bien que l'un n'a pas plus d'importance que l'autre; il est habitué à certaines limitations et, quand tout à coup elles disparaissent, il éprouve très probablement le sentiment qu'il ne lui reste plus de base certaine. En progressant, nous verrons que le courage, la bravoure véritable et résolue, est fort nécessaire; il faut affronter toutes sortes de forces; ce n'est pas un jeu d'enfant.

En comprenant, en nous souvenant que nous sommes un avec la Divinité, nous ne craignons rien; mais parfois, en présence d'un danger subit, on oublie et l'on recule. Aucune influence passagère ne peut affecter en rien, léser en rien, le Moi immanent; si donc, nous pouvons arriver à nous convaincre que nous sommes ce Moi et non les véhicules extérieurs, nous n'aurons plus peur. Si jamais l'on éprouve une crainte quelconque il faut, non pas avoir recours à une aide étrangère, mais chercher en soi-même une force additionnelle. Sur ce point, la doctrine chrétienne ordinaire a eu des effets regrettables; elle prescrit toujours de se réfugier dans la prière, c'est-à-dire de solliciter; or, la sollicitation ne devrait pas être appliquée, comme elle l'est souvent, à la forme d'aspiration la plus haute. Le mot prière vient du latin *precari* qui signifie demander; rien de plus. Si nous croyons que Dieu est la bonté absolue, suivons le conseil de Notre Seigneur le Bouddha : « Plus de plaintes, de larmes ni de prières, mais ouvrez les yeux et regardez. La lumière vous entoure, si seulement vous consentez à enlever de vos yeux les bandages et voir. Et le spectacle est si merveilleux, si admirable, si supérieur à tout ce que l'homme peut imaginer ou demander par ses prières; et il ne finira jamais, jamais. »

Je sais que beaucoup de personnes ont l'habitude d'appeler le Maître à leur secours quand elles se trouvent en difficulté. Nous pouvons être certains que la pensée du Maître est toujours près de nous; Il est assurément à notre portée; mais pourquoi Le déranger pour une chose que nous pourrions faire nous-mêmes? Nous pouvons sans doute recourir à Lui, mais en vérité, si nous avons la faculté d'en appeler au Dieu immanent, et en obtenir plus d'assistance, nous nous rapprocherons bien plus du Maître qu'en lançant vers Lui un faible cri d'appel. L'homme en a le droit : c'est entendu; mais, sachant que le Maître travaille sans cesse pour le monde, comment songer à L'appeler tant qu'il reste un seul moyen quelconque d'agir seul; ne pas employer ce moyen prouve un manque de foi; c'est manquer de confiance non seulement en soi-même, mais encore en la puissance divine.

La pratique de la méditation doit préparer aussi aux circonstances imprévues et nous permettre ainsi de ne pas en être troublés. Les personnes qui ont compris les lois intérieures doivent garder le calme et le sang-froid, quoi qu'il advienne, sachant que c'est là une condition indispensable du vrai progrès et que le choc et le bouleversement causés par une crise d'émotion violente laisseront des cicatrices persistantes sur les véhicules sensitifs de l'élève.

Il implique aussi... la fermeté qui fait supporter facilement les ennuis de chaque jour et éviter les continuels soucis au sujet des petites choses qui absorbent la plus grande partie du temps de beaucoup de gens.

A. B. — La fermeté est la qualité requise, mentionnée ensuite par le Maître; l'élève en a besoin pour ne pas être le jouet de tous les vents. L'asservissement aux choses extérieures est une cause de soucis perpétuels; l'homme n'étant pas alors en état de diriger ses propres affaires, ne peut se consacrer à une tâche précise. Ce qui use l'homme, ce n'est pas le travail mais les préoccupations, mais la répétition interminable d'une succession de pensées pénibles. Il est difficile pour une personne timorée d'éviter cette habitude sous une forme ou sous une autre.

Dans certains cas le mental a une tendance à dramatiser, puis à vivre dans le drame qu'il a créé. Cela m'est arrivé assez souvent. Je mentionne ce fait et aussi d'autres expériences personnelles, pensant que mes paroles présenteront ainsi plus de vie et d'utilité que de simples abstractions. La plupart des aspirants se sont probablement livrés à ces créations dramatiques, car nous sommes tous faits à peu près de même. Je m'imaginais qu'en paroles et en action, j'avais blessé une personne de mes amies; ensuite, je me représentais notre première rencontre, l'entrée en matière, enfin toute la conversation. Or, quand nous nous rencontrions vraiment, rien ne se passait comme je l'avais prévu, car les premiers mots de mon amie étaient toujours complètement différents de ce que j'avais supposé. On évoque parfois, ainsi, une scène désagréable, en imaginant comment l'on agira dans les circonstances émouvantes imaginées; on arrive à se mettre dans un état mental pénible, d'un caractère très sentimental et émotionnel. Rien de tout cela n'a encore eu lieu, et probablement n'arrivera jamais; c'est un gaspillage d'énergie et rien de plus.

Dramatiser de la sorte revient simplement à se créer des soucis inutiles; c'est affaiblir la nature mentale et émotionnelle. La seule manière d'en perdre l'habitude est de vous placer en dehors de la scène et de noter si vous avez une action sur la première pensée de la série. Dans l'affirmative, rendez-vous en maître; dans le cas contraire, inutile de penser à l'événement avant qu'il n'arrive et, après tout, il n'arrivera peut-être jamais. Permettre à votre mental de s'absorber dans la possibilité d'événements futurs ne sert de rien. Inutile aussi de le laisser revenir sans cesse sur des faits accomplis; comme vous ne pouvez rien changer au passé, il est évidemment vain de s'en affliger.

Beaucoup de braves gens empoisonnent leur existence en pensant toujours au passé et se disent: « Si j'avais, ou si je n'avais pas fait telle ou telle chose, je n'aurais jamais éprouvé cet ennui. » Admettons que ce soit vrai; la chose est faite : aucune pensée n'y changera rien. Insomnie la nuit, soucis toute la journée, à propos du passé ou d'éventualités futures. Cette action mentale ressemble à l'emballement d'une machine ou bien du cœur physique, quand la résistance normale vient à faiblir, et cela fait beaucoup plus de mal à la machine et au cœur que le travail. Reconnaissez la futilité, la nocivité positive d'un pareil emballement du mental; vous y mettrez bon ordre et vous apprendrez plutôt à exercer utilement votre énergie. C'est une pure bêtise à laquelle on arrive. Presque tout le monde la commet, mais on a tort, et l'aspirant disciple doit tout simplement s'en abstenir.

C. W. L. — De toutes les difficultés mentales, les préoccupations sont pires, elles empêchent absolument tout progrès réel; lorsqu'elles vous possèdent elle rendent impossible l'état mental exigé par la méditation. Les uns se préoccupent du passé, les autres de l'avenir; se délivrent-ils d'un souci, ils le remplaceront par un autre; ainsi jamais ils ne sont calmes; pour eux aucun espoir de pouvoir méditer avec le moindre succès.

Le meilleur remède est de remplacer la préoccupation par une pensée donnée au Maître, mais il faut pour cela une énergie peu commune. Vouloir subitement imposer le calme à un corps astral ou mental ainsi agité, c'est essayer pendant une tempête d'aplatir les vagues sous la pression d'une planche. Souvent, le moyen le plus efficace est de se lever et de se livrer à une occupation physique, sarclage du jardin ou promenade à bicyclette. Aucune accalmie permanente ne peut se produire avant que les véhicules n'aient repris leur rythme commun; ceci obtenu, il redevient possible d'entreprendre avec quelque chance de succès ces autres exercices.

Souvent les gens se préoccupent de leurs propres défauts. Chacun a de temps en temps à constater des fautes et des défaillances : il vaudrait mieux ne pas le faire. Mais comment s'y attendre encore? Si nous n'avions à constater ni fautes, ni défaillances, nous serions tous des Adeptes. Négliger ces faiblesses et penser qu'elles importent peu est naturellement répréhensible, mais il l'est tout autant de s'en préoccuper inutilement. En proie aux préoccupations le mental tourbillonne, affolé, pour rien. Si vous vous êtes trouvés à bord d'un navire par un gros temps, vous vous rappelez que parfois l'hélice sort de l'eau et s'affole; or, c'est, en mécanique, un fait que cet emballement cause beaucoup plus de mal à la machine qu'un travail régulier prolongé. Il en est exactement de même pour la préoccupation.

Des crises périodiques se produisent dans notre Société; j'en ai vu un certain nombre. Je me rappelle très bien l'agitation causée en 1884 par l'affaire Coulomb; de nombreux

théosophes en furent extrêmement troublés et préoccupés —
allant parfois jusqu'à perdre toute leur foi dans la Théosophie, car ils supposaient qu'ils avaient été joués par Mme Blavatsky. En réalité, cette supposition était étrangère à la question. Notre foi dans la Théosophie n'est point basée sur les
déclarations de Mme Blavatsky ni d'aucune autre personne,
mais bien sur ce fait que la Théosophie est un système parfait et satisfaisant qui nous a été donné, et qui serait
demeuré vrai, même si Mme Blavatsky avait commis des
supercheries — ce qui naturellement n'était pas le cas. Une
croyance basée sur des considérations personnelles n'est
guère solide, mais si notre croyance a pour fondements des
principes que nous puissions comprendre, elle restera inébranlable, même si un chef investi de notre confiance venait
à nous manquer.

Le Maître enseigne que l'homme doit considérer
comme n'ayant aucune importance ce qui lui vient de
l'extérieur : tristesses, difficultés, maladies, pertes; il
faut envisager toutes ces choses comme n'étant rien, et
ne pas leur permettre d'affecter le calme du mental.
Elles sont le résultat d'actions antérieures et doivent
être supportées joyeusement quand elles surviennent,
car il faut te souvenir que tout mal est transitoire et que
tu as le devoir de toujours rester joyeux et serein. Ces
choses appartiennent à tes vies passées, non point à
celle-ci; tu n'y peux rien changer, il est donc inutile de
t'en préoccuper.

A. B. — Ici le Maître donne, pour éviter les préoccupations, une raison que bien des lecteurs ne comprendront
pas — du moins je le crains. Ce qui vient de l'extérieur,
dit-Il, n'a aucune importance. Les choses qui nous arrivent
ainsi échappent tout à fait à notre influence car nous en
avons été jadis les auteurs; elles sont notre Karma.
Cela ne veut pas dire, pourtant, que nous ne puissions
rien faire; au contraire, nous pouvons faire beaucoup; nous
pouvons accueillir les événements de la bonne manière et
ainsi modifier énormément leur effet sur nous. C'est comme
si nous transformions un coup direct, assez violent pour
nous renverser, en un coup rasant, dont l'importance est

bien moindre. Il ne s'agit que de changer l'angle sous lequel vous recevez le coup. Si à chaque affliction qui survient, vous vous dites : « Ce n'est qu'une dette à payer ; il est bon de s'en débarrasser », l'affliction ne vous pèsera plus beaucoup. Un homme qui comprend l'existence restera calme et heureux au milieu des difficultés ; un autre qui ne la comprend pas peut se laisser accabler par des soucis qui sont en bonne partie imaginaires.

Vous pouvez constater vous-mêmes, quand vous souffrez physiquement, à quel point le souci et la souffrance que vous éprouvez sont dus au mental ; en vous tenant à l'écart de tout cela, pour ainsi dire, vous verrez que la souffrance diminue beaucoup. Il est possible de s'en rendre compte autrement, en étudiant les animaux. Un animal qui s'est cassé la jambe broute tout tranquillement, en traînant son membre blessé. Un homme ne le pourrait pas, mais un cheval en est capable ; or, le cheval, nous disent les physiologistes, possède un système nerveux plus délicat même que celui de l'homme ; ses nerfs sont donc plus sensibles à la souffrance que les nerfs humains. Comprenez-moi bien et ne me faites pas dire que les animaux ne souffrent pas, ou que leurs souffrances n'ont pas d'importance. C'est tout le contraire. Seulement, l'homme intensifie ses propres souffrances et les prolonge, à cause de la manière dont il fixe son mental sur elles.

En apprenant à dominer les effets produits par la douleur sur votre corps astral, vous saurez atténuer grandement la douleur elle-même. Les personnes qui s'intitulent scientistes chrétiens calment beaucoup la douleur en supprimant l'action mentale qui, en général, s'y mêle et l'augmente. Je le sais par expérience : quand j'étais obligée de faire une conférence malgré de vives souffrances physiques, j'arrivais à ne plus les sentir aussi longtemps que je parlais. Pourquoi ? Tout simplement parce que mon mental était entièrement absorbé par ma conférence. Si vous pouviez complètement détourner votre attention du corps physique, comme vous êtes obligés de le faire pendant une conférence, tout mal physique dont vous souffriez jusque-là disparaîtrait en grande partie. En étant complètement maître du mental on peut y parvenir et laisser les impressions extérieures n'affecter que le corps extérieur. C'est ce qui arrive fréquemment sous l'action d'un stimulant assez énergique. Sur le champ de bataille, il arrive au soldat de ne pas sentir sa blessure avant l'apaisement qui succède au combat, et sans doute certains martyrs religieux n'ont-ils pas senti les flammes dont ils étaient entourés, grâce à l'extase que leur donnait le sentiment de souffrir pour leur Seigneur. De même, s'il arrive un accident à un enfant, sa mère, oubliant toutes les souffrances qu'elle pourrait elle-même subir, se jette en avant pour le sauver et l'assister.

Il est possible, même sans stimulant, d'acquérir ce genre de maîtrise; on parvient alors à neutraliser dans une large mesure toute souffrance des corps astral et mental. Je ne dis pas que ce soit facile, mais c'est praticable. Personnellement, je ne crois pas qu'il vaille la peine d'employer beaucoup d'énergie ou de faire un effort très spécial pour obtenir un résultat aussi insignifiant que la cessation d'une simple douleur physique. Au lieu d'appliquer le mental au service du corps, comme on le fait en général, mieux vaut l'en détourner et l'occuper utilement. Si vous prenez à l'égard de la vie l'attitude qu'il faut, vous verrez que ces choses extérieures importent peu et vous ne leur permettrez d'affecter que l'extérieur de vous-mêmes; il faut en prendre son parti; la mesure de leur valeur est donnée par la force qu'elles vous permettent d'acquérir. Les envisager ainsi donne un grand repos d'esprit.

Tout mal est transitoire. Vous vous en rendrez compte en regardant le cycle, plus grand, de votre existence, et en examinant votre passé, pas en détail car les détails sont inutiles, mais sa direction générale, sa tendance. Lorsque l'on note combien de fois déjà il a fallu subir ces choses affligeantes et troublantes — amis enlevés par la mort, maladies, pertes, peines de tout genre — elles s'atténuent et se rapprochent de leur véritable insignifiance relative. Il est important de tenter cet effort parce que le présent s'impose tellement que, par ses menues inquiétudes, il nous cache les connaissances plus profondes. En comprenant votre passé lointain, vous deviendrez plus forts et alors, si l'adversité vous atteint, vous penserez : « Pourquoi m'en émouvoir? Elle passera! »

Je suis sûre que mon genre de vie actuel me serait impossible si je ne repoussais toute préoccupation et ne résistais aux circonstances. Les ennuis de tout genre abondent journellement et si je me laissais influencer, je n'aurais pas huit jours à vivre. Dans le passé, j'ai participé à de nombreux mouvements ressemblant à celui qui m'occupe aujourd'hui; j'ai remarqué que l'agitation les accompagnait toujours. Il vaut mieux ne pas anticiper sur les peines mais s'en occuper quand elles surviennent, puis les mettre de côté et tout oublier.

Votre devoir, dit le Maître, est de rester toujours joyeux et serein. Nous avons un jour été avertis qu'il ne fallait pas jeter de scories dans le creuset du disciple. Ce mal, ce danger existe au plus haut point en un lieu comme Adyar, où toute scorie — toute espèce de peine, de soupçon, d'anxiété, de doute et ainsi de suite — acquiert une force très supérieure à celle de la personne qui en est l'auteur. S'il arrive parfois que vous ne puissiez immédiatement rejeter la dépression, la contrariété ou tout autre sentiment indésirable, du moins gardez-les pour vous. Ne leur permettez pas de se répandre, d'infecter l'atmosphère et de rendre plus difficile la vie d'autrui. Après avoir pratiqué cette discipline, vous vous reporterez avec surprise à votre condition ancienne, en vous demandant comment des riens de ce genre ont jamais pu vous troubler autant.

C. W. L. — L'homme instruit demeure calme et heureux, même entouré de ce que d'autres personnes appelleraient de très sérieux ennuis. L'homme ignorant succombe très souvent à l'adversité, à cause de la façon dont il l'accueille. Que d'imagination au fond de nos souffrances! Ce que le Karma nous fait réellement payer est souvent peu de chose, mais par leur propre faute les hommes doublent fréquemment la souffrance nécessaire ou même la multiplient par dix. Il est injuste de mettre cela sur le compte du Karma ancien; non, c'est le Karma de la sottise actuellement commise — ce que Mr. Sinnett appelait « le Karma payé comptant ».

Notre compte débiteur ne peut être modifié. Le Karma qui nous vient exige de nous un certain degré de souffrance, mais si cette souffrance peut être intensifiée, elle peut aussi être atténuée. Par un effort nous pouvons mettre en jeu une force nouvelle et transformer ce qui serait l'effet d'un coup direct en celui d'un coup rasant, suivant l'expression de notre Présidente, si bien que nous le sentons bien moins. Chaque effort de ce genre signifie l'intervention d'un facteur nouveau; donc, aucune injustice, aucune intervention dans l'action karmique. L'énergie qui eût été dépensée autrement sert maintenant à modifier le coup.

Tout mal est nécessairement transitoire. Un roi de Perse prit pour devise : « Même ceci passera ». Cette devise est excellente car elle s'applique au plaisir comme à la souffrance, à la bonne comme à la mauvaise fortune, quelle que soit celle qui sur le moment domine dans notre vie. Les seules choses qui ne passent pas sont le progrès véritable et la joie qui vient du cœur; celles-là demeurent à jamais. Quelle que soit notre souffrance présente, elle n'aura qu'un temps; nous avons déjà souffert dans d'autres vies et traversé l'épreuve. Bien comprendre cela est d'un très grand secours. Des choses qui nous troublaient beaucoup dans notre jeunesse ont perdu aujourd'hui toute importance. Nous nous disons : « Vraiment, ces choses n'avaient aucune importance; comment ai-je pu m'en faire tant de souci? » Le sage s'instruit en regardant en arrière; il dit : « Et ces autres choses qui me préoccupent maintenant, elles importent sûrement aussi peu que les anciennes ». Bien entendu, seulement il faut un sage pour en arriver à cette conclusion.

Songe plutôt aux actes du présent qui préparent les événements de ta vie prochaine, car ceux-là, tu *peux* les changer.

C. W. L. — Votre vie prochaine dépendra dans une grande mesure du Karma généré dans votre vie présente. Mais il y a plus : l'Instructeur Mondial va bientôt paraître; les événements se précipitent; l'énergie répandue est formidable et comme ces influences jouent autour de nous jusqu'à un certain point, nous qui essayons de nous préparer à Son avènement, nous pouvons modifier non seulement notre vie prochaine, mais encore les jours qui nous restent à vivre.

Le Karma de l'élève qui se livre à ce travail est plus intense que celui de la majorité des hommes. L'homme du monde fait et peut faire probablement beaucoup de choses sans en souffrir du tout; mais ces mêmes actes commis par les personnes qui approchent du Sentier auraient les plus sérieux inconvénients. S'agit-il d'un disciple, tout ce qui lui arrive arrive à son Maître qui a fait de Son disciple une partie de Lui-même. « Nul de nous ne vit pour soi-même et nul ne meurt pour soi-même » (1). Cela est vrai pour chacun, mais ceux qui veulent servir les Grands Maîtres doivent être doublement prudents. Tout ce qui, en occultisme, rend plus difficile la tâche d'un condisciple, a de graves conséquences karmiques.

Ne te laisse jamais aller à la tristesse, ni au découragement. Le découragement est mauvais parce qu'ils contamine les autres et leur rend la vie plus difficile, ce que tu n'as pas le droit de faire. Il faut donc le repousser loin de toi chaque fois que tu le sens venir.

C. W. L. — Tout lecteur sérieusement déprimé secouera probablement la tête en disant : « Ce serait un excellent conseil s'il était possible de le suivre. » Mais, comme je l'ai déjà indiqué, une pensée donnée à l'effet produit sur autrui par la dépression donne la force de la surmonter quand aucun autre moyen n'existe. La dépression est une faute parce qu'elle affecte nos condisciples et d'autres personnes et rend leur tâche plus difficile. Ne peut nous affecter que ce qui provient de nous-mêmes, de nos propres vies passées, selon notre propre Karma; en conséquence, il faut se garder avec très grand soin de ne léser personne. Un tel passe pour avoir fait quelque chose de peu honorable, dites-vous ceci : « Je n'en parlerai pas; je ne ferai, ni ne dirai rien qui puisse accroître les difficultés de personne. » Nous pouvons aussi refuser de servir d'instrument au mauvais Karma d'autrui. Si un homme en lèse ou en offense un autre, il est, certainement, l'instrument de son Karma et rien de plus, mais c'est un rôle des moins généreux. Nous devrions être les instruments du bon Karma, en aidant les autres et en leur apportant bénédictions et bienfaits; le mauvais Karma devra trouver d'autres canaux au lieu d'emprunter les nôtres.

Il faut dominer ta pensée d'une autre façon encore : ne lui permets pas d'être flottante. Quelque chose que

____

(1) *Rom.* XIV, 7 (N. du T.).

tu fasses, il faut y fixer ton esprit pour la faire en perfection.

C. W. L. — Il devrait être bien simple de fixer notre pensée sur notre occupation présente et de nous en acquitter parfaitement. Si, par exemple, nous écrivons une lettre, nous pouvons nous concentrer sur elle et faire en sorte qu'elle soit bien la lettre d'un occultiste. L'homme ordinaire écrit ses lettres avec assez peu de soin et de précision; il dit ce qu'il faut sans s'appliquer spécialement à le faire bien. L'idée que les petites choses ordinaires de ce genre doivent être bien exécutées semble nouvelle à certaines personnes. Je reçois beaucoup de lettres et je dois dire que beaucoup ne sont pas telles que je les enverrais moi-même. L'expression en est fréquemment défectueuse et l'écriture souvent si mauvaise qu'elles me font perdre baucoup de temps.

Ce manque de soin prend une grande importance pour les occultistes ou pour ceux qui veulent le devenir. Une lettre d'occultiste doit se distinguer par la justesse des expressions; elle doit être bien écrite ou dactylographiée, suivant le cas; elle doit avoir bonne apparence et faire plaisir au destinataire. Quoi que nous fassions, c'est notre devoir absolu de le faire honorablement. Je ne veux pas dire que l'on ait toujours le temps d'écrire comme un graveur ou de faire de toute lettre une œuvre d'art parfaite; de nos jours, ce n'est plus possible; mais en dehors même de l'occultisme, quand ce ne serait que par courtoisie envers un correspondant, l'écriture devrait être nette et lisible. Si vous écrivez précipitamment et mal pour gagner un peu de temps, souvenez-vous que, par votre faute, le destinataire en perd quatre fois plus. Nous n'en avons pas le droit.

Chaque lettre par nous adressée devrait être un messager — un messager du Maître; fût-ce une lettre d'affaires ou sur un sujet ordinaire quelconque, elle doit être remplie de bons sentiments. Pour cela, un instant suffit : en écrivant, une grande bienveillance devrait occuper notre mental; elle imprégnera la lettre sans que nous ayons rien à faire de plus, mais au moment de la signer, nous devrions prendre le temps d'y faire passer un courant de bons sentiments. Ecrivez-vous à un ami, répandez, dans la lettre, votre affection, afin qu'en l'ouvrant il reçoive un flot d'affection fraternelle ; est-ce à un frère théosophe, mettez-y une pensée concernant des questions plus hautes, concernant aussi le Maître, afin qu'elle rappelle au destinataire la pensée supérieure que toujours désirent chérir les Théosophes. En écrivant à une personne qui manque, nous le savons, d'une qualité particulière, déversons dans notre lettre cette qualité, saisissant l'occasion de donner ce qui lui fait défaut. Veillons donc à ce que toute lettre soit bien écrite et aussi à ce qu'elle ait une âme.

Le même service peut être rendu en nous trouvant directement en rapport avec autrui. Certains d'entre nous rencontrent beaucoup de gens pendant la journée ; il faut leur parler, quelquefois leur serrer la main ; nous pouvons profiter de ce contact physique direct pour y faire passer un courant de vitalité ou de force nerveuse, d'affection ou de pensées élevées, enfin de ce qui nous semble nécessaire. Il ne faut jamais échanger une poignée de main sans exercer une action de ce genre : c'est une occasion. Si nous aspirons à devenir disciples des Maîtres, nous devons chercher de semblables occasions de servir. Un homme qui, d'une manière ou d'une autre, n'est pas utile à son prochain, ne sera pas accepté de si tôt. Est-ce faire une injustice à l'homme moyen que de résumer en ces termes l'idée qui le détermine à faire une connaissance nouvelle : « Quel avantage me vaudra-t-elle ? » Peut-être aucun gain pécuniaire ; peut-être de l'amusement ou des avantages sociaux ; mais en tout cas, l'idée de gain est présente. Notre attitude doit être diamétralement opposée : « Voici une occasion nouvelle, que puis-je donner ? » Suis-je présenté à un étranger, je l'examine et lui adresse telle ou telle bonne pensée ; elle s'attachera à lui et pénétrera, quand le temps en sera venu. Les élèves des Maîtres font cela en circulant à pied, en tramway ou en bac ; ils sont à l'affût des cas où une bonne pensée est nécessaire et ils la donnent — cent fois peut-être au cours d'une seule matinée ou d'une seule après-midi.

Une salutation doit être une réalité, pas une simple formule. Les salutations prononçant le nom de Dieu et invoquant Sa bénédiction, habituelles par exemple chez les Mahométans, ne sont parfois échangées que par bienséance, mais parfois aussi elles sont l'expression de vœux cordiaux et l'idée de Dieu les accompagne vraiment. Nous disons: « Good-bye » (Adieu). Peu de personnes se doutent que c'est une contraction de « God be with you » (Que Dieu soit avec vous); il faut le savoir et prononcer ces mots avec intention. Ces choses peuvent sembler futiles, mais des menues circonstances de la vie quotidienne dépend toute la différence. Elles sont une preuve de caractère et elles forment le caractère et si, chaque jour, nous faisons ces petites choses avec soin et attention, nous développerons bientôt en nous un caractère soigneux, maître de soi, précis, en toute circonstance, grande ou petite. On ne peut posséder un caractère qui soit à la fois soigneux pour les grandes choses et négligent pour les petites. Dans ce cas, il est inévitable que nous oublierons quelquefois et que nous serons négligents alors qu'il faudrait le contraire, mais il faut apprendre à être tout à fait soigneux. Et puis, beaucoup de petites choses réunies finissent par en former une grande, et avec un peu de pratique, on arrive à donner non pas une faible mais une puissante assistance par le contact de la main ou la rédaction d'une lettre.

Le Maître dit: « Quelque chose que tu fasses, il faut y fixer ton esprit pour la faire en la perfection. » Ceci s'applique non seulement à ce que nous faisons pour nous délasser, comme la lecture de romans ou de revues. Le meilleur genre de repos, en dehors du repos systématique et du sommeil, est, en général, un exercice quelconque mais différent; ainsi, en faisant une lecture amusante ou délassante, le mental doit rester notre serviteur; nous ne devons pas en être esclaves. Lisez-vous un roman, soumettez-le à votre mental et tâchez de le comprendre pour arriver à découvrir l'intention de l'auteur. Les gens lisent souvent d'une manière si vague qu'en arrivant à la fin de l'histoire, ils en ont oublié le commencement; leur impression est restée si flottante qu'ils ne pourraient résumer l'intrigue ni vous dire ce qu'elle doit nous apprendre. Mais si, en lisant pour notre plaisir ou notre récréation, nous voulons exercer notre mental, il faut le faire bien. Il en est de même si nous nous reposons. Il existe à l'heure présente, dans ce monde, des millions de personnes qui ne savent pas s'étendre et se reposer comme il faut; elles n'ont pas appris que dix minutes de détente valent deux heures de position horizontale pendant lesquelles on reste tendu et contracté. Un tranquille contrôle du mental est nécessaire même pour bien se reposer. On s'y habitue, comme à tout; en s'y exerçant, on s'aperçoit bientôt que l'on ne peut plus faire les choses à moitié, comme autrefois. Se repose-t-on, il faut se reposer à fond.

Que ton mental ne reste pas oisif; aie toujours en réserve de bonnes pensées, prêtes à s'avancer au moment où il est inoccupé.

A. B. — Ceci devrait être très facile pour l'Hindou ordinaire, car dès l'enfance il a appris à répéter de belles sentences dans ses moments inoccupés : aux Indes, c'est l'habitude, même des gens sans aucune éducation. Vous entendez souvent un ouvrier qui a fini son travail répéter tout à coup et longtemps : « Râm, Râm, Râm, Sitaram, Sitaram, Sitaram » — simplement le mot sacré et rien de plus. Certains trouveront cela insensé, mais ils se trompent; cette formule produit sur le récitant un effet très réel; elle fixe son mental inoccupé sur une pensée apaisante et édifiante. Cela vaut infiniment mieux que de permettre à notre mental d'errer à sa guise, de s'occuper sans doute des affaires de nos voisins, ce qui conduit à la médisance et aux maux insoupçonnés dont elle est la cause. Bien entendu, si vous pouvez maîtriser votre mental sans répéter une formule, ce n'en est que mieux; mais beaucoup de gens ne font ni l'un, ni l'autre.

Il est utile et bien des religions le conseillent, de choisir le matin une phrase que l'on apprend par cœur; pendant la journée, elle revient spontanément à la mémoire et chasse d'autres pensées moins relevées dans les moments où le mental est inoccupé. Vous pouvez emprunter une phrase ou locution à un bon livre quelconque; en la répétant plusieurs fois et avec application le matin (peut-être en vous habillant), elle vous reviendra d'elle-même pendant la journée. On s'explique la facilité avec laquelle le mental se livre à cette répétition automatique, en se rappelant qu'un morceau de musique ou un air contagieux s'imprime dans le mental, s'en empare et se fait indéfiniment répéter par lui. Depuis bien des années, j'ai gardé la pensée des Maîtres à l'arrière-plan de mon mental; elle y est toujours maintenant; aussi, dès que mon mental se trouve libéré d'un travail, elle se reporte de nouveau sur Eux.

C. W. L. — Des pensées ayant pour objet le Maître doivent toujours occuper l'arrière-plan de notre mental; alors elles se présentent dans les moments où celui-ci n'est pas autrement occupé. En lisant, en écrivant une lettre ou en nous livrant à quelque travail physique, nous ne dirigeons pas nécessairement vers le Maître des pensées actives, mais en commençant, nous avons pris la résolution suivante : « Je ferai cela bien, pour l'amour du Maître. » Dès lors, nous pensons à notre tâche et point à Lui; mais dès que la tâche a pris fin, la pensée du Maître reparaît au premier plan du mental. Non seulement une pensée de ce genre nous garantit que le mental sera bien occupé, mais encore elle rend sur d'autres sujets, notre pensée plus nette et plus forte qu'elle ne l'eût été autrement.

Parfois l'on s'exerce à répéter les noms de Dieu, afin de donner au mental un arrière-plan de ce genre. Dans l'Inde, vous verrez souvent des gens qui attendent un train ou marchent sur une route, se parler à eux-mêmes; quelquefois, vous les entendez répéter longtemps un nom sacré. Critique spéciale toujours portée par les missionnaires contre les « païens » : « Ils s'adonnent aux vaines répétitions. » Le Mahométan va et vient en récitant des passages sacrés; toujours il a sur les lèvres le nom d'Allah. Peut-être ne pense-t-il pas toujours beaucoup à Lui, mais souvent la récitation n'est pas sans effet. Un homme peut, il est vrai, prononcer ces phrases par habitude et sans y penser; un Chrétien peut réciter ses prières et pendant ce temps laisser ses pensées vagabonder ailleurs. Un prêtre même peut observer ses heures d'oraison sans fixer beaucoup son attention, parce qu'il sait toutes ces prières par cœur; il peut dire ses « Ave Maria » et ses « Pater noster » sans donner une pensée à Notre Dame, ni à notre Père qui est aux cieux. Dans toutes les religions, on peut être formaliste et ne garder que la coque, après avoir perdu à peu près tout l'esprit qu'elle renfermait; mais cela n'arrive pas dans l'Hindouisme et dans le Bouddhisme plus souvent que dans le Christianisme — j'inclinerais même à dire beaucoup moins. C'est un fait que la répétition de noms comme « Râma, Râma, Râma », contribue vraiment à fixer la pensée de Dieu dans le mental, elle produit donc assurément un effet salutaire. Si nous pouvons penser au Maître avec la même facilité et avec le même succès sans avoir à répéter Son nom, c'est mieux encore; mais la répétition physique est infiniment préférable à l'absence d'intention.

Il existe dans le corps mental une certaine vitesse vibratoire appropriée à ces sentiments dévotionnels; avec le temps, cette vitesse devient habituelle; par suite la dévotion se développe et devient une partie du caractère. Cette habitude sert aussi à exclure les mauvaises pensées. Si le mental est vacant, toute pensée passant à proximité peut y pénétrer et l'influencer. Or il y a plus de chances pour qu'elle soit mauvaise ou en tout cas inutile que profitable; elle provient du nombre immense de pensées qui flottent autour de nous et qui représentent le niveau moyen du pays; mais nous visons un but supérieur. Nous voulons arriver à élever notre frère moyen et nous en sommes incapables avant d'avoir nous-mêmes atteint un niveau supérieur.

Emploie journellement ton énergie mentale à de bons desseins; sois une force orientée vers l'évolution.

C. W. L. — Nous avons été élevés dans l'idée un peu enfantine que la seule chose nécessaire est d'être bon; mais il ne suffit pas d'être pieux et de s'abstenir des actions mauvaises; il faut avancer, il faut *employer* notre vertu et notre piété. Pourquoi sommes-nous sur la terre? Pourquoi l'encombrer de notre présence si nous ne savons rien faire? Rester assis en étant sages (cela vaut mieux évidemment que de rester assis en étant méchants!) est un état purement négatif. Nous sommes ici pour servir de canaux à la Force divine. Nous — la Monade — sommes issus de Dieu, il y a longtemps, comme une resplendissante étincelle de Feu divin. En vérité, comme le dit *la Doctrine Secrète:* « L'étincelle brûle faiblement » — souvent à peine — mais il faut la rallumer par la ferveur de notre enthousiasme, par la foi et par l'amour, et de cette étincelle faire une flamme vivante qui réchauffera les autres hommes.

Pense chaque jour à une personne que tu sais en proie au chagrin, ou à la souffrance, ou ayant besoin d'aide et répands sur elle des pensées d'amour.

C. W. L. — La force de la pensée est une chose aussi réelle, aussi positive que de l'argent, ou que de l'eau versée d'une cruche dans un verre. Si nous dirigeons un courant de cette force vers une personne quelconque, nous pouvons être absolument certains qu'il l'atteindra, que nous le voyions ou pas. Nous connaissons à peu près tous une personne plongée dans la tristesse ou dans la souffrance et qui trouverait un grand réconfort dans un courant de pensée envoyé par nous. En admettant même que, sur le moment, nous n'ayons pas connaissance d'un cas semblable, il nous est possible d'envoyer notre pensée d'une manière plus générale; elle saura trouver parmi tous ceux qui sont dans la peine, une personne à secourir.

Si vous connaissez quelqu'un qui soit (comme le Dr Besant, par exemple) en rapport avec un grand nombre de personnes affligées ou ayant besoin d'aide, vous pouvez lui envoyer des pensées de dévotion et de force, pour augmenter un peu les forces d'assistance dont elle dispose. Il en est ainsi des Maîtres. Une pensée de dévotion dirigée vers Eux reçoit en réponse la pensée du Maître, c'est-à-dire une bénédiction. En outre, le réservoir d'énergie du Maître se trouve légèrement accru et le Maître fait servir notre pensée au bien d'autrui.

A. B. — Je dois dire qu'avant d'avoir lu ces lignes il ne m'était pas venu à l'idée de répandre l'assistance mentale d'une façon aussi méthodique et aussi régulière. Certainement, c'est une très bonne chose. Faites choix, le matin, d'une personne que, pendant la journée, vous aiderez à vos moments inoccupés, car il y a malheureusement toujours des gens ayant besoin d'assistance. Ensuite, toutes les fois que votre mental se trouvera libre et au lieu d'en faire une sorte d'hôtellerie ouverte à tout venant, occupez-le à diriger vers la personne choisie des pensées de force, de réconfort, de bonheur ou de ce qui lui est le plus nécessaire. Cette pratique est supérieure d'un degré à la répétition d'une formule bienfaisante.

D'une façon ou d'une autre, vous devez fermer votre mental aux pensées indésirables, jusqu'au moment où il sera devenu assez fort pour ne plus avoir besoin d'auxiliaire. La pensée du Maître ne doit jamais quitter notre mental; elle est de celles qui peuvent toujours aider et n'empêche d'ailleurs aucune des activités mentales supérieures; sans exclure d'autres genres d'assistance, elle leur communique plus de force; au bout de quelque temps, elle remplira votre horizon mental et grâce à elle tout ce que vous ferez se trouvera mieux et plus énergiquement fait.

Garde ta pensée de l'orgueil, car l'orgueil vient toujours de l'ignorance.

C. W. L. — Il existe chez les étudiants en occultisme beaucoup d'orgueil subtil. Ils ne peuvent s'empêcher de constater qu'ils sont un peu mieux renseignés sur les conditions véritables de la vie que ne le sont les personnes dépourvues à cet égard de toute instruction. Il serait absurde de ne pas reconnaître le fait, mais il ne faut pas laisser naître en soi un certain mépris pour les gens ordinaires qui ne savent encore rien de ces questions. Sur ce point spécial, les étudiants en occultisme sont plus avancés que les gens ordinaires, mais il se peut fort bien qu'en d'autres matières l'homme ordinaire soit beaucoup plus avancé qu'eux. L'homme profondément versé par exemple en littérature, en science ou en art a donné à ses études beaucoup plus de temps et d'efforts que bon nombre d'entre nous aux études théosophiques; il faut lui rendre justice pour le travail accompli et pour les efforts désintéressés qu'il s'est imposés. Ce qui caractérise le sage n'est pas le mépris du travail d'autrui, mais la constatation que tous les hommes progressent.

Beaucoup de gens entretiennent ce qui s'appelle une bonne opinion d'eux-mêmes; ils aiment à supposer qu'ils ont toujours raison, qu'ils sont excellents et ainsi de suite. Seulement les points qu'ils admirent en eux-mêmes ne sont pas du tout de nature à recevoir l'approbation de l'ego. Toute qualité déjà développée dans l'ego est pure. Est-ce l'affection? Elle ne présente aucune trace de jalousie, d'envie ou d'égoïsme, c'est un miroir de l'amour divin, dans la limite où il peut, à son propre niveau, le réfléter. Quelquefois, nous nous félicitons de nos progrès assez rapides et ressemblons ainsi à un petit enfant de quatre ans fier des siens; chez l'enfant, vu son âge, c'est légitime; chez l'homme de vingt et un ans, c'est différent. L'intelligence, la dévotion, l'affection, la sympathie sont encore peu développées en nous en comparaison de ce qu'elles seront un jour. C'est pourquoi, au lieu de nous arrêter, très satisfaits de nous-mêmes, avançons toujours et tâchons d'augmenter le nombre de nos qualités.

Pour ce travail, la méditation est d'un grand secours. Une personne qui s'applique sérieusement à développer l'affection, en fait l'objet de sa méditation et s'efforce de l'éprouver, constatera avec étonnement l'énergie d'une qualité évoquée par elle depuis si peu de temps.

L'orgueil, dit le Maître, vient toujours de l'ignorance. Plus un homme est instruit et moins il est porté à l'orgueil, car il est d'autant plus à même de s'apercevoir de son ignorance. Ceci est tout particulièrement vrai s'il a eu la bonne fortune d'entrer en relation avec nos grands Maîtres. Cet homme-là n'éprouvera plus jamais d'orgueil, même si ces relations existent, car toutes les fois qu'il se jugera capable d'un travail quelconque ou possesseur d'une qualité particulière, cette idée lui viendra inévitablement : « Mais j'ai vu cette qualité en mon Maître et la mienne n'est rien auprès d'elle. »

Chez les Maîtres, les vertus sont si magnifiquement développées, qu'il suffit de connaître l'un d'Eux pour être radicalement et instantanément guéri de tout ce qui ressemble à de l'orgueil. Cependant, le découragement ne vient jamais du Maître. Dans la vie ordinaire vous vous croyez apte à quelques petites tâches mais, si vous êtes mis en présence d'un expert dans cet ordre d'idées, vous vous rendez tout de suite compte de votre quasi nullité en comparaison de l'expérience de cet homme éminent; enfin, vous vous sentez humilié et découragé. Mais ce n'est pas le sentiment éprouvé en présence du Maître: vous avez réalisé vivement votre incompétence et votre insignifiance personnelles, mais en même temps et auprès de Lui, vous réalisez vos propres facultés virtuelles. Au lieu de sentir qu'il y a là un abîme à jamais infranchissable, vous vous dites : « Je puis faire ceci; je vais m'appliquer à imiter cela; tel est l'encouragement toujours donné par la présence du Maître. On éprouve alors beaucoup ce que disait l'apôtre : « Je puis tout par Christ qui me fortifie » (1). Grâce à la force du Maître on se dit sur le moment : « Jamais plus je ne serai déprimé; jamais plus je n'éprouverai de regrets; jamais plus je ne céderai

____

(1) *Philippiens*, IV, 13.

à l'irritabilité, faute ridicule que j'ai commise hier. En regardant en arrière, je constate que certaines choses me causaient du souci. C'est absurde. Quoi qu'il arrive, pourquoi me tracasser? » Plus tard, ne nous trouvant plus sous le rayonnement direct de cette influence divine, il se peut que nous retombions, oubliant qu'elle nous atteint tout aussi bien quand les rayons ne sont ni visibles, ni directs et que, si nous le voulons, nous pouvons toujours vivre dans l'aura du Maître.

L'homme qui n'a pas la connaissance s'imagine qu'il est grand, qu'il est l'auteur de telle grande action; l'homme sage sait que Dieu seul est grand et que toute bonne œuvre est l'œuvre de Dieu seul.

A. B. — Ici se place une importante leçon donnée par la *Gita:* nous sommes tous les agents de la volonté unique. Tout travail est accompli par l'ensemble et non par les parties et le plus qu'aucun de nous puisse faire est de devenir un organe utile à la disposition de l'unique et divine activité. Notre jactance est aussi absurde que le serait celle d'un de nos doigts. Devenez des organes sains de la volonté divine; vous verrez alors que l'Acteur unique se sert de vous parce que vous êtes d'un usage commode.

Nous voici revenus au point de départ. La compréhension du Moi, comme nous l'avons noté, abolit toute crainte; nous voyons maintenant qu'elle détruit tout orgueil. Voilà la grande vérité fondamentale. Il est bon de constater que ces multiples considérations nous ramènent toutes à l'unique vérité, à la Vie unique indistinctement présente dans tous les êtres.

C. W. L. — Dieu est en chacun; toute bonté, toute grandeur présente dans l'homme est la lumière immanente de Dieu brillant en lui. Tout ce que nous faisons, Il le fait par nous. Cela peut sembler étrange et, direz-vous, paraît détruire le sentiment de l'individualité; mais c'est seulement parce que notre cerveau physique est incapable de saisir notre relation véritable. Non sans raison, les Chrétiens du moyen âge disaient : « A Dieu soit la gloire ». Nous enorgueillir d'un acte quelconque, mais c'est comme si, en jouant du piano, l'un de nos doigts disait : « Comme j'ai bien attaqué cette note! C'est grâce à moi que cette mélodie a été si belle! » En réalité, tous les doigts ont fait leur office, ils ont tous agi non d'après leur volonté individuelle, mais comme instruments du cerveau. Tous nous sommes les doigts de Sa main, des manifestations de Sa puissance. Je sais très bien qu'il nous est à peu près impossible de bien le comprendre; mais plus nous développons la conscience supérieure, plus nous le sentons vivement et parfois, en méditant ou dans certains moments d'extrême exaltation, nous touchons un instant à cette unité.

CHAPITRE XIX

LA MAITRISE DE SOI DANS L'ACTION

2. *La Maîtrise de soi dans l'action.* — Quand ta pensée sera ce qu'elle doit être, tu agiras sans difficulté.

A. B. — Cette sentence insiste sur un fait connu de tout étudiant en occultisme : la pensée importe plus que l'action; cette idée est diamétralement opposée à l'opinion ordinaire; elle est vraie pourtant, car la pensée précède toujours l'action. Il peut se présenter des cas d'action dite spontanée, mais cela signifie simplement que pour découvrir la pensée génératrice il faut remonter dans le passé, peut-être même à une vie antérieure.

La force de la pensée sur un sujet quelconque s'est-elle accumulée dans le mental et une occasion se présente-t-elle pour exprimer ce genre particulier de pensée, elle détermine inévitablement l'action. Toute pensée tendant vers un but donné représente une force d'impulsion accrue, jusqu'au moment enfin où l'énergie accumulée vous fait passer à l'action, dans cette même direction. L'Hindou distingue avec raison trois parties dans l'action ou Karma — la pensée, le désir et l'acte. C'est la vérité; il peut donc se présenter dans toute existence un acte non prémédité en ce qui concerne le passé immédiat, un acte commis sous l'impulsion du moment. Dans ce genre de cas, la pensée ayant abouti, l'acte, terme ultime de l'action totale, suit forcément, puisque l'acte est, dans la direction donnée, l'impulsion qui logiquement lui succède. Il peut donc arriver ceci : ayant, dans un ordre de pensée quelconque, épuisé votre faculté de sélection, ayant même exercé complètement votre faculté de contrôle, votre pensée, dès la première occasion, se manifestera comme action; elle peut longtemps demeurer latente si l'occasion de se manifester lui manque, mais dès que les circonstances le permettent, l'action s'accomplira.

D'où la grande importance de comprendre l'activité mentale. Surveillez votre pensée, conduisez-la dans de bonnes directions car vous ne savez quand viendra le moment où votre pensée prendra corps dans l'action. C'est une des raisons pour lesquelles tous les grands Instructeurs de l'humanité ont insisté sur l'importance de la pensée; dans ce livre, elle est de nouveau rappelée à l'étudiant. Il est peut-être bon ici de répéter que manas, le mental, est lui-même activité. La Monade présente trois aspects, la volonté, la sagesse et l'activité qui s'incorporent dans atma, buddhi et manas. Ici est reconnu le fait que la pensée s'incorpore dans l'action.

C. W. L. — Dire que la pensée précède l'action est un truisme. Il y a des cas où nous agissons, comme on dit, sans réfléchir; notre action n'en est pas moins issue d'une pensée antérieure; nous avons sur certains sujets ou dans certaine direction des habitudes mentales et instinctivement nous leur conformons nos actes. Un homme agit, puis il s'explique : « Je n'ai pu m'en empêcher, je n'ai pas réfléchi ». Mais, en fait, il amène à son terme une pensée remontant peut-être à d'anciennes incarnations. Bien qu'en général un homme ne possède pas le même corps mental que dans sa dernière incarnation, il possède la même unité mentale, c'est-à-dire le noyau et jusqu'à un certain point une sorte d'abrégé de ce corps, et cette unité mentale emporte d'une vie à l'autre les impressions du type de pensée habituel à l'homme.

On l'a souvent fait remarquer : un homme ne peut emporter d'une vie à une autre, dans son corps causal, que ses bonnes qualités. Rien de plus vrai. Le corps causal est constitué par la matière la plus haute des sous-plans supérieurs du plan mental — les premier, deuxième et troisième — et à ces niveaux la matière ne peut répondre par ses vibrations à aucune des qualités inférieures ou moins désirables. Un homme ne peut donc littéralement assimiler que le bien; et c'est fort heureux pour nous, car autrement nous aurions assimilé beaucoup d'éléments mauvais et ainsi retardé notre évolution au lieu de la seconder. Mais, l'homme ne se séparant pas des atomes permanents appartenant aux différents plans — mental, astral, physique — les vibrations qui leur sont propres se retrouvent dans ses nouveaux véhicules sous forme de qualités inhérentes.

De cette façon, l'on apporte en cette vie des possibilités de qualités plutôt que des qualités proprement dites. Mme Blavatsky leur donnait, entre autres noms, celui de « privations de matière »; elle entendait par là des forces qui se mettront en action quand se présentera la matière appropriée, mais qui restent en suspens jusqu'à ce que cette matière enveloppe de nouveau l'ego. Lorsqu'un homme agit « sans réfléchir » il le fait donc sous l'impulsion de ces pensées anciennes. C'est une des raisons pour lesquelles il faut avec tant de soin surveiller nos pensées; impossible de savoir à quel moment elles déclancheront l'action. L'homme qui se laisse aller à une pensée mauvaise, pensant que jamais il ne se permettra de la mettre en action, peut fort bien un jour voir cette pensée devenir action, sans presque lui laisser le temps d'en être conscient.

Cette connaissance acquise peut être très utilement appliquée à l'assistance des enfants. Au moment où l'ego prend des véhicules nouveaux, parents et amis peuvent lui rendre grand service en encourageant les bonnes qualités à mesure qu'elles se montrent et en ne donnant aux mauvaises aucune occasion de se manifester. L'aide la plus efficace que nous puissions donner à un enfant consiste à mettre en jeu ses bonnes qualités et à les transformer en habitudes avant que les mauvaises n'aient le temps de s'affirmer. Celles-ci se manifesteront tôt ou tard, vitalisées sans doute sous l'influence du monde extérieur, mais si les bonnes qualités ont déjà pris une forte avance, les mauvaises auront beaucoup de peine à faire aucune impression; la volonté de l'ego résiste alors tout entière à leurs impacts par l'intermédiaire de ses véhicules et, dans un cas semblable, elles se trouveront sans doute absolument extirpées dans le cours de cette incarnation, si bien que dans la prochaine, l'ego n'en montrera plus aucune trace.

Mais souviens-toi que pour rendre service à l'humanité, la pensée doit se traduire en acte. Point de paresse, mais une activité constante dans le travail utile.

A. B. — Un point très important nous est ici rappelé — pour être utile la pensée doit se traduire en acte; sur ce point beaucoup d'entre nous laissent à désirer; nous émettons des pensées qui n'aboutissent pas à l'action, et toute pensée de ce genre est une source de faiblesse. Le Maître Morya nous a dit un jour qu'une bonne pensée non-suivie d'action ronge le mental comme un cancer. Cette comparaison si précise devrait nous faire comprendre qu'une pensée pareille n'est pas seulement négative mais encore franchement pernicieuse. Il ne faut pas anémier notre fibre mentale par de bonnes résolutions que rien ne suit et qui, jouant le rôle d'obstacles, rendent plus difficile la mise en action de ces mêmes pensées quand elles surgissent à nouveau. Aussi ne tardez point, ne remettez rien à plus tard; ne laissez rien inachevé. Beaucoup d'entre nous arrêtent leur développement en prenant des résolutions qu'ils ne mettent pas en pratique. Le chemin conduisant en enfer, dit un proverbe anglais, est pavé de bonnes intentions.

Une bonne résolution non suivie d'action devient une force nocive; elle agit comme un stupéfiant qui engourdit le cerveau. Ayez soin de régler vos pensées et quand par le Moi supérieur, nous sommes poussés à servir, faites-le; n'attendez pas au lendemain. L'habitude de remettre à plus tard est la raison pour laquelle ici-bas beaucoup de braves gens marquent le pas. Il nous arrive constamment de rencontrer telle personne excellente et, après un intervalle d'une dizaine d'années, de la retrouver exactement la même que la dernière fois. On demeure ainsi pendant des années, avec les mêmes difficultés et les mêmes tentations, les mêmes faiblesses et la même force. Ceci ne devrait jamais être vrai d'un membre de la Société Théosophique, car tous nous devrions posséder quelques notions sur la manière dont ces lois procèdent.

Si c'est quelquefois vrai, la raison principale en est, je crois, celle-ci : l'on ne parvient pas à comprendre que les bons élans arrêtés court élèvent des barrières. Si vous mettez en action ceux que vous éprouvez, ils deviendront de plus en plus fréquents. Aucune circonstance favorable extérieure, aucune connaissance extérieure additionnelle ne peuvent compenser l'absence d'effort intérieur et de résolution, l'incapacité de mettre en action ce que l'on sait déjà. Votre pensée devrait toujours aboutir à l'action. Faites-en votre règle. Je ne veux pas dire que vous pourrez toujours appliquer immédiatement votre pensée; les circonstances vous en empêcheront peut-être, mais les occasions ne tarderont pas à se présenter. Dans ces cas-là, mettez votre pensée de côté sans la perdre; elle mûrira comme un fruit. Si vous faites cela, vous n'aurez pas à souffrir de ce que la pensée n'a pas encore pris corps; quand le moment en sera venu, vous la mettrez en action.

Fais ce qui est ton devoir *propre* et non celui d'un autre, si ce n'est avec la permission de celui-ci et dans l'intention de l'aider. Laisse tout homme accomplir son œuvre à sa façon; sois toujours prêt à venir en aide, s'il le faut, mais ne t'ingère *jamais* dans les affaires d'autrui. Pour bien des gens, la chose la plus difficile au monde est d'apprendre à s'occuper de leurs propres affaires, or c'est précisément là ce que tu dois faire.

A. B. — Suit un avertissement nécessaire à qui possède une nature rajasique ou très active. Il reste à considérer l'autre côté du sentier, étroit comme le fil du rasoir : d'une part il faut éviter l'indolence, de l'autre l'ingérence. Les personnes très actives ont une tendance à vouloir s'occuper de tout. Mais les affaires des autres leur sont propres et vous ne devez pas vous en mêler. Rappelez-vous combien de fois la *Bhagavad-Gita*, cet évangile de l'activité (car son constant refrain est « agir! agir! ») nous met en garde contre l'activité mal comprise. Le devoir d'un autre, dit-elle encore, est plein de dangers.

La raison en est claire. Si vous, qui avez suivi votre propre ligne d'activité mentale, intervenez dans l'action d'une autre personne qui, elle aussi, a suivi sa propre ligne d'activité mentale — ligne différente de la vôtre — vous êtes sûr de gâter ce qu'elle entreprend, car son action est la conséquence logique de son activité mentale propre; elle n'est pas et ne peut être la conséquence normale et appropriée de la vôtre. La personne du type énergique doit apprendre qu'elle crée la confusion en intervenant dans l'action d'autrui. Un temps fut où je voulais mettre les gens dans le droit chemin, conformément à ce que j'estimais bon pour eux et c'était, bien entendu, ce qui était bon pour moi; mais comme disciple, j'appris que cette manière de travailler n'était pas la bonne.

Même si la manière de procéder adoptée par une autre

personne n'est pas, au point de vue abstrait, la meilleure, cette manière peut cependant l'être pour elle; comportant la double énergie des fautes et des vertus de cette personne, elle détermine la ligne d'évolution qui convient à ses besoins. Supposez qu'un homme en écrivant tienne sa plume d'une façon qui ne soit pas la plus correcte; si vous intervenez et la lui faites tenir autrement, son écriture sera pire et non meilleure; il perdra tout l'avantage que lui assurait une longue pratique de son ancienne méthode et pour compenser cette perte beaucoup de temps et d'efforts lui seront nécessaires. Bien entendu, s'il désire lui-même changer sa façon d'écrire, étant persuadé qu'une autre est préférable et s'il fait appel à votre aide, le cas est différent; il a le droit de faire à sa guise et sa propre force de volonté soutiendra son action.

Il est clair qu'une personne énergique peut sans difficulté exercer sur une autre personne une domination momentanée. L'histoire nous donne maint exemple de grands hommes qui, de leur vivant, dominaient leur entourage, mais dont l'œuvre s'effondra quand ils moururent. Ils avaient oublié qu'étant mortels, ils devaient prévoir le vide laissé par leur mort; le Karma défavorable suite de cette erreur s'affirme dans la ruine consécutive à leur disparition. Ceci montre immédiatement que ces hommes ignoraient les conditions d'une activité fructueuse; ils ne comprenaient pas qu'un créateur et un chef doit réunir des hommes bien choisis et les laisser en toute indépendance accomplir leur part du travail et suivre leurs directions propres; qu'il ne faut pas essayer de s'occuper en personne de tous les détails; c'est d'ailleurs impossible.

Le monde est constitué par une variété infinie comportant une unité sous-jacente. Dans ce monde, les types inférieurs obéissent à la loi parce que, sans le savoir, ils y sont forcés. Mais l'homme est laissé comparativement libre — libre dans un vaste cercle de lois extérieures impossible à franchir, mais dans ce cercle il peut faire ce qu'il veut. Travailler à sa manière, telle est la condition de son développement. Le plan divin accorde à l'homme de plus en plus de liberté au fur et à mesure qu'il progresse et qu'il se montre capable de l'employer sagement; ainsi, petit à petit, pas à pas, nous arrivons à la liberté parfaite. Dans le bas de l'échelle l'animal obéit parfaitement et inconsciemment; tout en haut le Maître obéit parfaitement et consciemment; nous sommes tous placés plus ou moins haut entre ces deux extrêmes.

Rappelons-nous aussi que l'intervention s'étend au mental et que la non-intervention n'est pas étrangère à la qualité requise précédemment citée : la maîtrise du soi quant au mental. L'intervention par la pensée est très puissante. Prenons comme exemple le cas suivant. L'un de nous est aux prises avec une difficulté spéciale qu'il essaie de surmonter; elle peut provenir de quelque faiblesse de caractère, ou encore d'une manière indésirable de penser et d'agir vers laquelle il se trouve porté par la force de vieilles habitudes. De toute façon, il fait son possible pour s'en corriger. Alors survient une personne qui soupçonne la faiblesse ou la difficulté particulière dont il souffre — elle soupçonne et poursuit son chemin, sans se douter du mal qu'elle a pu faire.

Cette seconde personne ne comprend pas qu'elle a donné à son frère une légère poussée, très capable de déclancher son action dans le mauvais sens. Peut-être ces deux forces, l'habitude et l'effort, tremblaient-elles dans la balance; le soupçon a fait pencher le plateau. Voilà pourquoi le soupçon est répréhensible; il l'est toujours : si par malheur il est fondé, il a pour seul résultat de contribuer à pousser l'homme soupçonné dans la mauvaise direction; s'il ne l'est pas, il peut lui en faciliter, pour une autre fois, l'accès. En tout cas, soupçonner consiste à lui envoyer une pensée mauvaise; d'une façon ou de l'autre c'est mal. Nous devrions toujours avoir des gens une opinion favorable, même si nous les jugeons meilleurs qu'ils ne sont; nous leur adressons ainsi une pensée qui n'agira que pour leur bien.

Il est important aussi de se rappeler ces faits parce qu'une masse de pensées mauvaises sont, tôt ou tard, dirigées par les forces noires contre toute personne qui avance rapidement sur le Sentier. Cette masse pernicieuse lancée contre vous et tendant à vous pousser vers l'action mauvaise, doit vous faire comprendre l'influence nocive du soupçon et vous inspirer la nécessité de surveiller avec un soin redoublé vos pensées et vos actions personnelles. En pensant à ce qui vous arrive, bornez-vous à la simple consta-

tation des faits, sans aucun sentiment de colère ou de ressentiment, et toutes les fois que vous vous trouvez en présence d'une grande explosion de haine, souvenez-vous qu'il
faut, en termes bibliques, ceindre les reins de votre mental et dans cette circonstance simplement mettre en jeu
un surplus d'énergie contraire, afin de neutraliser la mauvaise. Faites cela et les pensées mauvaises dirigées en masse
contre vous ne vous feront pas de mal; vous en profiterez
au contraire, parce qu'elles vous aideront à découvrir vos
points faibles; elles les mettront en lumière alors que sans
elles ils auraient pu vous rester cachés. Et puis, la résolution même avec laquelle vous affronterez l'assaut vous
fortifiera et vous permettra d'arriver au temps où toutes ces
forces se briseront contre vous à peu près en vain.

Vous devez donc faire parfaitement votre propre travail
et ne vous occuper de celui des autres que s'ils ont recours
à votre assistance. Faites votre travail aussi bien que vous
en êtes capables, mais autant que vous le pourrez, laissez aux autres leur tâche.

C. W. L. — L'ingérence est souvent motivée par des idées
fausses en matière religieuse. Le christianisme orthodoxe
s'arroge la tâche de s'ingérer partout; il entreprend de sauver les âmes, au lieu de reconnaître qu'il appartient à tout
homme de se laisser sauver par la sienne. Il est absolument
certain que nul n'a le droit d'intervenir entre le moi inférieur et le Moi supérieur d'un autre, quelles que soient les
circonstances. Les tortionnaires de l'Inquisition croyaient
juste de soumettre les corps aux plus affreux supplices afin
de leur arracher des aveux et ainsi de sauver les âmes. Jamais, autant que j'ai pu le comprendre, il n'était supposé
possible d'amener un homme *à croire*, mais si l'on parvenait à faire *dire* à son corps que sur un certain point il
avait la foi, cette déclaration fût-elle fausse, assurait on
ne sait comment le salut de l'âme. Si les inquisiteurs
croyaient *véritablement* cela (je me demande si *personne*
a jamais cru *sincèrement* un aussi monstrueux mensonge!)
ils pouvaient justifier toutes leurs horreurs quelles que
fussent les tortures infligées pendant peu d'heures ou de
jours au malheureux corps, elles compteraient pour rien
en comparaison des souffrances épouvantables et éternelles
que l'on évitait aux âmes. Dans ces conditions, torturer

son prochain devient une action tout à fait louable. Il nous est difficile de croire que personne ait pu raisonner ainsi, néanmoins il semble que beaucoup de gens l'aient fait, même sans parler de ceux qui appliquaient à des buts politiques la puissance de l'Eglise.

Parce que tu essaies d'entreprendre un travail d'ordre supérieur, il ne faut pas, pour cela, négliger tes devoirs courants, car tant que ceux-ci ne sont pas remplis, tu n'es pas libre pour un autre service. N'assume pas de nouveaux devoirs envers le monde, mais ceux dont tu t'es chargé, accomplis-les parfaitement : je veux parler des devoirs définis et raisonnables que tu reconnais toi-même comme tels, et non pas des devoirs imaginaires que d'autres essaient de t'imposer. Pour pouvoir, un jour, appartenir au Maître, il faut faire le travail courant mieux que ne le font les autres et non plus mal; parce que *cela aussi* doit être fait au nom du Maître.

A. B. — Nous remarquons parfois qu'en venant à l'occultisme, on commence à faire le travail ordinaire, non pas mieux mais moins bien qu'auparavant. C'est là une erreur très sérieuse. Le grand enthousiasme éveillé par les études nouvelles, l'effort donné pour arriver à la vie supérieure, présentent à la fois un danger et un avantage : le danger consiste précisément en ce que les devoirs d'ici-bas paraissent sans importance. L'idée contient une part de vérité et c'est dans celle-ci que réside le péril. Le danger de toutes les erreurs provient exclusivement de la vérité qui leur sert de base; c'est la parcelle de vérité contenue dans l'erreur qui lui donne sa force, ce n'est pas l'épaisse enveloppe de fausseté dont la parcelle est recouverte.

L'accomplissement parfait des devoirs qui nous incombent ici-bas prouve que la force venant des plans supérieurs reçoit la direction convenable. « La Yoga, c'est l'action experte » (1). Un homme est-il discipliné sur les plans supérieurs, les activités des plans supérieurs seront bonnes; dans le cas contraire elles ne le seront pas. Mais ceci même vaut mieux que de ne pas se soucier du tout des choses

(1) *Bhagavad Gîta*, XI, 50.

d'en haut; dans ce dernier cas, les activités irraisonnées peuvent causer sur le moment beaucoup de mal, mais ce mal n'est pas permanent car la puissance motrice est bonne.

Le disciple doit s'attacher à s'acquitter mieux que les autres hommes des devoirs du plan physique. Très souvent quand il agit d'une manière peu judicieuse, le Maître peut avoir à intervenir pour rétablir l'équilibre déplacé; c'est une des raisons pour lesquelles le Maître met en probation le chéla; et si la probation se prolonge souvent beaucoup, c'est quelquefois pour un motif semblable. Il faut en général assez longtemps pour équilibrer l'enthousiasme et l'activité par une modération et une prévoyance raisonnables.

Le disciple est-il utile à ses semblables? C'est là sa première épreuve. Jamais l'aspirant ne doit attribuer à son travail ésotérique plus d'importance qu'à son travail exotérique; si étant Théosophe, il néglige sa loge et son travail dû à la Société afin de mieux progresser dans le domaine ésotérique, il se trompe; si à l'étude il sacrifie le travail extérieur, pour prendre un autre exemple, il se trompe grandement. L'étude est bonne mais doit être subordonnée à l'utilité. Il faut étudier afin de se rendre plus utile, et ne pas renoncer à être utile par amour de l'étude. Toutes les fois que les devoirs extérieurs et l'étude se trouvent en conflit, la seconde doit toujours céder le pas aux premiers.

Dans toutes ces questions, ne jamais oublier que le Sentier de l'occultisme est étroit comme le tranchant d'un rasoir. Rien n'empêcherait de consacrer presque chaque moment de nos heures de veille à rendre aux autres de petits services, mais en ce cas beaucoup d'entre eux ne pourraient être bien choisis et la plupart ne seraient pas rendus avec soin. Obligés de réserver certaines heures au sommeil et à notre alimentation, afin d'acquérir l'énergie nécessaire pour travailler le reste du temps, nous devons de même donner certaines heures à la méditation, à l'étude, à l'examen du travail à faire et de la manière dont il doit être accompli. Ce côté de la question a été traité par le Maître dans la section consacrée au discernement; chaque partie de sa doctrine ramène l'élève au juste milieu; si l'élève exagère tel conseil, une nouvelle chute l'attend. Le meilleur navire, a-t-on dit, ne suit pas une ligne directe, il court mille bordées, tantôt d'un côté, tantôt de l'autre. La vie du disciple lui ressemble; le capitaine sur la passerelle, c'est le Maître; Il montre au disciple les étoiles qui peuvent le guider et l'aide à suivre du plus près possible la ligne directe. Tant de gens s'attachent à une bonne mais unique idée et s'obstinent à ne rien voir en dehors.

Le Maître dit à son élève de ne pas assumer de nouveaux devoirs. La personne qui s'est vouée au travail du Maître ne doit pas ignorer combien il est important qu'elle soit toujours prête à Le servir de toute manière et en tout lieu. Ma propre expérience me permet de vous en donner un exemple frappant. Dans ma jeunesse mes enfants me furent enlevés contre ma volonté; par tous les moyens légaux je m'opposai à la séparation, mais je perdis le procès; la loi rompit le lien et m'enleva le devoir de protection maternelle. Ma fille me revint dès qu'elle fut indépendante; depuis dix ans je ne l'avais pas vue, je ne lui avais pas écrit; mais elle revint directement auprès de moi, mon influence n'ayant pas faibli. Je demeurais alors avec Mme Blavatsky et celle-ci me donna l'avertissement suivant : « Prenez garde de ne pas renouer les liens dont le Karma vous a libérée ». Si à ce moment j'avais repris mon existence ancienne après avoir prêté serment au Maître, j'aurais mal agi. D'ailleurs, il ne s'agissait naturellement pas de négliger ma fille; elle vint demeurer avec nous jusqu'à son mariage, mais elle avait dû prendre la seconde place et non la première.

Vous et vous seuls, êtes responsables des devoirs que vous avez à remplir; c'est envers le Maître et envers Lui seul que vous en êtes responsables. Si certaines personnes veulent vous imposer ce qu'ils croient être votre devoir et si vous en jugez autrement, il faut simplement exprimer l'avis contraire avec douceur mais aussi avec fermeté. A vous de décider. Votre choix peut être ou non judicieux et s'il ne l'est pas vous en souffrirez, mais la décision doit vous appartenir. Nul ne doit intervenir dans la responsabilité d'un homme envers lui-même et envers son Maître. Vous êtes responsables envers votre propre Maître; pour l'amour du Maître vous devez faire votre travail ordinaire mieux que les autres hommes.

C. W. L. — Les anciennes religions ont compris ce prin-

cipe : que l'occultiste doit faire bien le travail ordinaire.
L'histoire de la jeunesse du Prince Siddartha, devenu plus
tard Notre Seigneur le Bouddha, rapporte par exemple qu'il
s'adonnait beaucoup à l'étude et à la méditation, mais que
le jour où il dut conquérir son épouse par son adresse dans
les exercices virils, il prouva que, lorsqu'il le voulait, il
pouvait exceller dans ces exercices comme dans les activités supérieures. « La Yoga, dit la *Bhagavad-Gita*, est
l'action experte. » : c'est accomplir avec soin, tact et courtoisie la tâche indiquée. Les disciples du Maître doivent
donc apprendre à équilibrer leur vie, à connaître le moment de mettre de côté ou non le travail inférieur.

L'homme qui s'est voué lui-même et qui a voué son temps
et ses forces au service du Maître ne devrait entreprendre,
en dehors de son travail propre, aucune tâche nouvelle;
il ne doit pas se laisser imposer des devoirs qu'il ne reconnaît pas comme tels. J'imagine, par exemple, que l'on s'attend parfois à la présence, dans des réunions mondaines, de
membres de la Société Théosophique. « Je suis disposé,
pourrait dire un membre de la Société, à sacrifier mon
temps, dans des limites raisonnables, aux exigences de
l'amitié », mais il a parfaitement raison de réserver presque
entièrement son temps à tout travail entrepris pour la
Société.

Cette instruction concernant les devoirs se rapporte spécialement à la vie d'Alcyone à Adyar, pendant qu'il rece-
vait les leçons du Maître. Un jour, par exemple, on le pres-
sait de donner toute une journée pour une cérémonie; il
s'agissait d'un parent éloigné. Le cas fut soumis à son Maître, qui répondit : « Oui, en considération du reste de la
famille qui pourrait être scandalisée ou ne comprendrait
pas, vous pourrez y aller à telle heure et pour une heure
seulement, mais ayez bien soin, pendant la cérémonie, de
ne répéter absolument rien sans le comprendre, de ne jamais répéter machinalement aucune parole prononcée par
le prêtre, et de ne pas souffrir que l'on fasse à votre place
ce que vous pouvez faire vous-même — en ce qui concerne
les cérémonies et les bénédictions ».

CHAPITRE XX

LA TOLÉRANCE

3. *La Tolérance.* — Aie des sentiments de parfaite tolérance pour tous les hommes et porte un intérêt aussi sincère aux croyances religieuses des autres qu'aux tiennes. Car leur religion, aussi bien que la tienne, est un Sentier qui mène au Suprême. Et pour venir en aide à *tous* il faut comprendre *tout*.

A. B. — La tolérance est peut-être l'une des vertus dont on parle le plus aujourd'hui mais que l'on pratique le moins; c'est une des plus difficiles à acquérir car, plus une croyance est fermement enracinée, plus elle est jugée précieuse et plus, assez naturellement, on veut l'imposer à autrui; de cette agressivité ont résulté toutes les persécutions et guerres religieuses, publiques ou privées; encore cette agressivité vaut-elle mieux que l'indifférence, souvent prise pour de la tolérance. L'indifférence n'est pas la tolérance; il ne faut jamais les confondre.

De nos jours, il y a peu de persécutions venant de l'Etat, mais encore beaucoup de persécutions familiales et sociales. En certains pays où la libre-pensée domine la religion est encore persécutée par l'Etat. Les libres penseurs ont été si persécutés que la tentation de se venger a été trop forte; en quoi naturellement ils violent directement leurs propres principes. C'est là, je l'espère, une simple réaction, suite des persécutions que leur infligea le parti religieux, et qu'elle cessera bientôt.

L'état d'esprit inspirateur des persécutions règne encore beaucoup dans le monde et quelquefois l'Etat se trouve obligé d'imposer la tolérance, comme dans l'Inde, pour empêcher les désordres et les émeutes. La tolérance mutuelle existant entre les fidèles de confessions diverses, dans les pays où les différentes religions se font plus ou moins équilibre, est surtout motivée par une crainte mutuelle. Ainsi la tolérance, en tant qu'elle existe, a presque toujours pour origine un sentiment plus ou moins indigne.

L'étudiant en occultisme doit chercher à développer en soi la bienveillance, or on l'acquiert en reconnaissant qu'en chaque homme le Moi trouve son propre chemin; c'est la seule attitude logique; il faut qu'elle soit admise pour que la tolérance devienne une vertu partout répandue. Nous devons reconnaître que chacun cherche à sa manière la vérité suprême et doit rester absolument libre de procéder ainsi; cela suppose non seulement que vous n'essaierez d'attirer aucun homme à votre propre religion, mais aussi que vous n'essaierez ni de lui imposer des arguments et des opinions, ni d'ébranler en lui des croyances qui répondent à ses besoins. Cette largeur parfaite doit être votre objectif. Les pôles ne sont pas plus éloignés l'un de l'autre que, d'une part, ce sentiment et, de l'autre, ce que le monde prend souvent pour la tolérance, opinion assez méprisante suivant laquelle les questions religieuses n'ont pas grande importance, jouant simplement le rôle d'une force policière destinée à maintenir les hommes dans le droit chemin. La religion des autres doit vous être sacrée, parce qu'elle est sacrée à leurs yeux. La Loge Blanche n'admet dans sa Confrérie aucun postulant dont l'attitude ne se règle pas encore de très près sur ce principe.

C. W. L. — De nos jours, il y a peut-être plus de tolérance qu'il n'y en eut jamais depuis le temps du grand empire romain et elle ressemble beaucoup à celle qui existait alors. On rapporte de curieux détails sur la manière dont, paraît-il, les Romains traitaient les premiers Chrétiens. Des recherches attentives ont démontré que la plus importante des persécutions dont on a tant parlé, n'a jamais eu lieu; il est vrai cependant, que les Chrétiens se mettaient souvent en fâcheuse posture. Je ne veux pas dire qu'à certains égards, les idées ne fussent barbares, mais les premiers Chrétiens semblent avoir été des gens assez anarchistes et lorsqu'ils entraient en conflit avec les autorités, ce n'était pas à cause de leur religion, mais à cause de leurs paroles et de leurs agissements. Les Romains n'admettaient pas la fraternité telle que la prêchaient les premiers Chrétiens; elle ressemblait beaucoup trop à la formule : « Sois mon frère ou je te tuerai » (1). Dans certains cas, les chré-

(1) En français dans le texte (N. du T.).

tiens refusaient de participer à de petites cérémonies regardées comme un devoir civique, ainsi de jeter une pincée d'encens sur l'autel ou de répandre une goutte de vin en hommage à l'empereur, gestes équivalents au coup de chapeau donné, à Londres, quand passe le roi. L'empire était le plus tolérant du monde envers les autres religions. Les Romains se souciaient fort peu de savoir à quel dieu l'on rendait un culte, parce qu'ils ne croyaient à l'existence d'aucun; ils possédaient un immense panthéon où ils élevèrent des temples à tous les dieux et quand ils s'aperçurent que le Christ était adoré ils lui élevèrent tout de suite une statue. En somme leur tolérance était surtout indifférence.

Un grand nombre de ces anciens Romains sont incarnés dans la race anglaise. Beaucoup de personnes tolèrent aujourd'hui tous les genres de croyance, précisément parce qu'elles ne croient à rien; elles considèrent la religion comme une fable agréable destinée à l'amusement des dames, mais pour les hommes, il va sans dire que ce n'est pas sérieux. Nous n'avons pas pour objectif une tolérance pareille; la nôtre doit être basée sur l'admission que les croyances d'autrui mènent, elles aussi, au plus haut. En pénétrant dans le temple ou dans l'église d'une religion qui n'est pas la sienne, l'homme vraiment tolérant se conforme aux usages établis, non seulement par respect des coutumes, mais encore par déférence envers ces fidèles qui diffèrent de lui et envers cette religion qui diffère de la sienne. Il y a des gens qui entrent dans une église, puis refusent de saluer l'autel et prennent même bien soin de lui tourner le dos. J'en ai connu qui essayaient d'entrer dans une mosquée sans se déchausser. On n'a rien à faire dans l'église ou dans le temple d'une autre religion si l'on se refuse à s'y conduire de façon à ne pas froisser les fidèles. Si, dans votre opinion il est mal de fléchir le genou devant l'autel d'une église catholique, rien ne vous empêche de rester dehors, et si vous regardez comme un péché de vous déchausser, rien ne vous oblige à entrer dans la mosquée.

Tous les hommes sont des manifestations du Moi Unique; la forme prise par l'aspiration d'autrui doit donc être respectée. L'expression en est souvent enfantine, mais aucune personne douée de bons sentiments ne songerait à

s'en amuser ou à la dénoncer comme mauvaise. Comment
une intelligence peu développée pourrait-elle partager la
manière de voir naturelle à une intelligence beaucoup plus
avancée? La tolérance nous poussera toujours à dire avec
les anciens Romains : « Je suis homme, rien d'humain ne
m'est étranger », et à tâcher de comprendre le point de
vue de notre prochain. Comme simple exercice personnel,
cette méthode nous montre bientôt sous quels angles nombreux et divers le mental humain peut refléter les rayons
de la vérité. Que le monde serait monotone si toutes choses
se faisaient d'une seule manière! Il ressemblerait à une
prison où tout se fait à la même heure et de la même façon.

Il existe certaines divisions principales, telles que vous
les constatez par exemple entre les mentalités du catholique et du protestant; chacun envisage le Christianisme
à son point de vue particulier et, de part et d'autre, beaucoup de Chrétiens sont tout à fait incapables de se comprendre. Le catholique a pour principe que le culte doit
être accompagné de beaucoup de cérémonial, à tous égards
aussi imposant que possible, afin de glorifier le Dieu
qu'il adore et faire impression sur les fidèles; il a le sentiment très vif que le rituel, le cérémonial et la beauté du
cadre sont pour la dévotion l'adjuvant le plus puissant. Par
contre, le protestant considère tout cela comme très mal et
affreux parce que l'intelligence se trouve ainsi détournée
du sens profond. La mentalité du protestant est peut-être
telle que, s'il devait assister à toutes ces cérémonies, il
ne pourrait en même temps s'empêcher de perdre de vue
l'idée intérieure; ce qui a tant de prise sur le type d'homme
catholique serait pour lui-même une gêne, un dérangement,
une cause de trouble pour sa dévotion.

Beaucoup de personnes reconnaissent le vague et l'incertain de leur dévotion et de leur aspiration quand seules
sont employées les méthodes subjectives du culte; la forme
extérieure leur est d'un grand secours; pourquoi n'en pro-
fiteraient-elles pas? Trouvent-elles dans la cérémonie, dans
la statue, dans le tableau, dans la manifestation du plan
physique une satisfaction et une inspiration extrêmes, c'est
qu'elles appartiennent sans aucun doute à l'un des sept
grands rayons de la vie, à l'une des sept grandes voies conduisant l'aspiration humaine jusqu'au trône de Dieu. Les

personnes qui, ne désirant rien de tout cela, n'y voient que gêne et distraction, suivent, elles aussi, leur propre ligne distincte; qu'elles en jouissent; pourquoi les troubler?

Chacun parle sa propre langue depuis l'enfance; chacun, pourrait-on dire aussi, parle sa propre langue religieuse; c'est la manière dont ses pensées, sentiments et aspirations s'expriment le plus facilement. Le comble de l'absurdité serait de mépriser un Français parce que sa langue diffère de la nôtre; il est tout aussi absurde de mépriser une personne dont la religion diffère de la nôtre. Le Français dit *maison* au lieu de *house;* le sens est identique; il serait insensé de soutenir qu'un terme est préférable à l'autre. Ceci rappelle le célèbre Mr. Lillywick, personnage de *Nicolas Nickleby;* ayant appris qu'en français « water » se disait *eau,* il déclara que c'était là une pauvre langue. On raconte aussi qu'à l'époque des guerres napoléoniennes, une vieille femme demandait à Dieu la victoire des Anglais et, quelqu'un lui rappelant que, de l'autre côté, les prières demandaient celle des Français, elle répondit : « Cela ne fait rien; comment Dieu comprendrait-il des gens qui disent de telles bêtises? »

Il ne peut exister aucune raison pour que chacun ne puisse suivre la ligne qui lui convient le mieux; c'est, dans la route menant à Dieu, celle qui lui paraît la plus directe. La paix et l'harmonie exigent seulement que, de part et d'autre, ce fait soit admis. Chacun devrait dire : « Je préfère mon sentier mais je consens parfaitement à ce que chacun ait le même privilège et choisisse le sentier qui lui semble le meilleur. Demander cela paraît peu de chose, néanmoins peu de gens l'accordent. Chacun est persuadé que ce qui est bon pour lui doit être également bon pour les autres. Une mentalité plus large, en constatant la multiplicité des sentiers, voit qu'ils conduisent tous au sommet de la montagne et que tout homme doit librement choisir celui qui l'attire le plus.

Je dois l'avouer : il y a une certaine mentalité que personnellement j'ai de la peine à comprendre — c'est le genre de dévotion religieuse exubérante qui applique à la Divinité toutes sortes d'expressions caressantes empruntées à la poésie amoureuse et aux romans; elle me choque et me donne une impression d'irrévérence, bien qu'elle soit, je le sais parfaitement, sincère et bien intentionnée. Ceux qui la préfèrent me trouvent sans doute froid et privé du sens de l'expression, parce que je suis porté à envisager toutes choses au point de vue du sens commun, à les soumettre à la raison et à les comprendre.

Les ouvrages de dévotion à l'usage d'un type mental plus élevé, dans chaque religion, se ressemblent d'une façon frappante. Si, par exemple, vous comparez les ouvrages connus de tout Catholique Romain à ceux employés par les sectateurs de Shri Ramanajacharya, vous constaterez entre eux la plus étroite ressemblance. D'ailleurs la vie d'un bon Chrétien est la même que celle d'un bon Hindou, Bouddhiste, Mahométan ou à vrai dire d'un homme bon appartenant à une religion quelconque. Les mêmes vertus sont pratiquées par tous, et les mêmes vices évités.

Mais pour atteindre à une parfaite tolérance, il faut d'abord t'affranchir tant de la bigoterie que de la superstition.

A. B. — Etre bigot consiste à ne prendre en considération que ses propres opinions et à ne tenir aucun compte de celles d'autrui. Une dame excellente mais aussi fort bigote, appartenant à la plus étroite secte évangélique, me dit une fois que je ne devais jamais lire aucun ouvrage ne répondant pas exactement à mes propres idées religieuses. Voilà bien la conviction du bigot : ne jamais lire une opinion différente de la sienne, de peur qu'elle ne l'ébranle. L'homme qui, cherchant la vérité, veut mener la vie supérieure est d'une opinion diamétralement inverse; il s'efforce de lire tous les ouvrages concernant un sujet donné afin de voir sous combien d'angles différents les rayons de la vérité ont frappé le mental humain et ont été par lui réfractés. Pour atteindre la vérité, il faut étudier tous ces points de vue, toutes ces opinions diverses, puis assimiler l'élément de vérité, petit ou grand, qui s'y trouve contenu.

Il est bon aussi d'étudier les superstitions, car — l'Oupanishad le dit en termes magnifiques : « A la vérité seule appartient la victoire, et point à la fausseté. » La force des superstitions dérive du fragment de vérité qu'elles contiennent; ce fragment, il faut le découvrir. Le bigot, naturellement, ne verra que la fausseté; quant à vous-mêmes, vous devez avoir des notions sur toutes les religions et les étudier, non pas comme le font les missionnaires, mais dans un esprit de sympathie. Conformez-vous au même principe dans les questions politiques et sociales.

Il faut également détruire la superstition caractérisée plus loin, dans le présent ouvrage, comme un des trois grands péchés qui font le plus de mal aux hommes, car c'est un péché contre l'amour. Religion et superstition ont été si bien confondues ici-bas qu'il est nécessaire de les distinguer dans notre mental par une définition précise; celle que je préfère, bien qu'elle ne soit pas assez générale, est la suivante : la superstition prend le non-essentiel pour l'essentiel, le secondaire pour l'important. Dans les controverses religieuses on dispute sur un point non-essentiel et chaque parti représente habituellement une manière différente de méconnaître la vérité.

Autre définition de la superstition — elle aussi est partielle — c'est une croyance manquant de base rationnelle. Ainsi beaucoup de vérités sont pour leurs possesseurs des superstitions parce qu'ils n'ont pour y adhérer aucune bonne et saine raison. Notre Seigneur le Bouddha dit que la seule raison valable pour croire une chose c'est qu'elle se recommande à votre raison et à votre sens commun et qu'ainsi l'on puisse dire de vous que vous la connaissez personnellement. Appliquons ce critérium et la plus grande partie de la religion de presque tous les hommes devra s'appeler superstition. Pour ceux-là peu importe, mais pour les hommes qui s'efforcent d'arriver au Sentier, tout ce que ne justifient ni l'intuition, ni la raison, doit être provisoirement mis de côté. A mesure que se développe en vous le sens supérieur qui reconnaît à première vue la vérité, vous deviendrez capable d'en assimiler toujours davantage. Alors naîtra en vous une conviction profonde et quand une vérité vous sera présentée, vous la reconnaîtrez comme telle. Ce sens correspond à la vue sur le plan physique. C'est la faculté de bouddhi, la raison pure. Il faut soumettre toutes nos convictions à ce critérium, car nous en avons reçu beaucoup en héritage qui ne sont pour nous que des superstitions; alors et dans la mesure où cette attitude mentale nous deviendra habituelle, nous serons délivrés de la superstition et nous développerons la tolérance.

C. W. L. — La domination exercée par la superstition sur le mental humain est quelquefois très puissante, aussi a-t-on dit parfois qu'elle était inséparable de la religion. Il existe, à vrai dire, beaucoup de confusion dans la pensée religieuse, dont une bonne partie est déraisonnable, mais toute croyance très répandue repose probablement sur un fragment de vérité. Généralement parlant, les superstitions ne sont pas de simples inventions mais des faits déformés ou exagérés. Un jour, notre Présidente a cité un exemple bien connu de superstition indienne. Un saint personnage possédait un chat qui lui était très attaché; si bien que, lorsqu'il avait à célébrer des cérémonies religieuses, le saint était obligé, pour n'être pas dérangé, d'attacher l'animal au pied de son lit. On en conclut que cette précaution était une partie essentielle de la cérémonie; les années passèrent; le reste de la cérémonie tomba en désuétude et il n'en subsista plus qu'un vestige, la tradition qu'il fallait attacher un chat au pied d'un lit.

Les scribes et les Pharisiens accusés d'hypocrisie par le Christ et comparés à des sépulcres blanchis faisaient preuve d'une superstition de ce genre. Ils payaient, dit le Seigneur, la dîme de la menthe, de l'anis et du cumin; obligés de payer la dîme de tout ce qu'ils avaient, ils tenaient méticuleusement compte de menues denrées correspondant à notre poivre et à notre sel, mais oubliaient complètement les prescriptions plus importantes de la loi — la justice, la pitié et la foi.

La superstition du dimanche sévit beaucoup dans certaines parties des Iles Britanniques, surtout en Ecosse, où l'ennui de ce jour est devenu inexprimable. L'intention primitive était de réduire au minimum le travail à faire le dimanche et d'en faire un jour consacré aux intérêts spirituels. Cependant, la question du service divin ayant passé au deuxième plan, on remarque plus d'ivrognerie et de licence en général, ce jour-là qu'en semaine : c'est bien là prendre le non-essentiel pour l'essentiel. Parce qu'il existe un jour au moins où l'on est supposé être religieux, les gens paraissent croire souvent que, les autres jours, il importe peu que l'on ne se conforme pas aux préceptes et aux idéals religieux. J'ai noté que les hommes qui n'observent pas le dimanche — comme les Hindous, les Bouddhistes et d'autres — mènent des existences dominées par la religion à un point qui ne se remarque pas chez les Chrétiens. Je ne dis pas qu'ils soient tous vertueux, pas plus que ne le sont les Chrétiens, mais la religion a sur eux plus d'influence que sur le Chrétien moyen; celui-ci pense souvent qu'en se rendant à l'église une fois par semaine il s'acquitte de toutes ses obligations religieuses.

Notre Présidente a également donné de la superstition cette définition : croire sans motif raisonnable. Il est très rationnel de croire à la rotation du globe terrestre, à l'existence de contrées lointaines que nous n'avons pas vues, à la réalité des atomes et des électrons échappant complètement à la vue physique, parce que nous avons de bonnes raisons pour ajouter foi à tout cela; mais beaucoup de croyances populaires n'appartiennent pas à cette catégorie. La croyance ordinaire du Chrétien au feu éternel et au châtiment sans fin n'est qu'une superstition particulièrement pernicieuse; elle ne repose sur aucune base rationnelle, mais si vous le disiez au Chrétien moyen, il vous traiterait d'athée et vous reprocherait de tourner sa religion en ridicule. Le fondateur de cette croyance a pu y croire ou non, mais après lui, des millions d'hommes l'ont acceptée et, par là, se sont assurément livrés à la superstition.

Au point de vue chrétien, la seule importance présentée par ce sujet dérive de ce que le Christ Lui-même en a dit. Il existe, je crois, huit passages où Il est supposé mentionner ce châtiment éternel; or il est facile de montrer que pas un seul ne concerne l'idée populaire qui leur est attribuée. Il existe à ce sujet un livre très remarquable, intitulé *Salvator Mundi*, écrit par un pasteur anglais, le Révérend Samuel Cox; il analyse avec grand soin le texte grec original rapportant les paroles du Christ, et démontre immédiatement et d'une manière concluante, qu'aucun texte sacré n'autorise la croyance en un châtiment éternel; elle n'a certainement aucune base rationnelle car, si Dieu est un tendre Père, elle est inacceptable.

On aurait pu supposer que les Chrétiens modernes s'étaient avec le temps libérés de cette horrible superstition qui fait en ce monde un mal infini, mais des millions s'y livrent encore, et elle est encore enseignée. J'ai vu naguère un catéchisme catholique romain à l'usage des enfants; les idées d'autrefois concernant l'enfer, lieu des tourments éternels, y étaient présentées aussi follement que dans le passé. En ce qui concerne l'enseignement donné aux petits enfants, nous pourrions nous croire encore dans la plus grossière période du moyen âge. Rien de plus triste. Beaucoup de sectes chrétiennes se sont élevées au-dessus de pareilles notions, mais les plus anciennes et les plus importantes restent attachées à leurs dogmes médiévaux. On rencontre bien, parfois, des prêtres sachant expliquer tout cela, un peu comme nous le ferions nous-mêmes, mais le texte qu'ils enseignent aux petits enfants est absolument horrible et balsphématoire; c'est, dès l'entrée dans la vie, leur donner de Dieu une idée tout à fait déplorable; c'est remplir leur vie et leur intelligence de crainte et de cruauté, au sérieux détriment de leur caractère et de leur évolution.

La doctrine de Notre Seigneur le Bouddha concernant la foi et la raison, doctrine que j'ai déjà citée, était très belle. Le concile réuni après sa mort pour choisir, parmi tous les propos qui lui étaient attribués, ceux qu'il fallait tenir pour authentiques, posa tout d'abord ce principe : « Ce qui est contraire à la raison et au sens commun n'est pas la doctrine du Bouddha ». Les membres du Concile rejetèrent tout ce qui, à ce point de vue, ne les satisfaisait pas, en disant : « Ceci n'a évidemment pas le sens commun; Il n'a rien pu dire de tel ». Peut-être repoussèrent-ils un ou deux points qu'ils ne comprenaient pas, mais que de superstitions ils épargnèrent à leur religion! Les Fondateurs des grandes religions, sauf Mahomet, ne mirent pas leur doctrine par écrit; cependant Notre Seigneur le Bouddha passe pour avoir écrit un ouvrage, actuellement sous la garde des Adeptes et qui n'a pas été répandu parmi les hommes. En général, trois ou quatre générations ont passé avant que les doctrines ne prennent la forme écrite, constituée d'ailleurs par une compilation empruntée à des sources nombreuses. Par exemple, dans le livre d'Isaïe, les érudits ont découvert huit traditions superposées — trois Isaïe successifs, puis un comité, et ainsi de suite. Une religion décline quand les auteurs mettent par écrit non pas ce qu'ils savent, mais ce qui leur a été dit, puis se disputent sur des points infimes.

Il existe encore une autre source de confusion : quand est lancée une nouvelle religion, elle recouvre comme une vague conquérante les religions antérieures, mais sans les oblitérer. Un général avisé, conquérant d'un pays nouveau, cherche à adapter ses règles au peuple vaincu afin de créer le moins de trouble possible; les religions se sont donc adaptées aux populations diverses qui les acceptèrent. Ainsi les Chinois et les Japonais révèrent encore leurs ancêtres et ont gardé leur ancien culte, le Shinto, mais en y ajoutant l'éthique du Bouddha; tandis qu'à Ceylan, où la religion a pris un caractère matérialiste, on soutient que rien dans l'homme ne passe de vie en vie, excepté son karma; et pourtant on parle des vies passées et l'on espère atteindre le nirvâna dans une vie future. De même les Chrétiens adoptèrent les fêtes particulières aux nations parmi lesquelles se propagea le Christianisme, mais pour les désigner, trouvèrent très à propos des noms de saints chrétiens.

Les traditions anciennes ont ainsi laissé partout des vestiges — danses diaboliques à Ceylan, culte de Kali dans l'Inde, etc. — pris quelquefois pour la vraie religion et devenant ainsi une source abondante de superstitions.

Il peut arriver que l'on reconnaisse la vérité dans une idée impossible à s'expliquer par le raisonnement; c'est l'autre côté de la question. L'ego sait et il a pour cela de bonnes raisons; mais ces raisons, il ne peut toujours les imprimer dans le cerveau physique; un seul fait y est recueilli, c'est que l'ego sait. Une vérité nouvelle nous est-elle présentée, nous savons immédiatement si nous pouvons ou non l'accepter. Ce n'est pas de la superstition, c'est une conviction profonde et intense. Je ne crois pas que personne éprouve au sujet de l'enfer cette conviction-là. Les uns croient au feu éternel parce qu'on le leur a enseigné. Mais, dira-t-on, ceci ne revient-il pas à sacrifier la raison à l'intuition? Il faut se rappeler ici que le bouddhi, traduit par nous « intuition » est nommé dans l'Inde la « raison pure ». C'est la raison propre à l'ego, raison d'un type supérieur à celui de la raison qui est la nôtre sur les plans inférieurs.

Le Maître donne ensuite des exemples relatifs à cette
question de la superstition.

Il faut apprendre qu'il n'y a pas de cérémonies indispensables; sinon tu te croirais meilleur, en quelque
sorte que ceux qui ne les pratiquent pas. Il ne faut
cependant pas condamner ceux qui s'attachent encore
aux cérémonies. Qu'ils fassent ce qu'ils veulent; seulement qu'eux aussi te laissent libre, toi qui sais la vérité;
il ne faut pas qu'ils cherchent à te ramener de force à ce
point que tu as dépassé. Sois indulgent et bienveillant
en toutes choses.

C. W. L. — Si le Maître a parlé des cérémonies en termes si énergiques, c'est peut-être parce que la vie des jeunes
gens de la haute caste Brahmane dont fait partie Alcyone,
commence à en être très remplie, précisément à l'âge que
celui-ci venait d'atteindre. A cette époque-là, un jeune garçon est porté à s'attribuer une grande importance à cause
de ces cérémonies, car il est l'objet de grandes attentions,
lors de l'*upanayana* ou initiation lui conférant intégralement
les privilèges de sa caste. La vie d'un Brahmane orthodoxe
est remplie de cérémonial — gestes à faire, textes à réciter
au lever, au bain, aux repas et presque dans tous les actes
quotidiens. L'entourage d'Alcyone cherchait probablement
à lui imposer l'observation scrupuleuse de tout cela, dans
la crainte que l'éducation moderne et les amis européens
le détournassent du vieux culte national. Aussi le Maître,
pour mettre Son élève en garde, lui dit-Il que ces cérémonies
n'étaient pas absolument nécessaires; qu'Alcyone les ob-
servât ou qu'il y renonçât, il devait se garder de tomber
dans l'erreur et dans la folie de se croire, sur ce point,
supérieur à autrui.

Les cérémonies chrétiennes diffèrent de celles des Hindous
et des Bouddhistes en ce que généralement de nombreuses
personnes réunies y prennent part. Parmi ces derniers, le
culte est presque toujours individuel; dans le Christianisme
il est surtout collectif. Toutes ces cérémonies ne sont pas nécessaires (sauf pour les personnes dont le tempérament leur
en fait un véritable besoin); elles constituent néanmoins
une forme de la science et s'appliquent suivant des mé-

thodes parfaitement précises aux forces naturelles des plans
intérieurs.

L'énergie spirituelle peut de bien des manières se répandre
sur le monde. La méthode appliquée dans la cérémonie de
la Messe, dans la Sainte Communion ou Sainte Eucharistie,
a été instituée personnellement par le Fondateur du Christianisme, afin de distribuer aux hommes par l'intermédiaire de Son Eglise ce que l'on appelle communément la
grâce divine — certaines forces spirituelles des plans supérieurs; forces superphysiques bien entendu et non surna-
turelles; Il voulut que le prêtre, quelle que fût sa nature,
formât pendant la cérémonie un canal pour la distribution
de cette force. Si le prêtre était véritablement vertueux, donnant toutes ses pensées à la dévotion et au service, cela
n'en serait que mieux; mais les dispositions prises assurent
dans tous les cas l'efficacité du cérémonial pour le plus
grand bien des assistants. L'institution chrétienne générale
comporte l'existence d'églises parsemées sur toute la surface du pays, afin que l'effusion de la grâce se répande et
atteigne chacun. Cette cérémonie fait un bien immense à
des millions d'hommes, mais dire qu'elle est nécessaire au
salut serait faire preuve de superstition.

Des forces diverses sont captées par différentes cérémonies; quel que soit leur degré de spiritualité, toutes obéissent
aux lois de la nature; si donc leur action bienfaisante doit
s'exercer dans le monde physique, il faut pour leur permettre d'agir un mécanisme physique. Il en est de même
pour l'électricité : l'énergie existe toujours et partout autour de nous, toujours elle est active, mais si vous lui demandez un travail particulier, dans des conditions particulières et sur un point particulier, il faut prévoir un appareil physique se prêtant à son action.

A. B. — Les cérémonies, dit le Maître, ne sont pas nécessaires; toutes les religions admettent cette vérité. Dans
l'Inde, le plus élevé, le plus respecté des hommes est le
sannyasi, qui ne pratique aucune cérémonie; il rompt et
jette le fil sacré — naguère son bien le plus précieux, reçu
par lui le jour où comme adolescent, il fut initié dans sa
caste, fil porté durant toute sa vie comme le symbole le
plus sacré — jusqu'au moment où il devient sannyasi.

Les cérémonies sont nécessaires tant que l'homme n'est

pas arrivé à la compréhension et au savoir véritable, tant qu'elles favorisent en lui les bonnes émotions, le calme mental et les nobles élans. La grande majorité des hommes, encore peu développés, ont besoin de tous les genres d'assistance; aucun sage ne condamne donc les cérémonies, même si elles ne lui sont pas nécessaires. La *Bhagavad Gita* est l'évangile du sannyasi; pourtant nous y trouvons ces mots : « Le sage ne doit pas troubler la raison des ignorants attachés à l'action; mais agissant dans l'union avec Moi, il doit rendre toute action attrayante. » (1). L'enfant qui apprend à marcher s'appuie sur tout ce qui est assez ferme pour l'aider à rester debout, chaises, pieds de table ou murs. De même les cérémonies sont des supports destinés à l'homme trop faible encore pour se tenir seul. Au développement progressif de l'homme correspondent des cérémonies plus raffinées, plus belles et plus symboliques; enfin il arrive au moment où elles ne lui sont plus utiles; alors il y renonce. Pour ne pas pratiquer les cérémonies il faut être soit au-dessus, soit au-dessous d'elles.

La responsabilité de choisir le moment d'abandonner les cérémonies ne se partage avec personne; à chacun de décider pour soi-même. Personne ne peut prendre la responsabilité d'indiquer le moment où un homme doit devenir yogui. De même pour les cérémonies : nul ne doit critiquer une personne qui se décide à l'abandon des cérémonies, ou qui préfère les suivre encore. Quelquefois même, certaine qu'elle n'en a plus besoin, une personne continue à les observer, à cause de la position qu'elle occupe dans la communauté; elle est seule responsable de son choix; nous ne devons donc blâmer ni ceux qui prennent part aux cérémonies, ni ceux qui s'en abstiennent.

Les cérémonies peuvent présenter à la fois un danger et une aide. L'Hindouisme ancien défendait expressément de prononcer dans une foule certaines formules, non pour priver les gens d'aucun avantage, mais pour éviter le mal que pourraient faire à quelques personnes certaines vibrations. Voilà pourquoi le Manou édicta la loi que seuls pouvaient être conviés aux cérémonies du *shraddha* les Brahmanes instruits et vertueux. Une personne disposant d'une certaine

____

(1) *Op. cit.*, III, 26, Trad. Kamensky.

puissance, mais sans bien savoir à quel moment s'en servir et à quel moment la réserver, pourrait, en prenant part à telle cérémonie, communiquer aux formules une énergie capable de faire mal aux assistants; il est donc prudent, si cette faculté a commencé à se manifester, de rester à l'écart. J'ai constaté par exemple, en suivant, à Gaya, la célébration du *shraddha*, qu'en y ajoutant ma propre force les prêtres en auraient souffert, car plusieurs mantras récités par eux étaient extrêmements puissants. Quant à eux-mêmes, leur influence était nulle car ils étaient ignorants et de vie assez peu régulière. Mme Blavatsky conseillait aux étudiants en occultisme de ne pas se mêler à une foule, à moins d'être en parfaite sympathie avec elle, et cela, non pas simplement à cause de l'effet produit sur leurs propres auras, mais aussi parce que leur force pourrait faire plus de mal que de bien. Dans des cas semblables, une personne avertie peut juger préférable de ne point prendre part à certaines cérémonies, alors qu'une autre, ne sachant pas prononcer la formule de façon à mettre en jeu la force qui réside en réalité dans ces paroles, pourrait être présente sans aucun inconvénient pour les assistants, quels qu'ils fussent.

Maintenant que tes yeux sont ouverts, quelques-unes de tes anciennes croyances, de tes anciennes cérémonies peuvent te sembler absurdes; peut-être le sont-elles en effet. Néanmoins, quoique tu ne puisses plus y participer, respecte-les pour l'amour de ces bonnes âmes qui y attachent encore tant d'importance. Ces cérémonies ont leur place, leur utilité; elles sont comme ces doubles traits qui t'aidaient, enfant, à écrire en lignes droites également espacées, jusqu'au moment où tu as appris à écrire bien mieux et plus facilement sans leur secours. Il y eut un temps où tu en avais besoin, mais à présent ce temps est passé.

A. B. — A mesure que nous avançons en âge et en savoir, certaines choses auxquelles, dans le passé, nous ajoutions foi, prennent inévitablement un aspect irréel et même absurde; cependant nous pouvons encore les regarder avec bienveillance et sympathie, comme nous regardons une petite fille jouant avec un paquet de chiffons qu'elle a déclaré être une poupée. A un certain point de vue, l'acte est assez comique, mais il lui rend grand service, car il développe chez la petite fille l'instinct maternel; elle ne voit pas les chiffons; elle voit un enfant; en dorlotant et en soignant son enfant imaginaire, elle apprend la tendresse et la protection maternelles, la sollicitude pour les êtres faibles et sans défense. Aussi, quand nous sourions à la vue de cette petite fille, c'est avec beaucoup de tendresse et de douceur. Il en est ainsi de nos croyances, de nos cérémonies d'autrefois; elles tinrent une place dans notre vie, elles eurent leur utilité.

Une tribu sauvage se livre-t-elle à des cérémonies qui nous semblent tout à fait absurdes; voyons-nous — chose fréquente dans l'Inde — attacher un chiffon en guise d'offrande à un arbre du village, ne méprisons pas la façon naïve dont s'exprime la dévotion de ce sauvage ou de ce villageois, mais considérons le sentiment qui l'inspire. Leurs humbles offrandes peuvent avoir à leurs yeux autant d'importance qu'aux nôtres les dons les plus précieux. Au fond, c'est le même esprit.

Les offrandes extérieures ne sont jamais nécessaires; la seule acceptable est l'offrande du cœur et quand celle-ci accompagne le présent le plus pauvre, le don devient acceptable; aussi est-il dit dans la *Gita :* « Quoi que ce soit qu'on M'offre avec dévotion : une feuille, une fleur, un fruit ou de l'eau, Je l'accepte de mon serviteur comme une offrande faite avec amour. » (1). Il serait dur et peu fraternel de décourager ces pratiques; par exemple, d'arracher de l'arbre le chiffon, comme on l'a fait quelquefois; ce serait montrer que le sentiment de l'unité n'existe absolument pas en nous.

C. W. L. — Témoignez toujours à l'enfance douceur et bonté, tant à l'enfance des individus qu'à l'enfance générale de la race humaine au stage actuel. Notre Présidente a parlé d'une petite fille donnant ses soins à un paquet de chiffons et prétendant qu'elle tient une poupée. C'est là, bien entendu, une superstition, mais en même temps nul ne songe à s'indigner ou à gronder l'enfant. Sur le plan physique c'est bien un paquet de chiffons, mais dans l'imagination enfan-

(1) *Op. cit.,* IX, 26.

tine il se peut que ce soit presque un être vivant, présentant toutes sortes de qualités. Impossible de troubler l'idée conçue par le mental de l'enfant sans nuire au développement des bons sentiments qui s'éveillent.

Elle a aussi mentionné la coutume des gens du peuple dans l'Inde, qui attachent parfois un bout de chiffon à un arbre comme offrande à la divinité. A cette vue, le missionnaire chrétien du type moyen se mettrait fort en colère et prouverait ainsi sa propre ignorance, car l'offrande est faite en toute sincérité. L'âme comparativement rudimentaire et enfantine agit dans une bonne intention; il faut donc prendre l'acte comme la poupée de chiffon et pour ce qu'il signifie. Le villageois répand un peu d'eau en guise de libation ou bien il offre une fleur — bien pauvre présent en vérité — mais pourquoi serait-il méprisé. Le Christ Lui-même a dit que ceux qui donnaient en Son nom, même un verre d'eau, recevraient leur récompense. Se rappeler aussi qu'aucun peuple, même le plus primitif, ne prend la statue ou la forme pour la réalité; tous ont plus ou moins le sentiment de la Divinité qu'elles représentent.

Un grand instructeur écrivit un jour: « Quand j'étais un enfant, je parlais comme un enfant, je pensais comme un enfant, mais quand je suis devenu un homme, j'ai laissé là les façons de l'enfant ». Toutefois, celui qui a oublié son enfance et perdu toute sympathie pour les enfants ne pourra les instruire et les aider. Regarde donc tous les hommes avec bonté, douceur et tolérance, mais regarde-les *tous de même*, qu'ils soient Bouddhistes ou Hindous, Djaïnistes ou Juifs, Chrétiens ou Mahométans.

A. B. — Vous trouverez ici une définition exacte de l'occultiste : c'est l'homme qui n'a pas oublié son enfance; devenu homme, il se rappelle les expériences faites et peut ainsi aider tous les hommes. Pour développer en nous cette faculté de sympathie envers tous et d'assistance prêtée à tous, il est utile de traduire vos pensées religieuses dans les termes de quelque religion exotérique et de les incorporer dans ses formules particulières. Nous avons tous un lan-

gage qui nous est propre dont nous nous servons vis-à-vis
de nous-mêmes, jusqu'au moment où nous possédons un langage commun, intelligible pour tous. Les étudiants feraient
bien d'étudier une langue ou forme autre que la leur. Ceux
qui ont reçu une éducation chrétienne pourraient s'exercer
à parler et à penser en termes hindous; ils apprendraient
alors à envisager les questions au point de vue hindou et
constateraient avec étonnement combien elles diffèrent de
l'idée qu'ils s'en étaient faite. De même les Hindous pourraient apprendre à parler et à penser dans les termes employés par le christianisme.

Shri Ramakrishna Paramahamsa, le gourou du Swami
Vivekananda, se soumit à cette discipline. Il choisit successivement plusieurs religions et pendant un certain temps
suivit les méthodes et pratiques de chacune. Par exemple
le Christianisme : il pria comme un Chrétien, pensa en
termes chrétiens, se vêtit comme un Chrétien. Il passa ainsi
d'une religion à une autre et apprit à s'identifier avec
chacune en mettant à profit tous les moyens extérieurs imaginables pour faciliter ses efforts. Lorsqu'il s'appliquait à
comprendre le côté maternel dans la nature, représenté en
Occident par la Vierge Marie, en Hindouisme par les Shaktis,
il s'habillait en femme et en pensée se considérait comme
étant femme. Ces pratiques eurent certainement en ce qui
le concerne un très beau résultat, car aucune différence religieuse extérieure ne put dès lors l'affecter.

Voilà une méthode qui ressemble bien peu à celle que l'on
suit d'ordinaire! Pourtant le seul moyen de remplir les conditions exigées d'un disciple est d'apprendre à s'identifier
avec tous ceux qui nous entourent. Shri Ramakrishna était
avant tout un bhakta, un fervent, et il s'instruisit de la
sorte par l'émotion.

L'aspirant devrait donc, pendant un certain temps, se
dire qu'il est un Hindou, un Bouddhiste, ou une femme —
enfin ce qu'il n'est pas. Bien rares les hommes qui essaient
jamais de penser ou de sentir comme le fait une femme,
de voir les choses comme elle les voit elle-même! Je suppose
de même que très peu de femmes tâchent véritablement de
voir les choses du point de vue masculin; mais le défaut
est plus marqué chez les hommes; un homme tient toujours
à bien se sentir « lui-même ». Il me semble que même parmi

les Théosophes le fait que notre fraternité ne comporte aucune différence de sexe est parfois oublié.

Apprenez aussi à comprendre comment les choses vous apparaîtraient si vous les aperceviez dans une atmosphère spéciale et pour vous inaccoutumée. Il faut vous guérir de l'habitude de considérer exclusivement les choses à votre point de vue personnel — c'est contraire à l'occultisme. Faites-le et le monde vous blâmera; votre impartialité et votre sympathie passeront pour indifférence. Cela ne présente d'ailleurs aucune importance. J'ai été accusée en Occident d'être « trop hindoue », en Orient d'être « trop chrétienne », parce qu'en Occident je parle un langage occidental ce qu'aux Indes on n'aime pas, et qu'en Orient j'emploie des termes orientaux, ce qui déplaît aux Occidentaux. S'en plaint-on, je réponds toujours que je m'adresse aux gens dans le langage qu'ils comprennent.

Ces plaintes et ce blâme proviennent de ce que, pour juger, l'on se place au pôle inférieur et non au pôle supérieur. Apprendre à parler de nombreux langages religieux est une des leçons nécessaires à une personne destinée à porter le message dans beaucoup de pays. Cette vérité n'est pas nouvelle; le blâme infligé à cette manière de faire n'est pas nouveau non plus. Le grand reproche fait à saint Paul était qu'il fût tout en tous. L'apôtre écrivait : « Car, bien que je sois libre à l'égard de tous, je me suis rendu le serviteur de tous, afin de gagner le plus grand nombre. Avec les Juifs j'ai été comme Juif afin de gagner les Juifs; avec ceux qui sont sous la loi, comme sous la loi (quoique je ne sois pas moi-même sous la loi) afin de gagner ceux qui sont sous la loi; avec ceux qui sont sans loi comme sans loi (quoique je ne sois point sans la loi de Dieu, étant sous la loi du Christ), afin de gagner ceux qui sont sans loi. J'ai été faible avec les faibles, afin de gagner les faibles. Je me suis fait tout à tous, afin d'en sauver de toute manière quelques-uns. » (1).

D'abord le plus étroit, il devint le plus libéral des hommes; après avoir appartenu à l'une des sectes juives les plus strictes, il devint cependant l'apôtre des gentils — transformation remarquable.

______

(1) 1 *Cor.*, IX, 19-22.

L'occultiste appartient soit à aucune religion, soit à toutes, comme vous voudrez — à aucune exclusivement, à toutes inclusivement. La tolérance c'est au moins cela. S'il est bon de s'abstenir des controverses, c'est que l'on risque de verser momentanément dans l'intolérance; si l'on veut aboutir, il est difficile d'être tout à fait impartial en combattant une opinion étroite. Exprimez toujours la vérité en vous plaçant au point de vue de l'unité et non pas à celui de la différence; alors seulement vous deviendrez capables d'aider tous les hommes et tous de la même façon; alors seulement vous pourrez voir les bons éléments en chacun et en tous, laissant de côté les imperfections ou sachant regarder au delà.

C. W. L. — Le Théosophe a pour but la fraternité, sans distinction de race, de religion, de caste, de sexe ou de couleur. La meilleure manière d'y conformer notre vie est d'arriver à partager les sentiments et les pensées d'autres races, d'autres religions, comme aussi de l'autre sexe. L'homme oublie qu'il est né souvent sous une forme féminine; la femme, elle aussi, oublie qu'elle s'est souvent incarnée dans des corps masculins. Sans que la tâche soit facile, il n'est pas de meilleur exercice : pour l'homme que de se mettre en pensée à la place de la femme et de comprendre sa manière de regarder la vie; pour la femme que de se rendre compte du point de vue masculin. A divers égards, les deux point de vue diffèrent étonnamment. Une personne qui peut identifier sa conscience avec celle du sexe opposé a déjà fait un pas vers une fraternité qui dépasse la notion du sexe. Après avoir essayé de comprendre le point de vue de ses sœurs, ou de sa mère ou de sa femme, un homme peut étendre cette pratique à des personnes appartenant à des religions et à des races autre que les siennes. C'est un exercice des plus utiles, car on ne peut comprendre le point de vue d'autrui et lui accorder sa sympathie sans avoir élargi d'autant son point de vue personnel.

Au sujet de la tolérance, le Talmud raconte cette jolie histoire : un voyageur était venu trouver Abraham; au moment où, conformément à la coutume du désert, il allait recevoir à manger et à boire, le patriarche lui dit de louer Dieu avant le repas, mais l'étranger refusa en alléguant que Dieu lui était inconnu. Abraham en colère se leva, chassa l'hôte de sa tente et lui refusa tout. Puis le Seigneur vint

à passer comme Il avait apparemment coutume de le faire
en ce temps-là, et dit : « Pourquoi l'avoir renvoyé ? » Abraham répondit avec beaucoup d'indignation : « Seigneur, il
a refusé de reconnaître Votre Nom ; c'est un infidèle et des
pires. » « Oui, lui dit le Seigneur, mais je l'ai supporté pendant soixante ans, tu pourrais bien le supporter pendant
une heure. »

Parmi nous certains Théosophes restent attachés à une
religion extérieure ; il me semble pourtant que nous devrions
pouvoir nous dire membres d'aucune religion exclusivement
mais de toutes inclusivement. Par exemple, je suis moi-
même Chrétien et évêque, mais je suis également Bouddhiste, car j'ai prononcé les vœux et assumé les obligations
par lesquels j'ai pris pour guide Notre Seigneur le Bouddha ;
il n'en résultait pas pour moi le devoir de renoncer à aucune
autre religion. A cet égard, le Bouddhisme est peut-être la
religion la plus libérale ; il ne vous demande pas ce que vous
croyez, mais simplement si vous êtes résolu à suivre la doctrine de Notre Seigneur le Bouddha et à y conformer votre
vie autant que possible. Un Chrétien, un Mahométan ou le
sectateur de toute autre religion peut dire : « Cette doctrine
est bonne, je veux la suivre » et devenir ainsi Bouddhiste
sans abandonner sa religion précédente. La Théosophie est
la vérité sur laquelle reposent toutes ces religions. Si nous
étudions la religion comparée, ce n'est pas seulement pour
constater dans toute religion la présence des vérités théosophiques, mais encore pour comprendre les différentes manières dont la vérité se trouve présentée, et devenir ainsi
capables d'aider en les employant toutes.

Notre Présidente nous montre la valeur de ce principe :
aux Hindous elle parle en Hindoue ; à l'appui de ses paroles
elle cite leurs textes sacrés et emploie certains de leurs
termes sanscrits, auxquels sont attachés les Hindous, comme
les Catholiques romains au latin sonore ; s'adressant aux
Bouddhistes, elle leur présente exactement les mêmes idées
mais en citant Notre Seigneur le Bouddha et en employant
les termes bouddhistes. Dans le monde occidental vous l'entendez parler aux Chrétiens dans leur propre langage ; sans
modifier en rien sa foi ou sa religion personnelle ; elle se
contente de parler leur langage. Il va sans dire qu'elle est
très versée dans toutes ces religions. Quand nous connais-

sons la vérité qui est au fond de chacune; si même nos
connaissances et notre faculté d'élocution ne se comparent
pas encore à celles de notre Présidente, beaucoup d'entre
nous peuvent arriver, en étudiant quelque peu le manuel
de telle religion particulière, à bien comprendre cette religion et à présenter la vérité dans ses propres termes, enfin
à expliquer le sens de beaucoup de points restés obscurs
pour d'autres personnes. Le colonel Olcott l'a fait bien souvent en ma présence; sans appartenir au type d'homme stu-
dieux ou érudit, c'était un conférencier de premier ordre,
il s'adressait avec succès à des auditoires composés d'Hindous, de Parsis et de Bouddhistes, parmi lesquels des
hommes versés dans ces religions diverses étaient d'accord
pour déclarer qu'il avait jeté sur leurs religions respectives
une lumière nouvelle. Voilà qui montre comment la Théosophie est la clef « passe-partout » de toutes les religions.
Dans les grands congrès de notre Société tenus à Adyar, le
même fait se constate d'une autre manière : des personnes
appartenant à beaucoup de religions et de races différentes
s'y trouvent assemblées, et il est impossible d'assister aux
congrès sans être profondément impressionné non seulement par la tolérance mais aussi par l'esprit affectueuse-
ment fraternel qui s'y manifestent.

CHAPITRE XXI

LE CONTENTEMENT

4. *Le Contentement.* — Il faut supporter joyeusement ton Karma quel qu'il soit, et accepter la souffrance comme un honneur, parce qu'elle prouve que les Seigneurs du Karma te trouvent dignes d'aider.

A. B. — C'est la qualité — je le rappelle — qui était souvent autrefois traduite par endurance. L'endurance peut être une vertu assez négative, mais ce qui vous incombe, c'est moins d'endurer des maux inévitables que de les accepter avec sérénité, avec égalité d'humeur et d'accueillir en souriant toutes les peines. Le mot contentement résume sur ce point particulier toutes les exigences des grands Instructeurs. Beaucoup de personnes sont capables d'endurer, mais elles le font avec tristesse; il faut conserver la sérénité dans toutes vos épreuves et dans toutes vos préoccupations. Certains ouvrages hindous l'affirment avec beaucoup d'insistance : il faut prendre les choses gaiement.

Le Karma se trouve très accéléré pour les gens qui sortent des rangs et se présentent comme candidats au Sentier — fait maintes fois souligné. Cette disposition est prise d'abord pour leur faire comprendre à quoi ils peuvent s'attendre, deuxièmement pour leur rendre courage quand l'expérience de théorique devient effective, car la différence est grande.

Le Karma est une loi de la nature, ses sanctions peuvent être momentanément évitées ou, au contraire, appliquées sans retard; autrement dit, vous pouvez vous soumettre soit à des conditions faisant jouer ces sanctions, soit à d'autres qui momentanément vous en préservent. Il est nécessaire de répéter très souvent que les lois de la nature ne sont pas des actes législatifs; elle ne nous ordonnent l'accomplissement de rien. Prenons un exemple à la portée de tout le monde : les forces électriques sont sans cesse actives autour de nous, mais si nous voulons qu'elles produisent certains effets sur un point et à une heure donnés, il nous faut un appareil spécial pour les amener à se manifester. De même le Karma est une loi naturelle et l'appareil capable de le rendre actif dans l'existence d'un individu peut se trouver représenté par l'apparition de l'homme sur la scène de la vie physique, c'est-à-dire par la naissance. Certains changements survenus dans la vie d'un homme peuvent intensifier et accélérer beaucoup l'action exercée sur lui par la loi karmique. Quand, par exemple, vous vous offrez comme candidat au progrès rapide, les Administrateurs des lois du Karma peuvent, avec le consentement que vous avez donné, modifier pour ainsi dire l'appareil et permettre à l'énergie qui l'anime de se manifester davantage et de se dépenser en moins de temps sur votre personne. Votre volonté a seule déterminé la modification de l'appareil.

Si le désir, exprimé par l'homme, de croître plus vite et par conséquent de s'acquitter plus rapidement de son mauvais Karma, est un désir sincère, une intention bien arrêtée, alors les Seigneurs du Karma reçoivent son vœu; ils mettent en mouvement le Karma qu'il a généré dans le passé et le ' 'ssent fondre sur lui. Le Karma existait; l'homme ne c᠎ ᠎ien de nouveau mais commence à déblayer ce qu'il a précédemment accumulé.

Si vous comprenez ce qui se passe, rien de ce qui arrive ne pourra vous surprendre. Voyez les vies d'Alcyone et tout ce qu'elles offrent de terrible. Dans une de ces vies l'enfant est assassiné; dans une autre il est exécuté pour un crime dont il est innocent, et ainsi de suite. Sous forme d'un récit l'on a peine à comprendre ces choses, mais vous les trouveriez affreuses si l'une d'elles vous arrivait dans votre existence actuelle. Tous ces malheurs, toutes ces peines représentent autant de mauvais Karma supprimé.

Quand vos soucis se multiplient, c'est que les Seigneurs du Karma ont noté votre vœu; or c'est là un bon signe. Si tout allait bien pour vous, il faudrait en conclure que vous n'avez pas encore éveillé leur attention. Ici encore, les vues de l'occultisme et les idées de ce monde sont en opposition; ce que le monde trouve mauvais est bon au point de vue occulte.

Les douleurs et les pertes qui vous accablent s'aggravent-elles du blâme et des critiques sévères de votre entourage, vous avez de tous les Karmas le plus favorable. Certaines infortunes éveillent immédiatement la sympathie d'autrui, et l'homme qui souffre puise en elle un grand secours. Par contre d'autres infortunes provoquent le blâme. Il se peut que vous ayez agi de votre mieux mais de cruelles souffrances vous assaillent et, de plus, le monde se tourne contre vous et vous blâme. Quand ceci arrive, l'homme acquitte une masse d'ancien karma; ce facteur additionnel et désagréable permet de payer vite et complètement.

Il est facile de voir que ces faits sont vrais en théorie, quand ils vous sont exposés de vive voix ou dans les livres, mais ce que vous devez faire c'est de vous les rappeler au moment opportun. En général, on les admet en attendant le moment de les mettre en pratique, mais à l'admission succède très vite l'oubli. Tâchez de les faire pénétrer si bien dans votre mental que vous ne puissiez les oublier, qu'en y pensant vous puisiez la force de souffrir et la faculté d'assister vos frères dans leur propre souffrance. La nette compréhension qui vous est nécessaire pourra se trouver légèrement facilitée en regardant autour de vous et en notant avec quelle fréquence les épreuves frappent de très braves gens qui, dit-on si souvent, n'ont rien fait pour les mériter — rien du moins dans leurs vies présentes, reconnues belles et utiles. Nous avons une tendance à nous comparer à ceux qui sont plus heureux que nous; il est bon parfois de nous comparer à ceux qui le sont moins, afin d'éveiller en nous la reconnaissance pour tous les biens qui nous sont échus. Nous sommes portés à oublier tous nos motifs de gratitude, parce que nous pensons constamment aux douleurs et aux pertes qui forment notre lot et c'est ce que nous ne devrions pas faire.

C. W. L. — Il est impossible, à qui comprend bien la loi karmique et y croit, de ne pas conserver la sérénité. Bien se dire que le Karma est une loi comme la gravitation et qu'elle agit toujours. On semble parfois supposer — et l'on en parle de la sorte — que le Karma opère occasionnellement, quand l'on agit. Cela n'est pas vrai; nous lui sommes soumis à tout instant. L'homme fournit à la loi karmique l'occasion de s'exercer sur lui chaque fois qu'il agit, pense ou parle d'une façon quelconque. Nous sommes constamment en compte avec le Karma : c'est le total général de nos bonnes et de nos mauvaises actions. Comme nous avons tous traversé des phases de sauvagerie où, sans empire sur nous-mêmes, nous faisions mainte chose répréhensible, une certaine quantité de mauvais Karma nous attend probablement tous, à moins que nous n'ayons passé de nombreuses vies à l'acquitter. Subissons-nous les atteintes de la souffrance, il faut en conclure que nous payons peut-être la dernière partie de ce Karma. En lisant les récits concernant certains saints les plus éminents, nous constaterons qu'ils ont dû subir des souffrances immenses. Tous les hommes qui ont essayé d'aider l'humanité ont terriblement souffert. Cela fait partie de l'entraînement exigé pour l'Initiation, mais la justice reste absolue, car aucune injustice n'est possible, pas même pour favoriser l'entraînement.

Les Seigneurs du Karma sont simplement les Administrateurs de cette Loi. Le mot Seigneur manque peut-être, à certains égards, de précision, car il donne plutôt à penser qu'Ils dirigent et gouvernent le Karma. La gravitation ne se laisse ni diriger, ni gouverner, mais vous pouvez, en prenant certaines dispositions, vous en servir sur certains points et de certaines manières. Il en est de même du Karma; ceux dont le travail s'y rapporte en sont les administrateurs. Entre autres fonctions, les Seigneurs du Karma ont celle de choisir une certaine partie dans les dettes karmiques d'un homme et de la lui faire acquitter dans son incarnation prochaine; ils ne peuvent prendre plus de bien ou de mal qu'il n'y en a dans le Karma de cet homme, mais Ils y choisiront assurément ce qu'Ils le jugent capable de payer. Pourtant, la volonté humaine reste libre et si le Karma choisi est réglé plus vite qu'Ils ne supposaient, Ils peuvent, si j'ose dire, en donner un peu plus. Tel est le sens du passage extraordinaire : « Le Seigneur châtie ceux qu'Il aime ». Certaines gens s'attirent aussi beaucoup de peines qui n'appartiennent pas à leur Karma ancien, en se révoltant contre les circonstances au lieu de les prendre avec philosophie — mais les Seigneurs du Karma ne sont pas responsables de cela.

Si dur qu'il puisse être, sois reconnaissant qu'il ne le soit pas davantage.

C. W. L. — La tendance de presque toutes les personnes

qui souffrent est de s'en plaindre et de penser au temps
où les choses allaient mieux. Prenant l'attitude opposée,
nous pouvons dire : « Il aurait pu m'arriver bien pis »,
ou encore : « Je suis très heureux d'acquitter tout ce karma;
j'aurais pu en avoir beaucoup plus à régler; je veux au
moins en tirer le meilleur parti ».

Souviens-toi que tu est de peu d'utilité au Maître tant
que ton mauvais Karma n'est pas épuisé et que tu n'es
pas libéré.

A. B. — Au point de vue du Maître, il est très bon pour
un homme de se libérer d'une dette karmique menaçante,
car, ne l'oublions pas, le Maître est gêné par le mauvais
Karma des personnes qui aspirent à Le servir; ce Karma
L'empêche de les employer comme Il le ferait sans cela.
Mᵐᵉ Blavatsky, qui s'exprimait toujours avec beaucoup de
franchise sur son propre compte (elle était absolument véridique) disait de la crise causée par les Coulomb : « Je n'ai
rien fait aujourd'hui pour la mériter; c'est une vieille
dette ». Se libérer de ce Karma était pour elle d'une importance capitale; la façon scandaleuse et infâme dont elle se
vit traitée tant que dura l'affaire, se trouva donc être pour
elle la plus grande des bénédictions; H. P. B. en convenait
en examinant la situation avec philosophie, mais en surface, elle en éprouvait parfois quelque trouble.

Tous les aspirants devraient être aidés par cette pensée,
aidés à détourner leurs regards d'eux-mêmes et à les fixer
sur Lui, en se disant : « Les épreuves que je subis me rendront plus aptes à Le servir ».

Si vous avez sollicité l'accélération de votre Karma, il
est déraisonnable de vous plaindre quand votre demande
est accordée. Puisez une inspiration constante dans cette
pensée : « Plus je serai libre et mieux je pourrai servir le
Maître ». Une fois donné, un présent n'est pas repris. Voilà
une idée très fréquente dans les vieux livres indiens; leurs
récits y reviennent sans cesse; le présent fait, la parole prononcée ne peuvent être repris. Les circonstances vous ren-
dent-elles à nouveau possesseur d'un cadeau fait jadis par
vous, il faut le donner encore; il ne vous appartient pas;
le conserver serait un vol. Si donc vous vous êtes donné
vous-même — c'est le plus grand et le plus beau des pré-

sents — ne vous reprenez jamais. En paroles on se donne continuellement au Maître, mais en gardant un doigt posé sur le présent afin de pouvoir le tirer de nouveau en arrière si le Maître les prend au mot, et Il le fait quelquefois, pour leur montrer qu'ils se sont fait illusion et qu'ils ont promis plus qu'ils ne pouvaient tenir.

C. W. L. — Si un homme pouvait épuiser tout son mauvais Karma, il disposerait, pour l'œuvre de son Maître, de tout son temps et de toutes ses forces. Comme il a été expliqué, le Maître est gêné par notre mauvais Karma; en nous en libérant rapidement nous devenons plus aptes à Le servir. Mme Blavatsky l'affirmait avec une grande énergie, vers 1884, lorsqu'elle eut à subir les attaques de Mme Coulomb et d'autres personnes habitant Madras. Indignée de cette hostilité, attristée par l'ingratitude qu'on lui manifestait ainsi, se demandant avec inquiétude si tout cela réagirait sur la Société et lui serait nuisible, elle disait cependant : « Au moins rappelons-nous toujours que toutes ces peines Lui vaudront une servante plus utile ».

Cette idée, nous pouvons l'appliquer aux peines de la Société comme aux nôtres. Pensez toujours au service du Maître quand la Société se libère d'éléments mauvais; elle reprend sa marche en avant dès que la crise est passée, car s'étant débarrassée d'un certain mauvais Karma, elle est devenue plus utile, un meilleur instrument dans les mains de ses véritables possesseurs.

Délivrée de cette partie de son Karma, la Société put viser des buts plus élevés. Ce genre de Karma expulse la matière morte, c'est-à-dire les gens qui, suivant l'expression de Mme Blavatsky, sont arrivés, en ce qui concerne la vérité « au point de saturation » et ne peuvent plus avancer. Précédemment ils ont pu se montrer très utiles, mais ils font maintenant obstacle au progrès. Les autres, tant que nous sommes, regrettons souvent très vivement de perdre ces amis. Lors de la dernière crise, estimant que j'étais un peu le centre de l'orage et que bien des personnes qui ne comprenaient pas la situation étaient assez excusables, j'osai dire au Mahachohan que l'épreuve était bien dure pour elles, et sollicitai Sa grâce en leur faveur. Naturellement, ma présomption Le fit sourire avec bonté et Il demanda : « Serez-vous content si ces mêmes gens rejettent aussi Mrs Besant ? » « Oui, dis-je, certainement ». Je sentais bien qu'ils ne feraient pas *cela*. Or, peu de mois plus tard, ils se tournèrent effectivement contre elle ; alors le Mahachohan me dit, avec le même sourire : « Vous voyez ; pour la vie présente, leur soleil s'est couché. Mais il y a d'autres vies et demain le soleil se lèvera de nouveau ».

Nul n'est indispensable, bien qu'il arrive dans l'Inde qu'une Loge se constitue autour d'un membre influent, puis se dissout lorsqu'il va demeurer dans une autre ville. Quand partit Mme Blavatsky, beaucoup d'entre nous, habitués à recevoir d'elle une inspiration quotidienne, sentirent que la lumière les avait quittés. Alors s'affirma une autre grande individualité, celle de notre Présidente actuelle. Je suis sûr pourtant qu'elle serait la première à nous dire que, le jour où elle nous quitterait à son tour, il ne faudrait avoir aucune crainte pour la Société. Les instruments changent de corps — « aux yeux des ignorants ils semblent mourir ». Mais les Maîtres sont là ; Ils ne meurent pas et, tant qu'Ils seront présents, il se trouvera toujours quelqu'un pour continuer Leur œuvre.

En t'offrant à Lui, tu as demandé que ton Karma soit précipité de sorte que tu épuises en une ou deux vies ce qui, autrement, en aurait demandé une centaine. Mais pour en tirer le meilleur parti, il faut le supporter avec joie et contentement.

A. B. — La manière dont une vieille dette est payée génère une cause nouvelle ; il ne faut jamais l'oublier. Si vous tirez le meilleur parti de ce qui semble être un mauvais Karma, vous mettez en jeu de nouvelles forces pour le bien ; si au contraire, ne vous prêtant pas volontiers à l'action du mauvais Karma, vous payez vos dettes à contre-cœur, il arrive le contraire. Rappelez-vous les paroles du Christ dans le sermon sur la montagne : « Accorde-toi promptement avec ton adversaire, pendant que tu es en chemin avec lui » (1). Il est bon de suivre ce conseil quand surviennent les circonstances adverses. Vos soucis, vos pertes ont une apparence ennemie, accueillez-les bravement, met-

(1) S. *Matth.*, V, 25.

tez-vous vite d'accord avec eux et vous en aurez fini. Nous pourrions nous débarrasser beaucoup plus vite de notre mauvais Karma si, en récoltant l'ancien, nous n'en semions du nouveau.

C. W. L. — On parle souvent de se donner au Maître et puis l'on a peur que le Maître ne demande trop. C'est la mentalité d'Ananias et de Sapphire. Ce couple infortuné avait tous les droits possibles de conserver pour lui-même une partie des biens, s'il le voulait ainsi; où il faisait erreur, c'est en prétendant qu'il avait tout donné. Nous passons par une certaine phase caractérisée par ce sentiment : « Je donne ceci; je puis faire cela pour Lui, mais je ne puis me donner sans réserve ». En s'offrant au Maître il faudrait y mettre autant de générosité qu'à tout autre don, ne poser aucune condition quant à la façon dont sera employé notre présent, n'éprouver aucun désir d'en reprendre une partie Que chacun en soit bien convaincu : le Maître n'exigera pas trop; si nous nous offrons à Lui il ne faut être ni surpris, ni choqués si la souffrance fond tout à coup sur nous; c'est le signe que l'offrande a été partiellement agréée. Le monde donne donc à tort le nom de maux et de douleurs aux signes d'un progrès rapide. Souvent, au lieu de nous accorder leur sympathie, les gens nous blâment, mais en général c'est le meilleur des Karmas. Etre mal compris, voir notre bien travesti en mal, comme le dit Ruysbroek, voilà qui semble toujours nous attendre en approchant du but final; telle fut, au cours de l'histoire, l'expérience de tout grand instructeur occulte ou mystique. Le seul fait de supporter cela gaiement génère du bon Karma et développe en nous diverses qualités précieuses — la patience, la persévérance, l'endurance, la longanimité, la décision. Du mal ancien nous pouvons ainsi tirer le bien.

Un autre point encore : il faut renoncer à tout sentiment de possession. Il se peut que Karma t'enlève les choses auxquelles tu tiens le plus... peut-être même les personnes que tu aimes le mieux; même alors, tu dois être prêt à te séparer avec joie de n'importe quoi et de n'importe qui.

A. B. — Nous arrivons maintenant à un point infiniment plus difficile que le précédent, beaucoup plus difficile que de supporter le Karma d'autrefois. Il faut éliminer tout sentiment de possession — d'abord en ce qui concerne les choses, puis en ce qui concerne les personnes. Cette dernière élimination est une tâche plus délicate. Avez-vous renoncé à tout sentiment de possession à l'égard de ceux qui vons sont le plus cher? On le suppose parfois, les circonstances viennent alors vous mettre à l'épreuve et montrent souvent que l'on se trompait. Etes-vous capable de laisser une vie se séparer de la vôtre, une vie qui vous est plus précieuse que votre propre existence? Vous pouvez appeler cette séparation l'épreuve dernière et la plus pénible de la dévotion réelle témoignée par vous au Maître. Tous les aspirants devraient, sur ce point, s'éprouver euxmêmes, avant que l'épreuve proprement dite ne soit amenée par les circonstances; l'exercice préliminaire peut atténuer le coup. N'essayez pas de détruire l'amour que vous portez à autrui — c'est la méthode spéciale aux puissances noires. Vous pourriez vous exercer, tout en continuant à aimer comme auparavant une personne donnée, à éviter pendant un certain temps sa société, en faisant un travail qui vous oblige à rester éloigné de la personne qui fait le charme de votre vie. Si vous pouvez le faire avec entrain et gaieté, vous êtes déjà préparé à répondre à l'appel quand il vous sera adressé — l'appel de tout laisser et de suivre le Maître.

Rappelez-vous avec quelle insistance cette idée se trouve répétée dans les récits, parvenus jusqu'à nous, de ce qui se passa lors du séjour de Notre Seigneur Maitreya en Palestine. Les appelés ne se montrèrent pas tous à la hauteur de l'occasion; il y en eut cependant. Ceux qui abandonnèrent tout et Le suivirent devinrent instructeurs après son départ; les autres n'entendirent plus jamais parler de Lui. Souvenez-vous du jeune homme riche qui s'en alla tout triste, bien que l'abandon de ses richesses lui fût seul demandé. Certains croient qu'à la place de ce jeune homme ils auraient immédiatement répondu à l'appel; pourtant, je ne suis pas sûre que beaucoup de gens soient capables d'abandonner une grande fortune pour suivre un prédicateur vagabond, car ce fut sous cette apparence que Se manifesta le Christ, celle d'un instructeur errant, entouré de quelques hommes sans éducation. L'épreuve du disciple est bien celle-là : abandonner tout — les choses auxquelles vous tenez le plus et les personnes que vous aimez le mieux — et suivre le Maître.

C. W. L. — Il faut bien comprendre que rien, personnellement parlant, ne nous appartient et que tout ce que nous possédons nous est confié pour seconder l'évolution. Un tel est-il riche, influent, c'est que ces avantages donnent l'occasion de mieux travailler pour la cause. Rien n'est à nous pour que nous en fassions un usage égoïste. Notre situation est toujours celle d'un directeur ou employé de confiance qui, faisant usage des fonds de la maison, est aussi ménager des deniers à sa disposition que s'ils lui appartenaient en propre. Telle devrait être l'attitude de toute personne riche, de tout homme revêtu d'autorité.

Vivre en représentants de l'humanité, c'est ce que les Maîtres expriment avec une beauté sans pareille. Ils Se considèrent simplement comme les intendants des immenses pouvoirs dont Ils disposent. Voilà pourquoi le Maître ne génère aucun Karma, bon ou mauvais, capable de Le lier à la condition humaine. Ils agissent, Ils accomplissent au suprême degré, mais sans produire aucune attache karmique, parce qu'Ils font tout d'une façon impersonnelle, sans le moindre désir pour eux-mêmes; Ils font tout comme un soldat qui lutte dans la bataille, sans donner une pensée à tel ou tel ennemi qui tombe sous ses coups, en se disant qu'il combat pour une cause, comme un rouage dans une machine énorme. Ainsi les Maîtres travaillent comme membres de la Grande Confrérie, comme membres de la Hiérarchie, comme membres de l'humanité et tous leurs bienfaits, retombant sur l'humanité, contribuent à son élévation.

Il faut perdre le sentiment de posséder, d'abord les choses, ensuite les personnes, ce qui est plus difficile encore; nous pouvons en être privés par la mort, comme on l'appelle, ou peut-être par le service de l'humanité. Ceci était vrai pendant la grande guerre dans des milliers de cas; la femme donnait son mari, la mère son fils pour aller combattre en faveur du droit. Comment hésiterions-nous jamais à faire pour servir le Maître ce que tant de milliers de personnes ont fait pour servir leur nation. Il est difficile de laisser aller une vie qui nous est plus chère que la nôtre; beau-

coup cependant y ont consenti, les uns dans des circonstances navrantes, d'autres dans des conditions donnant au
sacrifice un caractère de sainteté et de beauté.

Ceux qui pratiquent la magie de l'ombre tuent l'amour
et ainsi évitent toutes ces souffrances; mais ceux qui aspirent à entrer dans la Grande Confrérie Blanche doivent
exalter sans cesse leur amour, tout en détruisant l'égoïsme
qui s'y mêle trop souvent. Rappelez-vous le glaive qui perça
le cœur de Notre Dame elle-même, la Sainte Vierge Marie;
elle aurait pu l'éviter en arrachant de son cœur tout souvenir de son fils et L'oublier complètement. Dans bien des
cas les mots du Christ trouvent leur application. « Ne croyez
pas que je sois venu apporter la paix sur la terre; je ne
suis pas venu apporter la paix, mais l'épée » (1). Il voulait
dire que Sa doctrine nouvelle serait embrassée, çà et là, par
une seule personne dans toute une famille, que les autres
y trouveraient à redire et causeraient des scissions, ou bien
qu'il faudrait quitter maison familiale et amis pour accomplir tel travail spécial. De même il y a eu des cas où, dans
une famille, un seul membre a reconnu la vérité théosophique repoussée par tous les autres; d'où souffrances et
séparation. Il arrive souvent, de nos jours, qu'un homme
quitte sa famille pour faire fortune aux antipodes; personne ne l'en blâme; mais si c'était pour le bien de l'humanité, les protestations seraient immédiates. Tant est
retardataire la mentalité contemporaine.

Rappelez-vous tous les obstacles imaginés par le roi
Souddhodana quand le prince Siddartha voulut se consacrer
à la vie religieuse. Le roi dépensa des sommes immenses
et une grande partie de sa vie dans l'espoir de soustraire
son fils à la destinée sublime qui l'attendait, dans l'espoir
de faire de son fils le plus grand roi des Indes et non le
plus grand instructeur religieux que le monde ait jamais
connu — alternative prédite par les astrologues. Le roi
savait que son fils, en devenant instructeur religieux, devrait
accepter la pauvreté et l'abnégation; il ne se rendait pas
compte qu'elles l'élèveraient au-dessus de tous les souve-
rains de la terre. Le nom qui survit le plus longtemps dans
la mémoire des hommes n'est pas celui du grand monarque;

(1) *S. Matth.*, X, 34.

mais celui du grand instructeur religieux. Le roi Souddhodana souhaitait pour son fils une puissance énorme et une renommée sans précédent; l'une et l'autre furent accordées, mais point comme il avait espéré et projeté. La puissance de Notre Seigneur le Bouddha dépasse ici-bas, celle de tout monarque et sa renommée s'est étendue dans le monde entier.

Le Christ disait : « Laissez tout et suivez-moi ». Quand nos amis Chrétiens lisent ces mots dans l'Evangile, ils sont convaincus qu'ils auraient tout de suite obéi. Ce n'est pas bien certain. Essayons de nous mettre à la place des gens de cette époque. Rappelez-vous le jeune homme possesseur de grands biens qui vint trouver le Seigneur; ses richesses lui imposaient sans doute des obligations auxquelles il ne pouvait se soustraire. Toute l'opinion publique, toutes les convenances sociales, toutes les puissances orthodoxes de ce temps-là se liguaient contre le Christ; ce n'était qu'un pauvre Instructeur errant qui ne savait où reposer sa tête. L'aurions-nous suivi, malgré toute cette opposition? Sommes-nous bien certains que nous aurions tout abandonné pour Le suivre, Lui que les grands prêtres et les orthodoxes traitaient de fanatique? Ne nous serions-nous pas demandé si, après tout, nous ne lâchions pas la substance pour l'ombre? Ce n'est pas bien sûr. Peut-être aujourd'hui les choses se présentent-elles de même, et pourtant ceux d'entre nous qui ont abandonné d'autres possessions afin de pouvoir suivre le Maître ne l'ont jamais regretté un seul instant.

Souvent le Maître a besoin de transmettre sa force à d'autres par l'intermédiaire de son serviteur; Il ne le peut faire si le serviteur cède au découragement. Ainsi le contentement est de règle.

C. W. L. — D'un bout à l'autre de ce livre la même raison sert de base à toutes les prescriptions : c'est pour le service du Maître. Nous pourrions nous attendre à ce que beaucoup de raisons fussent opposées à la dépression — par exemple qu'elle est pernicieuse pour soi-même et qu'elle produit sur les autres une impression pénible; eh bien, nous trouvons un seul point mis en relief, c'est que le Maître, si nous nous abandonnons au découragement, ne peut nous employer pour transmettre Sa force.

A. B. — Ici se trouve donnée la raison pour laquelle le contentement est de règle, car de nouveau nous est présentée cette idée inspiratrice, que le Maître a besoin de votre aide, que vous pouvez Lui être utile! Sa force respire la joie parce qu'elle procède de la force du Logos; comment donc pourrait-elle suivre un canal obstrué par le découragement.

Il peut sembler étrange que le Maître ne puisse faire telle ou telle chose, mais c'est la vérité. De temps à autre, on L'entend dire : « Je n'ai pas réussi ». Leur puissance se trouve limitée, quand Ils travaillent ici-bas, par les conditions particulières au plan physique. Souvent Ils ne peuvent, sur ce plan, atteindre une personne autrement que par un intermédiaire; c'est pourquoi Ils ont besoin de l'assistance que vous pouvez peut-être Leur donner; sans elle certaines choses restent impossibles et plus tard, en conséquence, il faudra déplacer des obstacles qui n'auraient jamais dû s'élever.

CHAPITRE XXII

UNITÉ DE DIRECTION VERS LE BUT

5. *Unité de direction vers le but.* — La seule chose que tu dois avoir en vue, c'est de faire l'œuvre du Maître: quelque autre tâche qui puisse se présenter à toi, celle-là du moins, ne doit jamais être oubliée.

C. W. L. — Dans la vie ordinaire, la fixité de l'objectif est nécessaire au succès véritable. L'homme persévérant l'emporte toujours à la fin, car toutes ses facultés travaillent simultanément, tandis que d'autres se proposent des buts variés et en changent sans cesse. L'homme décidé à faire fortune, par exemple, et qui pour cela mettant en jeu toute sa pensée et toute sa volonté, ne cesse d'exercer sa vigilance et ses talents, est à peu près sûr de réussir. De son côté, l'homme décidé, sans faiblir, à consacrer au service du Maître des facultés toujours croissantes et qui consent à sacrifier à cette tâche *tout* le reste, cet homme-là en vérité, fera de rapides progrès.

En réalité, rien d'autre ne saurait se présenter, car toute œuvre utile et désintéressée est l'œuvre du Maître, et tu dois la faire pour lui. Il faut porter toute ton attention sur chaque partie de ton travail afin de le faire de ton mieux.

C. W. L. — Le travail de l'élève consiste en grande partie à se préparer, en vue d'entreprendre un jour pour le Maître une tâche impliquant de plus lourdes responsabilités; de ce travail tout ne seconde pas directement les intentions présentes du Maître: c'est assez le travail d'un collégien qui en apprenant le latin, par exemple, ne fait rien de très remarquable mais acquiert ou devrait acquérir ainsi des facultés mentales et des qualités morales qui plus tard lui seront utiles dans la vie. Les devoirs de la vie ordinaire offrent parfois ce double avantage, car ils assurent à ceux qui les remplissent bien non seulement un moyen magnifique de s'entraîner et de s'instruire, mais encore de nombreuses occasions d'aider les autres hommes à développer leur caractère et leur idéal, ce qui est au plus haut point l'œuvre du Maître. Toutes les activités diverses de la vie quotidienne seconderont nos efforts persévérants, consacrés au service du Maître, quand nous saurons les accomplir toutes en Son nom et pour Lui. L'œuvre du Maître n'est pas, pour nous, une œuvre particulière, étrangère à notre prochain. Bien élever des enfants qui à leur tour Le serviront dignement, gagner de l'argent et le consacrer à Son service, arriver au pouvoir afin de seconder Ses intentions — tout cela fait partie de Son œuvre; seulement en agissant de la sorte, il faut toujours être en garde contre le danger de l'illusion; nous pourrions faire servir le saint nom du Maître à couvrir, au fond, un désir égoïste d'acquérir le pouvoir ou la fortune.

Le même instructeur a écrit aussi: « Quoi que vous fassiez, faites-le *de bon cœur*, comme pour le Seigneur, et non pour les hommes ». Demande-toi comment tu ferais un travail, si tu savais que le Maître allait venir le voir; c'est avec cette pensée qu'il faut faire tout ton travail. Les plus sages comprendront le mieux toute la signification de ce verset. En voici un autre semblable, mais bien plus ancien: « Quoi que ta main fasse, mets-y toute ton attention. »

C. W. L. — Le monde entier trouve place dans la conscience du Seigneur de la Terre, Unique Initiateur; tout ce que nous faisons est donc fait en Sa Présence. De cette vérité dérive la vieille idée chrétienne de l'omniscience et de l'omniprésence de Dieu, dont il est dit : « En Lui nous avons la vie, le mouvement et l'être. » Ce n'est pas là une imagination poétique mais un fait scientifique : nous vivons dans l'aura du grand Roi spirituel du monde. Naturellement, une conscience capable d'embrasser simultanément le monde entier, reste pour nous un problème insondable, incompréhensible, et pourtant nous atteindrons un jour cette vertigineuse altitude.

L'ancienne manière de concevoir Dieu donnait à Son omniprésence un caractère terrible. Dieu, supposait-on, cherche toujours à découvrir les fautes, à constater avec ardeur toute infraction à Ses lois, afin de pouvoir accabler de Sa colère le malheureux pécheur. Bien des enfants ont cruellement souffert en se disant que Dieu voyait tous leurs actes; il leur semble injuste que tout ce qui les concerne soit ainsi à découvert; il en est spécialement ainsi parce qu'un enfant effrayé ne sait comment son mentor jugera tout ce qu'il fait. En comprenant au contraire l'immense Amour de Dieu, l'on commence à voir que Son omniprésence est notre sauvegarde et notre plus grande bénédiction.

A. B. — L'épreuve indiquée ici par le Maître devrait s'appliquer à toutes nos activités. Ecrivez-vous une lettre, si vous saviez que le Maître doit venir la lire, elle serait écrite avec grand soin, tant au point de vue de son contenu qu'à celui de la forme. Quel que soit votre travail, c'est le Sien, s'il est accompli au mieux de votre capacité, qu'il s'agisse d'un effort demandé par le Maître en vue d'un but immédiat ou d'un effort destiné à vous préparer pour une tâche à venir. Tout est pour Lui, si nous sommes à Lui; ce ne peut être pour un autre. Que ce soit là votre attitude mentale constante et vous créerez l'atmosphère où se développe la fixité de l'objectif.

Si nous la possédions vraiment, comme tout irait bien ! N'agir que pour Son service; voilà une pensée que je garde toujours présente comme le feraient des disciples plus jeunes, et cependant j'ai pour m'aider une force d'habitude plus grande que la leur. Il m'arrive de me demander : « Pourquoi répondrais-je à cette lettre? » et immédiatement surgit dans mon mental cette réponse : « Je trouve ce travail sur ma route; c'est donc celui du Maître. »

Vous continuerez à donner la première place à cette pensée tant que vous serez disciples; tous doivent prendre cette habitude et quand elle est prise la fortifier; elle nous permet d'appliquer tous nos moyens à notre travail, quel qu'il soit; tous nos moyens, parce que notre œuvre devient ainsi une partie de l'œuvre divine, et parce que, pour le développement du caractère, elle est un utile exercice. Cherchez la perfection, ne laissez rien passer de défectueux.

L'unité de direction vers le but, cela veut dire aussi que rien ne doit jamais te détourner, ne fût-ce que pour un instant, du Sentier où tu es entré. Ni les tentations, ni les plaisirs du monde, ni même les affections terrestres ne doivent t'égarer. Car il faut que tu ne fasses qu'un avec le Sentier; il faut qu'il soit, à ce point, ta propre nature, que tu y marches sans avoir besoin d'y penser et sans qu'il te soit possible de t'en écarter. Toi, la Monade, tu en as décidé ainsi: te séparer du Sentier serait te séparer de toi-même.

C. W. L. — D'autres Ecritures disent aussi que l'individu doit devenir un avec le Sentier. Le Christ a dit à Ses disciples: « Je suis le chemin. » (1). Shri Krishna s'exprime dans des termes presque identiques : « Je suis le chemin que doit suivre le voyageur. » La même idée se trouve dans *La Voix du Silence*, où il est dit : « Tu ne pourras parcourir le Sentier avant d'être devenu ce Sentier même. »

Ce qui se passe, au fond, c'est qu'on devient le Moi véritable. Patanjali, dans sa définition de la yoga, dit que l'homme devenu maître de son mental « réside dans son propre et véritable état ». La Monade est notre Moi véritable, le Dieu immanent, mais ce Dieu a projeté ici-bas une ombre de lui-même pour en former l'ego, et celui-ci, à son tour, s'est incarné dans une personnalité. Pour que l'ego puisse diriger la personnalité, il faut que l'évolution d'un homme soit fort avancée; jusque-là l'ego se borne à la suivre des yeux; les chances de succès sont si minimes qu'il n'entreprend rien de bien sérieux. Alors vient la Première Initiation, le point où la personnalité cesse d'avoir une volonté à elle et ne vit — sauf oubli — que pour servir le Moi supérieur. L'ego est dès lors, par la personnalité, active sur les plans inférieurs et commence à réaliser l'existence de la Monade et à conformer à Sa volonté sa vie particulière. La Monade a choisi le chemin que l'ego doit suivre dans son évolution; or, l'ego lui-même saurait en choisir un autre car il redevient soi-même et se dégage de tous ses liens, même de ceux des plans spirituels. Sur le Sentier l'élève oscille constamment d'un côté à l'autre, mais lorsqu'il est arrivé à fixer son objectif, il finit toujours par se retrouver dans la seule bonne direction.

(1) *S. Jean*, XIV, 6.

A. B. — L'homme oublie souvent qu'il est l'expression de la Monade. Vous êtes en réalité la Monade, aussi tout ce que vous faites ici-bas est le fait de votre volonté propre; aucune volonté étrangère ne vous y oblige. La volonté de la Monade est votre volonté; vos désirs ne sont pas du tout votre volonté; vous êtes attiré vers les objets extérieurs parce que l'un ou l'autre de vos corps désire éprouver telle ou telle satisfaction. Ce n'est pas vous qui goûtez ce plaisir, mais bien la matière élémentale qui veut en jouir et en faire l'expérience. A cela il faut opposer le « Moi » véritable qui, lui, vise sans aucune déviation au plus haut. Il faut ressembler à une boussole fortement magnétisée dont l'aiguille peut certes dévier, mais qui toujours reprend sa place. Tant que vous n'avez pas acquis la force de résister à toute sollicitation latérale, il faut vous exercer constamment à vous ramener dans la voie de la volonté unique.

Vous n'êtes pas la matière; vous devez faire d'elle votre instrument. Il est absurde que vous vous effaciez devant des matériaux que vous avez ramassés pour les façonner à votre usage. C'est comme si le marteau tenu par un charpentier choisissait le point à frapper, écrasant le doigt de l'ouvrier au lieu d'enfoncer le clou. Il arrive parfois qu'un homme se blesse lui-même, mais alors c'est par maladresse. Apprenez à rester fidèle à votre résolution, à votre volonté véritable et le jour viendra où vous ne pourrez plus vous en écarter.

On arrive aussi à la fixité de l'objectif par la concentration. Fixez votre attention sur un espace limité, à un moment quelconque. Concentrez-vous sur une seule chose à la fois, de façon à la faire bien. Un certain volume d'eau suffisant pour déterminer un fort courant dans un canal resserré devient une simple flaque si on lui permet de se répandre sur un grand espace. Il en est de même de vos énergies. Entreprenez vos tâches successivement; accomplissez chacune avec précision et énergie, au lieu de tout faire par à peu près. En suivant ce conseil avec persévérance, vous constaterez bientôt un résultat; peu de chose, sans doute, chaque semaine, mais les semaines passeront, les résultats s'accumuleront et bientôt représenteront une somme considérable de travail accompli et de forces acquises.

CHAPITRE XXIII

LA CONFIANCE

6. *La Confiance.* — Il faut que **tu aies** confiance en ton Maître; il faut que tu aies confiance en toi-même. Si tu as vu le Maître tu auras en lui une confiance absolue, au cours de bien des vies et de bien des morts. Si tu ne l'as pas encore vu, tu dois néanmoins essayer de t'en faire une idée et d'avoir confiance en Lui, car sans cela Lui-même ne pourra t'aider.

C. W. L. — Ces paroles sont en partie celles d'Alcyone et se rapportent à son Maître, mais le Maître Lui-même parle semblablement d'Autres plus élevés que Lui. Ce que nous disons et pensons des Maîtres, Eux à Leur tour le disent et le pensent de Notre Seigneur le Bouddha, de Notre Seigneur Maitreya et d'autres plus élevés qu'eux.

Il nous est à peu près impossible de comprendre vraiment ce qu'est un Maître. Nous pouvons essayer; nous pouvons évoquer l'idéal le plus sublime que nous connaissions, mais le Maître réunit en Lui-même des grandeurs si diverses, inimaginables pour nous, que l'idéal le plus élevé que nous puissions former de Lui ne l'est jamais assez. Dans ces conditions le simple bon sens nous dit de mettre en Sa sagesse une confiance absolue.

Cette confiance absolue dépend en grande partie de notre passé; en lisant les vies d'Alcyone nous voyons qu'en ce qui le concerne, il en est ainsi. Alcyone s'est trouvé associé étroitement à son Maître pendant des existences nombreuses. Dans la même série de vies, je constate, par exemple, que j'ai été semblablement associé à mon Maître. D'autres sont dans le même cas. C'est, je pense, la raison pour laquelle, dès que je lis une page relative au Maître, je me sens immédiatement attiré vers Lui avec une force extrême. Quand j'eus le privilège de Le voir, je n'eus pas un instant l'idée de Lui refuser ma confiance. Dans des cas semblables on peut dire que l'ego est au courant, soit qu'il perçoive la présence du Maître sur les plans supérieurs, soit qu'il se rappelle des existences passées où il Le connut. Parfois l'ego sait, mais ne peut transmettre sa connaissance ici-bas à la personnalité; parfois encore sa connaissance est transmise d'une manière imparfaite ou défectueuse; dans d'autres cas enfin l'ego ne sait pas, tout simplement. L'ego ne peut guère commettre d'erreur; il ne semble pas susceptible d'être jamais trompé; par contre, il ignore incontestablement certaines choses; d'ailleurs le but même de son incarnation est de dissiper cette ignorance.

Les personnes qui ne possèdent aucune preuve de l'existence des Maîtres admettront bien le caractère raisonnable de l'idée, de la certitude que, si l'homme évolue et qu'il a passé déjà par bien des stages, d'autres stages d'évolution lui sont réservés dans l'avenir. Nous ne pouvons nous considérer comme le couronnement des âges! Enfin l'existence des Maîtres est affirmée par de nombreux témoins qui Les ont rencontrés et Leur ont parlé (1).

Il y a des personnes qui ont vu les Maîtres et qui — fait apparemment incompréhensible — Leur ont dans la suite retiré une partie de leur confiance. Je me rappelle très bien, par exemple, à Londres, un certain Mr. Brown; comme il a écrit une brochure autobiographique, rien ne s'oppose à ce que nous parlions de lui. A une époque déjà lointaine il alla aux Indes où il eut le privilège exceptionnel de rencontrer dans le corps physique l'un des deux Maîtres Fondateurs de la Société Théosophique. Ils quittent très rarement Leur retraite thibétaine, mais tous deux sont venus dans l'Inde, à l'origine du mouvement, depuis que je suis membre de la Société. Dans *Le Monde Occulte* se trouve relatée une visite du Maître Kouthoumi à Amritsar où se trouve le grand Temple d'or des Sikhs. Il dit : « J'ai vu nos Sikhs ivres, couchés sur les dalles de leur propre temple... Demain je reprendrai la direction de ma demeure. »

De plus en plus, je pense, constatant que Leurs énergies trouvent sur des plans supérieurs leur meilleur emploi, Ils confient le travail d'ici-bas aux personnes qui dans le monde se groupent maintenant peu à peu autour d'Eux. Le jeune

---

(1) Ce sujet est longuement traité dans *Les Maîtres et le Sentier.*

Mr. Brown avait d'abord vu la forme astrale du Maître Kouthoumi; puis, voyageant dans le nord de l'Inde comme secrétaire du colonel Olcott, il se trouva dormir dans la même tente que le colonel, mais dans un compartiment séparé, quand le Maître, dans son corps physique, vint voir le colonel. Le Maître parla quelque temps au colonel Olcott, puis Il passa dans l'autre compartiment. Sans que je comprenne pourquoi, Mr. Brown ramena le drap sur sa tête, ayant peur de se trouver face à face avec le Maître. Dans un cas pareil, tout homme aurait le sentiment de ses fautes, mais cette façon d'imiter l'autruche et de se cacher sous ses draps me semble assez inutile, car les draps — cela va sans dire — étaient transparents pour la vision supérieure. Cependant, le Maître lui parla patiemment : « Retirez votre tête de dessous les draps, dit-Il; Je veux que vous constatiez si je suis la même personne que vous avez vue étant dans votre corps astral. » Le Maître finit par ne pas insister et laissa un billet pour Mr. Brown qui, alors seulement, revint à lui., Une occasion lui avait été présentée que beaucoup d'autres personnes auraient payée très très cher; il l'avait méritée, bien entendu, mais il n'en tira pas le meilleur parti. Plus tard il mit en doute l'existence des Maîtres. D'autres encore ont eu le privilège de Les voir, puis ont trouvé moyen de déserter.

Il y a des gens qui, par suite d'expériences faites dans leurs vies passées, se sont créé un caractère sceptique; d'autres poussent trop loin la crédulité. Ni l'un ni l'autre de ces extrêmes ne favorise le progrès; tous deux pèchent par l'absence d'esprit scientifique. Tout homme a dans son mental une vue d'ensemble; si les faits nouveaux qui lui sont présentés s'accordent immédiatement avec elle, il est prêt à les tenir pour probables sans exiger de preuves positives. « Oui, disons-nous, cela paraît très probable; cela s'accorde très bien! il en est sans doute ainsi. » Si, d'autre part, l'on dit à une personne moyenne ce qui ne cadre pas du tout avec ses connaissances antérieures, elle refuse absolument de l'admettre. Une certaine expérience acquise en étudiant le côté intérieur des choses nous fait bien vite renoncer à l'attitude consistant à repousser telle affirmation parce qu'elle ne s'accorde pas avec ce que nous savons déjà. On apprend à réserver son jugement; sans accepter mais sans

refuser d'accepter, on se borne à dire : « Etant donné ce
que j'ai vu jusqu'ici, cela ne me semble pas très probable;
cependant, je ne nie rien; je mets cette idée de côté en
attendant plus de lumière. » Il serait futile de répondre
qu'une chose dont on n'a pas fait l'expérience est impossible.
Cette manière de faire trahit l'ignorance.

Généralement parlant, moins les gens savent et plus leur
certitude est grande ici-bas sur le plan physique. Dans la
science ordinaire, ceux qui dogmatisent sont les étudiants.
Les grands savants ont coutume de dire : « J'ai fait l'expérience de tels ou tels faits, mais bien entendu je n'ai pas
la prétention d'en dégager la loi. » Le Lord Chancelier a
dit un jour : « Le plus jeune avocat ici présent n'en est pas
plus certain que moi. » La certitude des jeunes vient de
ce que n'ayant pas appris l'existence de nombreuses possibilités, ils ne savent pas qu'il est prudent de ne pas formuler
trop nettement la loi. De longues années d'étude nous apprennent à choisir nos expressions avec plus de soin. Des
réalités innombrables qui nous sont encore inconnues nous
entourent sans cesse. La génération précédente, en général,
eût tourné en dérision et déclaré impossibles bien des faits
devenus banals aujourd'hui dans notre vie journalière. Il
est bon de l'admettre dès le début et de s'attendre à de nouvelles découvertes, toujours possibles, marquant les progrès
de l'évolution humaine.

Il nous est fort utile, à nous qui étudions ces questions
plus hautes, de nous dégager des préventions. Nous devons
être suffisamment plastiques pour accepter même les vérités
subversives quand elles s'accordent avec le bon sens; autrement il faut simplement les mettre de côté, en disant que
notre conviction n'est pas faite, sans les condamner ni condamner les personnes qui les soutiennent. La vérité présente des aspects nombreux; la contempler de tous les côtés
à la fois n'est donné souvent ni à un homme ni à un groupe;
par conséquent ce qui aujourd'hui nous paraît absurde peut
toujours renfermer une parcelle de vérité.

Par malheur, beaucoup de personnes qui ignorent tout
d'un sujet donné, sont persuadées qu'elles le connaissent à
fond; en matière religieuse surtout les personnes peu instruites n'en insistent pas moins bruyamment pour que d'autres adoptent telle illusion dont elles sont pour l'instant pos-

sédées; la conscience, disent-elles quelquefois, est notre
guide; en admettant qu'il puisse en être ainsi dans certains
cas, nous ne pouvons toujours compter sur la conscience
car l'ego dont elle est l'expression n'est pas omniscient.
L'histoire rapporte que, pour obéir à leur conscience, des
hommes ont brûlé, torturé leur prochain. Un ego qui pousse
à de tels actes est évidemment ignorant sur des points fort
importants. Il faut naturellement prêter l'oreille à la conscience lorsque l'on est sûr qu'elle parle, mais en se rappelant toujours la fameuse réponse faite par l'évêque South
à un Protestant dissident : « Certainement, prends ta conscience pour guide, mais veille bien à ce que ta conscience
ne soit pas la conscience d'un sot. »

La confiance est une bonne chose; cependant il est aussi
impossible de s'imposer la foi que de s'imposer l'amour.
En nous bornant à considérer chez une personne les bonnes
qualités nous pouvons graduellement acquérir des raisons
pour l'aimer; nous pouvons de même réfléchir aux raisons
de croire et ainsi, peut-être, arriver progressivement à la foi.
Strictement parlant, l'on ne devrait pas, bien entendu, désirer croire à tout, mais seulement à tout ce qui est vrai;
d'ailleurs cette vérité peut fort bien exiger une longue étude
si de nos vies passées nous n'avons apporté aucune conviction.

Les grands instructeurs spirituels n'ont pas pour méthode
de tout nous faciliter. Je connus pour la première fois l'occultisme par Mme Blavatsky; elle accordait de temps à autre
des bribes d'information à ses élèves, mais en mettant ceux-
ci à de continuelles et rigoureuses épreuves; elle employait
une méthode drastique, mais les personnes vraiment résolues continuaient à l'entourer, les autres l'abandonnaient
bientôt. Elle nous guérissait des idées préconçues, mais pour
ses élèves que d'introspection !

Au dire de beaucoup de gens elle se permettait des choses
que ne doit pas faire un grand instructeur spirituel. Mon
opinion personnelle a toujours été celle-ci : « Mme Blavatsky
possède ces connaissances occultes et, si elle y consent, je
les obtiendrai d'elle. En dehors de cela tout ce qu'elle fait
la regarde seule. Je ne suis pas ici pour la critiquer; son
propre Maître est juge de ses actes et non pas moi. Elle
peut avoir ses raisons particulières pour agir de la sorte;

tout cela m'est inconnu. Elle possède ces connaissances; elle parle de ces Maîtres. Mon intention est d'acquérir les premières et, si c'est humainement possible, d'aller me jeter aux pieds de ces Maîtres. » Je renonçai à tout pour la suivre et jamais je n'eus a regretter la confiance que j'avais mise en Mme Blavatsky. Un tempérament critique est l'effet du Karma et empêche de s'instruire aussi vite que si l'on est disposé à l'acceptation raisonnable.

Il faut se rappeler que nous ne pouvons faire de l'occultisme un jeu; si nous le traitons ainsi, aucun avantage n'en résulte et nous perdons notre temps; s'il ne constitue pas dans la vie l'intérêt primordial, il est sans valeur. Impossible de lui donner dans notre existence la seconde ou la troisième ou la dix-septième place, comme tâchent de le faire beaucoup de braves gens; il doit occuper dans la vie le premier rang et tout le reste doit lui être subordonné. La conviction que le Maître sait exactement ce que nous devons faire et que Ses paroles sont l'expression exacte de Sa pensée — voilà qui caractérise la confiance que nous mettons en Lui. Si donc, comme dans ce livre, il formule certaines règles précises, il faut les observer de notre mieux. Cela semble difficile — je le sais bien — et c'est un point très difficile aussi à faire admettre. On dit: « Eh bien, Il nous demande de nous en rapprocher ou quelque chose d'analogue. » Non, les paroles du Maître expriment exactement Sa pensée; si, ne Le croyant pas, nous échouons, nous sommes seuls à blâmer. En occultisme il faut des conventions d'ici-bas passer à la lumière de la vérité, de notre monde au Leur.

Sans confiance parfaite il ne peut y avoir parfaite effusion d'amour et de force.

C. W. L. — Subsiste-t-il un doute relativement à l'existence du Maître ou bien à la possibilité pour nous de jamais L'atteindre ou de faire des progrès, ce doute, à lui seul, donne à toutes les vibrations une direction mauvaise et la personne qui doute ne peut devenir un canal utilisable. L'élève doit donc se confier au Maître et L'aimer; il doit en même temps porter à l'humanité un amour tout à fait impersonnel. L'invariable intention du Maître est d'arriver au but en dépensant le moins possible d'énergie spirituelle, afin d'en conserver davantage pour d'autres efforts. Toute personne se trouvant dans une condition semblable à celle que j'ai décrite n'est pas un canal efficace et ne peut donc être utile au Maître. Il serait déplorable de Lui faire défaut au moment même où Il fait appel à nos services, et de posséder des véhicules dont les vibrations s'opposent à Son influence au lieu de la transmettre.

Je me souviens d'une personne extrêmement désireuse de devenir l'élève d'un certain Maître; elle L'avait déjà servi de diverses manières et son grand désir était de Le voir. J'habitais moi-même chez elle quand le Maître, dans son corps physique, se rendit dans la ville où elle résidait; cependant, Il n'entra pas dans la maison. Je Le rencontrai au dehors et Lui parlai longtemps, mais Il ne put visiter la personne qui désirait devenir Son élève parce qu'à ce moment précis le corps astral de cette personne était violemment agité, déchiré par certaines passions abjectes. Ainsi fut perdue l'occasion unique d'une vie — peut-être l'occasion de nombreuses vies. Si cette personne avait pu savoir que le Maître était là, tout près, je suis sûr que toute sa passion serait tombée de suite; seulement le Maître aurait gaspillé Son énergie en voulant la dissiper de force afin de Se montrer.

Il ne faut pas supposer que le Maître nous en veuille pour notre manque de confiance ou autres sentiments analogues, ou qu'Il fasse preuve de dureté parce qu'Il ne passe pas Son temps à calmer chez un aspirant tel ou tel orage passionnel. Il se borne à faire ce qui sert le mieux Son œuvre; aucune raison sentimentale ne peut L'en détourner. Dans les circonstances graves, il faut employer l'homme le plus capable, qu'il soit notre ami ou non; le laisser de côté et choisir un homme moins capable parce qu'il est notre ami serait manquer à notre devoir. S'agit-il par exemple d'une grande guerre, il faut prendre soit pour diriger les opérations, soit pour diriger tel ou tel ministère ou département spécial, le meilleur général, les hommes les mieux doués dont on dispose. Ce n'est pas le moment de faire du népotisme, de chercher un emploi pour le neveu d'un personnage donné; il faut l'homme qui remplira le mieux la tâche, car l'intérêt suprême pour chacun est qu'elle soit menée à fond.

De même en occultisme : le travail doit être fait et Ceux qui le dirigent emploient la personne la mieux qualifiée.

De longues années consacrées à Leur service ne confèrent aucun droit à une mission de confiance, ni même à l'attention du Maître. Le devoir du Maître est d'employer l'homme qui peut accomplir le travail, que cet homme soit tout récemment venu à Lui ou qu'il ait été Son serviteur depuis bien des années.

Il est impossible de placer au-dessus de tout le travail nécessaire sans se réjouir de voir un autre s'en acquitter mieux qu'on ne le pourrait soi-même. Ruskin disait, il y a bien longtemps, d'une certaine œuvre : « Qu'elle soit de moi ou de vous ou d'un autre, qu'importe? Elle est réussie. » Il ne faut pas hésiter à la déclarer réussie, même si elle a passé par vos mains, ni manquer de reconnaître la supériorité de l'œuvre accomplie par un autre, car la personnalité de l'auteur n'a aucune importance. On trouve des passages remarquables dans les écrits de Ruskin : il ignorait tout, je crois, de l'occultisme, et d'ailleurs je partageais son ignorance à l'époque où je le connus, mais bien des pages de lui portent le véritable sceau de l'occultisme.

Il faut avoir confiance en toi. Tu dis que tu te connais trop bien pour cela? Si c'est là ton sentiment, tu ne te connais pas, tu connais seulement ton enveloppe extérieure qui souvent a été souillée de boue. Mais *toi* — le *toi* réel — tu es une étincelle de la Flamme divine, et Dieu, qui est tout-puissant, habite en toi, et pour cette raison, il n'y a rien que tu ne puisses faire, si tu en as la volonté. Dis-toi : « Ce que l'homme a fait, l'homme peut le faire. Je suis un homme, mais je suis aussi le Dieu qui est dans l'homme; je puis faire telle chose et je veux la faire. » Car ta volonté doit être comme de l'acier trempé si tu veux entrer dans le Sentier.

A. B. — Quand les instructions diverses que nous venons de commenter sont présentées à certaines personnes avec le conseil de renoncer à leurs folies et à leurs erreurs de conduite, ces personnes répondent quelquefois : « Je n'y peux rien; c'est dans ma nature. » Beaucoup de gens prennent cette excuse comme refuge. Si vous l'invoquez vous n'êtes pas vraiment sérieux, or il faut que vous le soyez;

vous ne pouvez vous permettre de jouer avec des questions aussi graves. Quel que soit l'objectif choisi par vous, vous pouvez l'atteindre tôt ou tard.

Si vous dites : « Je n'y peux rien », il est bien certain que vous créez l'impossibilité, car cette pensée vous paralyse. C'est commettre une erreur fatale, empêchant tout progrès et vous immobilisant pendant des mois, pendant des années. Tel un homme qui s'attacherait les jambes avec une corde et dirait ensuite : « Je ne peux pas marcher. » C'est vrai évidemment, puisqu'il s'est donné la peine de s'attacher; qu'il défasse la corde s'il ne désire pas rester assis sur place et il retrouvera l'usage de ses jambes. Oui, vous *pouvez* agir. Loin de vous l'idée fausse à qui vous permettez de vous paralyser. Mettez-vous dans l'esprit que vous pouvez agir et que vous agirez en effet; alors la rapidité de vos progrès vous étonnera. Si vous n'y consentez pas, c'est que vous n'êtes pas sérieux, du moins pas sérieux comme voudrait vous voir le Maître; vous jouez simplement à l'homme sérieux. Je ne dis pas que vous ne fassiez pas d'efforts, mais ces efforts-là ne comptent guère.

Vous me comprendrez en appliquant ces observations aux questions mondaines, au métier qui vous permet de nourrir femme et enfants. Vous savez très bien que si, dans cet ordre d'idées vous rencontriez un obstacle vous vous décideriez immédiatement à le surmonter et pour cela ne ménageriez pas vos efforts. Vous ne resteriez pas assis en disant : « Je n'y peux rien ». Appliquez un peu de ce sérieux à la question présente; vous n'en manquez pas pour toutes les choses de minime importance. La seule qui importe est, dirait-on, la seule à qui le sérieux soit le moins accordé.

Inutile de solliciter l'assistance du Maître, si vous ne faites point d'effort pour vous tirer d'affaire. C'est comme si vous teniez un gobelet soigneusement couvert de votre main et que vous demandiez de l'eau; vous est-elle versée, elle se répand sur votre main puis autour du gobelet, mais vous n'en gardez rien. Tant qu'un homme met dans un effort donné toute la force dont il est capable, il agit à la manière occulte. Le résultat de cet effort ne se manifestera peut-être pas tout de suite dans le monde extérieur, mais en attendant il accumule l'énergie qui finira par déterminer le succès.

Ce que vous devez accomplir a été, peut encore être accompli, mais tant que vous vous en jugez incapable, vous l'êtes en effet. Si au contraire vous vous dites : « Ces choses doivent être faites, je les ferai », alors vous en devenez capable. Prenez cette résolution; votre pensée deviendra pour vous un ange gardien qui toujours à vos côtés assurera votre succès. Autrement vous aurez près de vous — comme le dirait un Chrétien — un diable à qui votre propre pensée aura donné la vie. Inutile de créer des diables semblables; créez plutôt un ange — une grande forme-pensée — « Je *peux* et je *veux* ».

C. W. L. — Il est très vrai que l'homme est capable d'accomplir tout ce qu'il veut, mais il n'est pas dit que la réussite soit immédiate. C'est ici que l'on commet parfois une erreur. Je le sais très bien, car je reçois des lettres en quantité venant de personnes aux prises avec de sérieuses difficultés, devenues par exemple esclaves de la boisson ou des stupéfiants, ou de quelque obsession. Souvent mes correspondants me disent : « Je n'ai plus de volonté; elle a disparu; je n'arrive pas à vaincre mes difficultés. Que faire? » Il faut avoir rencontré des cas semblables pour connaître la terrible emprise que ces passions ont sur l'homme, la manière dont elles annihilent sa volonté et retirent aux malheureux toute possibilité d'agir.

Dans ces conditions l'on pense quelquefois au suicide; ce serait un parti désastreux. Un homme, même mutilé pour le reste de ses jours, doit profiter des chances qui peuvent lui rester, rassembler toute son énergie et vaillamment poursuivre la lutte. Le suicide le remettrait dans une situation semblable à celle qu'il veut fuir, sans compter le mauvais Karma généré par l'acte. Le désespéré doit se dire que sa volonté existe, toute latente qu'elle est. S'il devait créer pour lui-même cette volonté, son désespoir serait légitime; mais non, la volonté existe, c'est celle de Dieu manifestée par Lui en tout homme. Reste à la mettre en jeu, à la développer, ce qui peut se faire graduellement. Le dévouement d'un parent ou d'un ami, très aimant et très patient, peut dans un cas semblable agir comme une vraie bénédiction.

Qu'a fait cet homme pour se mettre dans un état pareil? Probablement pendant toute la durée de sa présente incarnation, peut-être même pendant une ou deux vies précédentes, il a cédé volontairement à l'élémental du désir, aux tentations de la nature inférieure; il est devenu volontairement leur esclave. Tout d'abord la résistance était possible, mais la force mauvaise n'ayant rencontré aucune opposition, son énergie s'est accrue au point que le possédé ne peut plus l'arrêter immédiatement; cependant il peut commencer. Prenons pour exemple un homme qui pousse un wagon de chemin de fer. Dans une gare de province où l'on dispose du temps nécessaire vous pouvez voir un employé faire passer une voiture d'une ligne à une autre. Comment s'y prend-il? L'objet est énorme et pèse plusieurs tonnes; l'homme exerce une poussée continue et tout d'abord le résultat est nul. Mais voilà l'objet qui se meut; l'homme pousse toujours et le mouvement s'accélère. Alors l'homme cherche à arrêter la voiture mais n'y parvient pas tout de suite; s'il ne se rangeait pas il se ferait renverser et écraser; il oppose donc une résistance continue, cédant et faisant effort tout à la fois, jusqu'à ce qu'enfin il immobilise la voiture. Il a dû mettre en jeu une certaine énergie impossible à reprendre, mais qu'il peut neutraliser par une énergie semblable.

L'homme qui s'est livré à l'élémental du désir est dans une position analogue; lui ayant communiqué une force considérable, il faut maintenant lui résister. « Cette force est bien grande », dira-t-on. Oui, mais elle n'est pas illimitée. Si l'homme pouvait considérer l'affaire non pas sentimentalement, mais au point de vue abstrait, il ne dirait pas : « Je ne suis qu'un ver et le jouet de cette force », il se mettrait en posture de résister. Il peut être absolument certain que la force transmise par lui-même à l'élémental est limitée. Mais maintenant c'est d'une force sans bornes qu'il dispose. Parce que nous sommes des étincelles du Feu Divin, toute la puissance de Dieu nous assiste; il en passe infiniment peu par nous en une seule fois, mais son flux est incessant.

Il faut considérer tout cela au point de vue de l'ego, qui peut faire ces choses et qui les fera. Dans le domaine du développement occulte aucun but qui en vaut la peine ne peut jamais être atteint sur le champ. De même, il ne suffit pas que la musique résonne en notre âme; l'oreille, les mains méthodiquement exercées doivent faire de nous un canal dont puisse disposer la puissance musicale. C'est ainsi que l'ego doit avec patience exercer ses véhicules.

On dit quelquefois : « Si je ne parviens pas à vaincre maintenant cette mauvaise habitude, j'attendrai le jour où je changerai de corps. » C'est oublier que le prochain corps aura le caractère et les qualités du corps actuel si l'on ne fait rien pour modifier celui-ci, et que les mêmes conditions déplorables se retrouveront dans la vie prochaine. Si, au contraire, l'homme les combat avec résolution et en admettant même qu'elles le dominent jusqu'à la fin de ses jours, il disposera la prochaine fois d'un corps bien meilleur. Il en est de même à des niveaux supérieurs. Telle personne peut par son inconduite, infliger à son corps mental des lésions si graves qu'il ne saurait plus être ramené à sa condition première; cependant, si elle entreprend contre le mal une lutte résolue, elle recevra la prochaine fois un bon corps mental au lieu d'un corps où se retrouveront les défauts dont elle souffre aujourd'hui. Dans ce cas, comme dans d'autres, la lutte principale est au commencement; la confiance grandit et s'affirme un peu plus tard.

Si beaucoup de personnes veulent introduire l'élément sentimental dans leurs rapports avec le Maître, d'autres veulent échapper aux sanctions des lois naturelles; elles veulent être délivrées immédiatement de tout leur péché, de toutes leurs peines. Le Chrétien du type émotionnel dira : « Vous serez à cette heure même sauvés par le sang de Jésus. Vous serez absolument délivrés de vos soucis et il vous semblera n'en avoir jamais eu. » Perspective séduisante à certains égards, mais fausse. La vérité, la voici : dès que, changeant de route, vous suivez la Volonté divine dans la bonne direction, vous vous trouvez délivré de toutes les peines et difficultés existant *en vous*, dues à la résistance opposée à cette Volonté; mais il ne s'ensuit pas que les conséquences extérieures de vos actes passés soient supprimées. Vous avez accompli le changement, vous êtes un homme converti et vous êtes engagé maintenant dans la bonne route, mais il vous reste à subir les conséquences fâcheuses dues à votre erreur de direction.

Un moment suffit pour changer d'attitude. Vous êtes naturellement pardonné; spirituellement, plus d'opposition; vous êtes absous. Mais un prêtre orthodoxe, lui-même, vous dira sans tarder : « Je n'ai pas la prétention de supprimer les résultats du mal commis. Si vous avez mené une vie de débauche, si vous avez affaibli votre santé, je n'y puis rien, ces résultats demeurent et votre pénitence consistera en partie à les compenser de votre mieux. Ce que je puis redresser c'est la culpabilité; pour employer un terme d'église, vous êtes entré en conflit avec Dieu; je peux y mettre fin. Ici mon absolution vous apportera un bienfait; c'est la puissance de la volonté supérieure remplaçant la volonté inférieure; elle vous mènera où vous voulez aller; elle vous aidera à rester dans le droit chemin; mais les résultats physiques subsistent. » Personnellement, vous pouvez changer d'attitude; le prêtre, lui, peut vous ramener à la normale sur les plans supérieurs où la puissance vous manque. Je ne dis pas qu'il nous soit impossible de faire cela par nous-mêmes, mais ce serait avec de grands efforts, maladroitement, d'une manière peu scientifique. Telle est donc l'influence profonde de l'absolution; mais elle ne peut soustraire l'homme aux conséquences de son péché; les lois de la nature s'y opposent.

Il faut ajouter une autre considération : Il est impossible de s'offrir véritablement au Maître avant d'avoir développé notre volonté et nous être pris en mains. On dit : « Je me donne entièrement au Maître », mais n'est-il pas évident qu'on ne peut se donner tout entier quand le soi est partiellement possédé par diverses qualités mauvaises? Encore une raison pour développer notre volonté; celle-ci, a dit le Maître, doit ressembler à l'acier trempé. Je me rappelle très bien à quelle occasion, car Alcyone ignorant le sens de ces mots, il fallut pour les lui expliquer se livrer à un peu de matérialisation. Il ne faut pas simplement une volonté de fer, mais une volonté d'acier, une volonté que rien ne peut ébranler. La volonté est présente; la puissance divine est en nous; il nous reste à la développer et à nous gouverner nous-mêmes; alors nous pourrons aux pieds du Maître déposer cette volonté comme une glorieuse offrande.

CINQUIÈME PARTIE

L'AMOUR

CHAPITRE XXIV

LA LIBÉRATION, LE NIRVANA ET MOKSHA

De toutes les qualités requises l'amour est la plus importante, car lorsqu'il est assez fort il impose toutes les autres, et celles-ci sans l'amour ne sauraient jamais suffire. On l'a souvent interprété comme un désir intense d'être libéré du cycle des renaissances et des morts et d'atteindre à l'union avec Dieu. Mais le traduire ainsi c'est y faire entrer l'égoïsme et n'en exprimer qu'une partie.

C. W. L. — Nous avons déjà dit que dans ce livre, les noms des qualités ne sont pas tous traduits de la manière habituelle. De ces divergences, la plus hardie est de rendre moumoukshatva par l'Amour. Le mot a pour racine *mouch*, « délivrer ou libérer ». Dans la forme désidérative, il y a reduplication, et d'autres changements encore qui donnent moumouksh, « désirer la libération ». *Moumouksha* est la forme nominale signifiant « le désir de la libération »; enfin, moumoukshatwa signifie « l'état de celui qui désire la libération ». La terminaison *twa* se rapproche du sens de l'anglais *ness*, comme dans « eagerness ». De la même racine vient aussi le mot moksha, « délivrance », « mise en liberté » ou « libération ».

On a souvent demandé si moksha est synonyme de nirvâna. Ces deux mots ont des sens différents mais peuvent être pris pour attributs d'une même condition d'existence — ou plutôt d'une condition dépassant ce que nous appelons existence. Nirvâna a pour racine *va*, joint au préfixe *nis*, « souffler » ou « éteindre en soufflant »; la traduction en est donc « l'extinction par le souffle ». Moksha est la libération du cycle des naissances et des morts; nirvâna est l'extinction, par le souffle, de ce qui dans la nature humaine attache l'homme à ce cycle — c'est-à-dire tout ce que l'on considère ordinairement comme étant l'homme.

Certains Hindous voient dans moksha une condition négative; ils s'appliquent à détruire en eux-mêmes tout désir personnel, tout intérêt humain, de façon à n'être ramenés à l'existence ni par l'attraction des choses ni par celle des personnes; ils échappent donc pour de longues périodes à la roue des naissances et des morts. Cependant, la plupart de ces Hindous conçoivent le moksha comme un indescriptible état de béatitude succédant à l'illusion de la séparativité, état nommé Kaïvalya, indépendance, unité absolue. Pour quelques Bouddhistes, le nirvâna est la suppression complète de l'homme; pour d'autres, au contraire, c'est l'obtention d'une sagesse et d'un bonheur qui anéantissent toute conception ancienne du soi et de ses expériences, parce qu'ils sont absolument impossibles à décrire. On voit donc que, dans la même religion les hommes diffèrent d'opinion.

Théosophes, nous appliquons parfois le terme nirvâna à l'état de conscience spécial au plan atmique ou spirituel, mais nous entendons aussi par nirvâna la condition des surhommes ou Adeptes qui ont reçu la Cinquième Initiation et qui choisissent parmi les sept routes ouvertes devant Eux une voie très semblable au vrai nirvâna bouddhiste — non pas « l'extinction par le souffle » de l'Eglise bouddhiste du sud, mais le repos et la félicité indescriptibles de l'Eglise du nord.

L'Arhat, celui qui a reçu la Quatrième Initiation, devient capable d'élever sa conscience au plan nirvânique et d'y faire l'expérience du torrent de vie dont j'ai tenté la description dans *The Inner Life* et *The Masters and the Path* (1). Cette conscience dépasse tellement tout ce que nous connaissons ici-bas, qu'on hésite à l'appeler conscience. L'Arhat dispose dès lors d'une conscience beaucoup plus vaste; il a perdu tout sentiment de séparativité. Aucun effort n'est capable de traduire ces idées par des mots, car nous ne possédons pas de mots pour les exprimer.

Il est très difficile, en traduisant les ouvrages sanscrits, d'arriver au sens exact; l'homme qui a effleuré la conscience nirvânique comprendra, mieux que tout autre, le sens attaché au nirvâna par les auteurs anciens qui en firent eux-mêmes l'expérience. On ne peut s'attendre à ce qu'un sim-

---

(1) *Les Maîtres et le Sentier.* (N. D. T.)

ple lexicographe puisse donner à des mots semblables un sens précis. Imaginez un homme, ne sachant rien de la religion chrétienne, essayant de comprendre un terme tel que « la grâce » ; s'il consulte un dictionnaire, il tombera sur des mots comme « gracile » ou « gracieux », qui lui donnent un sens tout différent. Il en est de même du terme ecclésiastique « dispensation », qui signifie tout autre chose que dispensation dans la vie ordinaire. Chaque religion possède une série d'expressions qui ont pris avec le temps un sens religieux particulier; à moins d'avoir, dès l'enfance, appartenu à cette religion et de se placer au point de vue intérieur, il n'est pas facile d'apprécier avec justesse les idées ainsi exprimées. Au début du mouvement théosophique, aucun de nous ne savait le sanscrit. Mme Blavatsky était assez au courant des religions de l'Inde, mais elle ignorait le pâli comme le sanscrit; sa méthode était de décrire de son mieux ce qu'elle-même voyait, et puis de demander à tel ami indien présent : « Comment appelez-vous cela dans votre système? » L'ami ne comprenait pas toujours bien ce qu'elle voulait dire, mais lui donnait un terme approximatif. La prochaine fois qu'elle avait besoin d'un mot, elle le demandait à une autre personne mais en oubliant que la première pouvait être hindoue et la seconde bouddhiste, ou que divers hindous pouvaient appartenir à différentes écoles philosophiques.

De plus, Mme Blavatsky n'était pas un professeur de science qui, exposant une théorie, l'étaye par des expériences données comme preuves, à mesure qu'il avance dans sa démonstration; elle ne travaillait pas en se basant sur un plan ou cadre prêt à recevoir toute connaissance nouvelle; elle faisait plusieurs assertions dont les termes étaient inconciliables et répondait aux demandes d'éclaircissements : « Ne vous occupez pas des contradictions. Bornez-vous à réfléchir à ce que j'ai dit ». Ses idées étaient d'une clarté admirable et son savoir incontestable.

Sa méthode était diamétralement opposée à celle de notre temps, qui consiste d'abord à définir très soigneusement les mots et à leur attribuer un sens fixe. Il est à craindre, par suite, que la science et la philosophie ne deviennent souvent une sorte de jeu, comme les échecs où les mouvements d'une pièce quelconque sont strictement réglés. Avec elle, les mots étaient des entités vivantes (pour ainsi dire, des formes-pensées sur le plan physique) servant à éveiller dans le mental des auditeurs les connaissances existant déjà dans le sien.

Pour comprendre toutes les relations si complexes entre l'ego et la personnalité, il faut d'abord nous rendre compte avec précision de ce que sont respectivement ces choses. Ceci a été très longuement développé dans la littérature théosophique au début de la doctrine de notre Société comme en ces derniers temps. J'en ai parlé dans *les Maîtres et le Sentier*. Pour résumer nos idées très brièvement et très simplement : nous pouvons considérer dans l'homme les trois divisions employées il y a bien longtemps par saint Paul — le corps, l'âme et l'esprit. Les termes théosophiques correspondants sont la personnalité, l'individualité et la Monade. La Monade est essentiellement divine, une étincelle de la flamme éternelle, à tous égards une partie de Dieu même. Il est bien vrai, naturellement, qu'au sens le plus élevé, tout fait partie de Dieu et que rien n'existe qui ne soit Dieu, et ceci est aussi vrai de la matière que de l'esprit. Il y a néanmoins un sens très particulier dans lequel on peut se représenter la Monade comme un fragment de la Divinité descendu dans la manifestation. Je le sais fort bien, il est non-philosophique, non-scientifique et inexact de parler d'un fragment de ce qui est indivisible, mais comme les mots nous manquent pour exprimer les conditions propres aux plans supérieurs, tout ce que nous pouvons dire doit rester absolument inadéquat et risque, par conséquent, d'induire en erreur. Certains auteurs ont défini la Monade comme un reflet du Logos et l'ego comme un reflet de la Monade, la personnalité représentant l'ego d'une manière analogue. Il y a bien un sens dans lequel cette expression présente des avantages; pourtant elle me semble donner de la relation véritable une idée moins juste que la définition suivante : la Monade peut être considérée comme un fragment de la Divinité, l'ego comme un fragment de la Monade, et la personnalité à son tour comme un fragment de l'ego.

Il a plu au Logos de notre système — et ceci fait partie du développement éternel — d'émettre un nombre immense de ces Monades. S'il nous est permis d'employer en toute révérence la comparaison, elles jaillissent de Lui comme des étincelles afin qu'après avoir traversé divers plans matériels elles reviennent à Lui comme de grandioses et resplendissants soleils dont chacun soit capable de donner la vie et la lumière à un système magnifique dans lequel et par le moyen duquel des millions d'autres Monades puissent se développer à leur tour.

L'altitude prodigieuse, origine de cette manifestation divine appelée une Monade ne saurait s'exprimer en aucun des termes connus par nous sur un plan quelconque; mais le niveau le plus bas que puisse, nous semble-t-il, atteindre la Monade dans sa course centrifuge est le plan que, pour cette raison, nous appelons Monadique. On se souvient que, dans la nomenclature de notre grande Présidente, le plus élevé des sept plans dont l'existence nous a été enseignée, est appelé le divin; le second (en descendant), le Monadique; le troisième, le spirituel et le quatrième, l'intuitionnel. Mais il faut, pour que s'accomplissent les intentions du Logos, que la descente dans la matière s'accentue davantage. La Monade intégrale semble incapable de s'abaisser encore mais elle peut émettre et émet en effet ce que nous sommes obligés d'appeler une partie ou fragment d'elle-même, capable de descendre jusqu'à la région supérieure du plan mental. En chemin, le fragment ainsi émis se manifeste sur le plan spirituel ou nirvânique comme le triple âtma. De ce triple esprit, la première manifestation demeure sur ce plan, tandis que la deuxième descend au plan intuitionnel et s'y revêt de matière bouddhique. Le troisième aspect ou manifestation poursuit sa descente jusqu'au plan suivant et se fixe dans la partie supérieure du plan mental, où nous l'appelons le manas supérieur. Ainsi l'ego (nom donné à ce fragment émis par la Monade) consiste en âtma, bouddhi et manas, que nous traduisons assez médiocrement en anglais par volonté spirituelle, sagesse intuitionnelle et intelligence active.

Enfin l'ego fait descendre un très petit fragment de lui-même à travers les plans mental inférieur et astral et se manifeste éventuellement dans un corps physique. Chacune de ces descentes successives correspond à une limitation absolument impossible à décrire; ainsi l'homme rencontré par nous ici-bas sur le plan physique est tout au plus le fragment d'un fragment et une expression si imparfaite de l'homme véritable que nous ne pouvons former la plus vague idée de ce que sera cet homme à la fin de son évolution.

Les egos avec lesquels nous sommes en relation dans la vie quotidienne se trouvent à des stages divers de cette évolution incroyablement prolongée. Dans tous les cas l'ego existe d'abord sur son propre plan, c'est-à-dire, comme nous l'avons dit, la partie supérieure de notre plan mental. A ce niveau et complètement à part de sa manifestation comme personnalité, il peut être déjà très éveillé, conscient de son entourage et menant une vie active. Par contre, il peut être somnolent, presque entièrement inconscient de ce qui l'environne; si par conséquent il est capable de mener une vie plus ou moins active, c'est uniquement par sa personnalité, à des niveaux bien inférieurs. A mesure que l'homme élève sa conscience à travers les divers plans, il s'aperçoit que les vibrations de chacun d'eux sont beaucoup plus rapides que celles du plan précédent. En disant que l'ego est développé sur son propre plan, nous voulons dire qu'il est à même de répondre pleinement à toutes les vibrations de ce plan; est-il moins conscient, ces vibrations très rapides passent sur lui sans l'affecter et, pour arriver à la conscience, il est obligé de descendre encore et d'emprunter un véhicule à la matière d'un niveau plus grossier dont il peut déjà percevoir les vibrations. Une longue pratique de ce plan inférieur lui permettra petit à petit de répondre à ses vibrations les plus hautes, puis, très lentement et par degrés, à celles du plan immédiatement au-dessus. Ainsi la conscience doit se frayer un chemin de niveau en niveau.

Dans la personnalité la conscience de l'homme doit donc tendre sans cesse vers l'ego, et quand par ce moyen la conscience de l'ego se trouve entièrement développée, l'ego à son tour tendra, dans sa marche ascendante, vers la Monade. Dans son ensemble, la progression descendante au sein de la matière est appelée dans l'Inde le pravritti marga ou sentier de la sortie. Quand le point le plus bas, imposé par la nécessité, est atteint, l'homme s'engage dans le nivritti marga ou sentier du retour; ayant terminé la moisson du jour, il en revient chargé de gerbes; en d'autres termes, il est devenu possesseur d'une conscience pleinement éveillée qui lui permet de se rendre, sur ces niveaux supérieurs, infiniment plus utile qu'il ne le pouvait avant de s'engager dans la matière. Sur ce sentier la partie inférieure de l'ego est toujours exposée à la tentation d'oublier le lien qui la rattache à la partie supérieure, de s'identifier complètement avec la manifestation inférieure dont elle est bien plus vivement consciente et ainsi de se fermer elle-même le chemin menant à la manifestation supérieure, en s'établissant pour ainsi dire ici-bas pour son propre compte. Faisant partie de la Monade, l'ego — nous pouvons le présumer — est exposé sur un plan beaucoup plus élevé à une tentation semblable; mais nous n'envisageons pour le moment que les relations entre l'ego et la personnalité; de plus, nous le faisons au point de vue de la personnalité qui, levant les yeux vers l'ego, s'efforce de s'unir à lui.

L'ego s'est associé à la personnalité parce qu'il a faim, ou soif d'impressions vives; sur son propre plan il n'est pas développé; il ne peut répondre aux vibrations rapides de cette région; les vibrations plus lentes des plans inférieurs lui sont plus sensibles et pendant longtemps, il revient ici-bas pour les goûter. Avec les progrès de son développement, son appétit décroît petit à petit; parfois même l'ego avancé, devenu sensitif aux joies et aux activités de son propre plan, va d'un extrême à l'autre et néglige sa personnalité prisonnière du Karma, enlisée dans des conditions où, sentant qu'il les a dépassées, il ne voit que tristesse et ennui.

Sa soif des plans inférieurs a diminué en raison du développement de sa personnalité. Devenu tout à fait conscient sur le plan astral, l'existence physique commence à lui sembler comparativement terne; parvenu au monde mental inférieur, l'astral lui paraît sombre et lugubre; enfin les trois niveaux les plus bas perdent leur attrait lorsqu'il commence à pouvoir jouir de la vie encore plus intense et plus lumineuse du corps causal. Beaucoup de personnes ont atteint le point d'évolution où, pouvant se déplacer sur le plan astral pendant le sommeil, elles y accomplissent un travail utile. Tous les étudiants en occultisme ont le corps astral bien développé et prêt à servir, bien que souvent ils n'aient pas pris l'habitude d'en faire usage. La partie inférieure du véhicule mental est, elle aussi, en bon ordre et prête à devenir active; la méditation régulière la développe et la rend obéissante. Dans ce stage il est possible d'enseigner à l'homme l'emploi de ce corps; alors, pendant le sommeil, il peut quitter simultanément ses véhicules astral et physique. Cela fait, la même opération se répète au niveau causal; l'ego est alors éveillé et actif sur son propre plan.

Les véhicules inférieurs sont tous des vêtements temporaires dont nous nous couvrons afin d'apprendre à nous servir des forces spéciales aux plans dont ils font partie; lorsque nous y sommes arrivés complètement et que l'ego travaille de façon parfaite dans son corps causal, au moment de la Quatrième Initiation, la nécessité de la réincarnation sur ces niveaux prend fin. L'homme qui s'en est rendu maître peut à tout moment matérialiser un corps astral et un corps mental temporaires, selon ses besoins. arrivé à ce stage, plus n'est besoin de passer par la pénible succession des naissances et des morts et leurs fâcheuses expériences. Peut-être ne leur trouvons-nous pas toujours ce caractère parce que la vie nous donne tout de même quelques satisfactions; c'est vrai, mais si nous pouvions envisager notre état au point de vue de l'ego, nous nous rendrions compte de l'indicible ennui éprouvé par l'esprit éternel «resserré, enfermé, prisonnier » dans un corps incapable de faire ceci ou qui refuse de faire cela. Tant que nous y sommes logés, tirons-en le meilleur parti possible, mais ce n'est qu'un véhicule temporaire adopté pour acquérir l'expérience; nous sommes très contents de nous en débarrasser dès que notre leçon est apprise.

L'homme qui a déjà une certaine expérience des niveaux causals sent parfois très vivement les limitations oppressives imposées par les trois mondes inférieurs, l'absence de la liberté, de l'amour et de la vérité incomparables, propres au domaine spécial de l'ego; comprenant pourquoi il est descendu dans ces ténèbres, il peut enfin se dire : « Je veux supprimer en moi ce désir, cause primaire de mes incarnations, et mettre fin à mon Karma en agissant sans attachement. » L'homme capable de prendre cette résolution est déjà un homme développé, qui a beaucoup réfléchi à ces questions, un métaphysicien, un philosophe. Il dit, de propos délibéré : « J'éliminerai ce désir; j'équilibrerai avec précision le Karma; ensuite plus rien ne pourra m'obliger à revenir. » C'est faisable. Quand l'homme y est parvenu — et il y en a beaucoup aux Indes, de siècle en siècle, qui ont réussi — il échappe à la succession des naissances et des morts; il habite le monde céleste; peut-être atteint-il le niveau causal, mais en général il ne s'élève pas davantage; il est parvenu à ce que l'on appelle le moksha.

Pour en arriver là, l'homme doit avoir subjugué toutes les passions et tous les désirs inférieurs, autrement le succès serait impossible, mais il n'en a pas moins oublié un côté de l'évolution; ayant parfaitement compris la manière dont agit la loi karmique, il a pu s'y soustraire, mais il n'a pas appris parfaitement la loi de l'évolution et ne s'en est pas libéré. Tel un écolier intelligent qui, devançant de loin ses camarades et passant avant eux plusieurs examens, resterait ensuite trois ou quatre ans sans travailler, tandis que les autres le rattrapent. Voilà précisément ce qui arrive à l'homme parvenu au moksha; il n'a pas atteint le but donné à l'humanité, car la fin de l'évolution humaine c'est l'Adeptat.

L'Adepte n'est pas seulement un homme délivré des naissances et des morts, il est encore une puissance vivante; il s'est uni à la Monade qui, à son tour, est une étincelle Divine. Mais la Divinité a pour méthode de S'incorporer Elle-même, de Se répandre par un sacrifice absolu dans la totalité de Son système. L'homme uni à la Divinité doit donc, lui aussi, être animé de cet esprit de sacrifice. L'Adepte fait plus de bien que le plus grand des philanthropes et cela sans interruption, sur les plans supérieurs, mais il l'accomplit pour l'humanité dont Il est membre; le Karma qui en résulte revient donc à l'humanité et non pas à Lui-même; rien donc qui puisse Le lier aux renaissances; en même temps, l'humanité totale en tire un léger avantage. Ce n'est pas un avantage bien marqué, mais si la somme de Karma répandue sur le monde entier représente peu de chose pour chacun, elle représente néanmoins pour tous une assistance continuelle. Dans un certain sens, chacun reçoit donc un peu plus que ce qu'il semble exactement mériter. Il n'y a pourtant à cela aucune injustice; pareille à la pluie qui tombe sur les justes comme sur les méchants, la bénédiction est égale pour tous.

Au bout de milliers ou même de millions d'années, l'homme qui est arrivé au moksha s'aperçoit donc que le flux de l'évolution est arrivé à sa hauteur et l'entoure de nouveau; ceci l'oblige à revenir, à renaître, à reprendre son développement. L'homme qui cherche le moksha sait en général que sa libération n'est pas définitive, mais il croit que le moment où il devra revenir est bien éloigné et que, jusque là, le monde aura sans doute fait des progrès. « Je peux, dit-il, me permettre de courir le risque; je m'assurerai la liberté pour des milliers d'années que je passerai au sein des plaisirs du monde céleste. »

Notre idéal, c'est la conscience parfaite sur le niveau le plus élevé qui nous soit accessible. A aucun niveau quelconque nous n'avons l'intention de nous déclarer satisfaits. D'autre part, nous ne voulons pas abandonner notre conscience et nous mettre en état de transe, comme le font certaines personnes afin d'atteindre un niveau hors de portée de leur conscience de veille. On parle quelquefois de « passer en samadhi » ou même, quand on aime les termes sanscrits, à passer en samadhi pendant la méditation. Nous ne savions trop quel sens attacher à ce mot avant de découvrir que c'était un terme relatif. Pour un homme quelconque le samadhi est le point qui succède immédiatement à celui où il lui est encore possible de rester nettement conscient; est-il conscient sur l'astral et point sur le mental, son samadhi commence sur le niveau suivant — le mental. Le samadhi consiste à passer du point où l'on est conscient à une sorte de transe d'où l'on revient avec toutes sortes d'impressions radieuses et belles mais en général sans conscience claire. Il ne faut pas, au cours de la méditation, passer en samadhi; il faut rester conscient afin qu'au retour le souvenir de ce qui a été subsiste. Beaucoup de personnes — je le sais — ont passé en samadhi, éprouvant ainsi un sentiment profond de bonheur, de béatitude; seulement ceci n'implique pas le progrès, parce qu'elles lâchent prise et ne savent pas avec précision ce qu'elles ont fait. A cela il y a toujours un certain danger : on ignore si le retour sera possible.

Le Dr. Besant et moi nous contemplions un jour un formidable épanchement de vie descendre des plans supérieurs, vagues immenses issues, comme des pulsations, de la Divinité Solaire. Elle me dit : « Jetons-nous dans cette vague; nous verrons où elle nous emportera. » Nous l'aurions fait si le Maître, intervenant, ne nous l'avait défendu. Plus tard, le Dr. Besant demanda : « Où nous serions-nous trouvés si nous nous étions jetés dans cette vague? » Il répondit : « Elle vous aurait peut-être déposés, au bout d'un million d'années environ, dans Sirius ou dans quelque autre système solaire. » Il est évidemment peu judicieux de se jeter dans des flux semblables lorsqu'on ne sait pas au juste ce qui se passe. Perdre conscience n'est pas recommandable; il vaut bien mieux rester, si nous le pouvons, maîtres de nos véhicules et voir un peu où nous allons, sans quoi nous pourrions bien perdre le corps physique et mettre fin à notre utilité temporaire. Notre méthode consiste à rester tout à fait conscients sur tout plan qui nous est accessible et à nous efforcer là de fournir un travail utile. Jamais nos Maîtres ne parlent de contemplation purement passive. Notre but n'est pas de rester en repos et de goûter des impressions agréables mais bien d'être constamment actifs dans le travail du Maître.

Cette paraphrase de la quatrième qualité requise — l'Amour — caractérise bien le Maître; allant au delà du mot, il cherche la raison. Il dit : « Pour quel motif désirez-vous être libéré? Afin de pouvoir mieux servir, vous essayez de vous unir à Dieu. Qu'est-ce que Dieu? Dieu est Amour. Il faut développer en vous l'Amour si vous aspirez à vous unir à Lui. Cette qualité requise est donc en réalité l'Amour. » Les lecteurs de *Man : Whence, How and Whither* (1) se rappelleront dans cet ouvrage les pages racontant comment différents groupements humains venus d'autres chaînes passèrent sur la nôtre, groupements dont certains sont appelés équipes de serviteurs. Les membres de la Société Théosophique font à peu près tous partie de ces groupes; l'idée de service est donc pour nous un facteur très puissant. Nous savons combien il est difficile de renoncer aux idées qui nous entourent depuis notre naissance. Notre

_____

(1) Traduit en français : [*L'homme : d'où il vient et où il va*]. (N. D. T.)

nationalité, par exemple, présente maint petit point de vue
très difficile à éviter; il s'agit de celle de la personnalité,
mais nous pouvons donner à l'idée de service le nom de
nationalité de l'ego, ou peut-être de la Monade; celle-ci est
née avec cette tendance et depuis lors n'a cessé de l'accen-
tuer.

Il nous est difficile de comprendre qu'il existe d'autres
types valant celui dont nous venons de parler. La Divinité
Solaire Se manifeste sous trois aspects : la volonté, la sagesse et l'amour; c'est ainsi qu'ils sont nommés dans cet
ouvrage; par conséquent les hommes s'approchent d'Elle de
trois manières. Chaque homme, tout en suivant le chemin
qui répond le mieux à ses besoins, doit se rappeler que le
chemin de son prochain est pour celui-ci le meilleur et que
finalement tous les chemins se réunissent. Il faut devenir
capables d'envisager simultanément ces trois points de vue
et de nous dire qu'en vérité ils sont un. Dans les termes du
Credo d'Athanase, il faut professer cette doctrine de la Tri-
nité sans confondre les Personnes ni diviser la substance;
il faut apprendre enfin qu'à tout jamais un seul Dieu existe
bien qu'Il Se manifeste en Trois Personnes.

Il a été dit en commençant que si en nous l'amour est
assez puissant il nous oblige à acquérir les autres qualités;
il pousse l'homme à l'action proportionnellement à ses facultés. Prenons un exemple, le meilleur et le plus beau :
celui de l'amour maternel. Comment se manifeste ce sentiment chez les peuples sauvages? La mère est bien ignorante
mais elle est prête à défendre son enfant et même, s'il le
faut, à lui sacrifier sa propre vie. Parmi nous une mère civilisée agirait exactement de cette manière dans les mêmes
circonstances. De temps à autre nous entendons raconter
qu'une mère a perdu la vie en arrachant son petit enfant
aux flammes ou, plus souvent encore, en le soignant au
cours d'une maladie infectieuse. Chez nous, dans la vie ordinaire, cet amour puissant fait réfléchir les mères; leur tendresse pour l'enfant les pousse à étudier l'hygiène, l'alimentation et autres questions de ce genre. L'amour éveille donc
à la fois l'activité mentale et l'activité physique.

Pour atteindre le Maître, il faut avoir l'amour, c'est-à-dire
le désir passionné de servir. Saint Jean a dit : « Nous savons
que nous sommes passés de la mort à la vie, parce que nous

aimons les frères. Celui qui n'aime pas demeure dans la mort (1); et « Celui qui n'aime pas n'a pas connu Dieu » (2).

Tout cela est parfaitement vrai. Il est excellent de connaître les termes techniques de la Théosophie, d'en comprendre la philosophie et la science, de savoir distinguer et employer les deux mille quatre cent et un types d'essence élémentale — mais c'est l'amour qui fait le véritable Théosophe.

Souvenir lointain : quand le babou Mohini Mohun Chatterji — un disciple — vint nous instruire à Londres, il nous parla pour la première fois des qualités requises, dont il n'était question ni dans les livres de M. Sinnett, ni dans *Isis dévoilée,* seuls ouvrages à notre disposition; il nous dit très nettement que, sans cette quatrième qualité, ce désir intense de libération (il s'exprimait ainsi), ou d'union avec Dieu, les six points de la bonne conduite « n'arrosaient que le désert »; ils demeureraient stériles et à peu près inutiles s'il nous manquait l'ardent désir d'être un avec Dieu et d'agir comme Lui. A cette époque, nous ne nous rendions pas compte, comme aujourd'hui, qu'il s'agissait de service, bien que dès le début les Maîtres eussent parlé avec insistance de Leur amour pour « les innombrables masses humaines, celles des humbles et des méprisés ». Notre grande occupation était d'apprendre, de notre mieux, la Théosophie. Tout était si nouveau, si intéressant, si passionnant, que nous consacrions à cette étude presque tout notre temps — beaucoup plus, peut-être, qu'il n'eût fallu, si pour rendre vraiment service à autrui il n'était pas nécessaire de s'instruire.

C'est moins un désir que la *volonté,* la résolution.

C. W. L. — La volonté est la qualité caractéristique du premier rayon auquel préside le Maître Morya. Le Maître Kouthoumi est sur le deuxième rayon, celui de la sagesse et de l'amour; ici, pourtant, Il parla comme l'eût fait un homme du premier rayon. Je me rappelle qu'un jour, Alcyone lui ayant exprimé son désir d'acquérir certaine qua-

(1) *S. Jean,* III, 14.
(2) *Ibid.,* IV, 8.

lité, le Maître dit : « Ne désirez rien. Le désir est sans énergie. Si vous entendez acquérir une qualité, ayez-en la volonté, et mettez-vous à l'œuvre ». Voilà bien le point de vue de la Hiérarchie. Pour nous, rien de plus important que de comprendre l'attitude du Maître et Sa manière de voir; elles L'ont conduit là où Il Se tient aujourd'hui et peuvent nous y mener aussi.

Pour être efficace cette résolution doit pénétrer la nature entière jusqu'à n'y laisser place à aucun sentiment. C'est, à vrai dire, la volonté d'être un avec Dieu, non pour échapper à la lassitude et à la souffrance, mais afin de pouvoir agir avec Lui et comme Lui, à cause de ton profond amour pour Lui. Parce que Dieu est Amour, toi qui veux devenir un avec Lui, il faut que tu soies plein de parfait désintéressement et d'amour.

C. W. L. — L'élève du Maître n'a qu'un désir, celui de servir; pour cela, il est prêt à sacrifier tout plaisir, toute ambition personnelle et de ne former dans la grande machine qu'un humble rouage. L'homme ordinaire ne pense pas encore bien sérieusement à un but plus élevé; il prend en somme l'existence comme il la trouve; ses désirs consistent moins à échanger sa vie actuelle pour une autre plus haute et plus noble, que d'y assurer le succès de ses entreprises. Si vous lui demandiez de renoncer à tout ce que nous appelons le moi inférieur, il répliquerait : « Mais si je le fais, que restera-t-il de moi-même? » Dans ce cas, il ne resterait assurément pas grand'chose, du moins à son avis, bien qu'au fond la réalité demeurerait intacte.

Il est difficile d'expliquer à cet homme ce que nous entendons par « l'immersion dans la Vie Divine ». J'en ai connu un autre, aussi bon qu'intelligent, qui étudiait sérieusement le Bouddhisme du Nord; il vint un jour me trouver et me dit : « Je ne peux rien en tirer; je ne crois pas que l'étude en vaille la peine. Comme travail c'est tout aussi intéressant qu'une question archéologique, mais le seul objectif qui nous soit proposé semble être l'union avec le Bouddha. Je ne vois pas trop ce que le Bouddha aurait à y gagner; quant à moi, je n'y survivrais certainement pas ».

Tel est le point de vue de l'homme moyen. Et cependant tout cela comporte un sens véritable, lumineux, brûlant; l'atteindre a pour conséquence la transformation complète de toutes les idées antérieures. Cet élargissement de la conscience n'enlève rien à la liberté, n'altère en rien l'individualité. Je ne suis pas absorbé dans l'univers, c'est l'univers qui devient moi-même. On dit : « Je suis le Soi ». Cette formule appliquée au soi inférieur est une erreur, mais si la formule « Je suis Dieu » représente pour moi une réalité, alors le sens « Dieu est Dieu » n'est pas une illusion du tout et en reconnaissant que ce que je croyais être est en somme une expression de Dieu, je ne me trompe pas. L'illusion, c'est de supposer que rien puisse exister en dehors de Cela ou être séparé du Soi unique.

La vie de tous les jours fournit des exemples de cette inclusion du petit dans le grand. Une importante maison de commerce engage un jeune employé. D'abord celui-ci regarde le bureau comme un lieu d'oppression; il trouve très dur d'être obligé d'arriver à l'heure et d'accomplir intégralement sa tâche. Au bout de quelques années, ayant reçu de l'avancement, il commence à dire : « Nous faisons ceci; nous faisons cela » et à identifier ses intérêts avec ceux de la maison; le voilà directeur et enfin associé; alors il parle toujours pour la maison et dans les questions d'affaires, c'est toujours à la « firme » qu'il pense; la liberté, l'initiative continuent à lui appartenir, mais aujourd'hui il est certain de faire de sa volonté un usage rationnel. La maison ne lui a pas imposé cette attitude, car il l'a prise peu à peu lui-même. Ce petit exemple suffit pour montrer comment un homme peut s'identifier à une puissance supérieure, sans abdiquer la plus petite partie de sa volonté.

Un temps viendra où nous serons devenus le Sentier lui-même, où nous présenterons toujours dans leur plénitude les qualités requises car, assimilées par nous, elles seront devenues partie intégrante de notre nature même. En tout temps nous sommes près du Dieu vivant, parce qu'Il est sans cesse en nous et autour de nous; cependant il faut arriver à nous en rendre compte, en élevant progressivement notre conscience et en employant tous les moyens à notre portée, jusqu'à ce que nous puissions faire nôtre cette idée. Nous devons nous unir à Dieu dans Ses manifestations les plus hautes, dans Ses manifestations intérieures et non pas simplement dans les formes matérielles. La substance même de nos corps, comme celle qui nous entoure, est Son voile extérieur — mais ce n'est pas à Son voile, c'est à Lui-même que nous désirons nous unir. Quand nous y serons parvenus, Lui de Son côté le reconnaîtra et nous emploiera comme des canaux vivants, susceptibles de transmettre Sa force. Sur les plans inférieurs nous sommes bien des canaux offerts à l'énergie divine mais nous ne le sommes utilement que le jour où nous n'avons plus de personnalité séparée pouvant Lui faire opposition. Dieu emploie toujours des moyens semblables et Ses ministres formant la Grande Hiérarchie occulte font de même. Ils pourraient sans doute accomplir des miracles en agissant directement sur l'homme mais, comme il faudrait pour cela dépenser inutilement une grande partie de Leur force, Ils adoptent des méthodes spéciales.

Beaucoup de gens n'essaient jamais de comprendre les principes qui gouvernent la vie; ils estiment que la nature doit être à leurs ordres et refusent d'accepter l'existence comme il le faudrait; à leur manière ils ressemblent aux personnes qui, faisant une enquête sur les phénomènes spirites, entendent prescrire les conditions dans lesquelles devront se produire les manifestations. Mentalité absurde, car il n'existe en ce monde aucun genre d'investigation permettant de dicter leur devoir aux lois naturelles. Des sauvages à qui l'on montrait des phénomènes électriques n'y voyaient qu'une duperie; leur chef disait: « Tout cela est réuni par des fils; c'est avec ces fils que vous faites cela; coupez-les et je vous croirai ». L'électricien répondait en souriant : « Vous ne comprenez pas la loi. Les fils conduisent l'électricité; sans eux, l'énergie n'arriverait pas ». A quoi le sauvage répartit : « J'ai dévoilé le tour ». On en fait autant dans les séances spirites : refus de suivre la méthode prescrite; désir de s'y prendre autrement. Le degré d'individualité qui caractérise la prétention d'obliger Dieu à Se conformer aux idées humaines peut plaire à certains types intellectuels; mais cette prétention m'est étrangère, comme l'est d'ailleurs cette autre idée qu'il faut dans nos prières indiquer à Dieu ce qu'Il doit faire. Je suis profondément persuadé qu'Il Le sait infiniment mieux que moi et si — par un hasard tout à fait inexplicable — ma prière modifiait Ses intentions, je sais bien que l'accomplissement de Sa propre volonté m'eût été infiniment plus avantageux que celui de la mienne.

Il est possible que peu de personnes, parmi nous, aient compris la nécessité de l'union en Dieu, mais elle est très familière à nos frères indiens. Dans le présent ouvrage, le Maître se sert à plusieurs reprises de cette expression, en parlant de Dieu. Dans une vie précédente, il fut un célèbre instructeur Bouddhiste nommé Nâgârjouna et dans cette incarnation, Il fit de nombreux discours et écrivit beaucoup. Dans Ses livres, qui ont été conservés, Il S'élève très énergiquement contre l'idée que la Divinité puisse avoir aucun caractère personnel; Il est même contraire à l'emploi des termes *personnalité* et *Divinité* et, sur ce point, Il traite certaines questions profondément métaphysiques. Des Indiens connaissant toute la philosophie de Nâgârjouna ont souvent dit : « Il est bien curieux que dans ce petit livre notre Maître, si éloigné jadis d'accorder à la Divinité aucun caractère personnel, se serve aujourd'hui du mot Dieu. Notre Seigneur le Bouddha, Lui aussi, S'est énergiquement prononcé dans le même sens ». Voici la réponse à cette objection : dans le présent ouvrage, le Maître n'aborde pas la question de l'Absolu; Il ne parle pas de *Cela* — de l'Etre Suprême, de l'Eternel; Il parle avant tout, à un jeune Indien, d'*Ishvara*, c'est-à-dire du Logos solaire, de la Divinité solaire et, sans aucun doute, c'est dans ce dernier sens qu'Il emploie ici le mot Dieu. Comme Nâgârjouna, Il S'adressait à des étudiants dont un grand nombre connaissaient les systèmes philosophiques indiens; en conséquence, Il blâmait sévèrement toute tendance à dégrader l'idée de la Divinité en Lui conférant la personnalité, telle que la comprennent aujourd'hui nos frères Chrétiens.

Il dit ensuite qu'il faut nous rendre semblables à Dieu. Ceci amène la question : Que savons-nous de Dieu? Nous savons qu'Il Se manifeste sous trois Aspects; les hommes se rapprochent de Lui soit par un de ces Aspects, soit par un autre. Notre propre voie est celle de l'amour actif, car c'est la voie suivie par nos Maîtres. Aux trois grands rayons de la vie divine correspondent sept types humains. Trois chemins : celui de la dévotion, celui de la volonté, celui de

la sagesse. Les hommes cherchent Dieu de différentes manières mais, comme nos Maîtres ont adopté la voie de
l'amour actif, tous ceux qui veulent Les suivre doivent consacrer les facultés de leur type particulier au service actif
de Dieu et de l'humanité. Prenons pour exemple la dévotion,
dont il existe trois types ou genres. L'homme se rattachant
au premier se prosterne devant l'objet de son adoration et
aspire à s'unir à lui. Dans nos races occidentales ce type
ne se rencontre guère, je pense, que chez certains moines
ou religieuses dont le seul désir est celui d'une incessante
adoration. Forme de piété admirable mais, du moins pour
l'instant, l'homme ne pense pas aux autres; il ne songe
qu'à s'unir à la Divinité. Si vous lui parlez des autres, il
vous répond : « Qu'ils fassent comme moi. » J'ai connu
dans l'Inde un homme dont l'unique idée était précisément
de se tenir en adoration devant sa Divinité et de s'efforcer
de s'unir à Elle; tel était son but; il l'atteindra un jour. Il
passera toute sa vie céleste, sans doute fort longue (des milliers d'années) dans une adoration éperdue. Une dévotion
aussi pure assure le développement des différents véhicules
et un progrès certain.

Un autre genre de dévotion mérite à peine ce nom; c'est
la dévotion inférieure qui marchande avec la Divinité. « Si
vous m'accordez tant de richesses, d'avancement et d'assistance en général, moi, de mon côté, je vous donnerai tant
de dévotion. »

Un troisième dira : « J'aime tant ce Grand Etre ou cet
Instructeur que, pour cette raison même, il faut que je contribue à Le faire connaître et comprendre à d'autres; il faut
que je fasse le bien en Son nom. » Dévotion très élevée et
très efficace. Ceux d'entre nous qui appartiennent au rayon
dévotionnel ne seront pas exclusivement dévotionnels; ils
feront preuve également de cette activité qui éveille en eux
le désir de travailler en conséquence de leur dévotion. S'il
en est dont la tendance est avant tout d'apprendre, ils pos-
séderont cette caractéristique en eux-mêmes. Certains
hommes ne désirent la sagesse que pour savoir et comprendre : c'est là une qualité admirable; beaucoup font
ainsi de grands progrès. Par contre les « serviteurs » trouvent en eux-mêmes ce sentiment complexe : « Je désire
m'instruire, mais seulement pour être vraiment utile aux

autres. » Ceux-là voient très clairement les erreurs commises par d'autres personnes qui, très sincèrement désireuses de servir, font cependant à cause de leur déraison plus de mal que de bien. « Que j'acquière la connaissance parfaite, disent-elles, et je deviendrai capable de servir vraiment bien. »

Nous désirons nous unir à Dieu, pas simplement pour être en Lui, pour nous baigner dans toute cette gloire et toute cette joie, mais afin d'agir comme Il agit; et, comme Son grand Acte fut de Se répandre dans la matière par un sacrifice absolu afin de nous donner la vie, l'homme qui veut s'unir à Dieu doit manifester le même oubli total de soi, dans l'intérêt de l'œuvre à accomplir pour le Dieu qui est tout Amour. A elle seule, la sentence : « ...toi qui veux devenir un avec Lui, il faut que tu sois plein de parfait désintéressement et d'amour » résume tout le Sentier. Volonté, sagesse, amour — chacun d'eux élevé à la perfection et consacré au service nous assure tout le reste; il est donc bien vrai que « l'amour est l'accomplissement de la loi » (1).

(1) *Romains*, XIII, 10.

CHAPITRE XXV

L'AMOUR DANS LA VIE QUOTIDIENNE

Dans la vie quotidienne, la signification de cette qualité est double : premièrement il faut éviter avec soin de faire du mal à tout être vivant; secondement, il faut épier toutes les occasions de venir en aide.

C. W. L. — Ce sont les deux côtés d'une seule et même chose. Côté passif : ne pas faire de mal; côté actif : faire le bien. Les religions orientales, dit-on parfois, sont négatives; la notion de service que nous y introduisons est en réalité chrétienne. Cela n'est pas exact. Assurément, et bien que le Christianisme moderne l'ait fait passer au second plan, elle a été dans le Christianisme primitif exprimée, soulignée très fortement. « Le plus grand parmi vous sera votre serviteur » (1).

La même notion se retrouve dans les religions anciennes.

Le Bouddhisme — toujours cité comme la plus négative des religions — indique, il est vrai, ce qu'il faut éviter, mais ses cinq préceptes ne sont pas plus négatifs que les dix commandements de la loi mosaïque. La religion bouddhiste ne dit pas : « tu ne feras pas », bien qu'elle demande à ses fidèles d'éviter certaines choses; elle s'exprime ainsi : « En observation du précepte, je m'abstiens d'ôter la vie, je m'abstiens de prendre ce qui ne m'appartient pas, je m'abstiens de dire ce qui n'est pas vrai, je m'abstiens d'user de boissons enivrantes et de stupéfiants, je m'abstiens de relations sexuelles illicites. » Telle est la forme : ce n'est pas un ordre mais une promesse.

Dans le résumé de la religion donné en une seule *soutta* (verset) par le Bouddha Lui-même, nous voyons l'aspect positif :

____

(1) *S. Matth.*, XXIII, 11.

« Cessez de faire le mal;
« Apprenez à faire le bien;
« Purifiez votre propre cœur;
« Voilà la religion du Bouddha. »

Le même caractère se trouve clairement exprimé dans *le Noble Sentier Octuple;* nous y trouvons ces mots : « opinions justes, objectifs justes, paroles justes, conduite juste. Manière juste de gagner sa vie, efforts justes, pensées justes, méditation juste. » Presque tout cela est fort positif.

Dans *la Bhagavad Gîta,* qui correspond pour des millions d'Hindous à notre évangile, vous trouvez enseignée l'activité la plus positive. Dieu y est montré comme le grand Acteur; il y est dit que l'homme qui refuse de suivre Son exemple et de travailler au bien du monde, vit inutilement, et aussi que l'inaction peut en réalité constituer un péché mortel. La Gîta prévient les hommes, comme le faisait souvent Mme Blavatsky, qu'il faut redouter les péchés d'omission tout autant que les péchés de commission. En ce qui concerne le sannyasi, l'homme qui a renoncé à la vie matérielle, elle lui prescrit d'accomplir constamment des actes de charité, de sacrifice et d'austérité. Les principales Ecritures historiques des Hindous sont pleines des récits où figurent des hommes dévoués au bien public et des instructeurs, souvent regardés comme des incarnations divines, qui enseignaient le service du prochain.

Impossible d'insister sur le service public plus que ne l'ont fait ces religions, et pourtant les aspects contemplatifs ne leur ont pas manqué, pas plus qu'au Christianisme pendant tout le moyen âge. Depuis peu d'années seulement — effet de l'activité intense caractérisant la cinquième sous-race de la cinquième race-mère — s'est affirmée en nous une tendance secrète à mépriser le moine et le religieux et à porter au pinacle l'homme d'action, le grand chef en temps de guerre, le grand monarque ou homme d'état en temps de paix. L'idée générale servant de base aux ordres contemplatifs n'en est pas moins très belle. Les ordres monastiques actifs devaient prêcher et accomplir des actes charitables; les ordres contemplatifs devaient rester dans leurs cloîtres et se consacrer entièrement à la méditation et à la prière. En d'autres termes, il s'agissait de formuler des pensées bonnes et élevées et de les envoyer au loin dans l'intention bien arrêtée d'assister les hommes. Les reclus devaient se spécialiser dans l'oraison et dans la méditation, remplaçant ainsi leurs frères qui, pour diverses raisons, ne pouvaient s'y livrer pour eux-mêmes aussi bien ni aussi complètement. Dans toutes les religions la théorie était qu'ils représentaient une fraction de l'humanité, subvenant à un besoin de l'humanité; ce n'étaient pas simplement des moines paresseux se dispensant du travail actif; leur propre travail, beaucoup plus pénible et que d'autres ne pouvaient faire, se passait sur des plans supérieurs et en général dans des conditions d'abnégation et d'ascétisme que l'homme ordinaire eût trouvé terribles.

Il est également vrai que l'existence du cloître, quand elle n'était pas aussi ascétique, attirait beaucoup de gens qui désiraient mener une vie de bien-être et d'oisiveté; ceux-là évitaient le labeur physique mais ne lui substituaient pas le travail des plans supérieurs. Parmi les moines bouddhistes il en est de semblablés; ils sont peu considérés; on les appelle « moines du riz »; ils ne sont moines que pour assurer leur subsistance, et si elle n'a rien de somptueuse, elle ne leur fera cependant jamais défaut tant que les habitants auront de quoi se nourrir. Il en fut de même des ordres monastiques en Europe, peut-être à un degré supérieur, pendant le moyen âge. Certains hommes y entraient pour participer à leur puissance et à leur influence et parce qu'ils ne tenaient pas, dans bien des cas, aux possessions personnelles. Bien que le moine, comme individu, ne possédât rien, le monastère devenait fort riche et ses biens étaient dans une certaine mesure à la disposition de ses membres.

En premier lieu, ne pas faire souffrir. Il y a trois péchés qui font plus de mal que n'importe quoi dans le monde : la médisance, la cruauté et la superstition, parce que ce sont des péchés contre l'amour.

C. W. L. — Comme lorsqu'il s'agit de crimes plus graves que d'autres on est porté à penser au meurtre, au brigandage, etc., on peut être surpris de voir mentionnés, en tête de la liste, des fautes comparativement communes comme la médisance, la cruauté et la superstition. Le Maître tient compte de leur fréquence et de leurs suites sérieuses. L'assassinat et le brigandage sont universellement reconnus comme de graves péchés; en conséquence, l'homme qui se respecte les évite, à moins que vous ne les appeliez « guerre ». Mais la médisance s'exerce partout et, si l'on songe au mal qu'elle fait toujours, aux masses de souffrances mentales qu'elle peut faire naître, à l'avilissement qu'elle détermine souvent dans l'idéal humain; si l'on multiplie ensuite ces effets par les millions de cas qui se produisent chaque jour, on constatera très vite que la médisance cause infiniment plus de maux que les autres crimes. C'est une terrible chose que de détruire, d'avilir, de dégrader l'idéal d'un autre et de lui faire sentir qu'après tout cet idéal n'était pas aussi bon, aussi élevé ou aussi noble qu'il l'avait supposé. La destruction des idoles, dit-on parfois, est une chose désirable; or, la destruction de l'idole vénérée par un homme peut représenter pour celui-ci l'atteinte la plus cruelle que nous puissions lui infliger. S'il prend pour idéal un objet bas et méprisable, nous pouvons sans doute lui en montrer un autre plus élevé, mais rien n'est plus méchant ni plus pervers que de lui enlever son idéal sans lui laisser à la place quelque chose de plus haut et de meilleur. Notre rôle n'est pas de chercher les imperfections ou d'amoindrir personne, quelles que soient les circonstances.

Beaucoup d'entre nous savent, sans doute par expérience personnelle, le bien extraordinaire accompli par le Dr. Besant. Des dizaines de milliers de personnes ont trouvé la lumière dans ses conférences et dans ses écrits; cependant, les médisances dont elle fut l'objet ont empêché des milliers d'autres personnes d'écouter sa parole ou de lire ses ouvrages. « J'ai entendu, disent-elles, un tel et un tel juger Mrs. Besant. Pourquoi lire un livre ayant pour auteur une femme pareille? » Bien des gens se sont ainsi détournés de ce qui eût été leur salut dans la présente incarnation. D'autre part des milliers de personnes lui écrivent et la consultent au sujet de difficultés de tout genre qu'elles éprouvent; or, il en est beaucoup que les calomnies répandues sur son compte ont empêché de recourir à ses conseils.

Personne, je crois, n'a été plus fréquemment ni plus bassement attaqué que notre grande Présidente. Bien avant d'embrasser la Théosophie elle avait publiquement enseigné la libre pensée. Tout d'abord elle fut attaquée, vilipendée pour avoir publié de nouveau ce qu'on appelle la brochure Knowlton, concernant des problèmes d'ordre sexuel qu'il faudrait aborder et étudier, au lieu de les écarter par pruderie. Cette brochure avait été écrite bien avant la naissance du Dr. Besant, mais les menaces de poursuites en interrompirent la publication. Notre Présidente la reprit, en partie parce qu'elle jugeait utile de poursuivre le débat et de mettre à la disposition des pauvres les renseignements donnés dans la brochure, mais plus encore, je crois, afin de protester contre la suppression des faits et de défendre la liberté de parole et de publication en tout ce qui concerne la santé publique et le bien public en général. En rééditant l'opuscule, elle entendait récuser une loi mauvaise; elle prévint la police qu'elle allait le mettre en vente et l'invita à venir à une certaine heure en acheter officiellement un exemplaire. L'invitation fut acceptée; les autorités vinrent acheter le document incriminé puis engagèrent des poursuites, mais elles se terminèrent par un non-lieu. Le Dr. Besant écrivit alors sur la question une autre brochure en termes plus étudiés. Sa récompense — tout au moins sur le plan physique — fut de se voir attaquer dans son caractère privé de la manière la plus abominable. Plus tard elle retira la brochure, étant arrivée à la conclusion que ce n'était pas le meilleur moyen de traiter cette difficulté sociale; mais jamais — j'en suis certain — elle ne regretta d'avoir de son mieux envisagé les faits tels qu'elle les comprenait alors. Une abnégation et un courage semblables sont rares ici-bas.

Des personnes jalouses ont engagé aussi une campagne de médisance contre Mme Blavatsky. Les accusations furent absurdes et insensées, si bien que leur caractère ridicule frappa de suite tous ceux d'entre nous qui la connaissaient personnellement; cependant, elles empêchèrent beaucoup de gens d'accorder aux vérités théosophiques un examen attentif. Mme Blavatsky mourut en 1891; eh bien, aujourd'hui encore, il arrive très souvent, si vous mentionnez la Société Théosophique, que l'on réponde : « Ah! oui, la société fondée par Mme Blavatsky, dont le charlatanisme a été dévoilé. Nous ne voulons perdre ni temps, ni énergie à étudier une doctrine dont l'auteur a été convaincu de fraude. Quelle vérité pourrait-elle contenir? » Ainsi beaucoup de personnes ont laissé de côté la donnée théosophique qui aurait pu transformer leurs vies.

Ces exemples suffisent pour montrer le mal incommensurable pouvant résulter de la rancune et de la médisance. Ce genre d'égoïsme est de plus très blessant pour la personne visée. Que celle-ci soit blessée indique une faiblesse de caractère, mais cela n'excuse pas l'agresseur et ne le dispense pas du mauvais Karma qu'il s'est fait. Aucune médisance n'a de prise sur notre Présidente bien que, si sur un point donné les insultes se prolongent plus que de coutume, elle dise parfois : « Cela devient monotone; je voudrais bien qu'ils passent à autre chose. » J'ai moi-même été très attaqué, mais sans que mon sommeil ait jamais eu à en souffrir. Le Karma ne s'attache donc pas à nous; mais le mal causé aux autres par les mauvais propos apporte son Karma à ceux qui les ont émis et propagés. Il est plus difficile de rester indifférent quand il s'agit de bruits répandus sur autrui et — je dois l'avouer — il m'est encore difficile de ne pas me mettre en colère en entendant médire de notre Présidente, par exemple, ou lorsque des pensées indignes, blasphématoires même, pour nous qui connaissons les Maîtres, sont dirigées contre *Eux*.

La médisance n'est pas la critique. Malheureusement le terme « critique » a fini par signifier « recherche des défauts »; il est dérivé du grec *krinein*, juger, et devrait s'appliquer à une attitude judiciaire; aujourd'hui le sens propre est altéré. La justice est une des manifestations de Dieu; juger les paroles ou les actions d'un homme en supprimant le contexte est coupable et entraîne des conséquences mauvaises. Existe-t-il en ce monde un seul texte sacré, quelque saint et admirable soit-il, qu'il ne soit pas possible de tourner en ridicule en détachant du contexte certains mots et en les présentant isolément? Or, nous ne cessons de traiter ainsi les pensées d'autrui. Un tel est irritable; ses propos sont vifs, peut-être violents, et nous en concluons sans tarder qu'ils indiquent son caractère. Seulement nous ignorons les causes de son irritabilité. Peut-être a-t-il passé la nuit au chevet d'un enfant malade. Une autre personne peut l'avoir froissé ou exaspéré d'une manière quelconque et nous en percevons l'action réflexe, bien qu'au fond il ne nous en veuille pas du tout. S'il était un grand Adepte il n'éprouverait aucune irritation, mais nous ne sommes pas encore tous de grands Adeptes, et voilà pourquoi ces choses arrivent.

J'appris cela, tout enfant, d'un vieux cocher. Je me trouvais un jour près de lui quand on vint l'interpeller grossièrement. Le vieux cocher répondit sans paraître s'apercevoir de la mauvaise humeur de l'autre. Celui-ci s'étant éloigné je dis : « Mais John, qu'avez-vous donc fait pour mettre cet homme dans une telle colère contre vous? » « Rien du tout, monsieur; il n'est pas en colère contre moi; je ne lui ai rien fait; il en veut probablement à sa femme ou à d'autres. » Il m'expliqua ensuite que lorsqu'un homme était ainsi devenu incapable de se maîtriser, il s'en prenait souvent à la première personne rencontrée sur son chemin.

L'action exercée par un jugement injuste sur l'esprit humain, comme la ténacité et la virulence de son poison, seraient incroyables si nous n'en avions constamment des exemples : Un homme forme-t-il une idée fausse, tout se trouve coloré par elle; ce livre même nous en a fourni la preuve. Quand je fus informé pour la première fois de l'enseignement relatif à la médisance reçu par Alcyone, bien avant que l'ouvrage ne parût, son importance m'ayant beaucoup frappé, je le répétai dans plusieurs occasions. Dès la publication, certaines personnes, arguant immédiatement de ce que tout cela avait été dit plusieurs mois auparavant, déclarèrent que je devais être l'auteur d'une partie de ces pages.

J'ai mentionné qu'il y eut chez Alcyone, dans le développement de sa mémoire des expériences astrales, deux périodes; l'une dans laquelle, ses souvenirs étant imparfaits, je lui répétais le précepte spécial reçu par lui du Maître pour le jour suivant; l'autre dans laquelle il devint capable de tout se rappeler. Or, je découvris qu'à Bombay l'on racontait que le livre entier lui avait ainsi été répété par moi. En fait le livre fut écrit dans la deuxième période où Alcyone, pouvant se souvenir des paroles du Maître, les mit lui-même par écrit. Une inexactitude de ce genre dénature tout. Que d'injustices et d'erreurs de jugement j'ai eues à subir parce que des faits avaient ainsi été altérés. Sans en être affecté le moins du monde, je me suis clairement rendu compte de la facilité des méprises lorsque l'on prend pour point de départ une idée fausse. J'ai vu commettre les erreurs les plus grotesques par des personnes qui s'emparaient de tous les événements possibles pour étayer telle notion absolument dénuée de base et qui n'était de bout en bout qu'imagination pure.

L'une des expériences que nous avons dû faire au cours de notre éducation occulte consistait à nous identifier avec la conscience de certains animaux. Simple question d'habitude; un élève reçoit cette tâche afin de pouvoir apprendre plus tard à en faire autant avec des formes de conscience plus hautes. Nous nous considérons bien supérieurs à tout animal, et à juste titre, car nous appartenons à un règne plus élevé. C'est pourquoi nous devrions comprendre sans la moindre peine la mentalité de cet animal; pourtant, me basant sur mon expérience personnelle, j'imagine que presque toutes les personnes s'occupant des animaux interprètent à rebours leurs idées et leurs motifs. Quand vous découvrez réellement ce que pense un animal, vous constatez qu'il a des raisons dont vous ne vous doutiez pas. Si nous sommes incapables de comprendre l'animal dont les pensées sont peu nombreuses et simples, nous éprouverons bien plus de peine encore à comprendre nos semblables. Bien entendu nous sommes plus rapprochés de l'être humain, mais je doute fort que les êtres humains se comprennent jamais. L'affirmation peut sembler étrange, mais nous sommes tous isolés; chacun est à part. Dans un autre sens, il est vrai que nous formons une immense confrérie, cependant, en ce qui concerne le mental, chacun de nous vit dans sa propre tour. La circonférence de son mental ne touche celle de son voisin qu'en un seul point, encore est-ce douteux et incertain.

L'homme qui désire remplir son cœur d'amour pour Dieu doit constamment se garder de ces trois péchés.

C. W. L. — Les éviter semble assez facile, mais c'est le contraire, car ils sont si douloureusement communs et tellement entrés dans les habitudes que peu de personnes en reconnaissent l'existence; ils représentent nos difficultés spéciales à cause du niveau atteint par notre évolution. Nous avons développé le mental inférieur qui s'occupe en premier lieu de relever les différences. Voilà pourquoi les gens remarquent tout d'abord, dans ce qui se présente à leur observation, les points qui leur déplaisent; commentaires et critiques suivent presque toujours. L'homme qui consacre son énergie à relever les défauts et à constater les différences retarde sur son époque; c'est un anachronisme sans espoir. Nous devrions maintenant étudier la synthèse et nous efforcer de trouver en toute chose l'élément divin et bon, car nous devrions commencer à développer le bouddhi. Nous essayons de vivre, non pour le jour présent mais pour demain. Ne nous laissons donc pas emporter par ce flux d'ignorance et d'obscurantisme. Rappelons-nous sans cesse qu'il faut tenir bon, sans quoi le torrent nous entourera et nous assaillira si bien que nous devrons de temps à autre lâcher pied.

CHAPITRE XXVI

LA MÉDISANCE

Voyez ce que fait le bavardage médisant. Il commence par de mauvaises pensées, ce qui est déjà un crime, car il y a du bon en chacun et en toute chose; en chacun et en toute chose, il y a du mal. Nous pouvons renforcer l'un ou l'autre en y pensant, et ainsi accélérer ou retarder l'évolution. Nous pouvons obéir au Logos ou lui résister. Si tu penses au mal qui se trouve dans un autre, tu fais trois mauvaises actions en même temps.

C. W. L. — Le Maître appelle crime une mauvaise pensée. En nous rappelant la manière extrêmement attentive et modérée dont le Maître s'exprime, nous nous rendrons bien compte que cette pensée doit être en effet très coupable.

Essayons-nous de comprendre les motifs de notre prochain, de suivre ses raisonnements, nous risquons fort de nous tromper; si donc il y a doute, qu'il en profite; nous ne pouvons moins faire. Les gens sont en général très respectables et bien disposés, il faut donc leur attribuer de bonnes intentions. Si nous sommes dans l'erreur, l'opinion un peu trop haute que nous avons de telle personne agira sur elle et lui fera positivement du bien. Quand vous entendez porter un jugement défavorable, demandez-vous si vous répéteriez cette médisance et si vous la répandriez en l'augmentant s'il s'agissait de votre fils ou de votre frère. Non, certainement, vous ne le feriez pas. Vous commenceriez par contredire ce mauvais propos et dans tous les cas vous vous refuseriez à le répéter. Pourquoi agir différemment s'il s'agit du fils ou du frère d'un autre?

1° Tu peuples ton ambiance de mauvaises pensées et non de bonnes, donc tu ajoutes à la souffrance du monde.

C. W. L. — Le monde, pour nous, est dans une large mesure ce que nous le faisons; il dépend aussi de notre manière de le prendre. Un pessimiste, dont la seule pensée est de trouver le mal et l'obscurité, et de chercher des occasions lui permettant de se sentir offensé ou blessé, trouve ce qu'il cherche. Comme l'a fait remarquer Notre Seigneur le Bouddha, le mal règne dans le monde, et beaucoup de chagrins dans ces plans inférieurs. Nous pouvons donner à ces choses les proportions de graves difficultés ou bien, envisageant le monde avec optimisme, nous décider avec sérénité à tirer de tout le meilleur parti. Dans le dernier cas, nous nous apercevrons que tout n'est pas obscur et puis, par notre vie extérieure et par notre énergie mentale, nous rendrons le monde plus gai pour les autres.

Beaucoup de personnes ont pratiqué depuis de longues années la méditation régulière; elles doivent donc inévitablement avoir appris à penser avec un peu plus de précision que celles qui n'ont rien tenté de semblable; par suite leurs pensées ont plus de force. Si ces personnes ont mauvaise opinion des autres, les conséquences sont de mille manières beaucoup plus graves que si des gens ordinaires agissaient de même; d'abord, étant plus instruites, elles pèchent, en termes théologiques, « contre la lumière »; deuxièmement, leur pensée constitue des formes nettes et relativement permanentes qui exercent souvent une influence considérable dans l'atmosphère astrale et mentale. Employez donc vos facultés à donner au monde plus de lumière et de bonheur. Vous n'imaginez pas ce que l'on peut faire simplement en écartant toute pensée chagrine et égoïste et en vous remplissant d'un amour qui rayonnera autour de vous.

2° Si le mal que tu penses d'un homme se trouve en lui, tu entretiens ce mal et tu le renforces, et ainsi tu rends ton frère plus mauvais au lieu de le rendre meilleur. Mais en général, le mal ne se trouve pas en lui et tu l'as seulement imaginé; dans ce cas, ta pensée mauvaise incline ton frère au mal, car s'il n'est pas encore parfait, tu peux le rendre tel que tu te l'es figuré.

C. W. L. — Le clairvoyant peut voir les pensées d'une personne se diriger vers une autre et bourdonner autour d'elle comme un vol de moustiques; elles ne peuvent pénétrer tant que celle-ci est occupée d'autre chose, mais quand pour un instant ses pensées se ralentissent, ou quand elle est méditative ou fatiguée, elles saisissent l'occasion. La forme-pensée s'attache alors à son aura comme une graine de bardane et colore graduellement par ses vibrations le point d'impact d'où son influence se propage; elle suggère donc soit une mauvaise, soit une bonne idée et s'il existe, comme il arrive généralement, un principe de même nature dans la personne influencée, ce principe est mis en mouvement.

Une légère impulsion donnée à autrui peut avoir quelquefois assez peu d'importance, mais dans certains cas les conséquences en sont capitales. En courant les écoliers se bousculent; il est arrivé que, sans y penser le moins du monde, l'un d'eux ait fait tomber son camarade dans un précipice. Impossible de reconnaître l'instant où, un homme étant en pensée sur le point de commettre une faute grave, une seule pensée malveillante dont il est l'objet peut provoquer sa chute. D'autre part, lorsqu'un homme est suspendu de la sorte entre le bien et le mal, une seule pensée énergique, secourable et bonne peut le ramener franchement du bon côté et lui faire prendre une direction dont dépendra peut-être son développement rapide.

J'ai vu des cas où une pensée malveillante dirigée vers un homme lui fit commettre de mauvaises actions dont les conséquences se prolongèrent pendant de nombreuses existences. Le principe mauvais était à la surface mais ne s'était pas matérialisé en acte; survint une pensée malveillante, émise par autrui, pensée dont le choc transforma en action la pensée de cet homme et fit de lui un criminel. Tant que la clairvoyance ne vous aura pas permis de constater ces choses, elles vous sembleront irréelles; constatez-les une seule fois et vous deviendrez prudent pour toujours, instruit par l'horreur. Vous y gagnerez un sentiment nouveau de votre responsabilité, sentiment parfois un peu accablant. Rappelez-vous l'opinion du poète Schiller au sujet de la clairvoyance; il aspirait à recouvrer sa cécité d'autrefois : « Reprenez, disait-il, votre don cruel; reprenez cet affreux présent. »

3° Tu peuples ton mental de mauvaises pensées et non de bonnes et ainsi tu retardes ton progrès et offres, aux

yeux de ceux qui le voient, un spectacle laid et pénible,
et non attrayant et beau.

C. W. L. — Beaucoup de personnes veillent de très près à
leur apparence physique personnelle, comme à la grâce
et à l'aménité de leurs manières, et cela non seulement parce
qu'elles tiennent à se présenter sous leur meilleur jour et
à donner d'elles-mêmes une idée favorable, mais aussi parce
que, dans l'opinion commune, la société en général y a droit.
Dans les temps anciens, il était entendu que chacun avait
pour devoir de viser, de toutes les façons, à la perfection et
à la beauté; dans son costume, son apparence, sa parole et
ses actions l'homme devait apprendre la manière juste, gra-
cieuse et convenable de tout faire. La personnalité, comme
aussi l'entourage, devaient présenter un caractère non seulement d'utilité mais encore de beauté : Bâtissait-on une maison, c'était un devoir vis-à-vis des voisins d'élever une demeure élégante et décorative, sans être nécessairement coû-
teuse; céramique, statues, tableaux devaient être excellents.
Aujourd'hui l'on ne pense, en général, qu'à construire aussi
économiquement que possible sans se préoccuper de la hi-
deur du résultat. Telle personne bâtit une grande et vilaine
maison, ou bien une usine; tout être un peu raffiné s'en
écarte et ceux qui la regardent en subissent l'influence mauvaise. La personne responsable de la construction génère
positivement du mauvais Karma. Cela n'a aucune importance, vous dira-t-on; c'est le contraire. Notre entourage présente une grande importance. Assurément une âme énergique peut vaincre, mais pourquoi ne pas nous entourer
d'objets qui favorisent nos efforts au lieu d'objets dont l'influence est défavorable. Tout constructeur d'une belle maison a bien mérité de ses concitoyens, parce qu'il a placé
sous leurs yeux un édifice qui fera du bien à tous ceux qui
le contemplent. Le sentiment de plaisir éprouvé à la vue
d'une belle chose a bien sa valeur. J'ai toujours le sentiment
que notre reconnaissance est due à toute personne qui porte
des vêtements de couleur agréable, à cause de l'effet produit
par cette couleur dans notre civilisation si terriblement grise.

Tout ce qui est vrai de la beauté physique est plus évident
encore sur d'autres plans. L'homme qui s'entoure d'un
beau corps astral, rayonnant d'amour et de dévotion qu'il

répand sur tout son entourage, mérite la reconnaissance de
son prochain. Sur le plan astral nous avons généralement
plus d'auditeurs que sur le plan physique. Si nous nous per-
mettons d'être mal tenus sur le plan astral, les gens qui sont
scandalisés ou agacés par notre apparence sont infiniment
plus nombreux qu'ils ne le seraient sur le plan physique.
Les habitants du plan astral ne sont pas seuls à apprécier
la beauté; tous la sentent, même ceux qui ne la voient pas.
Ces vibrations agissent sur eux et chacun s'en trouve bien.
L'homme qui cède à des pensées laides, égoïstes, perverses,
crée un malaise dans son entourage, sans compter qu'il offre
un spectacle horriblement désagréable et pénible. Sur le
plan physique les gens dissimulent leurs misères physiques,
mais le lépreux astral offre ses plaies à tous les regards.

Non content d'avoir fait tout ce mal à lui-même et à sa
victime, le médisant essaie, de toutes ses forces, de faire
participer d'autres personnes à son crime. Il s'empresse
de leur communiquer sa méchante histoire, dans l'espoir
qu'elles y croiront; et ensuite, ils s'unissent tous pour
répandre un flot de pensées mauvaises sur la pauvre victime. Et cela se fait, jour après jour, non seulement par
un seul, mais par des milliers de gens. Commences-tu à
voir combien ce péché est vil et affreux? Il ne faut absolument pas y succomber. Ne dis jamais de mal de personne; refuse d'écouter le mal qu'on dit d'un autre, et
fais doucement cette observation : « Cela n'est peut-être
pas vrai, et, même si c'était vrai, il est plus charitable de
n'en pas parler ».

C. W. L. — Il faut un certain courage pour s'exprimer
ainsi, mais c'est nécessaire, dans l'intérêt du médisant
comme dans celui de la personne critiquée. On peut le faire
avec douceur en employant la première personne du pluriel :
« Mieux vaut peut-être que nous n'en parlions plus. » De
la sorte, vous n'aurez pas l'air d'affirmer votre supériorité,
ce qui est à la fois contraire aux principes de l'occultisme
et irritant. Votre interlocuteur se rangera probablement à
votre avis et vous en resterez là.

CHAPITRE XXVII

LA CRUAUTÉ

Quant à la cruauté, elle peut être de deux sortes : voulue ou involontaire. La cruauté voulue consiste à faire souffrir, de propos délibéré, un autre être vivant; — ceci est le plus grand de tous les péchés, l'œuvre d'un démon plutôt que celle d'un homme. Tu diras peut-être qu'un homme ne peut agir ainsi : mais les hommes l'ont fait bien souvent et le font journellement encore. Des inquisiteurs l'ont fait, bien des gens religieux l'ont fait au nom de leur religion.

C. W. L. — La cruauté est l'œuvre d'un démon plutôt que celle d'un homme : voilà le point de vue d'un Maître. Très souvent, dans la vie quotidienne, un homme fait ou dit telle chose pour faire de la peine à un autre; cette condamnation s'étend à lui; il agit moins en homme qu'en démon. Cela paraît incroyable mais il y a des gens qui le font.

Des horreurs ont été perpétrées au nom de la religion; lisez la plus ancienne littérature, comme les Védas; ils nous le donnent fortement à penser. Les Aryens envahirent les plaines de l'Inde et en passèrent les habitants au fil de l'épée; pour ceux-ci rien de trop terrible; il fallait les faire disparaître de la surface du monde! Pourquoi? Pour une seule raison très suffisante : leurs rites étaient différents! Les Mahométans se répandirent sur une grande partie de la terre, en donnant aux peuples conquis le choix entre le Coran et l'épée. Les Chrétiens en ont fait autant. Un esprit semblable détermina les persécutions des inquisiteurs, les traitements atroces infligés aux Indiens de l'Amérique du Sud, et tout le reste. Aujourd'hui, nous nous croyons plus civilisés, mais aujourd'hui même le sentiment religieux est en certains endroits très violent et très amer. On aime à dire que, si même la loi permettait des persécutions pareilles, notre civilisation est trop avancée pour jamais nous permettre de renouveler les horreurs anciennes. Je n'en suis pas certain. Je connais en Angleterre des localités où une personne tenant des opinions religieuses non orthodoxes est regardée comme exclue des fonctions sociales et l'objet des pires soupçons. Nous ne rouons pas les gens et n'arrachons pas leurs dents comme le faisaient nos ancêtres. *Autres temps, autres mœurs!* (1). Il me semble que je n'aimerais pas voir le pouvoir absolu aux mains d'aucune des sectes dogmatiques.

Les vivisecteurs le font.

C. W. L. — Il n'y a aucune excuse pour torturer méthodiquement les animaux. Ils sont nos frères plus jeunes, et bien qu'ils n'aient pas encore atteint l'humanité, ils deviendront hommes au bout d'un nombre d'incarnations plus ou moins grand. Les expériences faites sur les animaux et qui entraînent la cruauté font horreur et ne peuvent jamais, au fond, servir l'humanité, car la loi karmique est immuable et ce que l'homme a semé il le récoltera. J'ai entendu le Dr. Besant déclarer qu'aucune existence ne devait être sauvée par des méthodes semblables. Nous savons que l'instinct de conservation est fortement implanté en tout homme et en tout animal afin que le corps, acquis au prix de beaucoup d'efforts et de peine, puisse servir le plus longtemps possible d'instrument à la vie intérieure; d'où la nécessité de sauver la vie humaine par les moyens légitimes. Mais la fin ne peut justifier tous les moyens. Nous admirons avec raison les hommes qui préfèrent la mort au déshonneur. A coup sûr, c'est un grand déshonneur pour des êtres humains que d'être sauvés par des moyens obtenus d'une façon aussi diabolique. Notre Présidente a dit qu'elle aimerait mieux mourir que d'être sauvée de la sorte.

Sur cette question nous trouvons dans la Société Théosophique, dont tout membre est libre de croire ce qu'il veut, des opinions très diverses, mais l'avis du Maître, donné ci-dessus, est net. Quelle que soit notre répulsion pour les cruautés de la vivisection, nous devons reconnaître que beaucoup de médecins et d'autres personnes qui en sont partisans et qui les pratiquent, les commettent à regret. La cruauté ne leur donne aucun plaisir (bien que l'existence

____

(1) En français dans le texte. (N. D. T.)

de pratiques semblables parmi nous puisse y encourager certains démons à forme humaine), mais c'est, dans leur pensée, la seule façon d'épargner aux corps humains la souffrance et la mort; ils croient sincèrement que dans ce cas la fin justifie les moyens. Aussi, quelles que soient nos divergences d'opinion, condamnons le péché mais point le pécheur. Sans aucun doute le Karma imposera de grandes souffrances aux vivisecteurs. Bien des personnes qui leur témoignent de l'indignation et presque de la haine n'éprouveraient plus que pitié si elles pouvaient connaître ce fait.

Les vivisecteurs ne sont pas tous également cruels; ainsi je connais un membre de notre propre Société, chirurgien éminent, qui s'est livré à des vivisections d'un genre particulier. Il y a dans le corps humain certains tubes qui se rompent quelquefois; leur finesse est telle que si l'on essaie de remettre leurs extrémités bout à bout, la cicatrice inévitable obstrue toujours le tube. Pendant longtemps, il fut impossible d'y remédier; enfin la pensée vint à ce médecin qu'en pratiquant une incision plus grande on pourrait peut-être obtenir la cicatrisation sans obstruction du tube; il y parvint en incisant le tube près de l'extrémité d'un des fragments et sur le côté de l'autre, puis en mettant en contact les deux incisions. Pour s'assurer de la possibilité de sa méthode, il l'a essayée sur un certain nombre de chiens; il me dit qu'environ une demi-douzaine de chiens errants servirent à cette expérience. Ceux-ci, abondamment nourris et amenés à une condition parfaite avant l'opération, furent anesthésiés, puis reçurent les soins les plus attentifs jusqu'à leur rétablissement complet, prouvant la réussite de l'opération. En conséquence, la guérison, d'abord jugée impossible, fut reconnue facile. L'opération se pratique maintenant dans le monde entier et porte le nom que lui donna son inventeur. Le principe était mauvais, pourtant aucune cruauté ne fut infligée aux animaux employés et non seulement ils n'eurent point à pâtir pendant la durée de l'expérience, mais leur sort fut amélioré. Cette expérience-là différait donc absolument de ce que sont en général les autres et je crois que l'on aurait grand tort d'attaquer ce médecin comme les gens opposés à la vivisection attaquent tous les jours les vivisecteurs.

Certaines expériences décrites dans les ouvrages sont

d'une cruauté atroce; par exemple celle qui consiste à noter jusqu'à quel degré de chaleur un animal peut être cuit avant la disparition de certaines fonctions — sans parler d'autres horreurs effroyables et dont l'inutilité est évidente. Des milliers d'autres expériences sont pratiquées inutilement pour l'instruction générale des étudiants et pour obtenir des résultats sans aucun objet, la constitution humaine différant à bien des égards de celle des animaux. Par exemple, une chèvre peut, entre autres aliments et sans paraître en souffrir, brouter de la jusquiame; un être humain en fait-il autant, il passe sur le plan astral. Ajoutons que, lorsqu'un animal est torturé et terrifié, les fluides de son corps doivent éprouver des modifications enlevant toute certitude aux observations dont ils sont l'objet.

C'est naturellement la clairvoyance qui doit remplacer toutes ces cruautés. Il est bien préférable pour le médecin de pouvoir examiner l'économie intérieure de l'homme vivant quand le corps est intact, que de formuler à son égard certaines déductions en ouvrant le corps vivant d'un animal qui diffère de l'homme. Les gens persuadés que la vivisection *s'impose*, feraient bien de former une société dont les membres s'entendraient pour la pratiquer les uns sur les autres; ceci leur fournirait des sujets humains dont les réactions seraient sans doute utiles, alors que celles d'un animal ne le sont pas; enfin, ils éviteraient d'infliger d'affreux supplices à des êtres sans défense ce que, dans le monde formé par Dieu, ils n'ont aucun droit de faire. Mais tout cela est inutile, car la dixième partie des efforts, des études et des recherches consacrés à ces expériences suffirait pour recruter une armée de clairvoyants dignes de confiance. Je dirai même que l'application soutenue donnée par l'étudiant moyen à ses longues études suffirait amplement, en général, à développer sa clairvoyance.

Une autre sorte de cruauté nous menace, due à la grande autorité que s'arroge le corps médical orthodoxe; nous ne voulons pas devenir esclaves de ce dernier, comme nos ancêtres furent esclaves de l'église. Bien que les médecins aient exercé, de diverses manières, une action bienfaisante, elle ne leur confère ni le droit d'établir des « inquisitions scientifiques », ni la faculté d'appliquer des sanctions à l'hérétique qui ne veut pas se soumettre aux doctrines médicales du jour. Sans doute la loi civile nous punirait seule; mais, il en était de même pour l'Eglise : les personnes qui refusaient de croire et d'obéir étaient livrées aux autorités civiles avec la prière hypocrite que le sang ne fût pas versé; par suite, les autorités, au lieu de décapiter leurs victimes, les condamnaient au bûcher. La vaccination forcée a soulevé l'opposition; elle est encore obligatoire dans certains pays, pourtant il n'est pas prouvé que le remède ne soit pas pire que le mal dont il est supposé amener la disparition. Les changements d'opinion sont fréquents dans le monde médical, mais chaque théorie trouve, tant qu'elle dure, des partisans acharnés. Au cours de l'histoire, les intérêts d'un groupement détenteur du pouvoir ont souvent donné lieu à une oppression terrible et à des misères sans bornes. Non, pas « d'inquisitions » scientifiques.

Certaines personnes tâchent d'excuser toutes les cruautés imposées aux animaux, en vertu de la vieille théorie juive qu'ils existent uniquement pour servir à l'homme. Nous sommes moins ignorants : les animaux existent pour le Logos; ils représentent des stages d'évolution pénétrés par Sa vie. Pourtant nous avons le droit d'employer les animaux à la condition de favoriser leur évolution; en contact avec l'homme ils progressent. Il est vrai que nous entrons en lutte avec le cheval sauvage, quand nous le capturons, mais à d'autres égards, mentalement surtout, il se développe beaucoup en captivité.

D'autres personnes étendent aux enfants la vieille idée juive. Des pères, des mères sont persuadés que les enfants existent pour les parents, afin de les servir, de leur faire honneur, d'en prendre soin dans leur vieillesse, et ainsi de suite. D'où cette idée inhumaine: il faut obliger l'enfant à devenir ce que nous estimons qu'il doive être, sans tenir compte des aptitudes et intérêts spéciaux qui lui viennent de ses vies passées. Ceci mène à une cruauté raffinée.

Quantité de maîtres d'école le font habituellement. Tous ceux-là essaient d'excuser leur brutalité en disant que c'est l'usage; mais un crime ne cesse pas d'être un crime parce qu'il est commis par beaucoup de gens.

C. W. L. — Battre les enfants est une coutume très ré-

pandue; elle n'en est pas pour cela excusable. La coutume
n'est pourtant pas universelle; je suis heureux de le reconnaître, quelques pays sont arrivés sur ce point à la civilisation. Le Japon est, je crois, du nombre. Je sais par expérience personnelle, que l'Italie en est aussi. J'ai habité longtemps, dans une grande ville italienne, une maison dont les
fenêtres s'ouvraient sur les cours d'un collège important
et d'où je suivais avec un intérêt extrême, les relations entre
maîtres et élèves. Etant donné la nature plus excitable et
plus indépendante caractérisant ces derniers, la discipline
différait de la discipline anglaise. Les élèves étant formés
sur un rang, l'un d'eux se portait subitement en avant, courait au professeur, lui prenait le bras et lui parlait d'une
façon passionnée. Le professeur, en souriant, caressait la
tête de l'enfant, accordant évidemment une demande ou en
parlant. Tout le monde était dans les meilleurs termes.
Autre observation : chaque fois que ces élèves rencontraient
en ville leur professeur, ils couraient à lui, s'emparaient de
lui et le traitaient comme le meilleur des amis également
en dehors des heures de classe. Signe excellent, car l'homme
aimé des enfants est toujours au fond un brave homme :
leur instinct est infaillible. En Italie, aucune des cruautés
exercées dans les écoles anglaises ne peut se produire, parce
que les coutumes sont différentes. Toute atteinte portée à
l'individu est, dans ce pays-là, le seul péché impardonnable;
il entraîne l'usage du couteau, les duels, etc.; les enfants
sont donc en parfaite sécurité.

Les punitions ont longtemps été une coutume; mais ce
fait n'empêche pas qu'elles ne soient à la fois cruelles et
inutiles. D'abord, châtier n'est pas notre rôle. La loi du
Karma s'en charge et ne peut se tromper, comme nous le
faisons souvent. Des injustices légales effroyables ont été
maintes fois commises: des pénalités extrêmes ont été appliquées à des personnes absolument innocentes. Le criminel
a fait moins de tort aux autres qu'à soi-même, et l'on peut
laisser la vengeance suivre son cours naturel.

D'autre part, le châtiment est destiné à inspirer la cruauté,
tant au condamné pour le reste de sa vie, que pour tous
les autres en général. Battre un enfant ressemble fort au
châtiment légalement infligé à un criminel : c'est toujours
l'idée de vengeance. On semble dire : « Vous faites telle

et telle chose, et vous aurez à vous en repentir ». Souvent un instructeur se met en colère : les punitions infligées ont alors pour cause ses sentiments et non pas la considération raisonnée de ce que demande l'intérêt de l'enfant. On dit — je le sais bien — que les sanctions légales sont destinées à empêcher le crime, mais elles agissent tout autrement. Il y a cent ans, les pénalités édictées par la loi anglaise étaient très rigoureuses : c'est ainsi que l'on pendait une personne ayant volé un objet quelconque d'une valeur supérieure à un shilling et six pence. Je me souviens avoir lu, à l'entrée de la prison de Newgate (on le lirait ailleurs), que telle personne fut pendue pour vol d'une paire de gants, estimée à deux ou trois shillings. A l'époque où étaient prononcées des peines aussi sévères, il se commettait bien plus de crimes qu'à la nôtre. Les châtiments infligés n'influent guère sur la criminalité; c'est surtout une question d'éducation générale et de civilisation.

En général, il n'y a pas de rapport entre le crime commis et la punition infligée par la loi ou par l'école. Un homme vole, puis il est incarcéré pendant un certain temps. Quel rapport y a-t-il entre ces deux faits? Il serait rationnel de faire travailler le coupable jusqu'à concurrence du prix de l'objet volé, prix qui serait remboursé à la personne lésée. La punition devrait autant que possible correspondre au crime. Emprisonner un homme simplement parce qu'il a volé est une espèce de cauchemar. De même parmi nous, si un enfant n'apprend pas certaine leçon, il est battu. Quel rapport entre ces deux faits? On pourrait dire avec quelque raison : « Vous n'avez pas appris la leçon, vous allez vous trouver en retard sur vos camarades de classe; il faut donc rester ici et l'apprendre au lieu d'aller jouer ». Mais la méthode en usage est insensée et radicalement fausse. L'idée de causer intentionnellement une peine est toujours mauvaise et toutes les coutumes du monde n'y changeront rien. Mille choses extrêmement indésirables et absurdes ont été faites conformément à la coutume, telles que la déformation des pieds en Chine et, à diverses époques, certaines modes régnant parmi nous. Il ne faut pas s'imaginer que si une pratique est conforme à la coutume, même depuis des siècles, elle est par cela même, bonne et nécessaire, car très souvent elle est tout le contraire.

Une communauté pourrait dire avec raison à un récidiviste, comme on le faisait dans l'ancien Pérou : « Nous sommes des civilisés. Nous avons à grand'peine constitué notre état suivant un certain plan; il est destiné aux gens qui en observent les lois. Si vous n'avez pas l'intention de vous y conformer, partez et allez vivre avec d'autres ». Làbas l'exil était le seul châtiment; d'ailleurs le séjour parmi les tribus barbares était le plus grand déshonneur et s'accompagnait de privations. Lorsqu'un Malais devient fou furieux, il faut l'arrêter, dût-on pour cela lui ôter la vie. Mais sauf dans des circonstances critiques et des cas de force majeure, nous n'avons pas le droit de tuer, ni jamais celui de torturer : c'est absolument certain. Si la peine capitale est dictée par la vengeance, notre cruauté ne le cède en rien à celle du meurtrier qui a soulevé ce que nous appelons, par euphémisme, notre juste indignation; s'il a pour objet de nous débarrasser de cet homme, notre principe est faux, car l'état a des devoirs envers tous les citoyens et pas seulement envers ceux qui sont normaux; de plus il devrait penser à l'homme véritable et pas simplement au corps. Chercher la solution la plus facile en supprimant le coupable est donc en vérité criminel; d'ailleurs ce procédé reste inutile car il excite beaucoup de passion mauvaise, et l'homme, en se réincarnant, se trouvera lié à nous par des conditions karmiques qui n'auront rien d'agréable. Le vrai criminel (il est rare parce que la plupart des coupables sont devenus tels sous l'influence d'un milieu défavorable) est en réalité un cas pathologique; il ne lui faut ni tourments, ni brutalité, qui accentueraient encore ses tendances antisociales, mais un traitement et une discipline bien compris, qui le ramènent, au point de vue physique et émotionnel, dans les rangs des citoyens normaux. L'état s'occupe des individus physiquement et moralement incomplets; il doit également s'occuper des criminels qui, en général, sont anormaux soit par leur mentalité, soit par leurs émotions. Cette attitude serait celle de l'amour, ce serait le point de vue du Maître.

Cet idéal à atteindre est réel, évident et pratique : le criminel et l'enfant doivent être, non pas poussés par la crainte, mais assistés par l'éducation. Le système consistant à terrifier les enfants produit les résultats les plus déplorables; introduisant dans leur vie la peur, le chagrin et la duplicité, il exerce en général une action pernicieuse sur le caractère et sur les qualités civiques. Sous une autre forme, c'est la vieille idée théologique de l'enfer, mais cette fois, c'est ici que doit se trouver l'enfer et l'enfant assez rusé trouve moyen de s'y soustraire. On a cru pouvoir amender les gens en leur faisant peur : la persistance de cette idée est singulière. L'un de nos romanciers les plus connus m'écrivit il y a quelque temps et me dit qu'ayant rencontré un jeune homme dans une station maritime, et lui ayant présenté certaines idées théosophiques, il lui avait expliqué l'absurdité de la théorie concernant l'enfer. Plus tard, la mère de cet adolescent vint, très en colère, rendre visite au romancier. « La seule manière, dit-elle, dont j'ai réussi à faire marcher droit ce garçon a été de l'effrayer par l'idée de l'enfer, et de l'en menacer chaque jour, du matin au soir. Maintenant que vous lui avez persuadé qu'il n'y a pas d'enfer, je suis désarmée ». Si, un peu plus instruite, elle avait dès le début donné à son fils quelques explications, le recours à ce très désagréable genre de terrorisme n'eût pas été nécessaire.

La liberté et l'amour sont de puissants facteurs dans le développement de l'âme humaine. Beaucoup de personnes sont tout disposées à laisser libres les autres, à condition qu'ils obéissent exactement à leurs prescriptions! Au contraire, la vérité digne de ce nom exige la liberté des expériences. En général on abuse beaucoup de l'intervention; trop de direction imposée du dehors diminue dans l'existence l'activité qu'elle prétend protéger ou favoriser. On s'en aperçoit dans la vie scolaire, où sont imposées quantité de règles inutiles, alors que la liberté individuelle fournirait plus d'occasions de progrès. C'est là une des différences capitales entre la manière anglaise de gouverner et la manière adoptée par certaines autres nations. En somme, l'Angleterre essaie de laisser aux citoyens toute la liberté possible. D'autres pays veulent à la fois éviter les troubles et le danger, et assister les gens en les soumettant à toutes sortes de restrictions. Un fonctionnaire appartenant à un état étranger me disait un jour : « Eh bien, Monsieur, dans un pays vraiment bien gouverné, tout serait interdit! » Dans mes voyages autour du monde, les manières diverses. dont les règlements sont formulés m'ont beaucoup frappé. Tel pays formule des prohibitions sévères; tel autre de simples demandes. Les uns adoptent la méthode militaire, qui n'est bonne que pour des âmes très jeunes; les autres font appel au sens commun et à la bonne volonté. Je me souviens, par exemple, avoir lu un avis s'opposant à certaines habitudes déplaisantes, en ces termes : « Les gentlemen ne veulent pas et les autres ne doivent pas » faire telle et telle chose. C'était en Amérique, un des plus jeunes états. La formule m'a semblé assez heureuse.

Il y a des cas où, dans l'intérêt de la communauté, l'obligation est nécessaire, mais il vaut toujours mieux s'assurer la bonne volonté des administrés que de les mener à la baguette. Ceci — je le crains — est à peine compris en ce qui regarde l'éducation. Toujours des prescriptions : « Faites ceci; ne faites pas cela ». Même dans l'enseignement, il est rare que l'intérêt de l'enfant soit mentionné; on se borne à lui dire: « Voilà votre leçon; il faut l'apprendre ».

Dans les méthodes plus nouvelles, comme celle de Mme Montessori, la leçon étant rendue intéressante, l'intelligence de l'enfant s'ouvre comme une fleur. Il n'y a qu'une seule manière d'instruire utilement un enfant, c'est de gagner avant tout son affection. Ensuite vous exercez une certaine action morale parce que, s'il est en faute, votre expression dénote une surprise attristée; c'est tout à fait légitime car vous éprouvez en réalité un sentiment pénible. Si dès le début vous gouvernez par l'amour, l'amour s'éveille en votre élève et vous obtenez de celui-ci un effort. Pour instruire les enfants, il faut une vive intelligence, un cœur aimant et une patience aussi vaste que la mer : il faut comprendre les fautes commises par les enfants et pouvoir montrer aux élèves la façon de faire les choses bien mais comme ils l'entendent. En employant tout de suite la force et la rudesse, vous n'éveillez que l'hostilité et vous n'obtenez rien de satisfaisant.

Il en est de même dans la vie habituelle. En affaires, si un homme veut conclure avec un autre une entente profitable, il lui parle avec aménité, il s'efforce de lui persuader que l'affaire proposée présente pour eux des avantages communs; l'idée ne lui viendrait pas de bousculer son interlocuteur, manière sûre de le formaliser et de rendre impossibles des relations amicales. Les enfants des deux sexes sont eux aussi des êtres humains et vous en obtiendrez davantage en les ayant de votre côté qu'en provoquant dès le début leur résistance. Les éducateurs le savent par expérience. Aucun professeur, même habile, même érudit, ne mérite ce titre extrêmement honorable, à moins de pouvoir intéresser les enfants et gagner leur affection. Voilà comment les Maîtres enseignent; jamais par la force, jamais par prescriptions, mais en indiquant la bonne manière et en nous encourageant à Les imiter.

Le Karma ne tient aucun compte de l'usage : et le Karma créé par la cruauté est le plus terrible de tous. Dans l'Inde du moins, il ne peut y avoir d'excuse pour de telles coutumes, car le devoir de ne pas faire souffrir est bien connu de tous.

C. W. L. — Si un homme embrasse la profession de maître d'école, c'est pour gagner sa vie, comme il le ferait dans un autre métier; pourtant, les Seigneurs du Karma n'envisagent pas la question à ce point de vue; quand ils placent un homme dans cette situation, ils entendent lui fournir une occasion magnifique; la saisit-il, poursuit-il sa tâche avec soin, avec tact, avec amour, il aura en perspective dans une vie future, la carrière d'un instructeur religieux, qui permet de devenir plus tard un grand saint, un grand bienfaiteur de l'humanité. La carrière professorale mène directement aux récompenses les plus hautes que puisse donner l'existence; tel est le point de vue des Seigneurs du Karma.

L'instructeur doit bien se dire que chaque enfant est un ego et seconder le plus possible le développement de son caractère. Pour cela, bien entendu, les occasions abondent car les enfants lui sont confiés pour être instruits, et leur formation dépend en somme de lui. Quant à la valeur de cette influence, citons l'opinion d'un Jésuite bien connu : « Chargez-moi d'un enfant jusqu'à ce qu'il ait onze ans; après quoi il peut aller où il voudra. » L'instruction agit sur la jeunesse par sa valeur personnelle et sa manière de faire tout autant que par la parole; s'il est l'homme qu'il doit être, l'amour rayonne autour de lui dans une influence puissante et efficace; enfin sa mission comporte une grande responsabilité, car si au lieu d'éveiller en ses élèves l'affection et les bonnes qualités, il fait naître en eux la crainte et la dissimulation, il entrave du même coup les progrès de ces egos, et leur cause ainsi un sérieux dommage.

Employer une occasion semblable pour un but illicite, réserve au coupable une chute terrible. La cruauté, par exemple, entraîne des conséquences affreuses. Dans certains cas, nous avons constaté qu'elle donne lieu, pour ainsi dire, à un remboursement en nature, mais souvent il en résulte l'aliénation mentale ou tout au moins des affections comme l'hystérie et la neurasthénie. Dans bien des cas aussi elle a déterminé au point de vue social une déchéance remarquable et tragique. Une personne après avoir commis des cruautés lorsqu'elle se trouvait dans une position assez satisfaisante, se trouve en conséquence rejetée dans la lie de la population. Ainsi j'ai vu des Brahmanes renaître comme parias pour avoir cruellement traité des enfants. Il est donc évident que les Seigneurs du Karma, appliquant les grandes lois de l'univers, se placent à cet égard au même point de vue que le Maître.

Une occasion assez semblable à celle du maître d'école est donnée au directeur d'une usine ou au chef d'une entreprise importante quelconque. On considère un poste de ce genre comme désirable parce qu'il représente un bon salaire et l'occasion de s'assurer à la fois des bénéfices substantiels et une certaine influence. Mais, ici encore, les Seigneurs du Karma verraient une occasion d'aider tous les hommes ainsi groupés sous notre autorité. Un patron regarde souvent ses employés avec une espèce d'hostilité à peine voilée, persuadé qu'ils veulent lui extorquer tout ce qu'ils peuvent et se servir de lui de diverses manières. De leur côté, les employés sont portés à croire que le patron veut les exploiter, se servir d'eux le plus possible, et par contre réduire leur salaire au minimum. Il est vrai, malheureusement, que l'on a parfois raison des deux côtés : certains patrons ont bien cette mentalité; un très grand nombre d'ouvriers les jugent ainsi; mais l'homme qui comprend ne se placera pas du tout au même point de vue. La position conférée à un homme lui permet d'exercer sur beaucoup de ses semblables une influence favorable — voilà le seul côté de la question dont tiennent compte les Seigneurs du Karma. En général, les

Seigneurs du Karma n'envisagent pas les choses comme nous. Ainsi, par exemple, l'humanité regarde la mort comme une chose terrible et comme un châtiment redoutable; mais la mort est souvent accordée comme une espèce de récompense, comme une délivrance conduisant à des circonstances meilleures et plus favorables.

Le sort réservé au cruel frappera aussi tous ceux qui, sous prétexte de sport, se plaisent à tuer des créatures de Dieu.

C. W. L. — En ce qui concerne les conditions existant dans la campagne anglaise, la satire de Punch, « Il fait beau; sortons et allons tuer quelque chose », les résume assez exactement. Pasteur en Angleterre d'une paroisse rurale, j'ai vu de très près la catégorie typique des gens qui chassent à tir et à courre et qui pêchent; ils faisaient de tout cela leur occupation quotidienne, comme aussi leur principal sujet de conversation. Eh bien — contrairement à ce que l'on pût supposer — ils témoignaient à leur prochain une douceur et une bonté parfaites; ils étaient bons pères et bons maris, juges bienveillants et amis sûrs, mais ils ne voyaient pas le mal qui s'attachait à leurs distractions. L'un d'eux qui, avec une insouciance complète, tuait autant de cerfs et de faisans que possible, passait la nuit à soigner un chien malade, montrant ainsi qu'il avait bon cœur et que, même envers les animaux, il éprouvait un certain sentiment fraternel. La cruauté dérive, en somme, d'une sorte de cécité mentale. Les gens ne manquent pas d'intelligence, mais n'ayant jamais réfléchi sur ce point spécial, ils sont persuadés que les bêtes ont été créées pour leur usage personnel et pour le plaisir qu'ils trouvent à les tuer avec adresse. Même absence de réflexion chez les personnes qui mangent de la viande. Comme jeune homme j'en mangeais également et jamais l'idée ne m'était venue que ce fût mal, jusqu'au jour où je lus un livre traitant cette question. C'était bien avant la fondation de la Société Théosophique.

Arrivés à la conviction qu'un « sport » pareil est une chose horrible et qu'en nous y livrant nous participons au massacre des créatures de Dieu, nous sommes surpris de ne pas nous en être aperçus plus tôt. Des milliers de personnes n'ont pas encore ouvert les yeux et constaté le mal. La coutume les maintient dans l'illusion et jamais ils n'ont pensé aux cruautés affreuses qui se commettent. Il en est de même pour quelques articles destinés à la parure. Certaines plumes, par exemple, ne peuvent s'obtenir qu'en détruisant des masses d'oiseaux et en infligeant la souffrance et la mort non seulement à ceux que l'on recherche, mais aussi, en général, à leurs petits. Les personnes qui portent ces dépouilles sont criminellement insouciantes; non qu'elles soient endurcies dans la cruauté; bien loin de là; elles se bornent à se conformer aux usages. Pourtant, l'action karmique suit son cours. Un homme plongé dans ses réflexions peut se laisser choir dans un précipice; le fait qu'il ne savait où il se dirigeait ne modifie pas les conséquences.

Tu n'agiras pas ainsi, je le sais, et, par amour de Dieu, tu protesteras ouvertement quand l'occasion se présentera.

C. W. L. — Notons ici les mots « Quand l'occasion se présentera ». Comme nous ne cherchons pas à imposer nos idées à autrui, nous n'abordons en général ces questions que si l'on nous demande notre avis ou si la conversation tombe sur ce sujet d'une façon naturelle. Exposer d'autorité nos propres idées peut être excellent, mais en général fait plus de mal que de bien. Les personnes agressives qui le font éveillent toujours de l'animosité. Un homme qui vous accoste dans la rue et désire savoir si vous avez trouvé Jésus, ou si votre âme est sauvée, ne vous produit pas une impression favorable et porte la plupart des gens à supposer que, vu son manque de tact, sa religion ne peut guère avoir de valeur pratique. Se présente-t-il une occasion favorable, vous pouvez prêter un livre ou une brochure ou bien aborder la question en causant tout tranquillement. Mais, si vous vous trouvez parmi des gens qui se livrent au sport, je ne vous engage pas à commencer par les mots : « C'est une chose abominable », bien que ce soit vrai. Si l'on demandait mon opinion, je répondrais avec calme : « A mon avis toute vie est sacrée; ces animaux sont en réalité nos frères plus jeunes et vous n'avez pas plus le droit de les tuer pour votre plaisir que celui de tuer un homme pour la même raison. » Mes auditeurs seraient sans doute étonnés; peut-être ricane-raient-ils en dessous, mais ils ne combattraient pas l'idée comme ils le feraient s'ils avaient été attaqués.

Etant végétariens, nous éprouvons souvent un vif senti-ment de dégoût s'il faut nous trouver à table avec des per-sonnes qui mangent de la viande, mais en voyage c'est fré-quemment inévitable. Néanmoins, il n'est pas bon de mon-trer ce que nous éprouvons; ce n'est pas le moyen de con-vertir les gens; s'ils vous demandent votre avis, vous pouvez le donner en termes mesurés, nettement mais avec calme. En agissant ainsi, il est très probable que l'interlocuteur, se mettant à réfléchir, adoptera votre point de vue.

Mais il peut y avoir de la cruauté dans la parole com-me dans l'acte et l'homme qui prononce un mot dans une intention blessante est également coupable de ce crime. Cela non plus, tu ne le feras pas; mais parfois, une pa-role irréfléchie fait autant de mal qu'une parole mé-chante. Il faut donc te garder de la cruauté involontaire.

C. W. L. — Certaines personnes sont fières de toujours dire ce qu'elles pensent, même en blessant autrui et elles semblent regarder cette franchise comme une vertu; le Maî-tre, qui jamais n'emploie les mots à la légère, dit qu'elle peut être un crime si l'expression en est cruelle. Dans un débat ou dans une discussion, nous pouvons très bien donner notre avis personnel, mais avec tact et courtoisie. L'apôtre a dit : « Que chacun ait en son esprit une pleine convic-tion. » (1). Ceci ne veut pas dire qu'il doit chercher à per-suader les autres, mais que lui-même doit comprendre sur quoi reposent certaines de ses propres convictions. Dans ce cas, il pourra exposer ses idées, quand il le faudra, avec douceur et modération.

Fait curieux : beaucoup de gens sont incapables d'avoir des opinions en désaccord avec celles d'autrui, sans se mettre plus ou moins en colère; ils savent pourtant qu'il y a ici-bas d'innombrables questions se prêtant à tant d'opinions di-verses que tel point de vue peut se défendre à peu près autant que tel autre. Une discussion entre un Catholique et

(1) *Romains*, XIV, 5.

un Orangiste risque fort de se terminer par des coups, ce qui, après tout, ne constitue pas un genre d'argument entraînant la conviction. Ne pas se ranger à l'opinion d'autrui est tenu comme un manque d'égards. Chacun est si sûr d'avoir raison qu'il accuse tout contradicteur de mauvaise foi et de préméditation. Il ne faut donc pas exposer sans précautions notre manière de voir.

En ce qui concerne la Théosophie nous éprouvons une tentation spéciale, car nos croyances ont une base rationnelle et nous nous bornons à vouloir le montrer; mais notre interlocuteur est souvent incapable de s'en rendre compte. La raison — fût-elle parfaitement logique — n'impressionne pas nécessairement l'homme ordinaire; sa vie n'est pas centrée dans sa raison, mais dans ses sentiments; ces derniers sont-ils émus par les propos tenus, il n'y a pas de raison capable de le convaincre; plus nous causerons, plus il s'emportera.

Cette cruauté provient généralement d'un manque de réflexion. Un homme cupide et avare ne pense jamais aux souffrances qu'il cause à d'autres en les payant trop peu, ou à sa femme et à ses enfants, en les affamant à demi. Un autre ne songe qu'à son propre plaisir et, pour le satisfaire, se soucie peu des âmes et des corps qu'il ruine. Un autre encore, pour s'éviter quelques minutes d'ennui, ne paye pas ses ouvriers au jour voulu, sans tenir compte des difficultés qu'il leur suscite par là. Il y a tant de souffrances dues précisément à l'insouciance, à l'oubli des conséquences qu'une action peut avoir pour les autres! Mais le Karma n'oublie jamais, et il lui importe peu que les hommes oublient. Si tu veux entrer dans le Sentier, il faut que tu songes aux conséquences de tes actes, de peur de te rendre coupable de cruauté irréfléchie.

C. W. L. — En payant un peu moins que la valeur du travail, on risque de causer beaucoup de souffrances à l'ouvrier, à sa femme et à ses enfants. Une réduction de quelques pence dans le salaire de la journée peut imposer à la famille une alimentation insuffisante. Les affaires sont les affaires, je le sais, mais au besoin il est préférable de gagner moins que de pêcher en abusant des pauvres. Les patrons découvrent qu'ils ont avantage à concéder une « paye élevée » ; tel Mr. Ford qui passe de nos jours pour être l'homme le plus riche du monde. Comme prêtre j'ai fréquenté les pauvres en me plaçant à leur point de vue, et j'ai souvent constaté que l'on tirait profit de leur faiblesse. Même observation dans l'Inde, où parfois les enfants des écoles parias tombaient d'inanition, jusqu'au jour où il nous fut possible de les nourrir.

CHAPITRE XXVIII

LA SUPERSTITION

La superstition est un autre grand mal et elle cause d'effroyables cruautés. L'homme qui en est esclave, dédaigne ceux qui sont plus sages et s'efforce de les entraîner à faire comme lui.

C. W. L. — La superstition ne tient jamais compte des différences de tempérament; s'attachant à certaines formes de croyance, elle désire les imposer à chacun, sans comprendre l'impossibilité d'obliger indifféremment tout le monde à croire, sauf peut-être quand il s'agit d'un simple fait scientifique, car autant d'hommes, autant de façons d'envisager la vie. En admettant même que vous connaissiez une infinité de personnes, vous en trouverez rarement deux qui, dans les circonstances où elles se trouvent, réagissent de la même manière. Vous pouvez prédire certaines possibilités générales en ce qui concerne la grande majorité des hommes, mais, avant de connaître ceux-ci à fond, vous ne pouvez dire au juste ce que seront leurs réactions dans tel ou tel cas. La superstition comporte donc entre autres choses un défaut complet de sympathie; l'homme qu'elle domine est incapable de comprendre que sa manière d'envisager les choses n'est pas la seule.

La superstition n'est pas seulement pernicieuse pour lui; si elle est très développée, elle pousse toujours à s'imposer aux autres par la force. A toutes les époques de l'histoire, la superstition en matière religieuse a déterminé des troubles affreux. C'est ainsi que les sectateurs de Mahomet ont à différentes reprises mis à feu et à sang des régions immenses en Asie, en Europe et en Afrique, offrant aux populations « le Coran ou l'épée ». Nous avons déjà parlé de la superstition qui fit naître l'inquisition. Les massacres de la Saint-Barthélemy, les tueries alternées de Protestants et de Catholiques et les Vêpres Siciliennes, autant de conséquences affreuses de la superstition. Les Vêpres Siciliennes avaient un certain côté politique, mais les autres massacres étaient affaire de « religion ». L'animosité entre les diverses sectes chrétiennes est la cause principale de ces violences, bien qu'en vérité les considérations politiques y fussent aussi pour quelque chose, comme elles avaient autrefois agi sur Constantin au moment de sa conversion; l'empereur regardait le Christianisme comme un bon atout à posséder vu la situation de l'empire byzantin.

Les croisades furent, elles aussi, une immense superstition. A cause d'un récit où les faits sont pour peu de chose, concernant la vie et la mort de l'instructeur Jésus, vingt millions d'hommes périrent dans ces croisades en essayant de remettre aux mains de la chrétienté le pays où se place cette biographie. S'il avait été possible de leur faire comprendre qu'elle représente l'histoire de tout Initié et que cette vie de Jésus a été menée, à telle ou telle époque, dans tous les pays du monde, tant de sang n'aurait pas été versé. Il se peut, néanmoins, que ces événements aient eu un bon côté, car après avoir guerroyé contre les Sarrasins plus instruits qu'eux-mêmes, les Chrétiens rapportèrent en Europe des connaissances utiles; d'autre part, ayant consenti à mourir pour un idéal, il leur en a été tenu compte. L'idée que les lieux reconnus sacrés par une religion devaient appartenir aux fidèles de cette religion, avait sans doute quelque chose de beau et de chevaleresque, mais en ce qui concerne les croisades, le temps a prouvé que l'échec des Chrétiens fut un bien. En Terre Sainte, les soldats mahométans ont dû imposer la paix entre les sectes chrétiennes rivales, latine et grecque, parce qu'elles se disputent toujours la préséance pour le feu sacré comme aussi au Saint Sépulcre.

De nos jours, un problème semblable se pose pour nous dans l'Inde, mais nul ne songe à le résoudre au moyen de croisades. Les lieux saints des Bouddhistes — celui où naquit Notre Seigneur le Bouddha, celui où Il atteignit la condition de Bouddha, celui où Il mourut — sont tous entre les mains de populations appartenant à la religion Hindoue; or, celle-ci diffère autant du Bouddhisme que le Christianisme diffère du Mahométisme. Les Bouddhistes désirent ardemment posséder leurs lieux saints, mais jamais les nations bouddhistes n'ont eu l'idée d'entreprendre pour cela une guerre de conquête. Soyons-en reconnaissants, car il y a cinq cent millions de Bouddhistes. Leur religion leur interdit toute entreprise aussi déraisonnable. Certains Bouddhistes ont essayé d'acheter la terre sacrée et ils ont presque réussi avec l'assistance de la Société Théosophique; malheureusement, un procès leur coûta la plus grande partie de leurs capitaux et la tentative échoua.

Le Bouddhisme est la seule grande religion qui n'ait jamais persécuté les autres; ses principes mêmes le lui interdisent; les paroles mêmes du Fondateur leur imposent la tolérance. Qu'est-ce qu'un Bouddhiste? C'est un homme qui se conforme aux prescriptions de Notre Seigneur le Bouddha; non pas un homme croyant ceci ou cela, mais un homme qui vit comme Il a déclaré que l'on devait vivre. Si vous demandez à un missionnaire ce que la vie future réserve à un excellent Bouddhiste, la réponse en général sera la suivante : « S'il ne croit pas au Christ, il n'y a pas d'espoir pour lui »; tout au plus le missionnaire s'en remettra-t-il aux miséricordes infinies de Dieu, en admettant que l'homme en question en soit digne. Si à un Bouddhiste vous posez la même question concernant un Chrétien, il vous dira : « C'est un Bouddhiste; il se dénomme Chrétien, mais il observe les préceptes de Notre Seigneur le Bouddha; n'ayez aucune crainte pour lui. » Telle est la tolérance bouddhiste, comme je l'ai déjà expliqué. Bien entendu toutes les religions interdisent en réalité l'intolérance et la violence, mais dans certaines l'ignorance et le fanatisme font oublier à leurs sectateurs ce fait très simple.

La variété de superstition appelée haine de races, qui porte telle race à en détester une autre *en bloc* (1) est également absurde, car dans chaque race il y a du bon et du mauvais. Je me souviens que dans les villages anglais éloignés des villes, les paysans étaient toujours portés à soupçonner un étranger et à se moquer de lui. Pour ces ignorants, rien de plus risible que d'entendre un étranger parler une langue autre que la leur. A cet égard, d'autres paysans sont moins grossiers que nos gens du peuple. J'ai toujours le sentiment que si un étranger visite notre pays, nous sommes à son égard des hôtes; notre devoir est de lui faciliter l'existence et de lui donner de notre peuple et de notre contrée la meilleure impression possible.

(1) En français dans le texte. (N. D. T.)

Durant l'ère napoléonienne, il régnait en Angleterre une superstition : c'est que tous les Français étaient de vrais démons, nous faisant la guerre en sachant parfaitement qu'ils soutenaient la mauvaise cause et luttaient contre la lumière. De nos jours, il peut se présenter des cas où un grand nombre d'hommes se laissent obséder par une idée dominatrice, donnant lieu à une sorte de monomanie nationale. Sous l'influence de cette monomanie temporaire, se commettent des atrocités auxquelles, dans d'autres circonstances, ces mêmes hommes n'auraient pas l'idée de se livrer. Dans ces cas, les individus ne sont responsables que de la manière dont ils se laissent emporter par le courant; les actes sont dus à cet accès de folie plus qu'aux individus. C'est un peu la même chose quand un homme s'emporte et se permet des propos sans aménité; c'est la colère qui parle; ce n'est pas l'homme; celui-ci est blâmable parce qu'il se laisse dominer par la colère, mais il faut tenir compte que très probablement il regrettera beaucoup ses paroles.

Pense aux affreux massacres causés par la superstition qui demande le sacrifice d'animaux.

C. W. L. — Mentionner les sacrifices rituels d'animaux et autres offrandes, soulève toute une question: celle de la relation entre Dieu et l'homme. Sur ce point, trois opinions fondamentales sont seules possibles: D'après la première, Dieu, après avoir mis en mouvement l'univers, l'a laissé sans direction et ne s'est pas soucié de ce qui lui arriverait; d'après la seconde, Dieu a gardé à l'égard de l'univers un intérêt qu'il faut bien appeler malveillant, car Il veut jouir de sacrifices sanglants et d'autres encore; d'après la troisième, Dieu n'a jamais cessé d'être le Père, aimant Sa création d'un amour sans bornes.

La première de ces théories représente en somme le matérialisme moderne plus l'idée d'un créateur originel. La seconde représente Dieu comme un monstre altéré de sang. Beaucoup de textes sacrés anciens le représentent ainsi. Dans un passage de l'Ancien Testament, les Juifs se vantent d'avoir sacrifié d'un seul coup cent vingt-deux mille bœufs; ils exagéraient probablement, comme ils en avaient l'habitude à cette époque reculée. Jéhovah exigeait des sacrifices;

il les lui fallait au prix de n'importe quelles souffrances;
toujours il en réclamait de nouveaux qui fussent offerts à lui
seul et à aucune autre divinité. A notre époque, les Juifs
reculeraient avec horreur devant une pareille obligation,
mais évidemment ils ne le faisaient pas au temps de David
et de Salomon. On peut en conclure ceci : le Jéhovah par
eux adoré n'était pas l'Etre que nous appelons Dieu et qu'ils
étaient alors incapables de concevoir, mais une des grandes
divinités élémentales ayant survécu à l'âge atlante. Les
Juifs s'étaient déjà trouvés en contact avec la civilisation
égyptienne, mais ses idées grandioses ne les avaient guère
influencés; plus tard seulement, pendant la captivité de Ba-
bylone, ils entendirent parler d'un Dieu suprême. D'une
façon bien caractéristique, ils L'identifièrent sans tarder
avec leur propre Jéhovah. Les derniers prophètes parlèrent
de Lui en termes sublimes, bien que souvent les notions
anciennes se retrouvent dans leurs écrits.

Les sacrifices sanglants appartiennent exclusivement aux
stages les plus anciens de l'évolution humaine; ils com-
portent la magie primitive du culte élémental et sont toujours offerts à des élémentals qui vivent des émanations du
sang. Ces êtres veulent des sacrifices parce qu'ils en absorbent les relents et y puisent la faculté de se matérialiser. Certaines tribus de montagnards assurent que si elles n'offrent
pas ces sacrifices, des malheurs arrivent : destruction des
récoltes, incendie des maisons; il est donc probable que les
dieux adorés par les montagnards de l'Inde sont eux aussi
de grandes divinités élémentales de l'époque atlante.

Nous pouvons être assurés que jamais les Grands Etres
n'ont admis des sacrifices pareils. Dans l'Inde, par exemple,
la révélation védique primitive n'en a jamais parlé; mais
ils se rattachaient à des traditions aborigènes qui, dans une
certaine mesure, subsistent encore aujourd'hui. Notre Seigneur le Bouddha condamna les sacrifices d'animaux et
amena le roi Bimbisara à les abolir par un édit dans son
royaume.

Il est évident que jamais nous ne pourrions rendre un
culte à une divinité exigeant des offrandes sanglantes; par
contre elles sont appréciées de certains élémentals et esprits
de la nature. Il faut donc regarder les parties de l'Ecriture
où sont mentionnés ces sacrifices comme appartenant à

une période de l'évolution humaine que nous avons dépassée depuis longtemps. Certaines personnes n'aiment pas à en convenir ouvertement parce qu'elles ont le respect des Ecritures, mais au fond c'est superstition pure que de tenir un texte particulier pour sacré, pour sacro-saint, à jamais. En matière d'Ecritures, il faut être éclectique, comme en toute chose d'ailleurs. Si nous lisons un livre, nous aimons et nous nous rappelons les passages que nous trouvons spécialement beaux et utiles. Recueillons de même dans tout texte sacré ce qui restera toujours beau, élevé, grandiose; nous pourrons avec avantage laisser de côté tout ce qui reste au-dessous de notre idéal. Bien que les sacrifices soient mentionnés dans les Psaumes et dans d'autres parties de la Bible, il faut bien admettre que Dieu ne peut les avoir exigés; ils appartiennent toujours à des religions regardant la Divinité comme un être mauvais qu'il faut savoir apaiser.

La grande tragédie du Christianisme c'est que l'idée en question a été introduite dans la pure doctrine du Christ, celle de Dieu, le Père aimant. Les sacrifices d'animaux offerts à la Divinité n'ont jamais, il est vrai, dégradé le Christianisme, mais les grandes organisations chrétiennes enseignent encore que Dieu est à redouter si nous ne l'apaisons par nos dons; elles ont inventé la théorie étonnante que Dieu sacrifia Son propre Fils, au lieu de tous les hommes qui, sans cela, auraient été envoyés eux enfers. En général on ne se demande guère ce que peut bien être un dieu qui exige ou permet un sacrifice pareil. Imaginez ce que l'on penserait ici-bas d'un roi qui, par fantaisie, condamnerait une foule de gens à d'horribles tortures et puis leur rendrait la liberté parce que son propre fils serait venu lui dire : « S'il faut que quelqu'un meure, tuez-moi. Je n'ai fait aucun mal; tuez-moi quand même et laissez aller ceux-ci. » Cette théorie n'est pas le Christianisme.

Le colonel Ingersoll avait raison en disant qu'un Dieu honnête est la plus belle œuvre de l'homme. Il est vrai que seule une nation très développée est capable de s'élever à la conception d'une Divinité vraiment sublime et glorieuse. Il est vrai aussi que nos ancêtres reculés, qui erraient dans les forêts et se peignaient en bleu avaient, tout comme les anciens Juifs belliqueux et d'autres peuples, les idées les plus naïves au sujet de la divinité, mais il n'existe absolu-

ment aucune raison pour que nous les conservions aujour-
d'hui.

D'après la troisième théorie, celle des Théosophes, Dieu
est bienfaisant, Il a constitué l'univers pour des fins irrévo-
cablement arrêtées; pour cette raison tout ce qui arrive fait
partie de Son œuvre; comme Il accorde à Ses créatures,
jusqu'à un certain point, le libre arbitre, leurs actes ne s'accordent évidemment pas toujours avec le plan divin; mais,
leur volonté faisant partie de ce plan, tout est en fin de
compte Son œuvre.

Dieu, disons-nous, accorde à l'homme une certaine indépendance ou liberté; ajoutons que pour nous elle est à la
fois bornée et susceptible de croître. L'homme qui fait un
bon usage de son indépendance et de ses facultés, les verra
grandir. C'est par une méthode semblable que l'enfant apprend à marcher; on lui permet d'essayer, de tomber, d'essayer encore; s'il était toujours porté sur les bras et dans
l'impossibilité de jamais faire la moindre chute, il finirait
par rester infirme. Mais ce que l'on évite, c'est de laisser l'enfant faire tout seul ses premiers pas sur un dallage de
marbre, au sommet d'un escalier ou autres endroits dangereux. Plus tard, devenu grand, il pourra s'il le désire, marcher au bord d'un précipice pour admirer la vue. C'est bien
ainsi que le Logos nous garde tout en nous instruisant, de
façon à nous empêcher de ruiner nos existences et de nous
attirer des maux irréparables.

La troisième théorie fait des progrès soutenus. Voilà bien
longtemps que le Christianisme vaut beaucoup mieux que
ses diverses confessions, et de très nombreux chrétiens pro-
fessent des idées plus libérales que ne l'autorisent officiellement leurs églises. L'Eglise Anglicane, par exemple, formule ce qu'elle regarde comme sa théorie propre dans un
certain document appelé « les Articles de la Foi ». Le clergé
doit leur donner son adhésion, mais si l'un de ses membres
disait : « Comment accepter ces articles? Ils se contredisent
d'une manière évidente », on lui répondrait qu'à l'époque
de leur rédaction il existait deux partis inconciliables et qu'il
a fallu contenter l'un et l'autre. On ajouterait : « L'évêque
et nous tous nous les avons signés; nous les avons tous acceptés dans cet esprit philosophique; il me semble que vous
pouvez faire de même. » A quoi le jeune homme répondrait

sans doute : « Enfin, si vous m'assurez que cela n'a pas d'importance, je ferai aussi bien de les accepter. » Reste à savoir si cette attitude ne manque pas de dignité.

Je ne fais aucune objection aux diverses professions de foi chrétiennes; elles ont pour base commune un sens beaucoup plus profond que ne peuvent en général le soupçonner les Chrétiens (1); mais je n'aime ni les Trente-neuf Articles, ni la Confession de la Foi, parce qu'aux idées les plus belles on a trouvé moyen d'en mêler d'autres qui sont absolument impossibles. Si dans le catéchisme on s'était arrêté à la fin de la première question et de la réponse : « Quelle est la fin principale de l'homme? Glorifier Dieu et jouir éternellement de Lui », ç'aurait été magnifique.

Le Christianisme a dépassé, et de beaucoup, ses dogmes et ses croyances; un passage qui vient de me tomber sous les yeux le montre assez clairement; il se trouve dans un ouvrage du doyen de Ripon : « Le Christianisme a pour objet le développement du Christ dans l'homme. » L'auteur définit ensuite ce qu'il faut entendre par le Christ dans l'homme : « C'est la sagesse du savant; c'est l'éloquence de l'homme de loi; c'est l'équité du juge; c'est la beauté de l'artiste; chez le philanthrope c'est l'amour des hommes », et ainsi de suite. Ce Christianisme-là, nous l'acceptons tous. On retrouve dans *la Gîta* une idée très semblable : « Je suis le sceptre; de ceux qui cherchent la victoire je suis la politique; des mystiques, je suis le silence; je suis la connaissance des savants. » « Sache que tout ce qui est glorieux, bon, beau et puissant ne provient que d'une parcelle de ma splendeur. » (2). Le doyen chrétien est bien près de s'entendre avec l'auteur de *la Bhagavad Gîta*, texte sacré extrêmement ancien, bien plus ancien que *la Mahabharata* dans lequel il fut inséré. Une grande partie des sublimes enseignements contenus dans *la Gîta* existait parmi les Atlantes habitant les plaines de l'Inde, longtemps avant l'invasion des Aryens. Je sais que ce n'est pas l'opinion ordinaire, mais nous nous basons sur certains faits que nous avons constatés personnellement.

En vérité, nous pouvons mettre en Dieu notre confiance

(1) Voyez *Le Credo chrétien*, par C. W. Leadbeater.
(2) *Bhagavad Gîta*, X, 38, 41.

absolue, car Il sait et nous sommes dans l'ignorance. Nous connaissons d'une façon générale le rôle que nous avons à jouer pour seconder l'évolution voulue par Lui, mais les détails nous échappent bien que nous sachions qu'ils sont en bonnes mains. Ce que sera notre Karma, nous n'en savons rien, mais les grandes Puissances qui s'en occupent le savent fort bien et, dans leur sagesse, décideront dans quelle mesure notre Karma peut dès maintenant nous être imposé ou remis à plus tard. S'il était possible que, prêtant l'oreille à notre requête, les Grands Etres changeassent notre destinée conformément à nos idées du moment, ce ne serait assurément pas à notre avantage. Je ne dis pas que sur ce point nos propres aspirations soient inutiles; c'est tout le contraire, car si nos aspirations sont bonnes, elles constituent des facteurs nouveaux et peuvent très bien permettre aux Grands Seigneurs de changer les modalités de notre Karma, peut-être de nous en imposer davantage afin de nous en délivrer plus vite; peut-être aussi de le faire tomber sur nous dans des conditions différentes. Quoi qu'il arrive, c'est la meilleure solution, non seulement pour certaines personnes, mais pour tout le monde; nous ne devons donc pas essayer de modifier les intentions divines. Acceptons avec reconnaissance tout ce qui nous advient et, au lieu d'en tirer le moins bon parti, tirons-en le meilleur. Regardons nos difficultés comme des obstacles à vaincre mais réjouissons-nous toujours de savoir que derrière tout cela Dieu est présent et que Son action est infiniment bienfaisante.

... et par la superstition, plus cruelle encore, qui fait croire à l'homme qu'il a besoin de se nourrir de chair.

C. W. L. — Oui, c'est bien là une superstition, car des millions d'hommes se portent fort bien en se passant de viande. Sans doute quelques personnes, victimes d'une hérédité fâcheuse et de leur propre Karma, sont-elles vraiment dans l'impossibilité de faire digérer par leur corps les aliments plus purs, mais elles sont très, très rares. J'ai connu moi-même quelques cas, parmi bien des centaines de Théosophes, de personnes qui après avoir essayé vraiment et pendant longtemps d'adopter le régime végétarien ont dû s'en reconnaître incapables. Quant à toutes les autres, après avoir surmonté d'abord certaines difficultés, elles ont pu définitivement adopter, souvent au grand avantage de leur santé, la nourriture végétale.

La preuve indéniable en est faite : presque tous les hommes peuvent se maintenir en pleine vigueur sans s'associer au crime commis en abattant les animaux. Le pourcentage de corps physique incapables de s'adapter au régime végétarien est infime. Leurs possesseurs sont à plaindre mais, si après avoir sérieusement et intelligemment essayé de réformer son régime, ils reconnaissent le changement impossible, ils doivent l'accepter comme une conséquence karmique. Dans un cas semblable, il n'est pas toujours sage ni judicieux de dire : « J'obligerai mon corps à l'obéissance, ou je renoncerai à le conserver. Je vivrai d'aliments purs, ou je renoncerai à la vie. » Il se peut que l'on ait à remplir des devoirs vis-à-vis d'autrui, devoirs dont il soit impossible de s'acquitter avec un corps affaibli, devoirs exigeant une santé robuste. Un conseil semblable peut — je l'avoue — servir d'excuse très facile aux personnes qui n'aiment pas l'alimentation rationnelle ou qui n'ont pas le courage d'habituer leur corps à un régime nouveau; il faut pourtant le donner dans l'intérêt des quelques infortunés obligés de conserver leurs habitudes anciennes.

L'alimentation carnée est contre-indiquée parce qu'il est cruel de tuer les animaux, et aussi parce qu'elle introduit dans nos corps des parcelles indésirables qui les épaississent, en excitant dans les élémentals de ces corps les désirs de nature animale. Il y a d'ailleurs bien d'autres raisons qu'il m'est arrivé de passer en revue (conférence insérée dans mon ouvrage *Some Glimpses of Occultism*) (1). C'est un des rares sujets où tous les arguments sont du même côté, car il n'y a aucune raison pour défendre l'alimentation carnée, sauf que les gens s'y livrent parce qu'ils la trouvent agréable. Si l'on nous demande notre opinion, je crois que nous pourrons démontrer avec toute la clarté possible que l'intérêt de chacun est de s'abstenir de viande. Ce n'est pas seulement une question de principe — bien que ce point de vue nous suffise — mais le régime végétarien assure une santé meilleure et permet d'éviter certaines maladies affreu-

(1) *Echappées sur l'Occultisme.*

ses; enfin, il est bien établi que le végétarien est relativement plus endurant.

Certaines personnes objectent qu'en tout cas il faut tuer
pour vivre et que du reste les végétariens détruisent, eux
aussi, la vie. Il y a dans cet argument une part très minime
de vérité. On peut dire, si l'on veut, que nous détruisons la
vie végétale, mais celle-ci est beaucoup plus primitive et
ne possède pas l'extrême sensibilité qui caractérise l'animal.

L'objection fondamentale élevée contre la coutume de
tuer est motivée par le fait que cette coutume s'oppose à la
marche de l'évolution. Si vous tuez un homme vous ne faites
en réalité pas de mal à l'individu, en ce qui concerne ses
plaisirs et son bonheur; il passe généralement sur un plan
où il goûtera une félicité qu'il n'a jamais connue sur le plan
physique; enfin, à elle seule, la destruction du corps n'est
pas nécessairement cruelle, car l'homme tué subitement ne le
sent pas. Si vous l'avez lésé, c'est en le privant des occasions
d'évoluer que lui fournissait son corps. Ces occasions, il les
retrouvera dans un autre corps, mais vous lui imposez une
perte de temps; ensuite vous obligez les Seigneurs du Karma
à trouver pour l'évolution de cet homme un lieu différent
et à le faire passer de nouveau par le premier âge et par
l'enfance avant qu'il ne puisse retrouver les occasions de
progrès offertes par l'âge mûr. Voilà aussi pourquoi il est
tellement plus grave de tuer un homme qu'un animal;
l'homme est obligé de se refaire une personnalité entièrement nouvelle; l'animal retourne à son âme-groupe, d'où
il est comparativement facile de revenir en incarnation.
Pourtant, en ce qui concerne l'animal plus évolué et qui
représente une manifestation plus complexe, l'acte commis
donne fort à faire aux Puissances chargées de l'évolution —
si je puis m'exprimer ainsi en toute révérence. Tuer, par
exemple, un moustique a des conséquences infiniment moindres, parce que l'insecte passe dans son âme-groupe et en
émerge de nouveau en très peu de temps. Le trouble causé
par la destruction de ces insectes, même par centaines et par
milliers, n'est rien en comparaison des conséquences qu'entraîne la mise à mort d'un seul cheval, d'une seule vache,
d'un seul chat ou d'un seul chien.

Impossible d'imaginer un cas où l'on ait raison de tuer
un homme pour un motif personnel, sauf dans des situations

critiques où il s'agit de défendre sa vie ou celle d'autrui. Le yogui ne se défend même pas; il remet tout entre les mains du Karma. Je crois cependant que nous avons le droit de défendre notre vie en cas d'attaque, et tout à fait certain que nous pouvons à juste titre défendre un ami ou un enfant, même au prix de la vie de l'agresseur. Même principe quand il s'agit des animaux de toute espèce. Si un animal vous attaque, mettant ainsi en danger votre vie et votre sécurité, vous avez le droit, je crois, de le tuer si c'est nécessaire. Tout se réduit à cette question : « Où est le plus grand mal? » Si vous êtes tourmenté par des moustiques qui ont abandonné leur nourriture naturelle pour vous assaillir, contaminer votre sang et peut-être nuire à une tâche importante, le moindre mal pourrait bien consister à tuer les moustiques. Mieux encore si vous pouvez vous réfugier derrière une moustiquaire ou chasser les insectes. Le moustique est, de sa nature et instinctivement, végétarien. Il y en a des millions et des millions qui n'ont jamais goûté le sang. Mettez-les en contact avec des êtres humains, permettez-leur d'acquérir ce goût vicieux et vous savez ce qui en résulte. Il en est exactement de même pour d'autres petites bêtes; il faut qu'elles soient à leur place, mais ce n'est pas à proximité de l'homme. Non seulement nous éprouvons des souffrances en leur permettant de nous envahir, mais encore nous exposons d'autres êtres humains à des infections qui sans nous auraient été épargnées.

Bien que, vu notre ignorance, nous ne puissions y voir une raison spéciale de tuer ou d'exterminer toute créature qui nous déplaît, il est bien certain que certaines formes animales sont appelées maintenant à disparaître, soit parce qu'elles ont fait leur temps, soit parce qu'elles représentent des expériences ayant fait naître des types supérieurs; dès lors elles-mêmes sont devenues inutiles. On peut imaginer sans irrespect que les grandes Puissances directrices de l'évolution font, jusqu'à un certain point, des expériences. En succédant comme Instructeur Mondial à Notre Seigneur le Bouddha, Notre Seigneur Maitreya tenta d'établir de nouvelles méthodes religieuses qui auraient pu ne pas réussir. Mme Blavatsky parlait quelquefois, à mots couverts, de certaines plantes ou de certains animaux comme de créations manquées, dont cependant le cours vital n'était pas interrompu et qui étaient destinées à s'éteindre par degrés; en attendant, elles servaient parfois de véhicules à des créatures moins évoluées que leurs premiers destinataires, et même dans certains cas à des êtres encore engagés dans l'involution. Elle appelait « sous-produits » certaines formes répugnantes d'insectes et de reptiles et, dans son opinion, leur destruction était tout autre chose que la destruction de formes de vie en cours d'évolution.

La théorie du respect absolu de la vie est quelquefois portée à l'extrême, par exemple dans les endroits où les gens, refusant de tuer la vermine, préfèrent lui servir de pâture. Aucune personne civilisée ne partagera cette façon de voir. Il arrive au propriétaire d'une bibliothèque contenant des ouvrages utiles de les voir attaqués par des « poissons d'argent ». Il serait préférable de les éloigner, mais il vaut certainement mieux détruire ces insectes et ne pas condamner à périr des ouvrages de valeur qui peuvent servir aussi à d'autres. Il existe beaucoup de petites formes de vie qui, si nous les tolérions, nous rendraient l'existence impossible. Le yogui, qui jamais ne détruit la vie, reçoit toujours des aliments, mais le cultivateur qui les produit est obligé de mettre ses récoltes à l'abri des larves et des vers. En Australie, il doit particulièrement détruire les lapins qui, importés d'Europe, se sont multipliés d'une façon si extraordinaire que, sans les mesures prises contre eux, ils anéantiraient tout vestige de végétation.

La destruction de certains de ces animaux nuisibles s'impose, non seulement au point de vue alimentaire, mais encore à celui de la protection, car en cultivant des plantes, des arbres ou des légumes, nous devenons un peu responsables de la vie qui revêt ces formes. Dans tout cela il faut, je crois, écouter le bon sens. En tout cas, tuer un animal pour se défendre et tuer sans nécessité aucune des êtres très évolués comme des vaches et des moutons pour satisfaire à un goût dépravé, sont assurément des actes différents.

Pense aux souffrances que la superstition a imposées aux classes opprimées de notre Inde bien-aimée, et vois combien ce mal peut créer de froide cruauté, même parmi ceux qui connaissent leur devoir de fraternité.

C. W. L. — Les classes indiennes opprimées, appelées quelquefois panchama, ou cinquième caste, en réalité les sans-caste ou les parias, sont les descendants des populations primitives de l'Inde, que trouvèrent les Aryens lorsqu'ils franchirent les Himalayas. La réglementation des castes ordonnée par le Manou, excellente à cette époque au point de vue eugénique et magnétique, défendit aux envahisseurs d'épouser les aborigènes, d'habiter avec eux, de manger avec eux. Ces derniers pourtant furent très cruellement traités. En voici un exemple : le paria n'a pas le droit de prendre de l'eau dans le puits de la caste parce que, pour celle-ci, le puits resterait souillé; par conséquent, il est obligé de se contenter des puits insuffisants qu'il parvient à faire ou à découvrir; de cela résultent souvent de pénibles privations, particulièrement dans certaines régions où les villages des sans-caste ont été relégués sur des territoires peu fertiles et souvent aussi déplacés de force. Tout récemment encore, il était bien difficile pour un paria d'arriver à une situation aisée, à moins d'avoir recours à un procédé indésirable — celui de se faire Chrétien ou Mahométan — mais qui supprime, au point de vue social, quelques-unes de ses difficultés les plus sérieuses.

Voilà les traitements — et il y en eut de plus cruels encore — subis par ces classes opprimées et causés par la superstition de populations pourtant très attachées à l'idée de fraternité. Sur ce point, la superstition leur a fait oublier le sens de ce mot. Un jour, espérons-le, les parias pourront former un groupement respectable et pur. Les conditions modernes, telles que les rencontres inévitables dans les gares ou tramways, y contribueront.

Les classes plus élevées du peuple indien ont le devoir et aussi l'obligation karmique de relever ces hommes hors-caste conquis jadis par leurs ancêtres; leur noblesse même, leurs qualités innées d'Aryens devraient les pousser à entreprendre cette tâche nécessaire. Quand un enfant est malpropre, au lieu de nous écarter de lui, nous le faisons laver. De même, ne fuyons point le paria mais donnons-lui les moyens de se bien porter, d'être propre et de s'instruire. Ceci n'entraîne pas la nécessité de manger en commun, mais notre devoir est assurément d'être bons et compatissants envers nos frères plus jeunes.

Il est vrai que la naissance dans telle caste ou telle communauté confère toujours à l'homme certaines occasions particulières, mais il ne s'ensuit pas qu'il en tire le meilleur parti. Naître dans la famille d'un brave homme appartenant à une caste inférieure offrirait à certains égards des occasions plus favorables que si l'enfant naissait dans la famille d'un Brahmane indigne. Souvent les gens s'efforcent d'atteindre un but choisi par eux mais, quand ils y sont parvenus, ne savent pas mettre à profit les occasions qui leur sont alors offertes. Un mauvais Brahmane peut donc être un homme qui naît Brahmane pour la première fois ou bien encore un homme ayant négligé les occasions mises à sa portée dans une incarnation précédente. Rares sont les cas où :

Celui qui a peiné comme esclave peut devenir plus tard un prince — grâce à ses vertus bienfaisantes et aux mérites qu'il a acquis; — celui qui fut un roi peut errer sur la terre, en haillons, à cause des choses qu'il a faites et de celles qu'il a omis de faire (1).

En règle générale, les hommes placés par leur naissance dans la grande masse des classes ouvrières ne s'élèveront que peu à peu jusqu'à la bourgeoisie et ensuite plus haut. La plus grande partie du Karma généré par chacun l'attache à la classe sociale dont il est membre et exigera des conditions similaires pour aboutir dans une autre vie. D'ailleurs comme l'évolution procède par progrès successifs en culture et en raffinement, le passage brusque d'une classe inférieure à une classe nettement supérieure, ou l'inverse, ressemble un peu à une opération chirurgicale nécessitée par un Karma très exceptionnel. Pourtant l'humanité forme une seule famille et le devoir de se conduire en frères s'impose à tous, sans exception.

Beaucoup de crimes ont été commis au nom du Dieu d'amour, inspirées par ce cauchemar de la superstition.

C. W. L. — Autre point à noter : l'homme le plus dangereux, du fait de sa superstition, est celui qui, animé des meilleures intentions, reste fidèle à la lettre de sa Loi. Un

---

(1) *La Lumière d'Asie*, livre VIII, p. 140. (Trad. L. Sorg, 1921.)

méchant homme foncièrement égoïste — il en existe, peut-être en petit nombre — est surtout occupé à satisfaire ses propres désirs; ne tenant pas à s'occuper d'autrui sauf lorsqu'on se met en travers de son chemin, il ne fait pas grand mal ici-bas. La personne d'intelligence bornée mais animée de bonnes intentions est en réalité beaucoup plus dangereuse parce qu'elle veut toujours intervenir dans les affaires des autres. Les missionnaires en donnent souvent la preuve. Je ne doute pas que les missionnaires envoyés d'Europe et d'Amérique n'aient fait beaucoup de bien parmi les sauvages de l'Afrique centrale et autres populations de ce genre, mais dans l'Inde, où le premier ouvrier rencontré dans la rue en sait généralement beaucoup plus long que le missionnaire sur la philosophie de sa religion comme sur toutes les idées plus vastes et plus hautes, le missionnaire semble ridiculement déplacé. Ses intentions sont assez bonnes, mais il fait beaucoup de mal. Beaucoup de guerres ont eu pour cause les méthodes irrationnelles des missionnaires; leurs gouvernements doivent intervenir et les sauver quand ils sont menacés de ce qu'ils appellent le martyre. C'est devenu une séquence régulière : d'abord les missionnaires; ensuite les marchands d'eau-de-vie et de genièvre; enfin une armée conquérante. D'infortunées vieilles dames, en Angleterre et en Amérique se privent de tout pour soutenir ces missions et s'imaginent qu'elles le font pour l'amour du Christ! Elles ne se doutent pas que des milliers d'années avant Son avènement, l'Inde possédait une religion et une philosophie sublimes et que leur argent trouverait un emploi meilleur dans la conversion des païens d'Angleterre.

Veille donc avec soin à ce qu'il n'en reste pas la moindre trace en toi.

C. W. L. — L'importance attachée à la superstition met en évidence un danger : celui d'être superstitieux sans le savoir; il est donc bon d'être vigilants. Toute question comporte au moins deux faces. L'ensemble n'est visible pour personne, pas même pour le Théosophe. Quand, partageant la conscience du Logos sur son propre plan, nous verrons tout ce qui nous entoure, nous pourrons dire : « Ma façon de voir est juste », mais quand nous en serons là, notre propre façon de voir comprendra probablement toutes les autres, parce que chacune contient presque toujours un germe de vérité.

Ces trois grands crimes, il faut les fuir, car ils arrêtent fatalement tout progrès, étant des péchés contre l'amour.

C. W. L. — L'amour doit gouverner nos vies; il doit vivifier toutes nos autres facultés : tel est l'enseignement spécial du rayon auquel appartient le Maître Kouthoumi. Beaucoup de personnes ont peine à bien comprendre comment les Maîtres, qui réunissent en Eux-mêmes toutes les plus hautes, toutes les plus nobles qualités imaginables, peuvent néanmoins posséder telle qualité d'une façon plus marquée qu'une autre. Le Maître Morya qui représente pour nous le Premier Rayon a comme caractéristiques principales la volonté et la puissance; pourtant on ferait erreur de supposer qu'Il possède moins d'amour ou de sagesse que les autres Maîtres. De même nous aurions grand tort de supposer que le Maître Kouthoumi est moins puissant que les Maîtres du Premier Rayon. Ces différences dépassent l'intelligence humaine.

De même les Grands Etres ne sont pas tous au même niveau. Le Bodhisattva est bien plus élevé que nos Maîtres. Tous nous paraissent si grands que nous n'osons leur attribuer des rangs divers. Tous sont pour nous des soleils éblouissants; nous ne pouvons distinguer un grand Ange d'un Dévaraja, et cependant l'un dépasse l'autre de tout un règne, de toute une évolution. Le Logos Solaire est nécessairement plus puissant que tous ces Etres qui font partie de Lui-même, bien que pour nous une puissance supérieure à la Leur soit inconcevable. Le savoir et la puissance du Maître dépassent tellement les nôtres que tout se confond dans une gloire aveuglante. Pourtant la distinction existe.

CHAPITRE XXIX

LE SERVICE

Mais il faut non seulement t'abstenir du mal, mais travailler activement au bien. Tu dois être, à tel point, rempli du désir intense de servir, que tu ne manques jamais de venir en aide à tous ceux qui t'entourent, non seulement aux hommes mais encore aux animaux et aux plantes. Il faut rendre service dans les petites circonstances, chaque jour, pour en prendre l'habitude, afin de ne pas laisser échapper l'occasion de rendre service dans une grande circonstance, quand elle se présente.

C. W. L. — Nous pouvons très souvent laisser fuir l'occasion d'aider, si nous n'avons pas pris l'habitude d'être vigilants; si au contraire cette habitude a été prise, nous ne risquons pas de perdre beaucoup d'occasions, parce qu'elle s'affirmera, même dans les milieux les moins familiers, même dans les circonstances les plus critiques. C'est l'unique raison des exercices prolongés et assez pénibles imposés aux soldats; il faut non seulement qu'ils sachent exactement comment obéir à certains ordres, mais aussi que certaines habitudes leur soient devenues instinctives. Autrefois, sinon maintenant, le soldat sur le champ de bataille se trouvait dans un milieu absolument nouveau, bien fait pour mettre son courage à l'épreuve, quelle que fût sa bravoure, dans des conditions telles que l'affolement n'était pas sans excuse; pourtant, même dans une situation pareille, l'habitude restait la plus forte; l'homme obéissait aux ordres et accomplissait l'effort nécessaire.

L'observation concernant l'activité dans le bien ne s'applique aucunement à ceux dont l'activité s'exerce sur d'autres plans. Une observation de ce genre pourrait facilement et à tort être opposée aux ordres contemplatifs de moines ou de religieuses, ou à la caste des Brahmanes dans l'Inde. Dans l'antiquité le Brahmane, en théorie guide spirituel de la nation, était supposé consacrer sa vie à la pratique des cérémonies et des rites, à l'étude, aux conseils à donner, dont la communauté tout entière devait profiter. Les autres hommes dont l'existence était absorbée par le travail ordinaire et le désir de s'enrichir, subvenaient aux besoins du Brahmane parce qu'il s'acquittait pour eux de cette tâche spirituelle. Dans les pays catholiques une idée semblable s'attache aux ordres monastiques qui, sans cesse, prient pour les morts. A l'époque où ces ordres entreprirent leur tâche, les morts et les vivants, pensait-on, formaient une seule et même communauté; prier pour les morts rendait à la communauté un service beaucoup plus important que la culture du blé; aussi les moines vivaient-ils d'aumônes sans en éprouver la moindre honte; de leur côté les donateurs se regardaient comme très honorés. La mentalité générale différait complètement de la mentalité moderne; vivre d'aumônes n'était pas du tout regardé comme une honte; en fait, ceux qui mendiaient représentaient les gens les plus avancés dans le domaine spirituel : ils étaient liés par les vœux de pauvreté, de chasteté, d'obéissance. Condamner des hommes menant une existence semblable serait commettre exactement la même erreur que les révolutionnaires français : un philosophe ou un écrivain, disaient-ils, est un paresseux et un inutile et devrait casser les cailloux sur les routes.

Car si tu as soif d'union avec Dieu, ce n'est point pour toi-même, mais afin de devenir un canal par où son amour puisse arriver jusqu'à tes frères. Celui qui est sur le Sentier n'existe point pour lui-même, mais uniquement pour les autres; il s'est oublié afin de pouvoir les servir.

C. W. L. — Le seul but de cet ouvrage est de faire prendre au lecteur une certaine attitude. Il s'agit moins de s'instruire que de vivre, c'est-à-dire de mener la vie théosophique, d'être possédé par un amour s'étendant à tous les êtres et d'un ardent désir de seconder l'évolution, si bien qu'en servant autrui nous nous oubliions nous-mêmes. Si jamais vous avez vu un chirurgien faire une importante opération, vous comprendrez qu'un homme, dans une heure d'application intense, faisant preuve simultanément d'une énergie cérébrale et d'une adresse manuelle extrêmes, puisse être si bien absorbé dans sa tâche, que sa vie entière semble concentrée dans le bout de ses doigts. A la guerre aussi un combattant peut s'oublier absolument soi-même en s'efforçant de sauver un camarade blessé ou d'accomplir un acte nécessaire mais périlleux.

Le Logos est omnipotent dans Son système; Il répand Sa force à tous les niveaux. Comment supposer qu'il ne puisse inonder de cette force le système tout entier à tel niveau, à tel degré voulus par Lui. En fait, Il n'agit pas ainsi; l'énergie répandue à chaque niveau semble nettement limitée en quantité et n'appartenir qu'à une espèce donnée; c'est pourquoi nous, qui sommes des étincelles de Sa flamme, nous pouvons accomplir certaines choses que la Grande Flamme dont nous sommes des parties fait uniquement par nous, qui sommes en Lui. Nous ne disons pas qu'Il ne pourrait le faire, mais seulement qu'Il ne semble pas le faire. Par une dévotion intense, en conformant nos volontés à la Sienne, il nous est possible d'activer la descente de la force issue des plans supérieurs, d'opérer sa transmutation et puis de l'envoyer au loin. Telle est la tâche qui, autant que nous pouvons en juger, ne serait pas accomplie si nous ne l'accomplissions nous-mêmes. On dirait que le Logos compte sur notre collaboration; mais celle-ci dépend encore de Lui, car il n'existe d'autre énergie que la Sienne.

J'ai plusieurs fois employé comme terme de comparaison le mot *canal* ou *conduit*, en exposant que la force du Maître est distribuée sur les plans inférieurs par un de ses élèves. On pourrait employer aussi le terme de transformateur électrique. De grandes quantités d'électricité à haute tension sont envoyées, peut-être à des centaines de milles de la station génératrice, jusqu'à la station transformatrice d'une ville; là, encore à cette haute tension, elle est reçue par des transformateurs qui la convertissent en énormes courants d'un voltage réduit, utilisables pour l'éclairage et autres emplois. De même un élève résidant par exemple à Sydney, peut recevoir la force du Maître, force qui par les plans supérieurs vient des Himalayas, et la transforme en force utilisable sur les plans supérieurs, afin de la distribuer autour de soi ou de la diriger vers les personnes à qui elle est destinée.

Tout Initié est ainsi un transformateur de force spirituelle : par lui elle peut se répandre à un certain niveau dépendant du stage ou du degré dont il fait partie. La force divine nous enveloppe, comme le soleil qui ne cesse de nous éclairer. Quand la lumière solaire n'atteint pas la terre, c'est la terre qui en est cause sauf durant une éclipse, parce que la terre dégage des nuages qui s'étendent entre elle et le soleil. De même les hommes dégagent des nuages d'égoïsme et d'ignorance qui s'accumulent entre eux et le Logos dont les énergies les plus diverses rayonnent sur chaque plan. L'Initié a fait en avant un pas qui lui permet de fournir à ces énergies un canal plus efficace; non qu'elles se trouvent modifiées en rien; elles ont toujours été présentes mais, quand nous ne sommes pas prêts à les recevoir, nous les laissons passer.

Considérons par analogie le prâna sur le plan physique. Chacun en absorbe; mais parfois, quand un homme est malade, il ne peut plus l'utiliser par lui-même et bientôt éprouve une grande diminution de vitalité. Incapable de spécialiser le prâna pour son propre usage, il peut encore employer le prâna spécialisé par une autre personne; celle-ci, douée d'une vitalité abondante, peut la déverser sur le malade et lui donner la force dont il a besoin pour recouvrer son état normal. De même l'Initié disposant de beaucoup des forces supérieures, les transforme de manière à les rendre facilement assimilables par autrui. Plus deviendront nombreux les hommes parvenus au stage où ils peuvent remplir cette tâche, plus s'accélérera l'évolution générale humaine. Assurément il y a une limite à la quantité de lumière que peuvent supporter les plantes; mais il est vrai aussi qu'il est impossible de déverser sur un homme quelconque une trop grande quantité de lumière spirituelle.

Ne croyez pas cependant que ces canaux soient purement passifs; ce sont des canaux vivants. L'élève ne reste pas inerte; il ne se borne pas à servir de conduit. Bien des forces sont distribuées ainsi, et souvent l'élève d'un Maître est conscient du genre de courant qui passe par sa personne; il sait à qui l'énergie est envoyée; mais une grande part reste en tout temps à sa disposition; il peut la diriger de tel ou tel côté, suivant les besoins qu'il constate. Sa propre adaptabilité, son propre tact sont mis ainsi en jeu; il fait preuve d'une activité positive et de tous les instants; sa vie n'est donc pas soumise à une obéissance aveugle; au contraire, il est occupé quand d'autres sont oisifs et pensent à eux-mêmes.

Les gens ordinaires ne peuvent être couramment employés de la sorte, parce qu'ils ne sont pas assez développés sur les plans supérieurs et que, même si l'ego est assez avancé, le fil qui le rattache à la personnalité est très mince. Le Maître peut employer l'élève parce que le canal est libre; de même l'Unique Initiateur peut faire passer par les Initiés la force de la Hiérarchie; dans ce cas l'homme est le Moi supérieur et, même quand il remplit ses devoirs du plan physique, toujours est présente au fond de son mental cette pensée : « Je suis Moi-même; je suis une étincelle de la Flamme Divine; je dois toujours en être digne : *noblesse oblige* » (1).

Vu l'importance de l'œuvre, les rapports de Maître à élève ne sont jamais basés sur le sentiment, bien qu'ils soient empreints de l'affection la plus profonde, concevable ici-bas. Le Maître n'accepte pas une personne comme élève parce qu'un autre membre de la famille est élève ou qu'il l'a connu dans des vies antérieures. Le Maître et comme Lui Son élève n'ont qu'une pensée — « le travail caché », comme disaient les Egyptiens, la reconstitution du corps lacéré d'Osiris, l'assemblage des fragments dispersés; ils savent qu'en l'homme brille « la lumière cachée », « le joyau dans le lotus », qui toujours permettent de l'assister quand il connaît la manière d'y faire appel. C'était la tâche des Initiés de l'Egypte ancienne; la même incombe à ceux d'aujourd'hui. Ils emploient la puissance qui créa les mondes, l'amour de Dieu, amour impersonnel. Nul n'est tenu de se donner à l'occultisme mais, s'il le fait, il doit adopter la devise et la mentalité de la Confrérie, c'est-à-dire ne pas vivre pour soi-même mais pour autrui; ne pas vivre pour assurer ses progrès personnels ou goûter des satisfactions égoïstes, mais pour l'œuvre.

Il est une plume dans la main de Dieu, par laquelle la Pensée divine pourra s'épandre et trouver ici-bas une

(1) En français dans le texte. (N. D. T.)

expression qu'elle ne saurait obtenir sans cet intermédiaire.

C. W. L. — C'est comme s'Il avait calculé qu'à un certain stage de l'évolution, Il disposerait pour écrire de nombreuses plumes semblables; comme si Dieu Lui-même, suivant l'expression d'un poète « avait besoin de vous et de moi ». Le plan prévoit notre collaboration : idée grandiose et très logique. Nous voyons immédiatement que, si nous avons pu atteindre un degré d'instruction, d'amour et de puissance un peu supérieur à la moyenne, c'est afin de nous rendre utiles en les distribuant à d'autres.

Cependant, il est en même temps, aussi, une vivante gerbe de feu, irradiant sur le monde l'Amour divin qui remplit son cœur.

C. W. L. — On raconte que, de deux moines Alexandrins qui voulaient garder une pureté parfaite, l'un y parvint en s'entourant d'une pensée protectrice, mais que l'autre était à ce point rempli de l'amour de Dieu que cet amour, ne cessant de rayonner autour de lui, le gardait pur. Il y a toujours les deux voies : celle de l'occultiste qui progresse en travaillant dans le monde; celle du mystique qui se retire en soi-même. Dans bien des cas le seul but du mystique est de s'unir absolument à Dieu; il ne faut cependant pas l'accuser d'égoïsme car en poursuivant ce but il faut qu'il exerce et il exerce en effet, sur tous ceux qui l'entourent, une prodigieuse influence. Notre but, celui de l'occultiste, devrait être de nous élever, pas à pas, de stage en stage, jusqu'au moment où, parvenus à certains degrés avancés d'Initiation, nous pourrons immerger notre conscience dans le Troisième Aspect de la Divinité, puis dans le Second, enfin dans le Premier. Le mystique se plonge dès aujourd'hui dans la vie divine; il lui reste à poursuivre, en luttant, sa route ascendante, afin de se sentir uni à cette vie également sur les niveaux supérieurs.

La sagesse qui rend capable d'aider, la volonté qui dirige la sagesse, l'amour qui inspire la volonté, voilà les qualités que tu dois acquérir. Volonté, Sagesse et Amour sont les trois aspects du Logos, et vous qui voulez être enrôlés à Son service, votre devoir est de manifester ces aspects dans le monde.

C. W. L. — C'est là, mes frères, une fin bien belle. Puissiez-vous l'atteindre, comme l'atteignit Alcyone.

SOCIÉTÉ THÉOSOPHIQUE

Quartier général : ADYAR, MADRAS

Présidente : Dr Annie BESANT

SIEGE DE LA SOCIETE THEOSOPHIQUE DE FRANCE
4, SQUARE RAPP, PARIS (7e).

Buts de la Société

1° Former un noyau de fraternité dans l'humanité, sans distinction de sexe, de race, de rang ou de croyance.

2° Encourager l'étude des religions comparées, de la philosophie et de la science.

3° Etudier les lois inexpliquées de la nature et les pouvoirs latents dans l'homme.

L'adhésion au premier de ces buts est seule exigée des membres.

Pour tous renseignements s'adresser, selon le pays où l'on réside, à l'un ou l'autre des Secrétaires généraux des Sections diverses de la Société.

RENSEIGNEMENTS

La Société Théosophique est un organisme composé d'étudiants appartenant, ou non, à l'une quelconque des religions ayant cours dans le monde. Tous ses membres ont approuvé, en y entrant, les trois buts qui font son objet; tous sont unis par le même désir de supprimer les haines de religion, de grouper les hommes de bonne volonté, quelles que soient leurs opinions, d'étudier les vérités enfouies dans l'obscurité des dogmés, et de faire part du résultat de leurs recherches à tous ceux que ces questions peuvent intéresser. Leur solidarité n'est pas le fruit d'une croyance aveugle mais d'une commune aspiration vers la vérité qu'ils considèrent, non comme un dogme imposé par l'autorité, mais comme la récompense de l'effort, de la pureté de la vie et du dévouement à un haut idéal. Ils pensent que la foi doit naître de l'étude ou de l'intuition, qu'elle doit s'appuyer sur la raison et non sur la parole de qui que ce soit.

Ils étendent la tolérance à tous, même aux intolérants, estimant que cette vertu est une chose que l'on doit à chacun et non un privilège que l'on peut accorder au petit nombre. Ils ne veulent point punir l'ignorance, mais la détruire. Ils considèrent les religions diverses comme des expressions incomplètes de la Divine Sagesse et, au lieu de les condamner, ils les étudient.

Leur devise est Paix; leur bannière, Vérité.

La Théosophie peut être définie comme l'ensemble des vérités qui forment la base de toutes les religions. Elle prouve que nulle de ces vérités ne peut être revendiquée comme propriété exclusive d'une église. Elle offre une philosophie qui rend la vie compréhensible et démontre que la justice et l'amour guident l'évolution du monde. Elle envisage la mort à son véritable point de vue, comme un incident périodique dans une existence sans fin et présente ainsi la vie sous un aspect éminemment grandiose. Elle vient, en réalité, rendre au monde l'antique science perdue, la *Science de l'Ame,* et apprend à l'homme que l'âme, c'est lui-même, tandis que le mental et le corps physique ne sont que ses instruments et ses serviteurs. Elle éclaire les Ecritures sacrées de toutes les religions, en révèle le sens caché et les justifie aux yeux de la raison comme à ceux de l'intuition.

Tous les membres de la Société Théosophique étudient ces vérités, et ceux d'entre eux qui veulent devenir Théosophes au sens véritable du mot, s'efforcent de les vivre.

Toute personne désireuse d'acquérir le savoir, de pratiquer la tolérance et d'atteindre à un haut idéal, est accueillie avec joie comme membre de la Société Théosophique.

COURS ET CONFERENCES

Salle de lecture, bibliothèque, librairie *au Siège de la Société :* 4, square Rapp, Paris (7e).

Le Siège est ouvert tous les jours de la semaine, de 15 à 18 heures.

Pour tous renseignements, s'adresser au Secrétaire général.

La librairie est ouverte de 9 à 12 heures et de 14 à 18 heures. La bibliothèque, de 14 h. 30 à 18 h. 30, sauf les dimanches.

ÉDITIONS ADYAR

4, Square Rapp
PARIS (VIIe Arrt)

Demandez notre Catalogue

L'Emancipatrice, Imp. coopérative, 3, rue de Pondichéry, Paris-15°. — 10077-4-27

www.ingramcontent.com/pod-product-compliance
Lightning Source LLC
LaVergne TN
LVHW050302060726
842525LV00002B/374